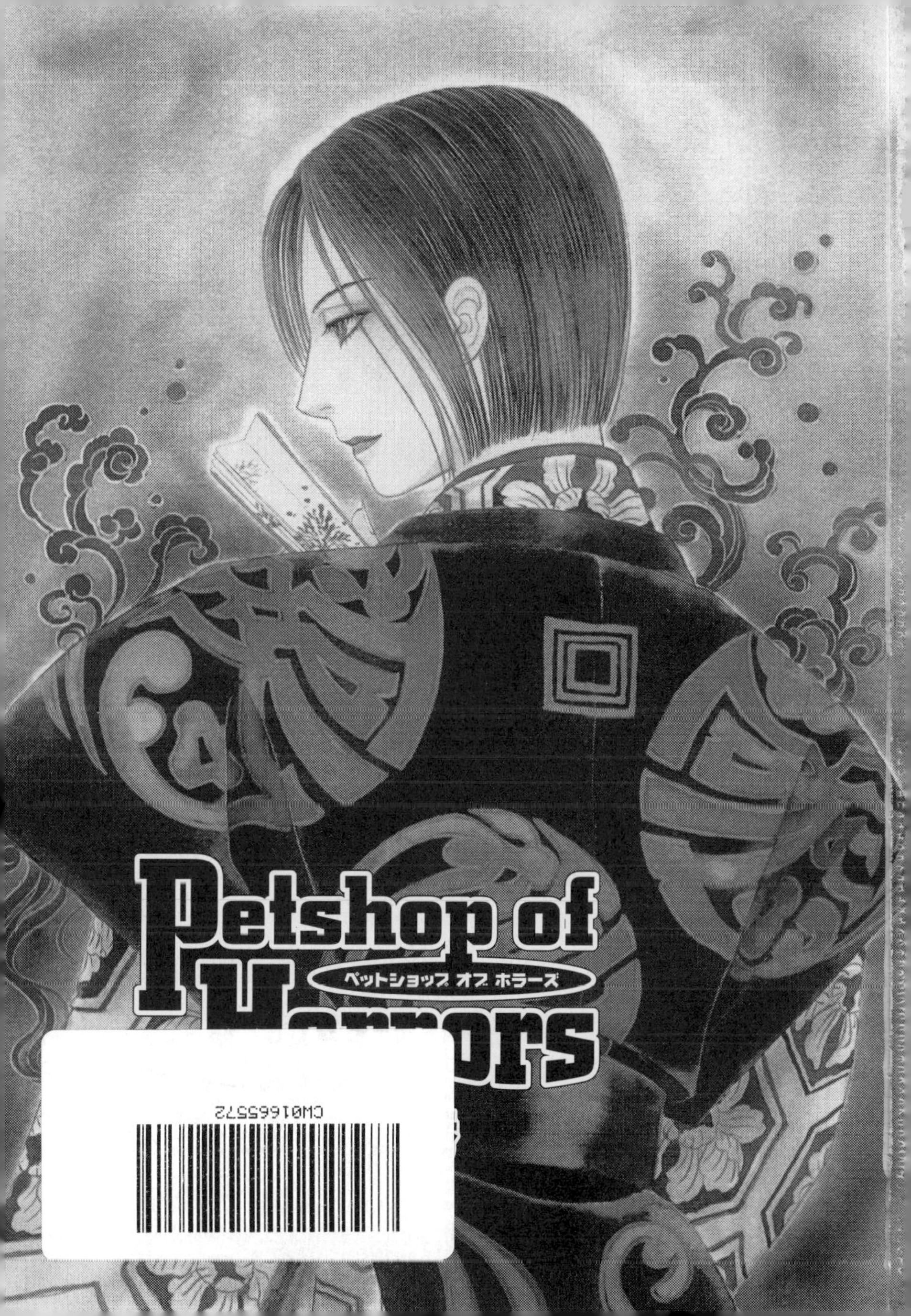
Petshop of Horrors
ペットショップ オブ ホラーズ

D

CONTENTS

第23話／Decimate

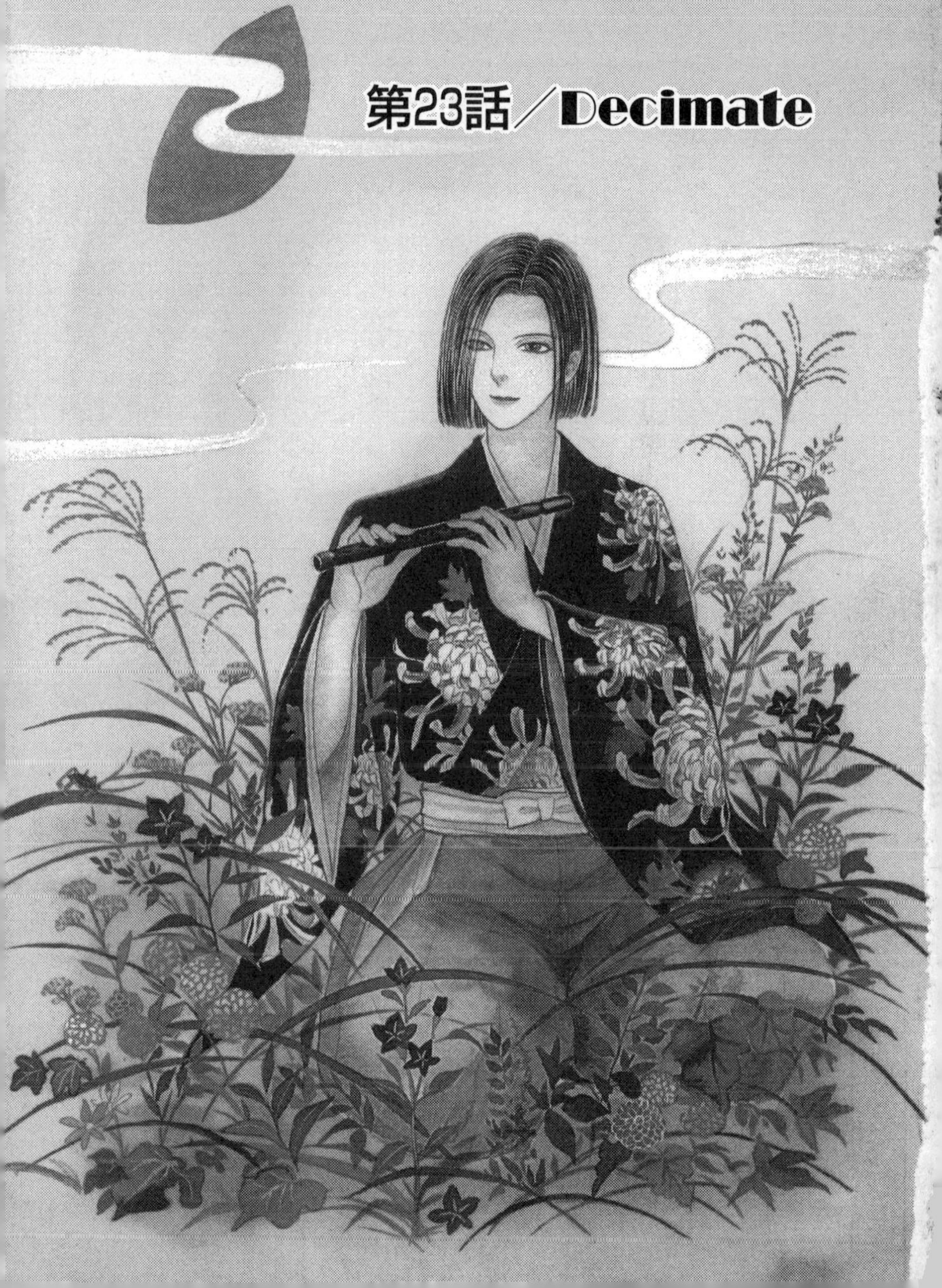

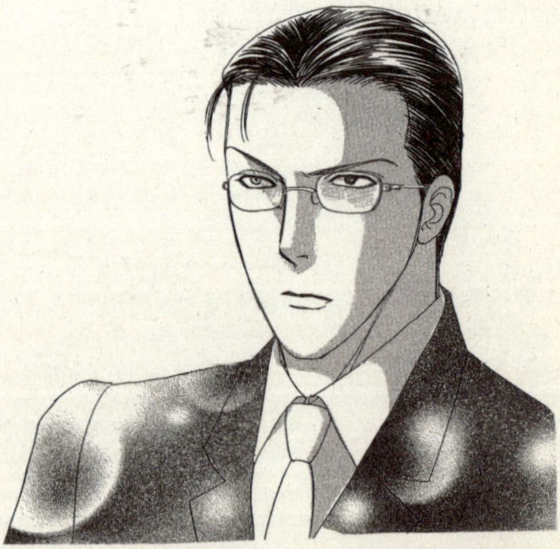

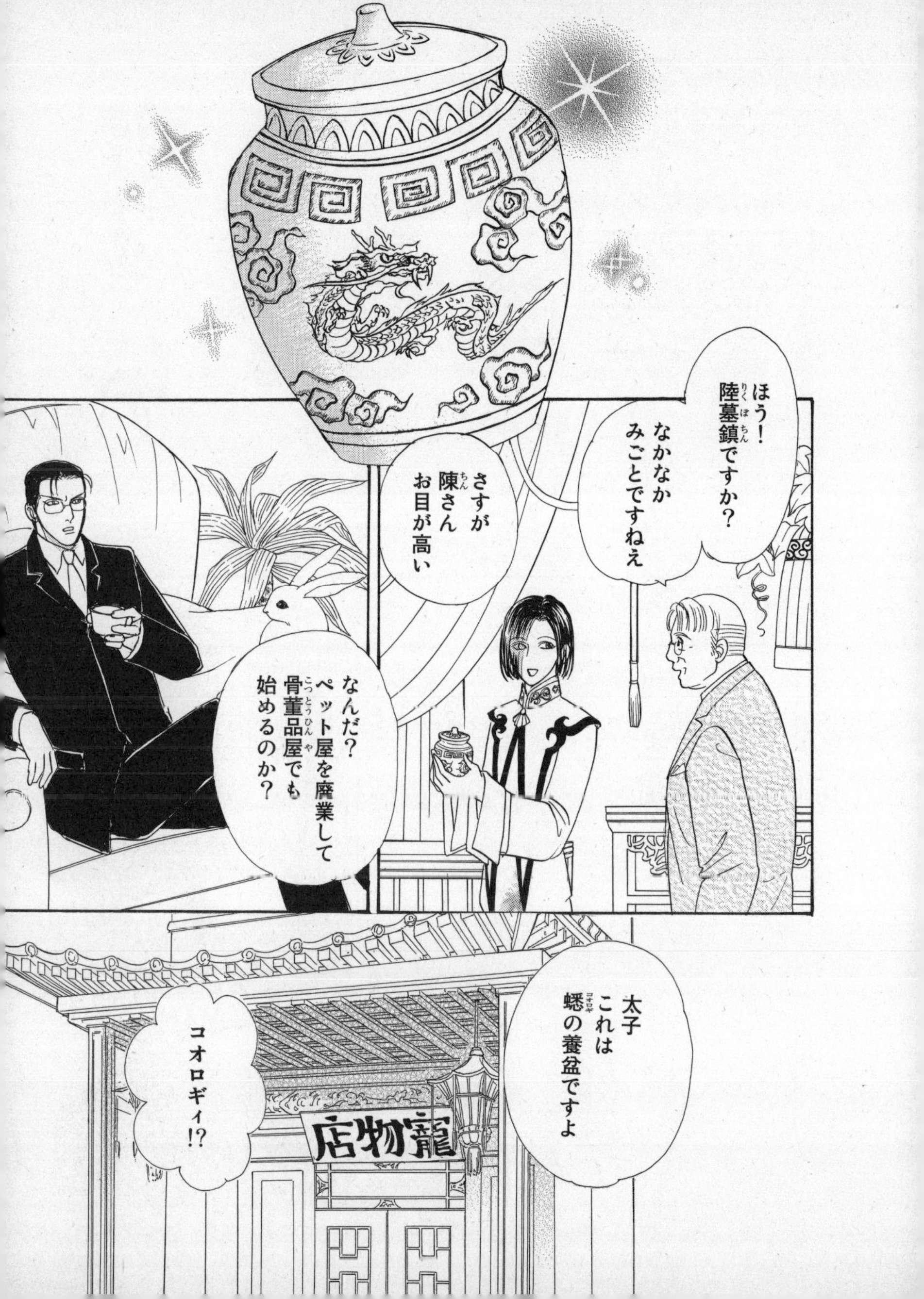

ほう！陸墓鎮ですか？
なかなかみごとですねえ
さすが陳さんお目が高い
なんだ？ペット屋を廃業して骨董品屋でも始めるのか？
太子 これは蟋の養盆ですよ
コオロギィ!?
寵物店

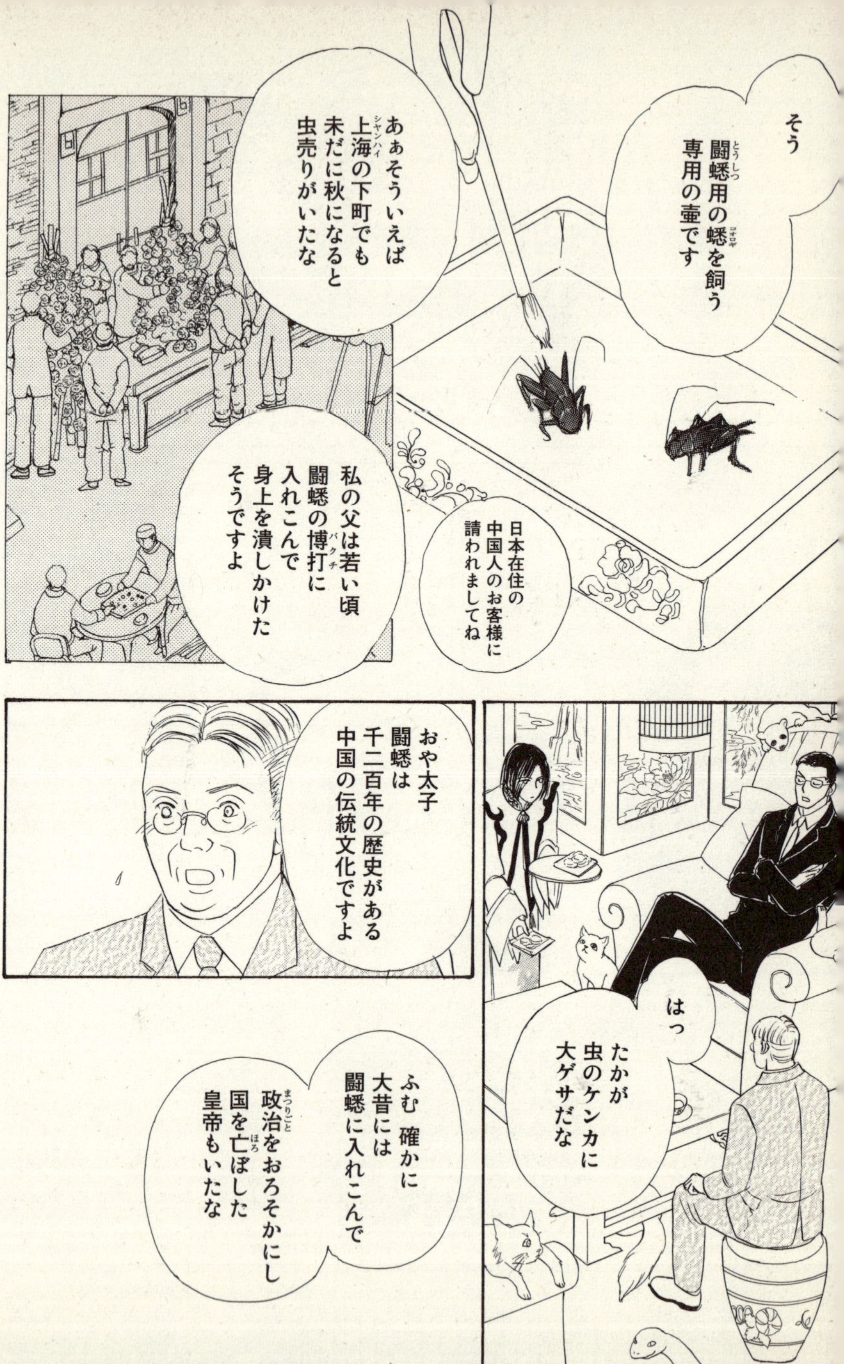
そう
闘蟋用の蟋を飼う専用の壺です
日本在住の中国人のお客様に請われましてね
ぁぁそういえば上海の下町でも未だに秋になると虫売りがいたな
私の父は若い頃闘蟋の博打に入れこんで身上を潰しかけたそうですよ
はっ
たかが虫のケンカに大ゲサだな
おや太子 闘蟋は千二百年の歴史がある中国の伝統文化ですよ
ふむ 確かに大昔には闘蟋に入れこんで政治をおろそかにし国を亡ぼした皇帝もいたな

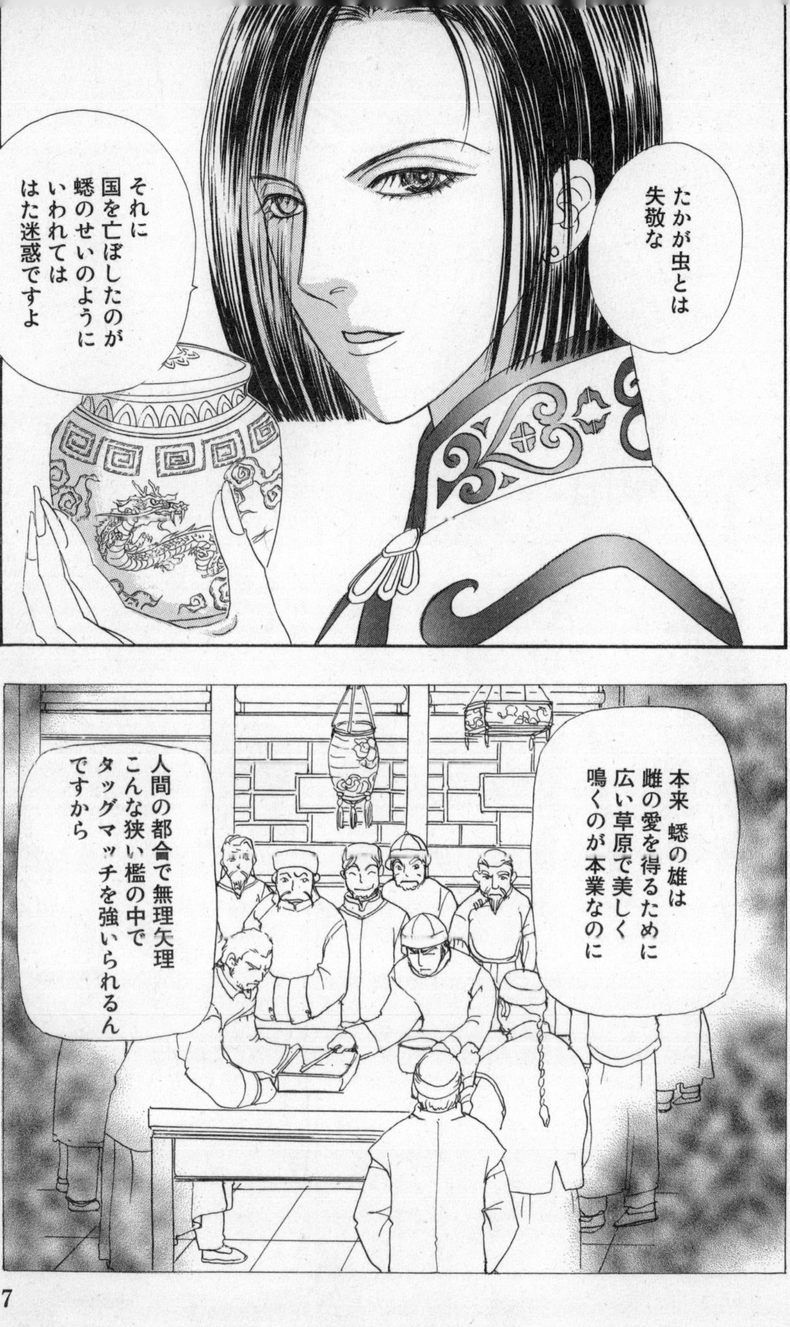
たかが虫とは失敬な
それに国を亡ぼしたのが蟋のせいのようにいわれてははた迷惑ですよ
本来 蟋の雄は雌の愛を得るために広い草原で美しく鳴くのが本業なのに
人間の都合で無理矢理こんな狭い檻の中でタッグマッチを強いられるんですから

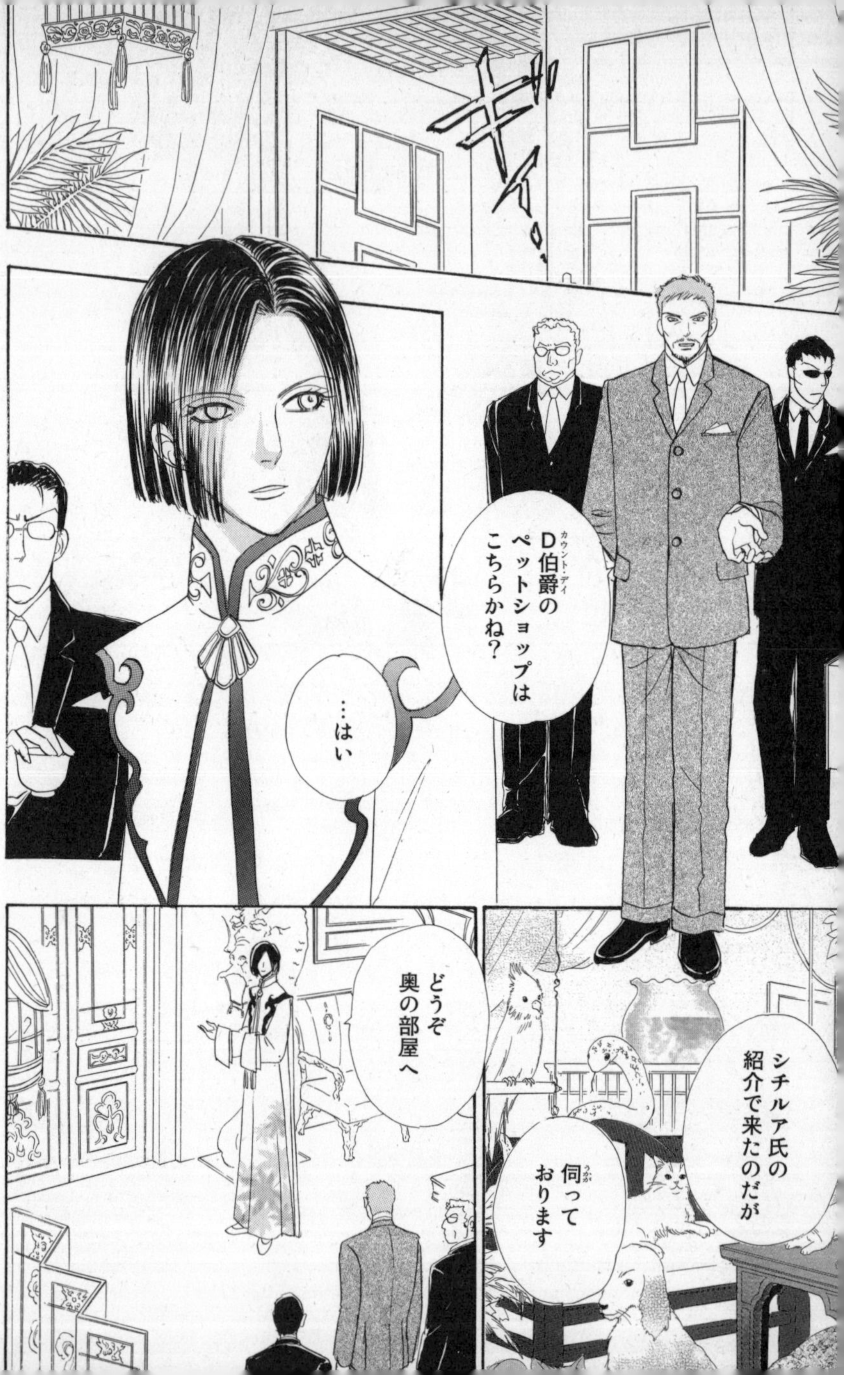
ギィィ…
D伯爵(カウント・ディ)のペットショップはこちらかね?
…はい
シチルア氏の紹介で来たのだが
伺(うかが)っております
どうぞ奥の部屋へ

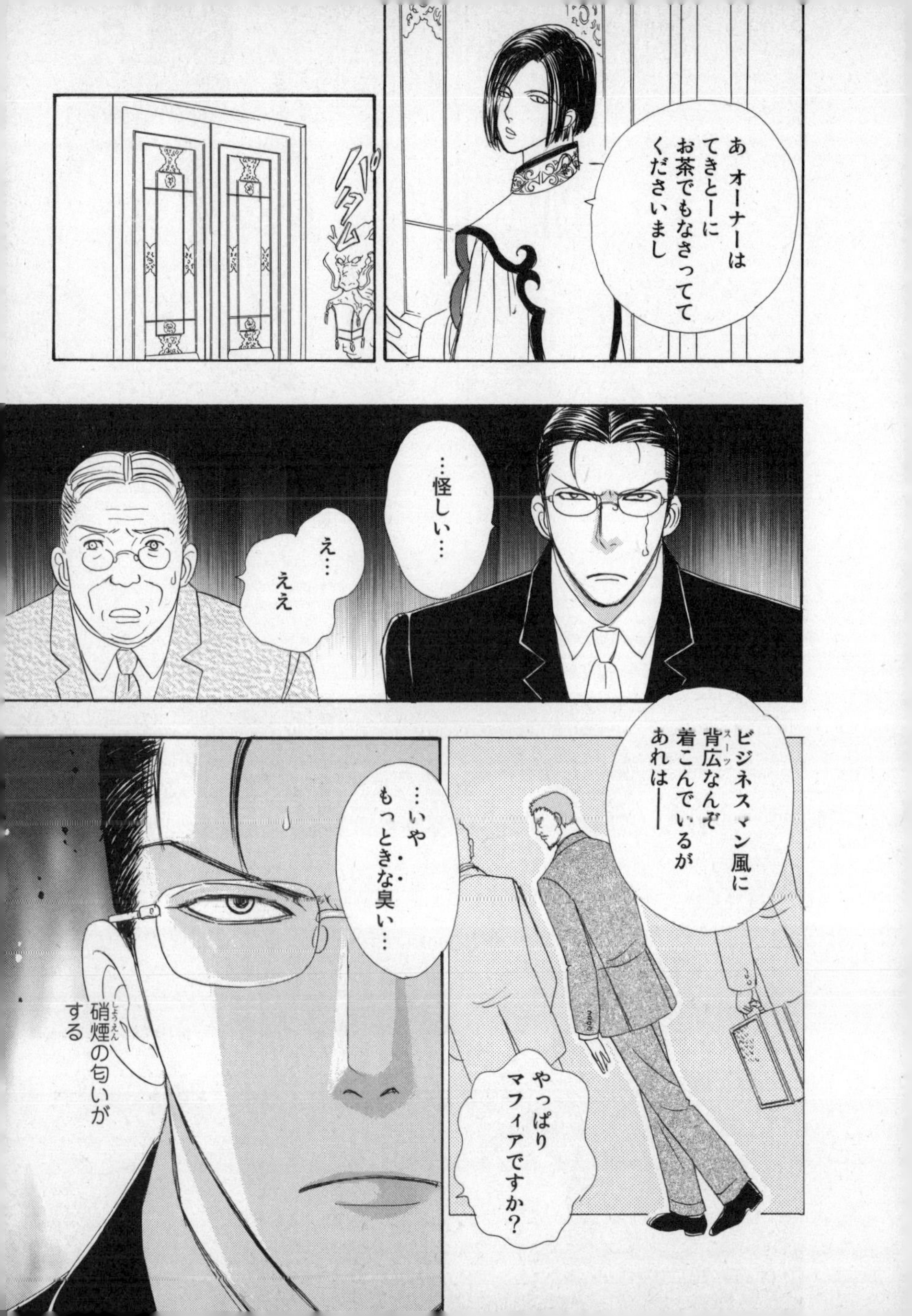
あ　オーナーは　てきとーに　お茶でもなさってて　くださいまし
パタム
…怪しい…
え…　ええ
ビジネスマン風に　背広（スーツ）なんぞ　着こんでいるが　あれは――
やっぱり　マフィアですか？
…いや　もっときな臭い…
硝煙（しょうえん）の匂いが　する

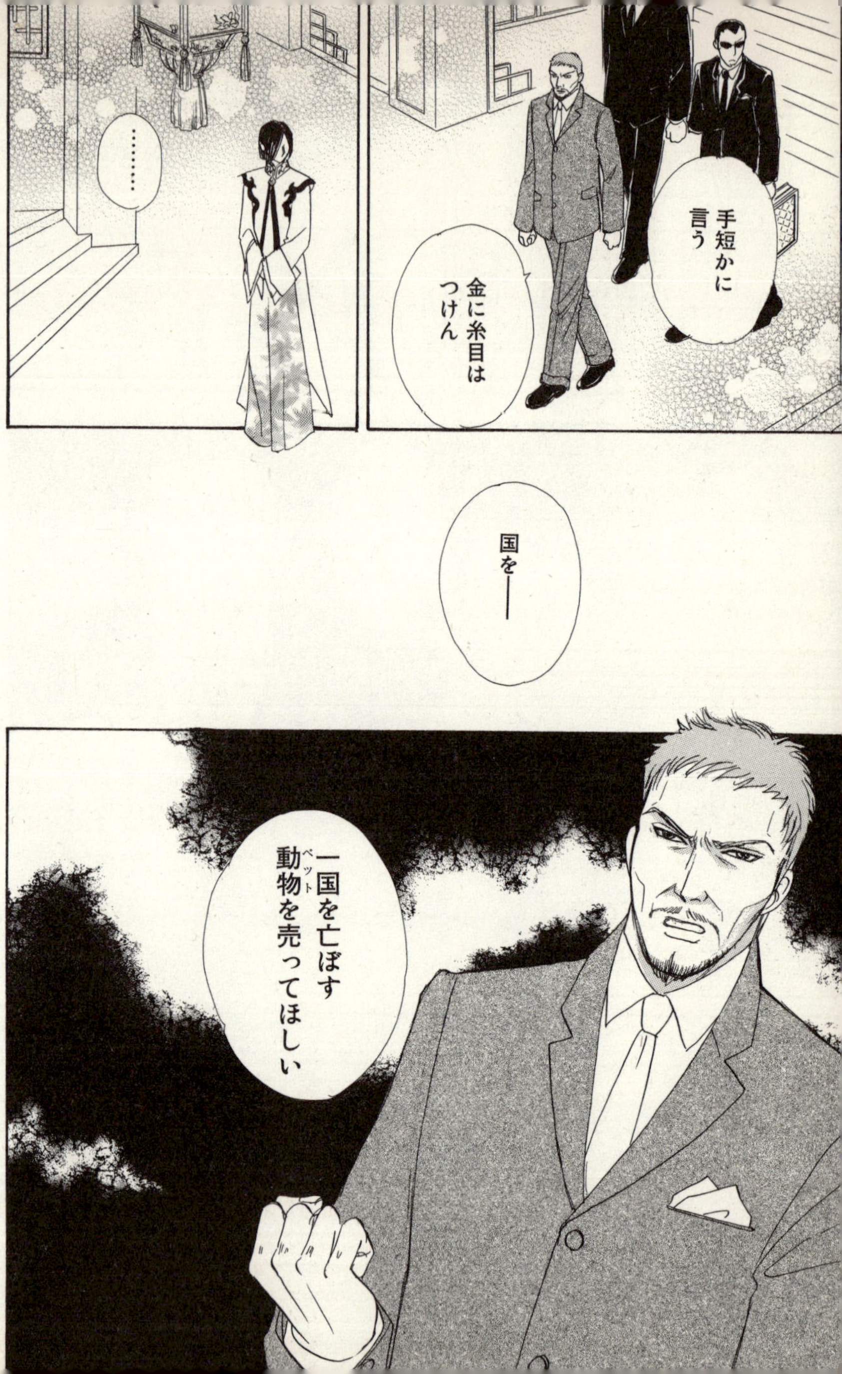
手短かに言う
金に糸目はつけん
……
国を——
一国を亡ぼす動物(ペット)を売ってほしい

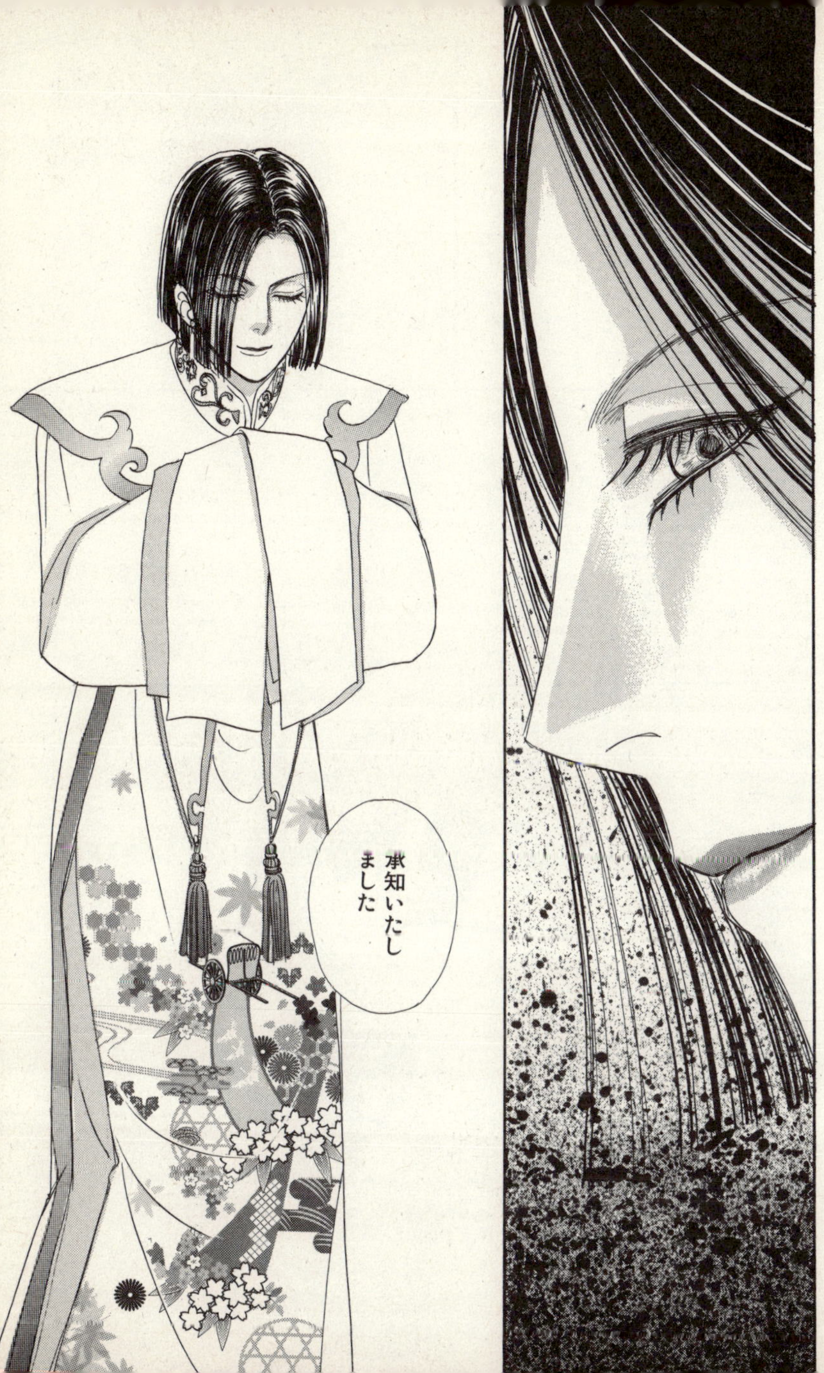
承知いたしました

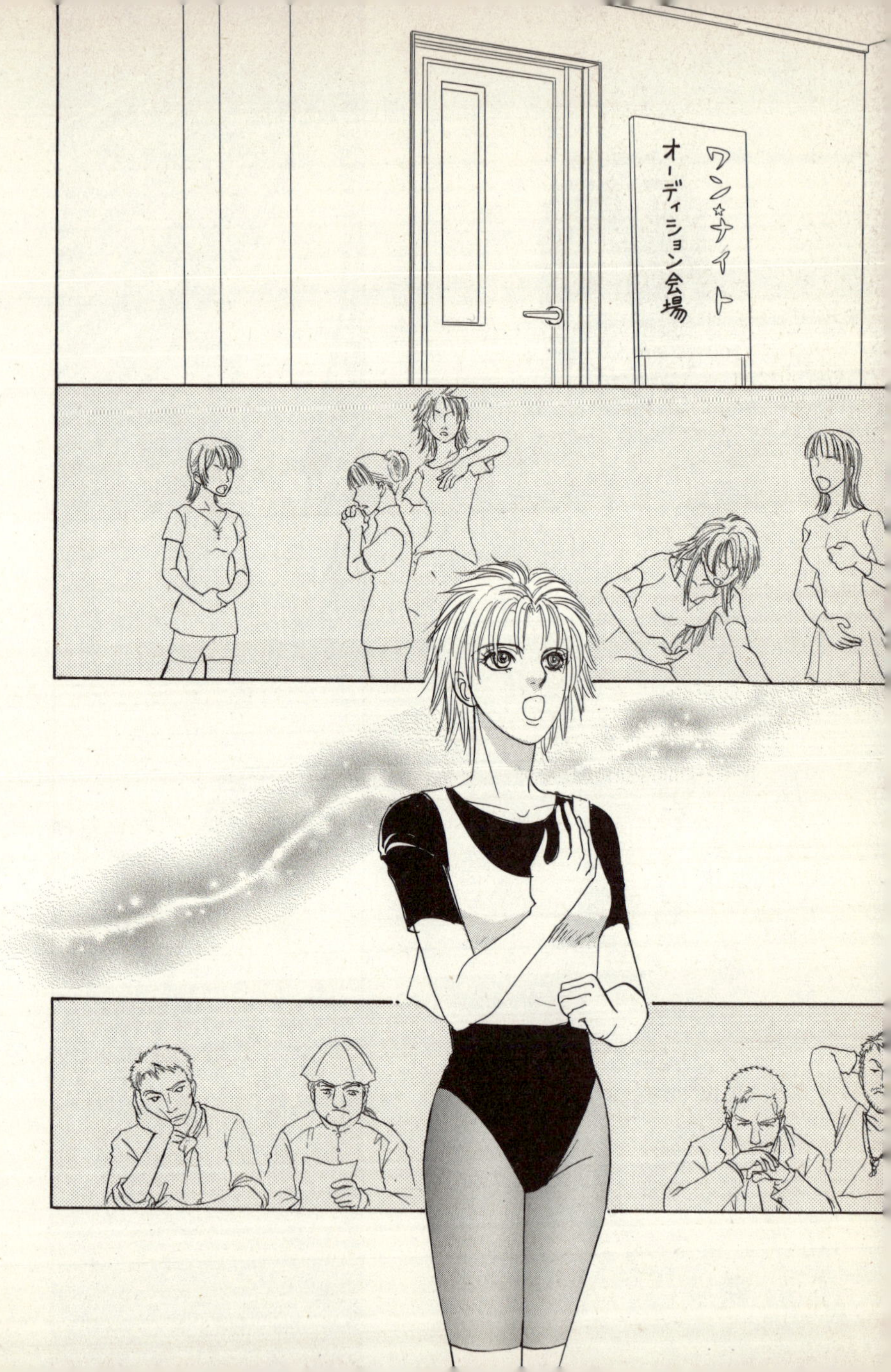
ワン☆ナイト
オーディション会場

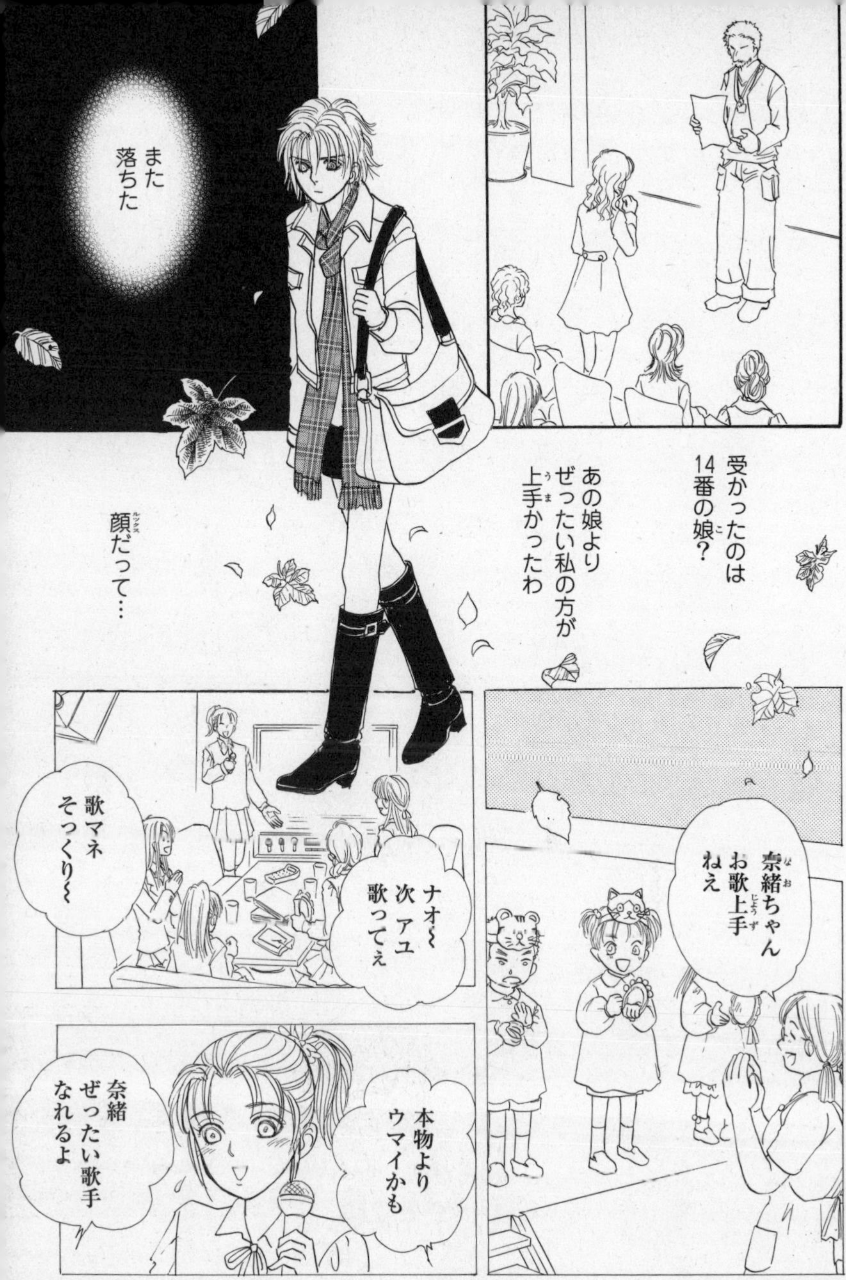
受かったのは
14番の娘？
あの娘より
ぜったい私の方が
上手かったわ
顔だって…
また
落ちた
奈緒ちゃん
お歌上手
ねえ
ナオ～
次 アユ
歌ってぇ
歌マネ
そっくり～
本物より
ウマイかも
奈緒
ぜったい歌手
なれるよ

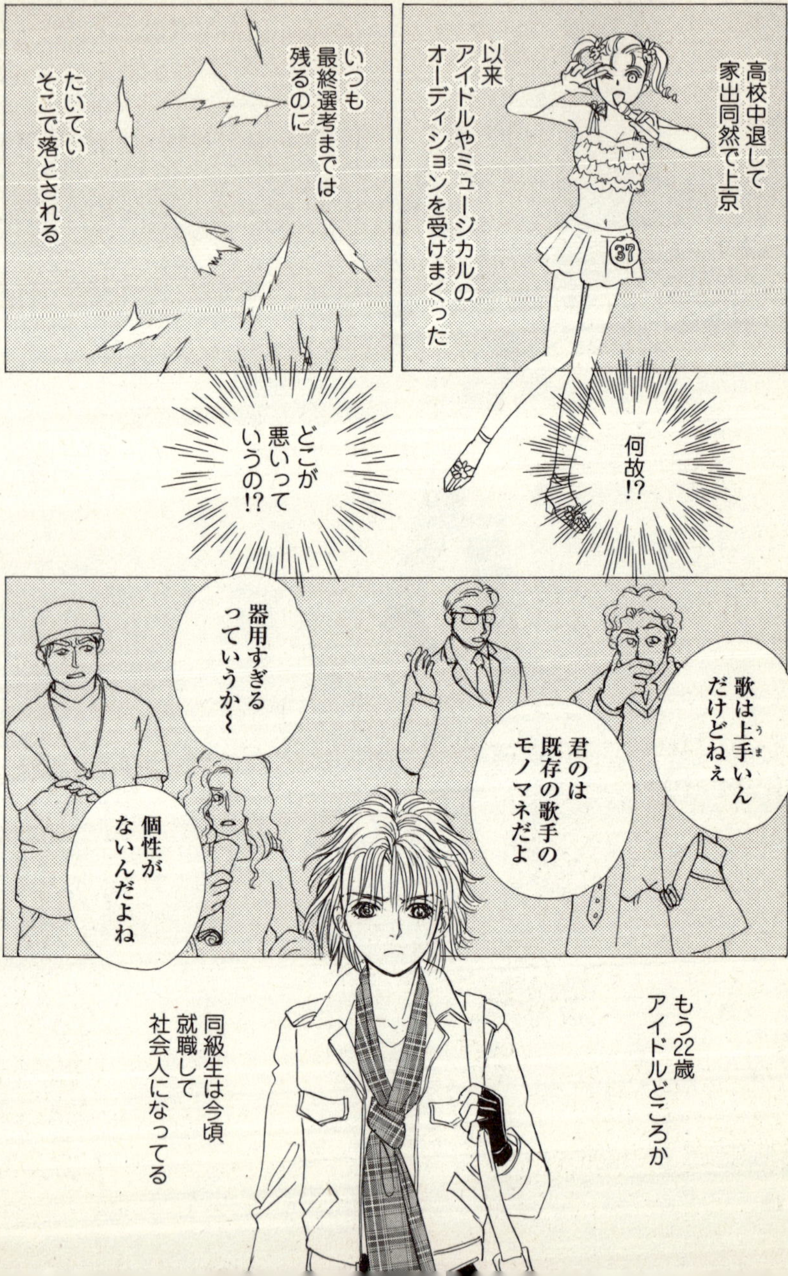

高校中退して家出同然で上京
以来アイドルやミュージカルのオーディションを受けまくった
いつも最終選考までは残るのに
たいていそこで落とされる
何故!?
どこが悪いっていうの!?
歌は上手いんだけどねぇ
君のは既存の歌手のモノマネだよ
器用すぎるっていうか〜
個性がないんだよね
もう22歳 アイドルどころか
同級生は今頃就職して社会人になってる

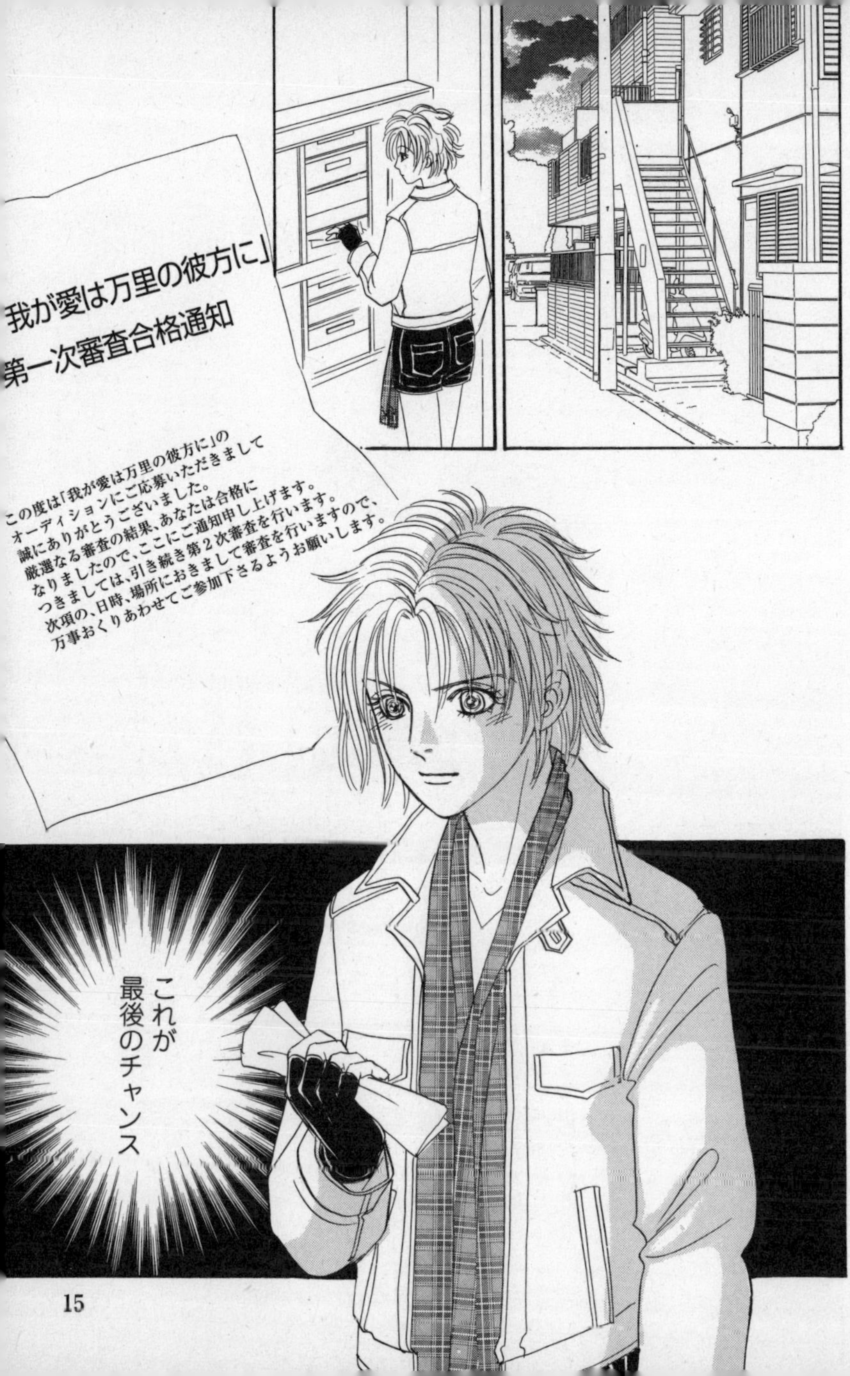
我が愛は万里の彼方に」
第一次審査合格通知
この度は「我が愛は万里の彼方に」の
オーディションにご応募いただきまして
誠にありがとうございました。
厳選なる審査の結果、あなたは合格に
なりましたので、ここにご通知申し上げます。
つきましては、引き続き第2次審査を行います。
次項の、日時、場所におきまして審査を行いますので、
万事おくりあわせてご参加下さるようお願いします。
これが最後のチャンス

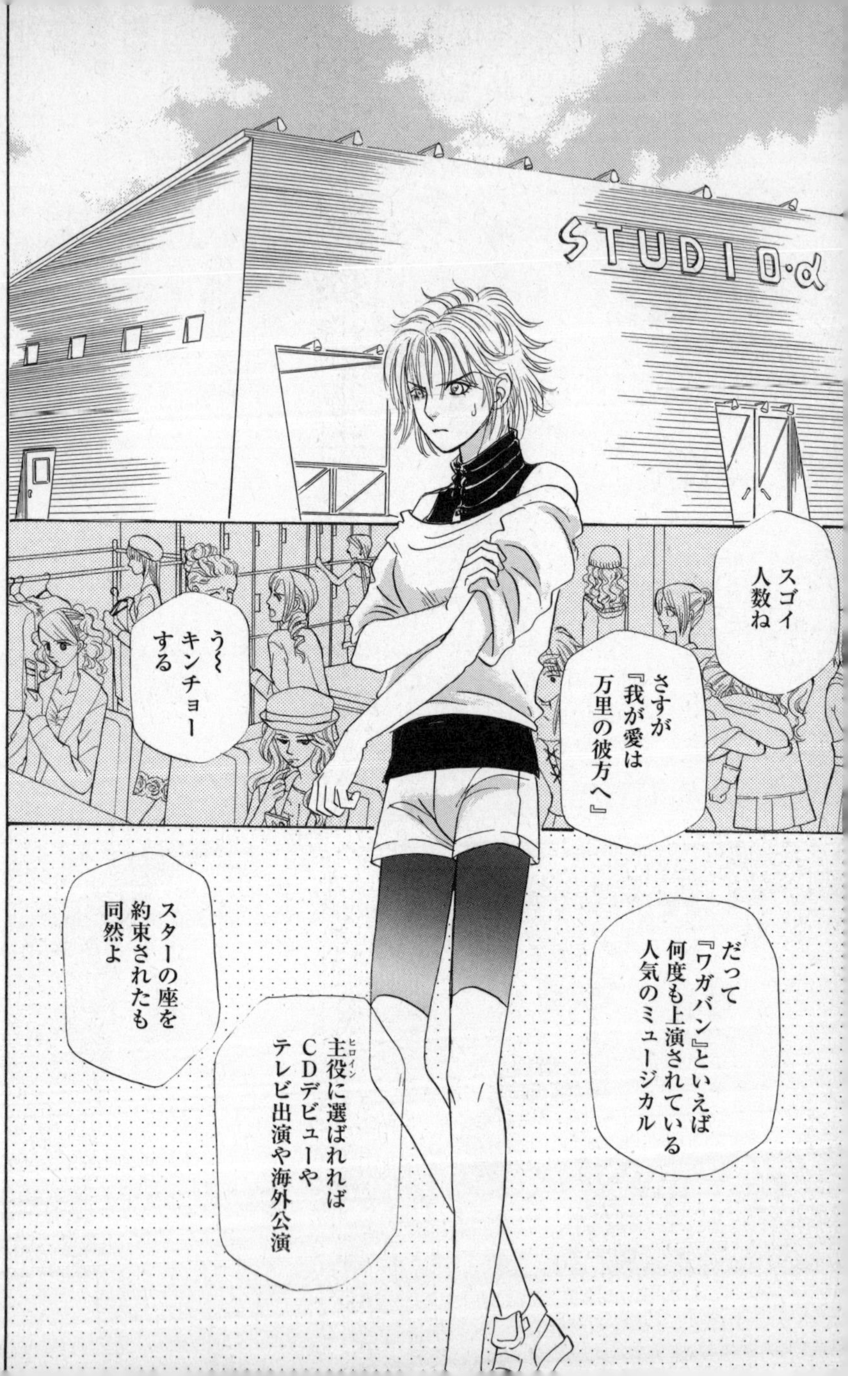
STUDIO・α
スゴイ人数ね
さすが『我が愛は万里の彼方へ』
う〜キンチョーする
だって『ワガバン』といえば何度も上演されている人気のミュージカル
主役(ヒロイン)に選ばれればCDデビューやテレビ出演や海外公演
スターの座を約束されたも同然よ

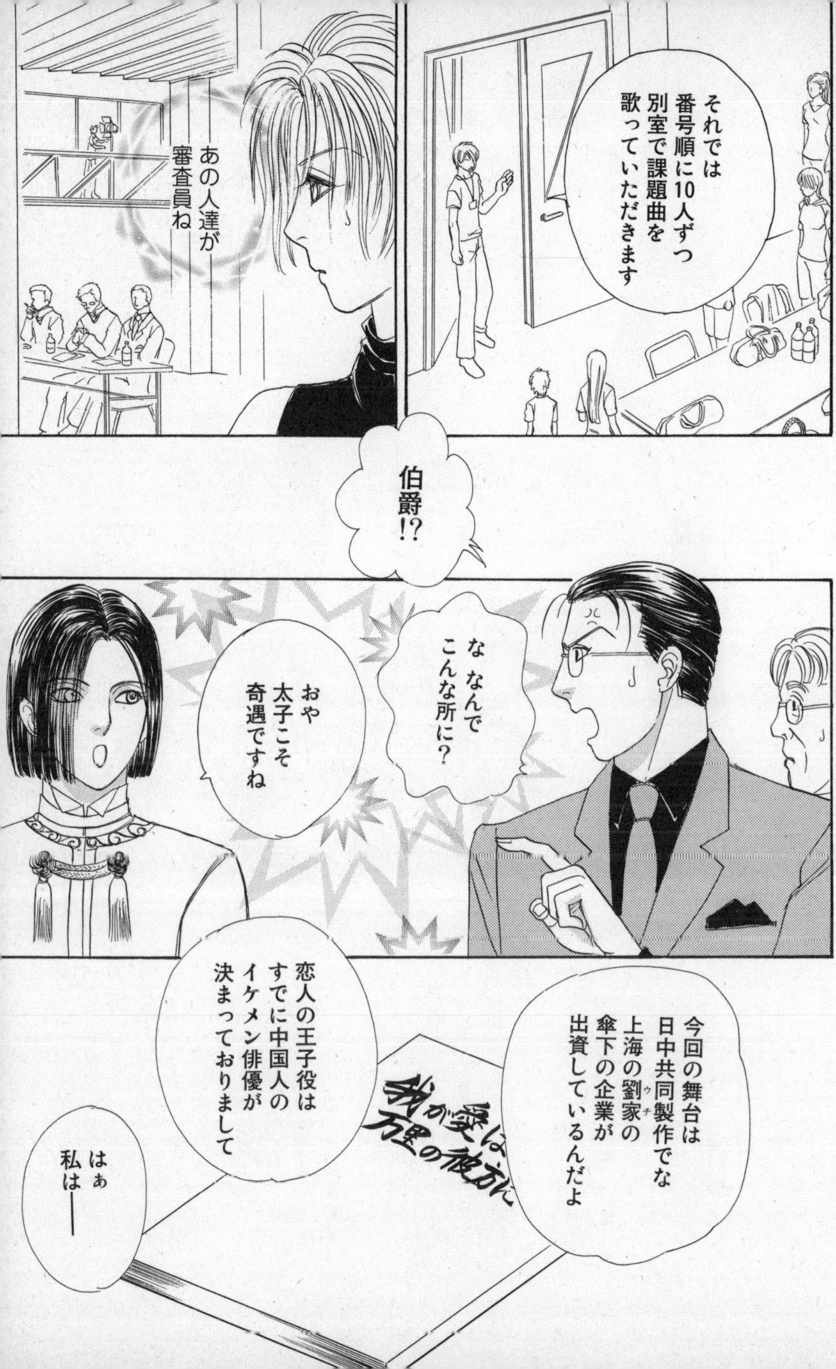
それでは番号順に10人ずつ別室で課題曲を歌っていただきます
あの人達が審査員ね
伯爵!?
な なんでこんな所に?
おや太子こそ奇遇ですね
今回の舞台は日中共同製作でな上海の劉家の傘下の企業が出資しているんだよ
我が愛は万里の彼方に
恋人の王子役はすでに中国人のイケメン俳優が決まっておりまして
はぁ私は——

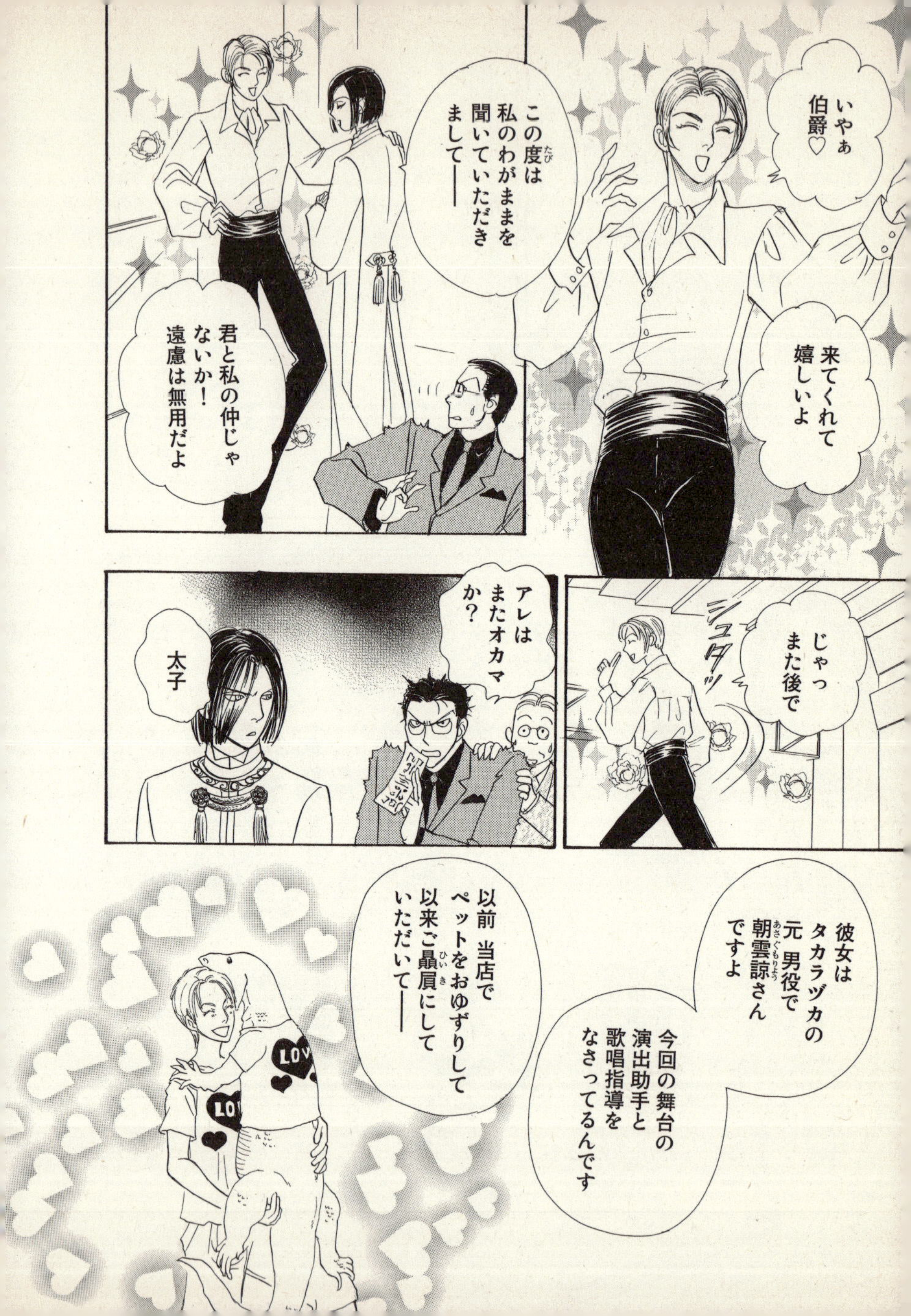
いやぁ伯爵♡
来てくれて嬉しいよ
この度は私のわがままを聞いていただきまして――
君と私の仲じゃないか！遠慮は無用だよ
じゃっまた後で
シュタッ
アレはまたオカマか？
太子
彼女はタカラヅカの元 男役で朝雲諒さんですよ
今回の舞台の演出助手と歌唱指導をなさってるんです
以前 当店でペットをおゆずりして以来ご贔屓にしていただいて――

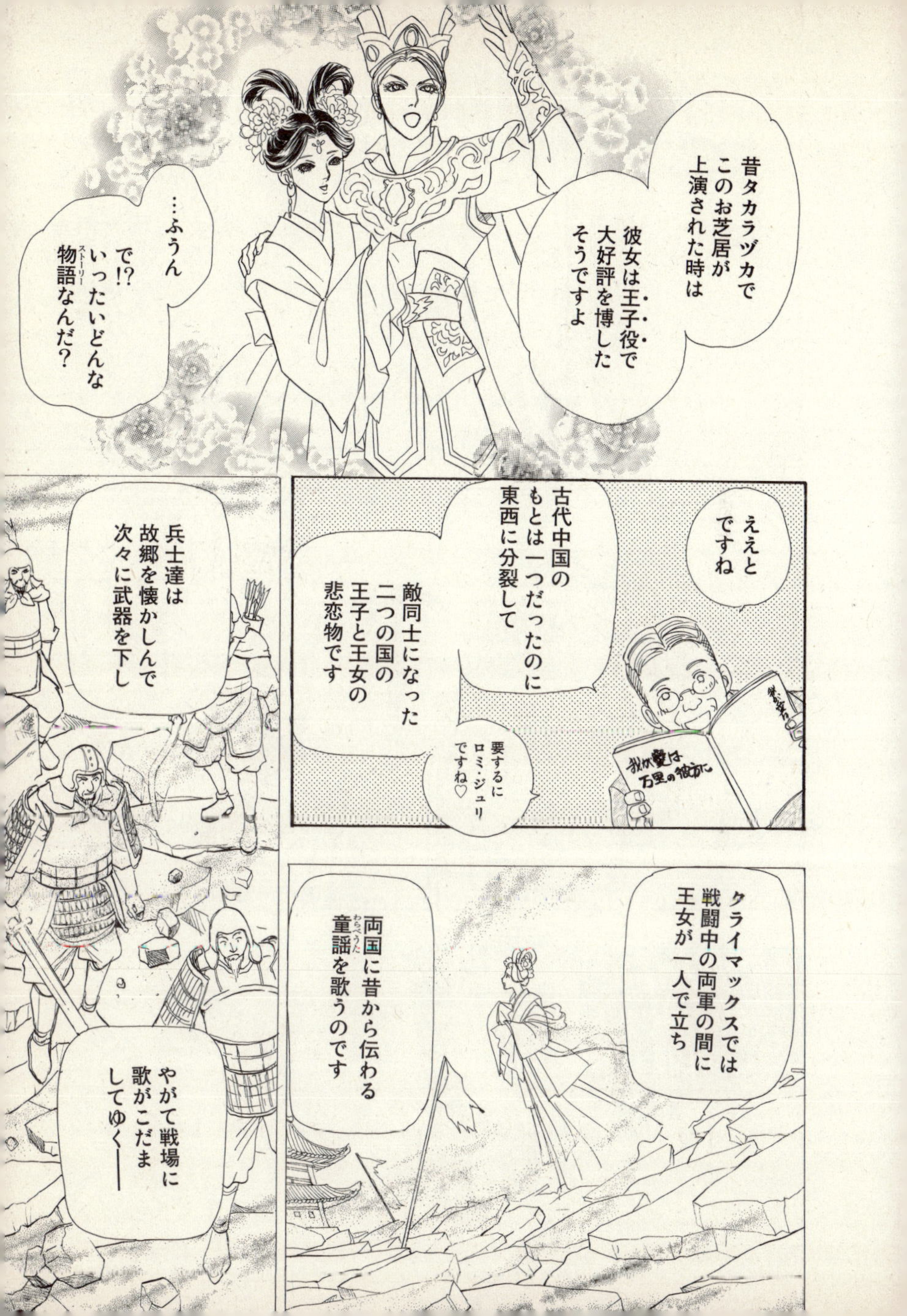
昔タカラヅカで このお芝居が 上演された時は 彼女は王子役で 大好評を博した そうですよ
…ふうん で!? いったいどんな 物語(ストーリー)なんだ?
ええと ですね
古代中国の もとは一つだったのに 東西に分裂して 敵同士になった 二つの国の 王子と王女の 悲恋物です
要するに ロミ・ジュリ ですね♡
我が愛は万里の彼方に
クライマックスでは 戦闘中の両軍の間に 王女が一人で立ち
両国に昔から伝わる 童謡(わらべうた)を歌うのです
兵士達は 故郷を懐かしんで 次々に武器を下し
やがて戦場に 歌がこだま してゆく――

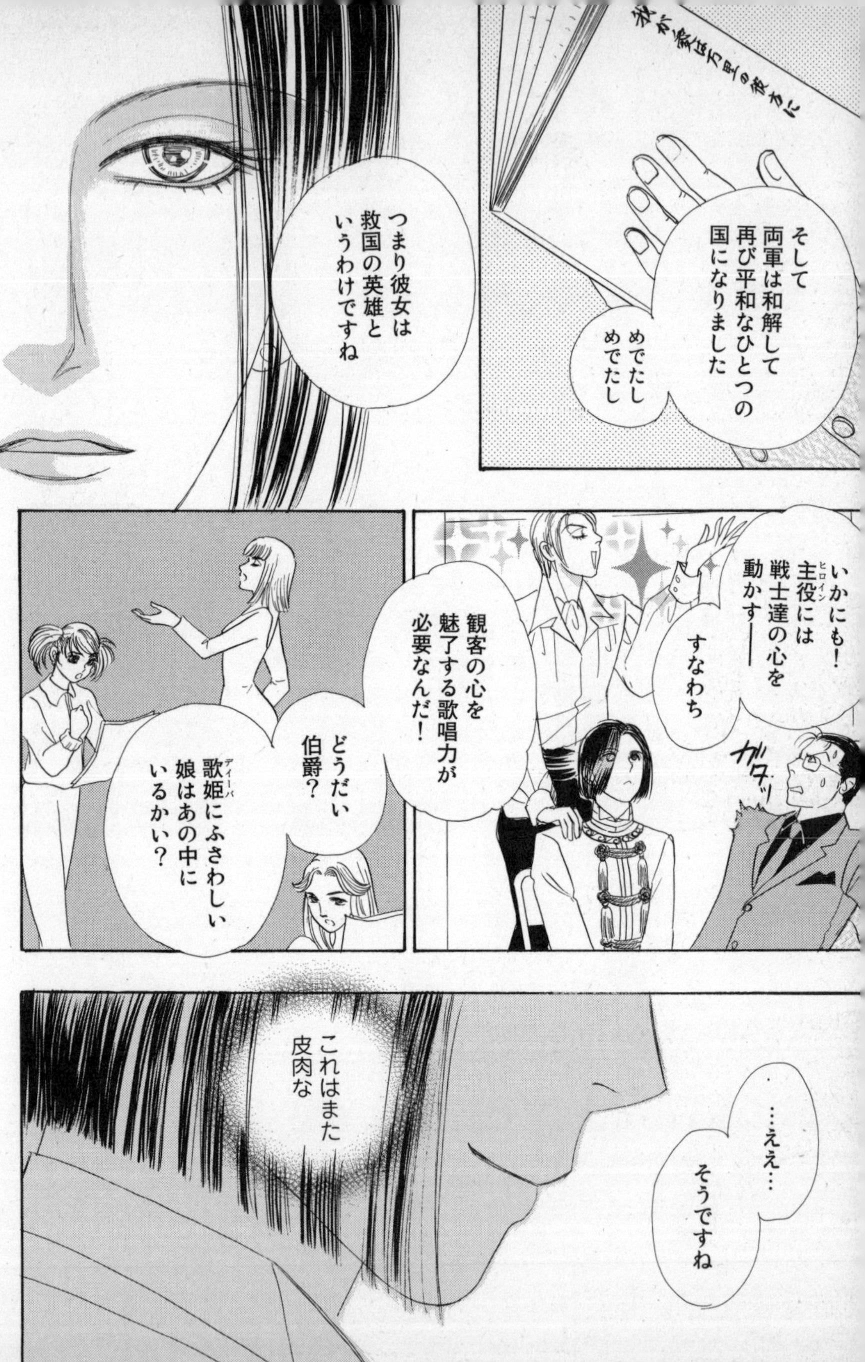
我が家は万里の彼方に
そして両軍は和解して再び平和なひとつの国になりました
めでたしめでたし
つまり彼女は救国の英雄というわけですね
いかにも！主役（ヒロイン）には戦士達の心を動かす——
すなわち
ガタッ
観客の心を魅了する歌唱力が必要なんだ！
どうだい伯爵？
歌姫（ディーバ）にふさわしい娘はあの中にいるかい？
……ええ…そうですね
これはまた皮肉な

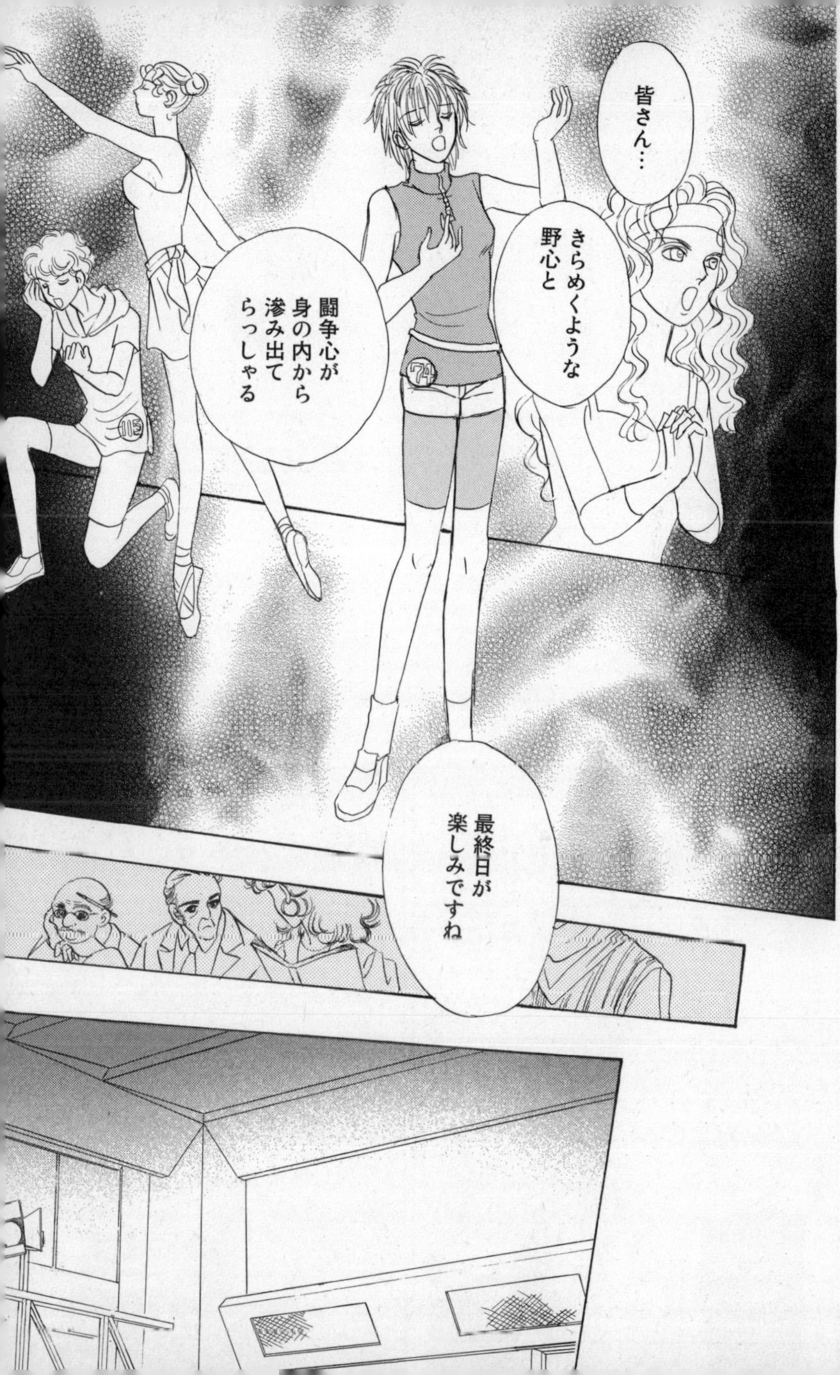
皆さん…
きらめくような
野心と
闘争心が
身の内から
滲み出て
らっしゃる
最終日が
楽しみですね

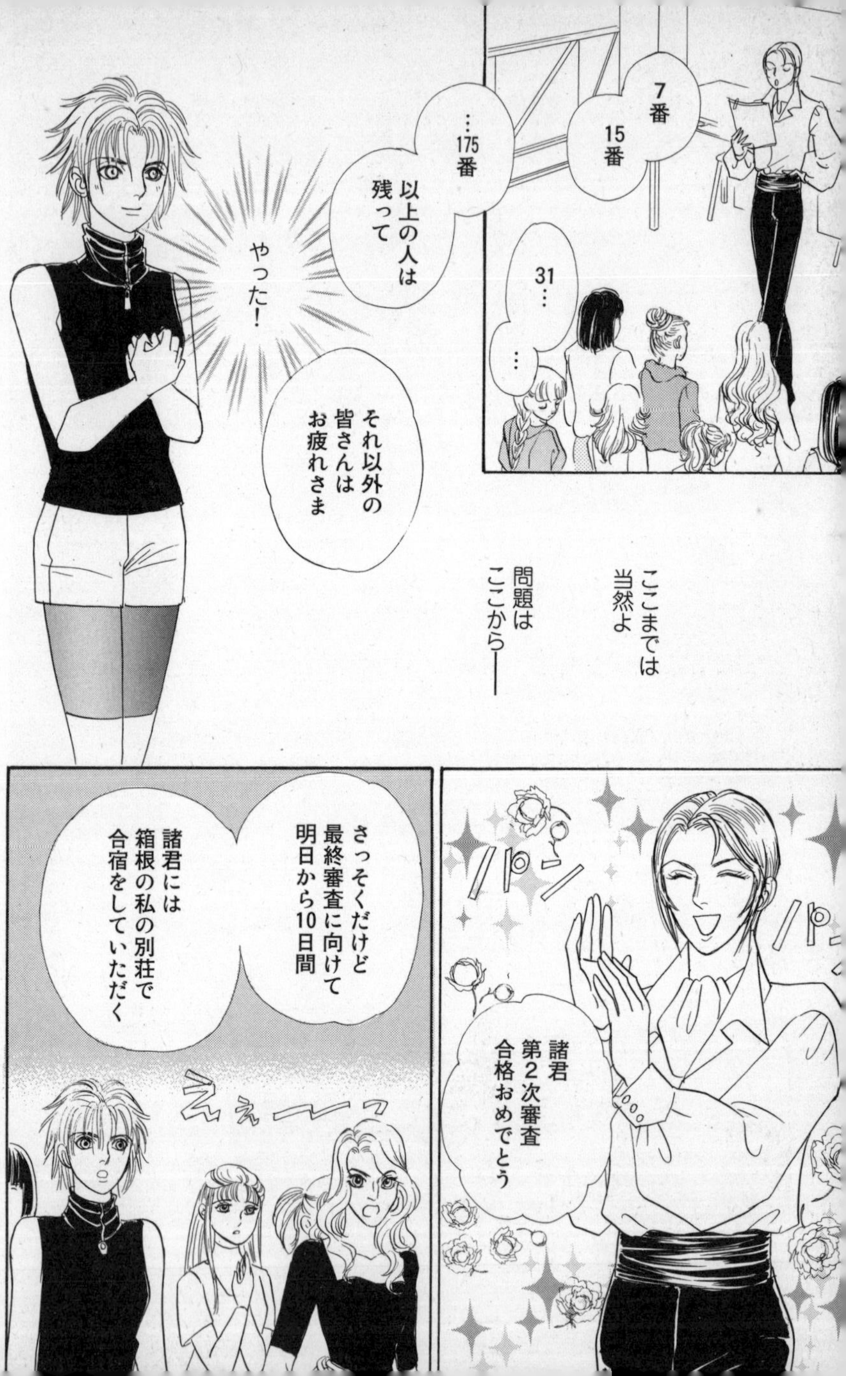
7番
15番
31…
…
…175番
以上の人は
残って
やった!
それ以外の
皆さんは
お疲れさま
ここまでは
当然よ
問題は
ここから——
パン
パン
諸君
第2次審査
合格おめでとう
さっそくだけど
最終審査に向けて
明日から10日間
諸君には
箱根の私の別荘で
合宿をしていただく
えぇ——っ

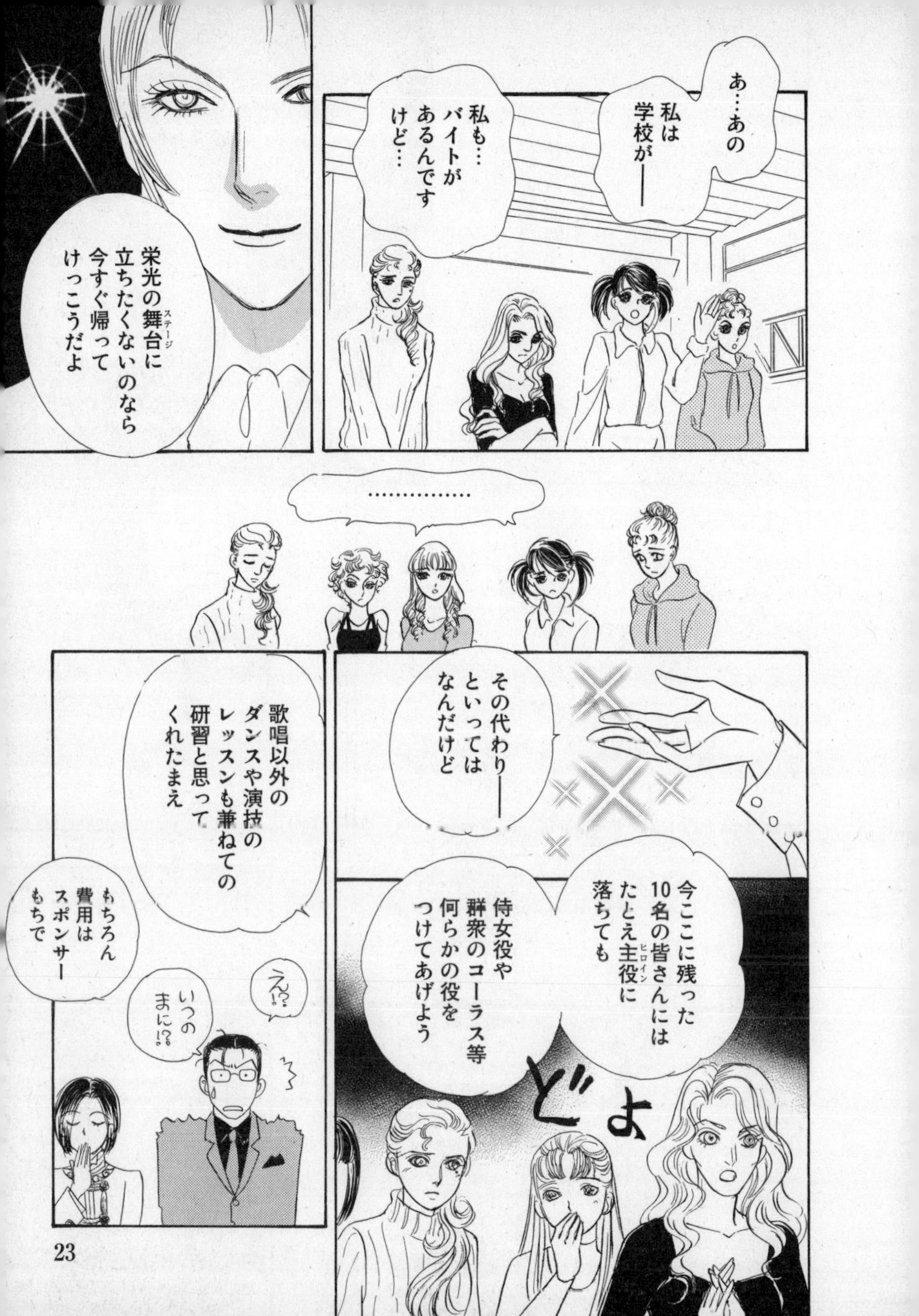
あ…あの
私は
学校が――
私も…
バイトが
あるんです
けど…
栄光の舞台に立ちたくないのなら
今すぐ帰って
けっこうだよ
……………
その代わり――
といっては
なんだけど
今ここに残った
10名の皆さんには
たとえ主役に
落ちても
侍女役や
群衆のコーラス等
何らかの役を
つけてあげよう
どよ
歌唱以外の
ダンスや演技の
レッスンも兼ねての
研習と思って
くれたまえ
もちろん
費用は
スポンサー
もちで
え!?
いつの
まに!?

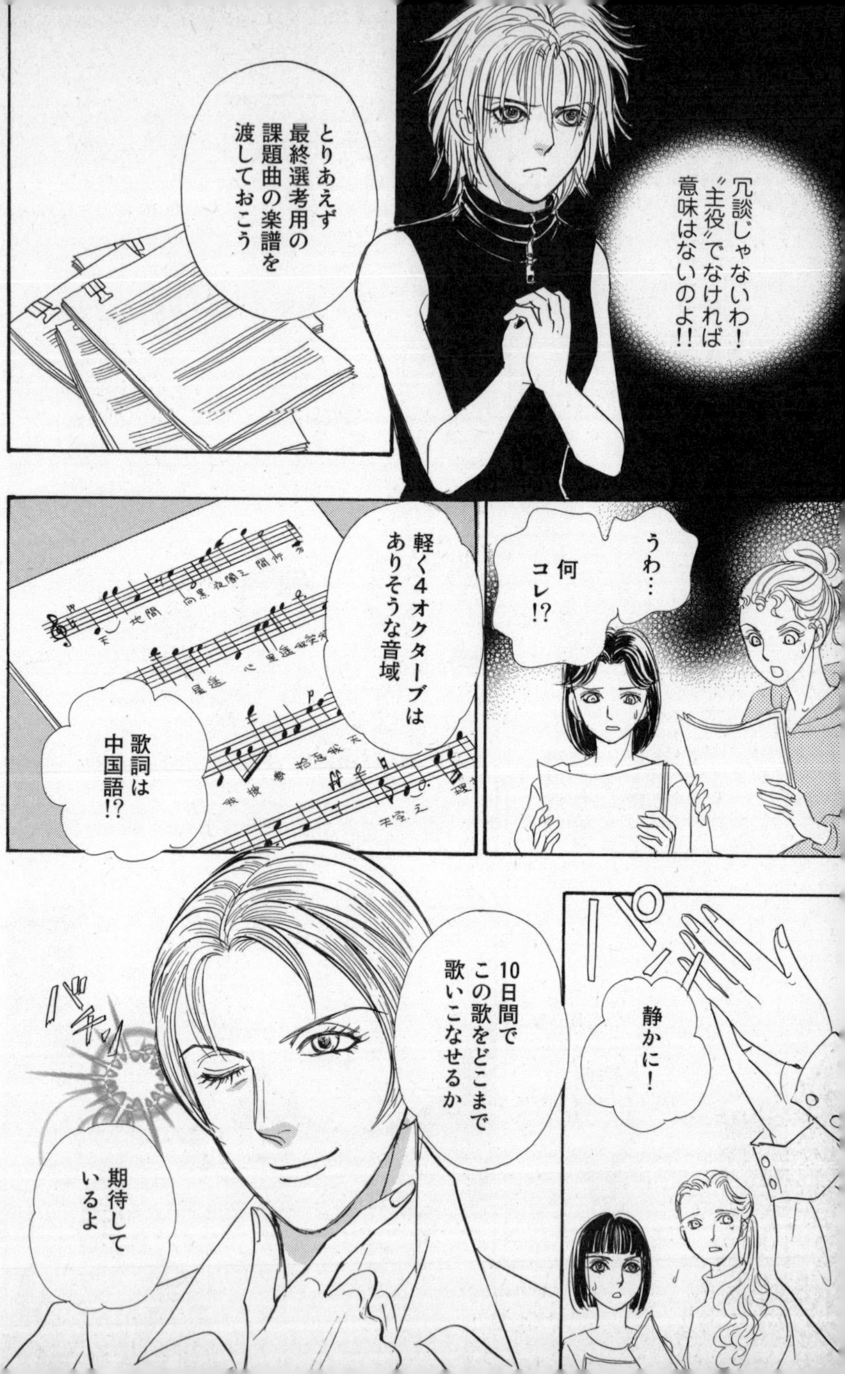
冗談じゃないわ！
〝主役〟でなければ意味はないのよ!!
とりあえず最終選考用の課題曲の楽譜を渡しておこう
うわ…何コレ!?
軽く4オクターブはありそうな音域
歌詞は中国語!?
パン
静かに！
10日間でこの歌をどこまで歌いこなせるか
バチッ
期待しているよ

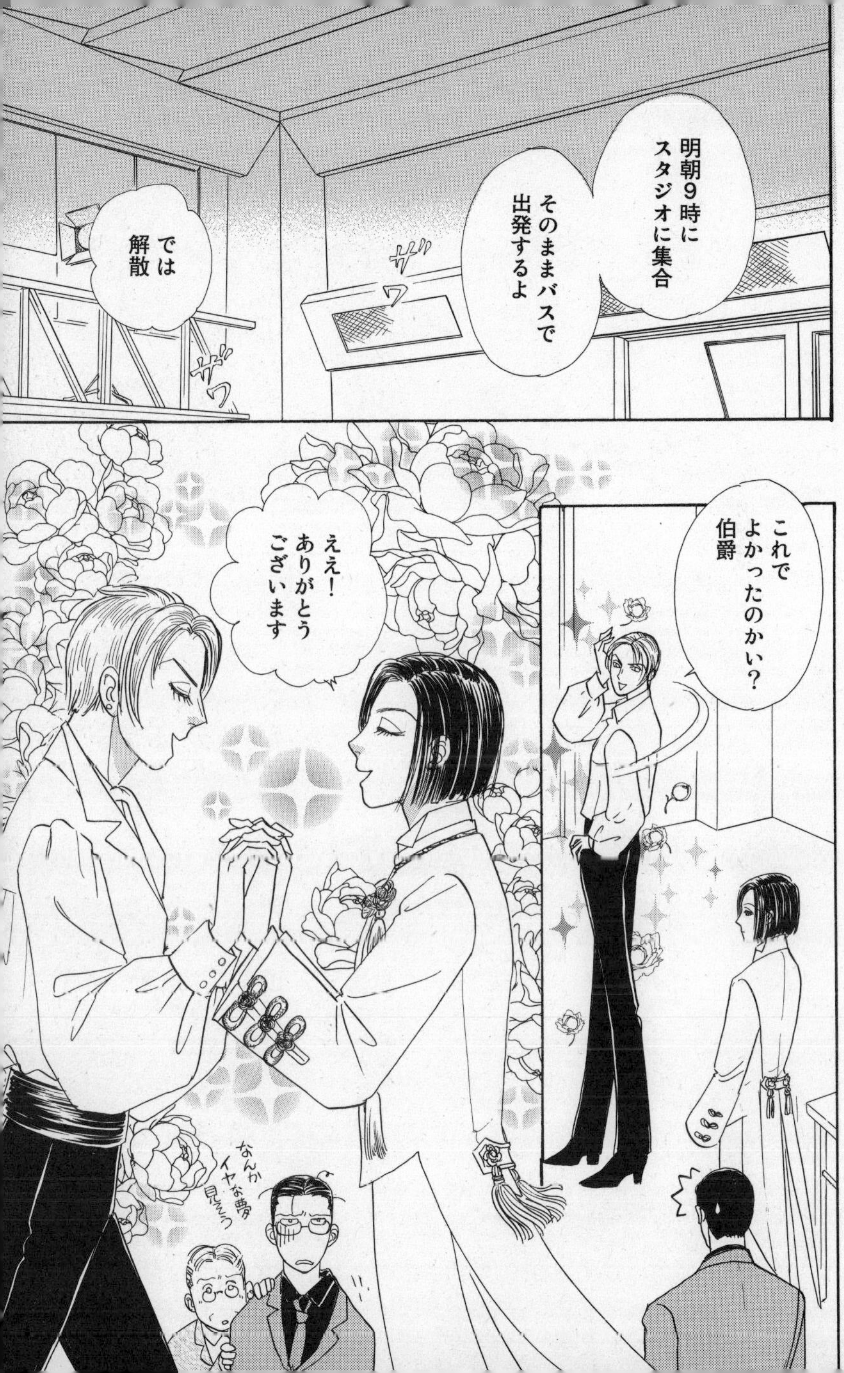
明朝9時に
スタジオに集合
そのままバスで
出発するよ
ザワ
では
解散
ザワ
これで
よかったのかい?
伯爵
ええ!
ありがとう
ございます
なんか
イヤな夢
見そう

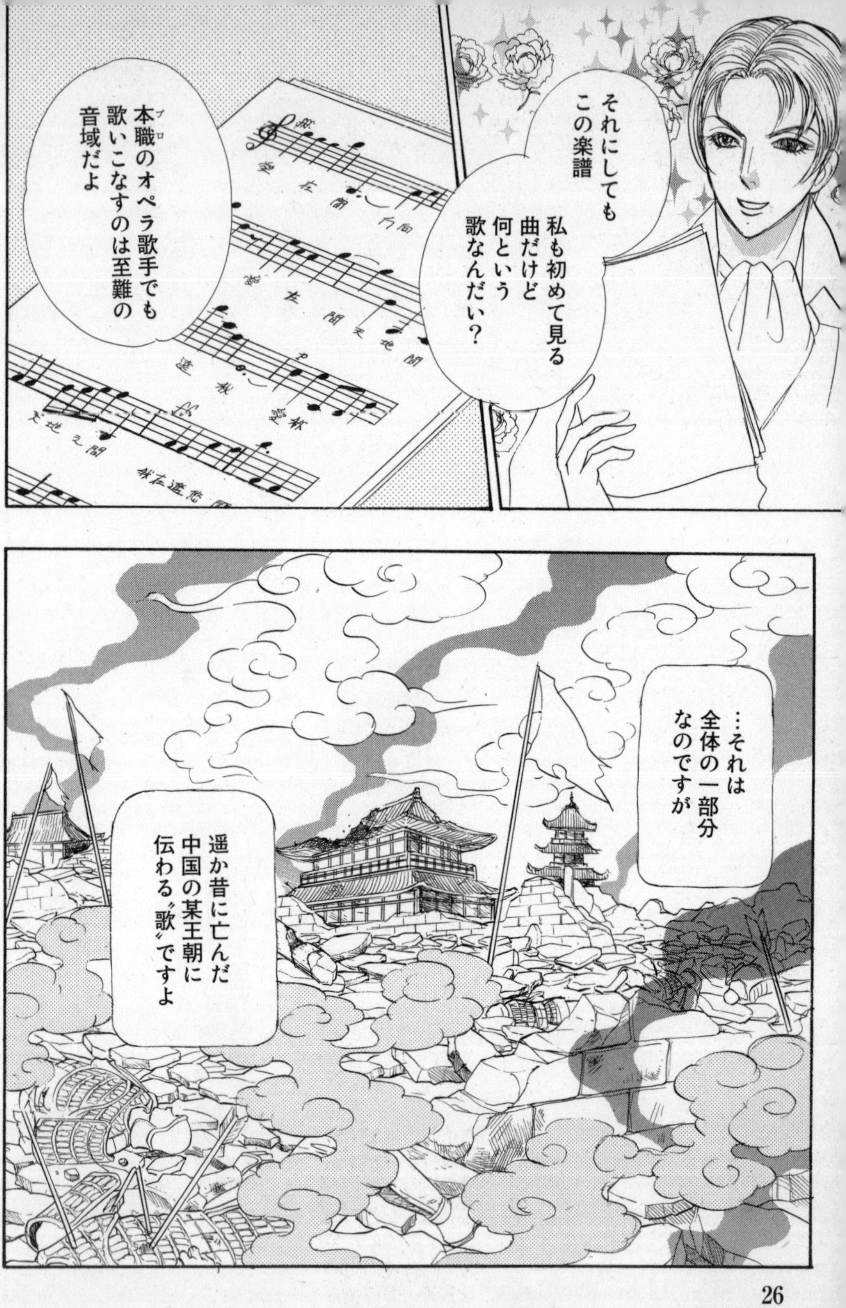

それにしても
この楽譜
私も初めて見る
曲だけど
何という
歌なんだい？
本職のオペラ歌手でも
歌いこなすのは至難の
音域だよ
…それは
全体の一部分
なのですが
遥か昔に亡んだ
中国の某王朝に
伝わる〝歌〟ですよ

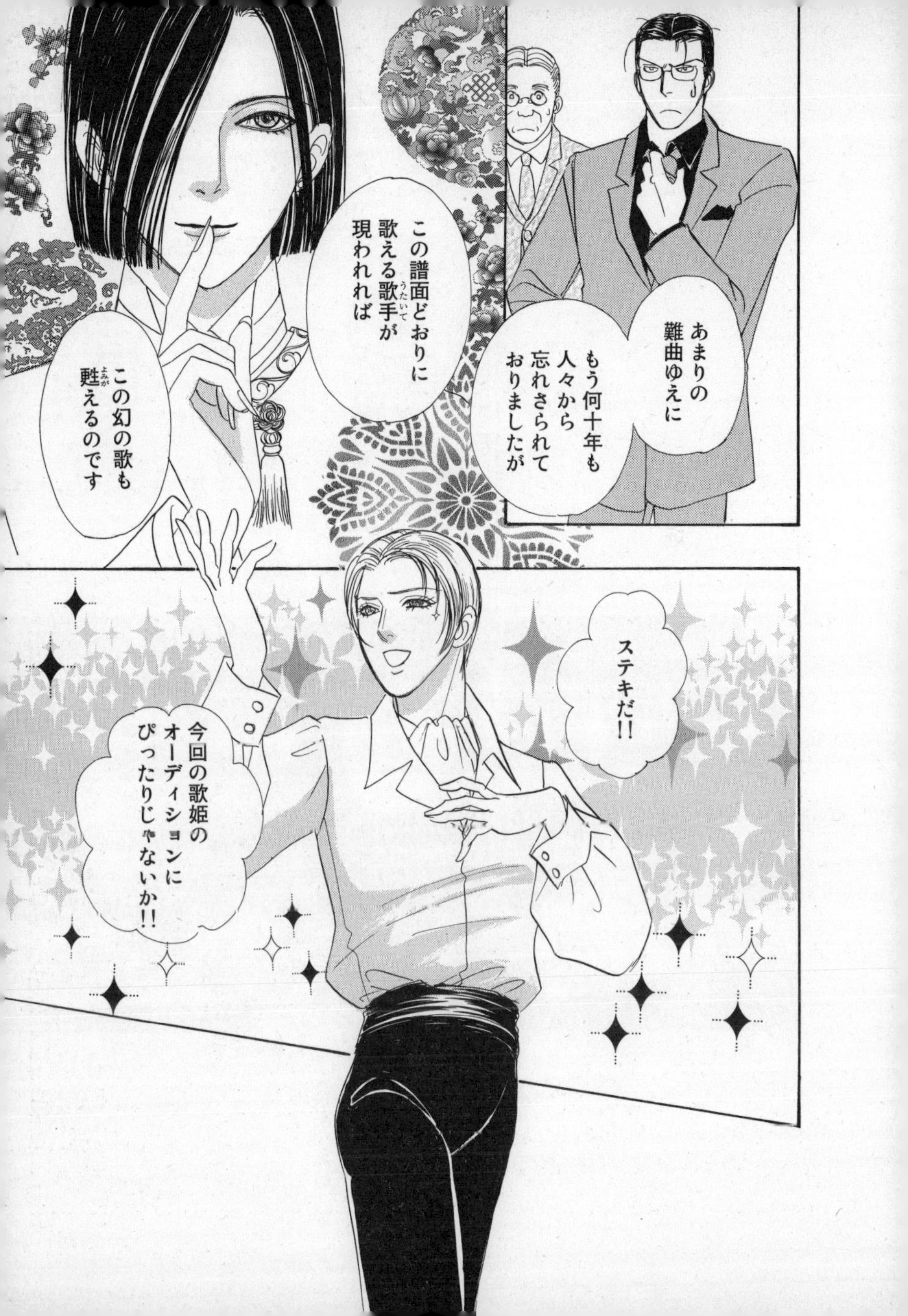
あまりの難曲ゆえに
もう何十年も人々から忘れさられておりましたが
この譜面どおりに歌える歌手が現われれば
この幻の歌も甦えるのです
ステキだ!!
今回の歌姫のオーディションにぴったりじゃないか!!

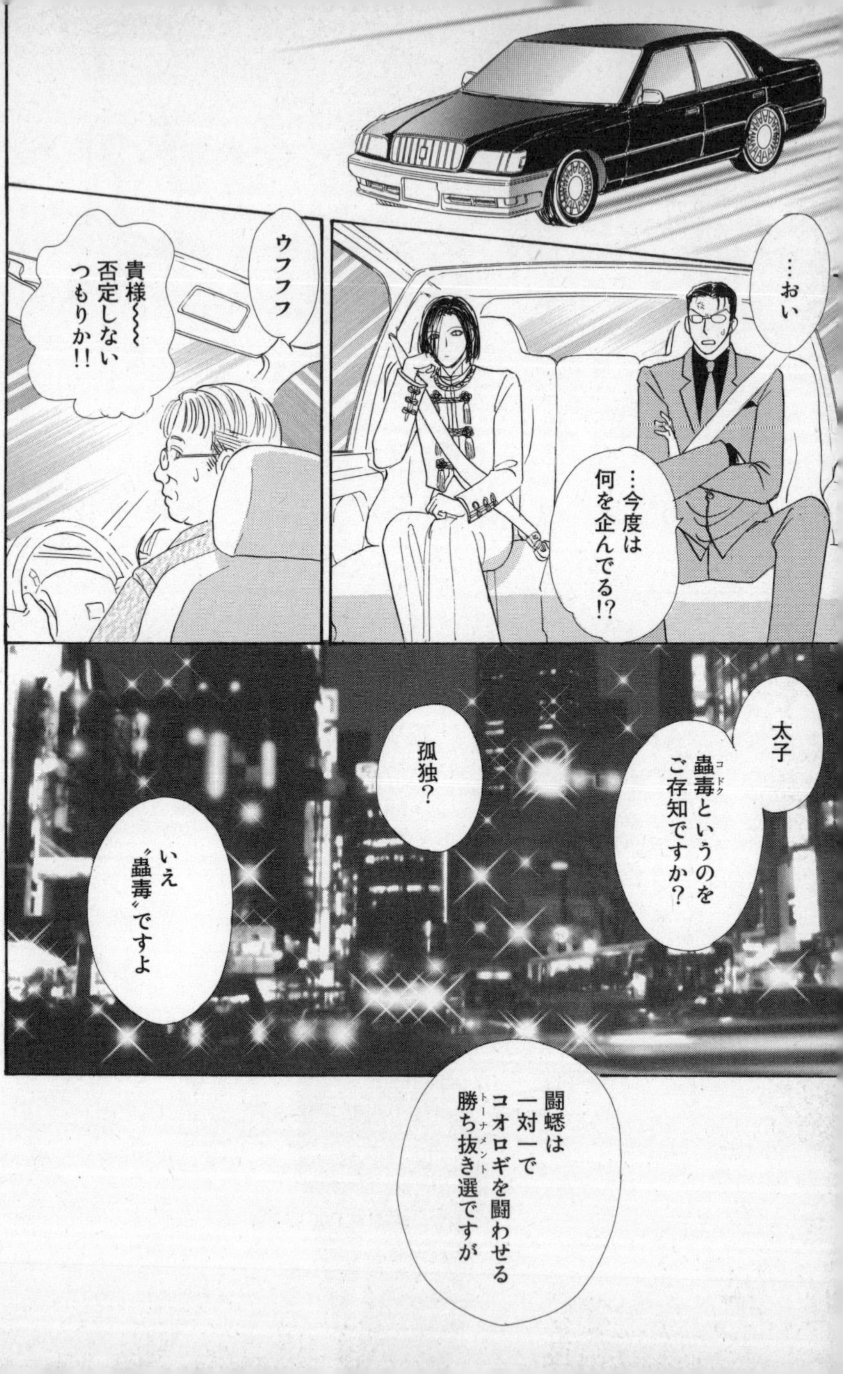
…おい
…今度は何を企んでる!?
ウフフフ
貴様〜〜〜否定しないつもりか!!
太子 蟲毒(コドク)というのをご存知ですか?
孤独?
いえ〝蟲毒〟ですよ
闘蟋は一対一でコオロギを闘わせる勝ち抜き選(トーナメント)ですが

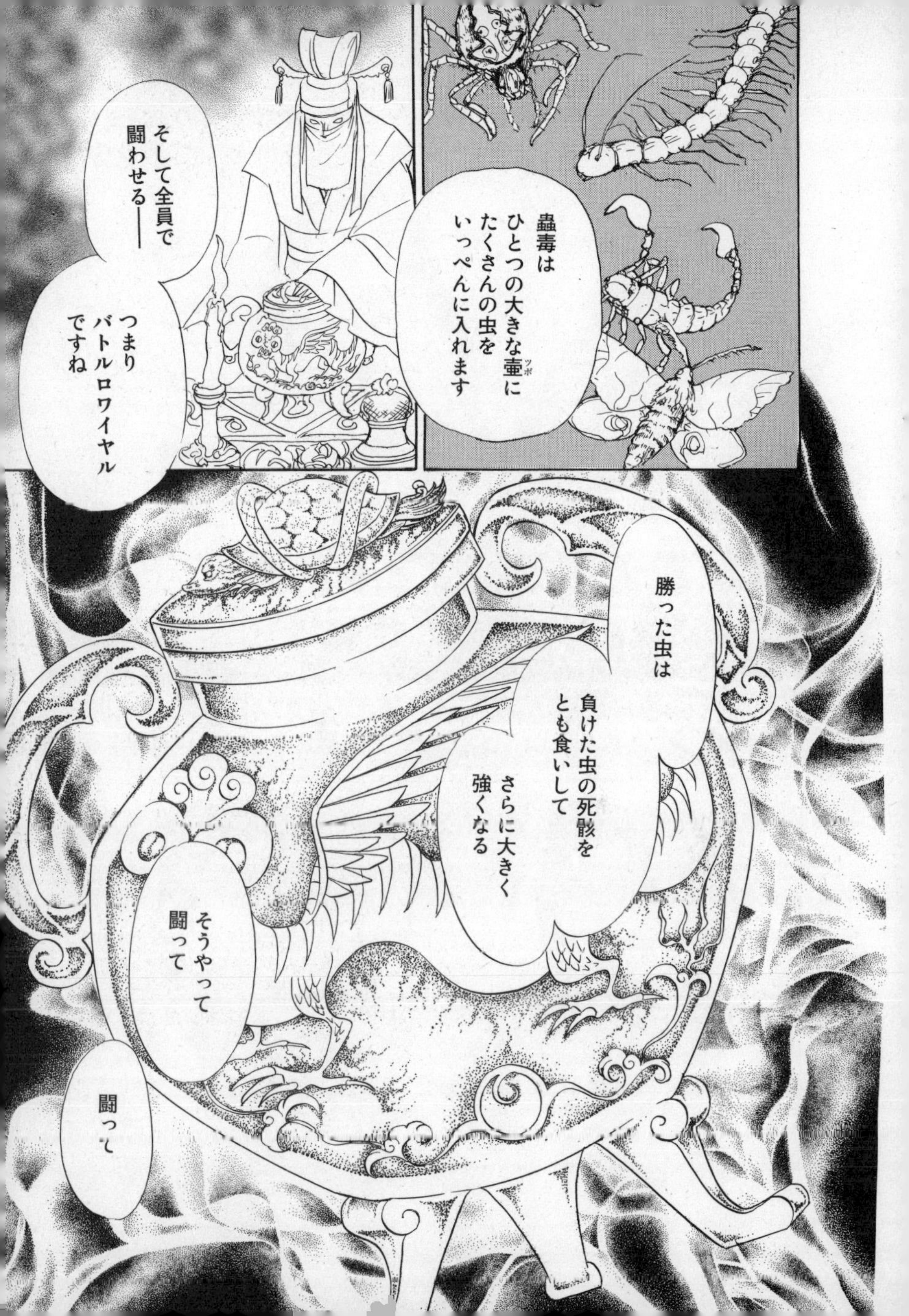
蟲毒は ひとつの大きな壷(ツボ)に たくさんの虫を いっぺんに入れます
そして全員で 闘わせる――
つまり バトルロワイヤル ですね
勝った虫は
負けた虫の死骸を とも食いして
さらに大きく 強くなる
そうやって 闘って
闘って

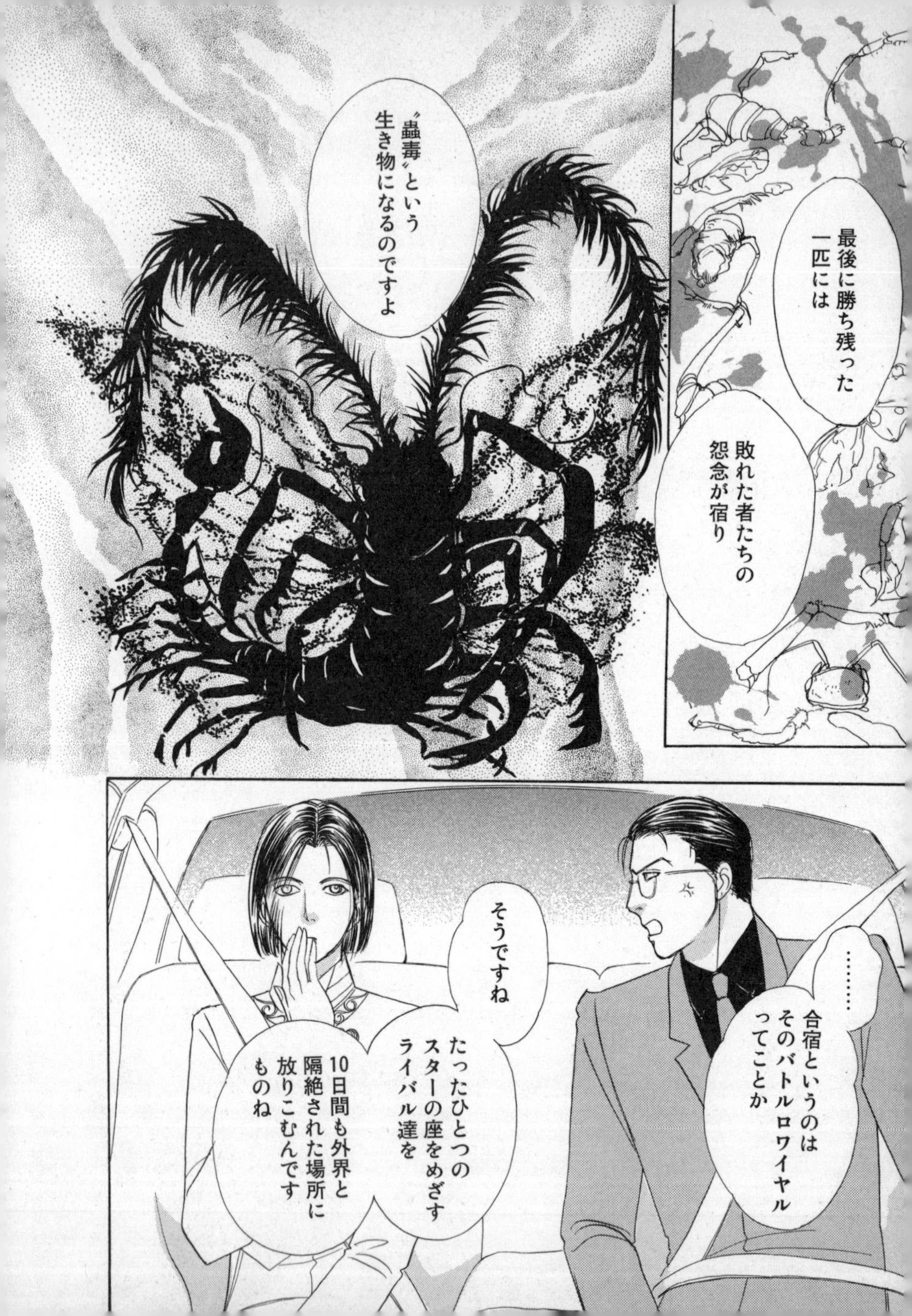
最後に勝ち残った一匹には
敗れた者たちの怨念が宿り
〝蟲毒〟という生き物になるのですよ
……………
合宿というのはそのバトルロワイヤルってことか
そうですね
たったひとつのスターの座をめざすライバル達を
10日間も外界と隔絶された場所に放りこむんですものね

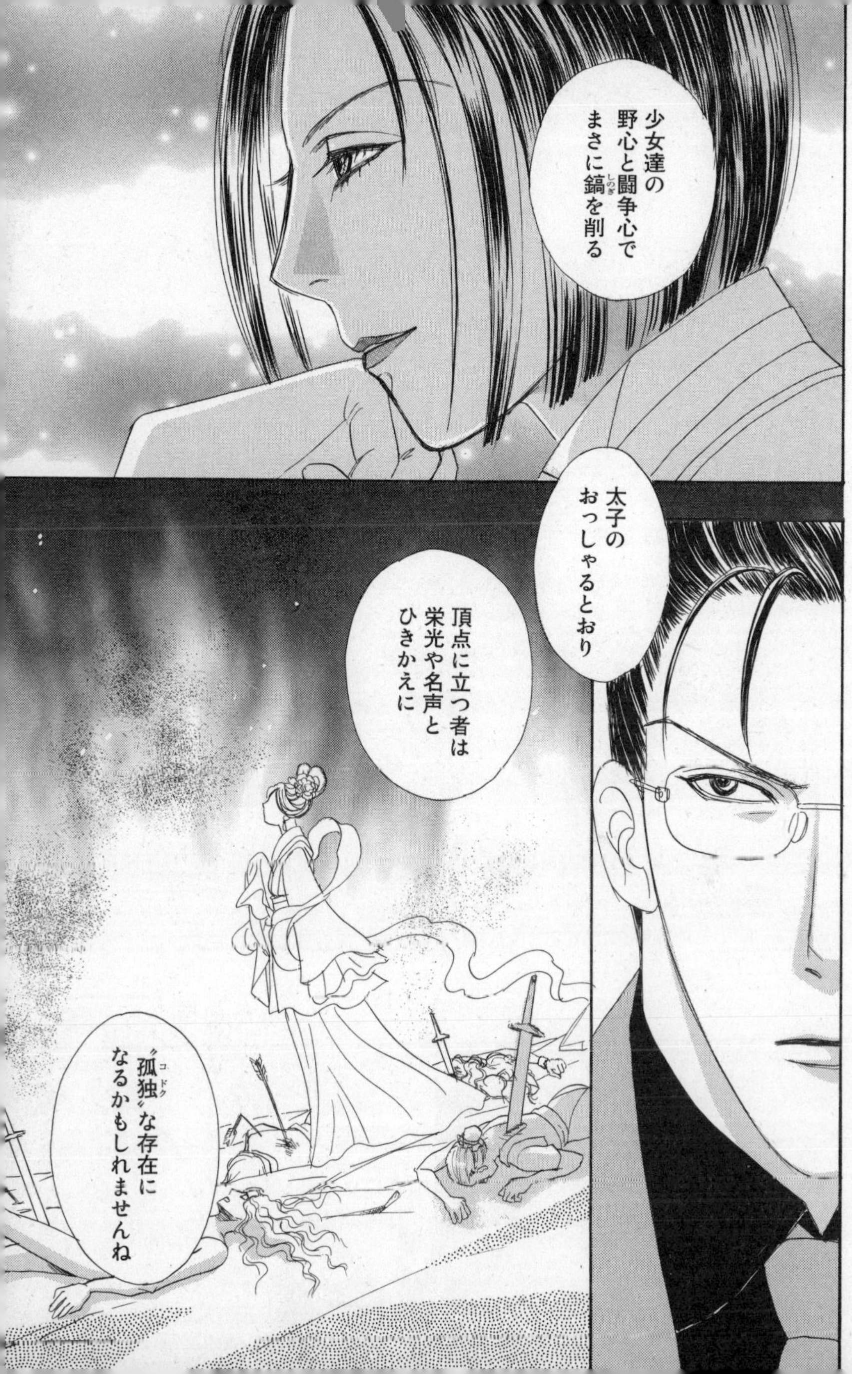
少女達の野心と闘争心でまさに鎬(しのぎ)を削る
太子のおっしゃるとおり
頂点に立つ者は栄光や名声とひきかえに
〝孤独(コドク)〟な存在になるかもしれませんね

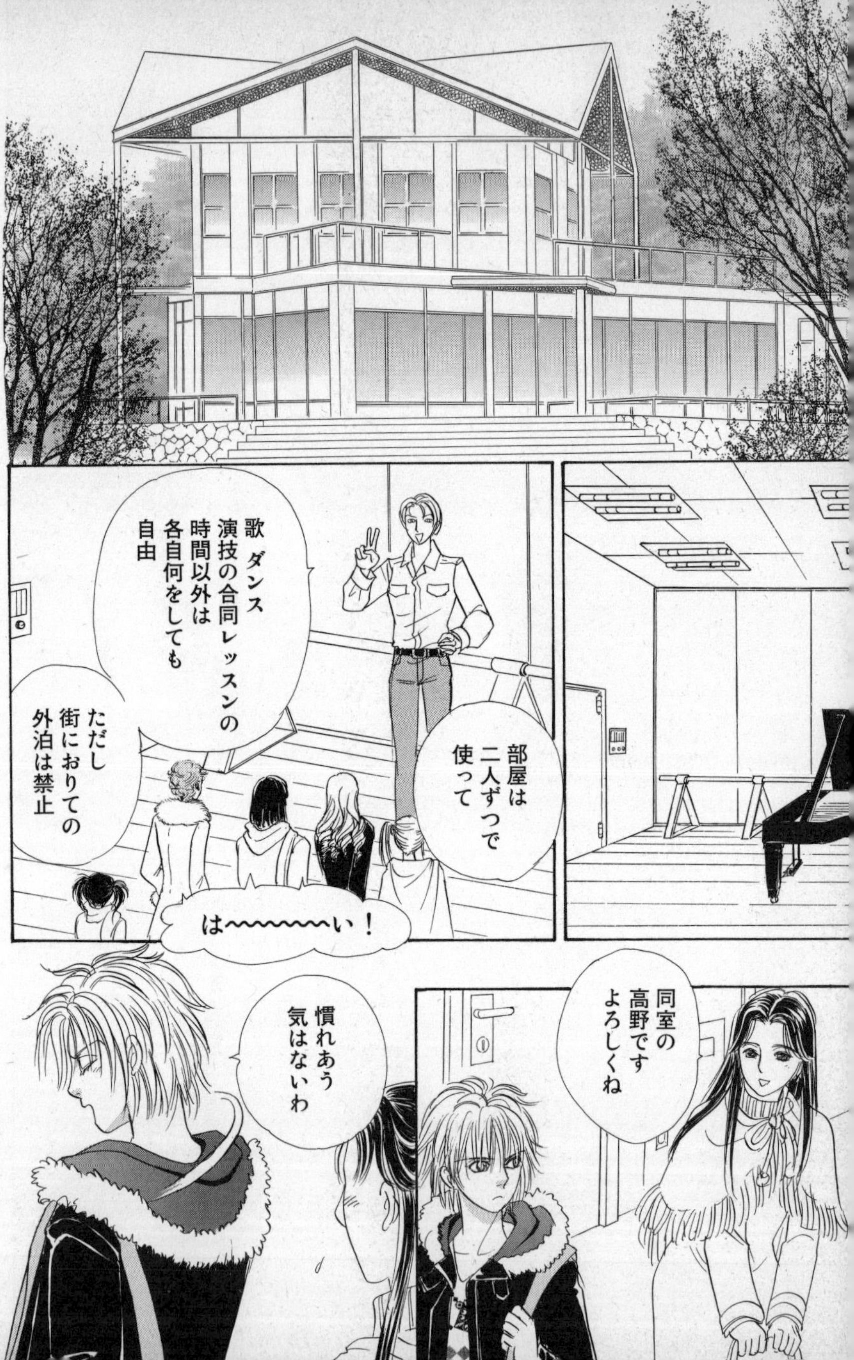
部屋は二人ずつで使って
歌 ダンス 演技の合同レッスンの時間以外は各自何をしても自由
ただし街におりての外泊は禁止
は〜〜〜〜い！
同室の高野ですよろしくね
慣れあう気はないわ

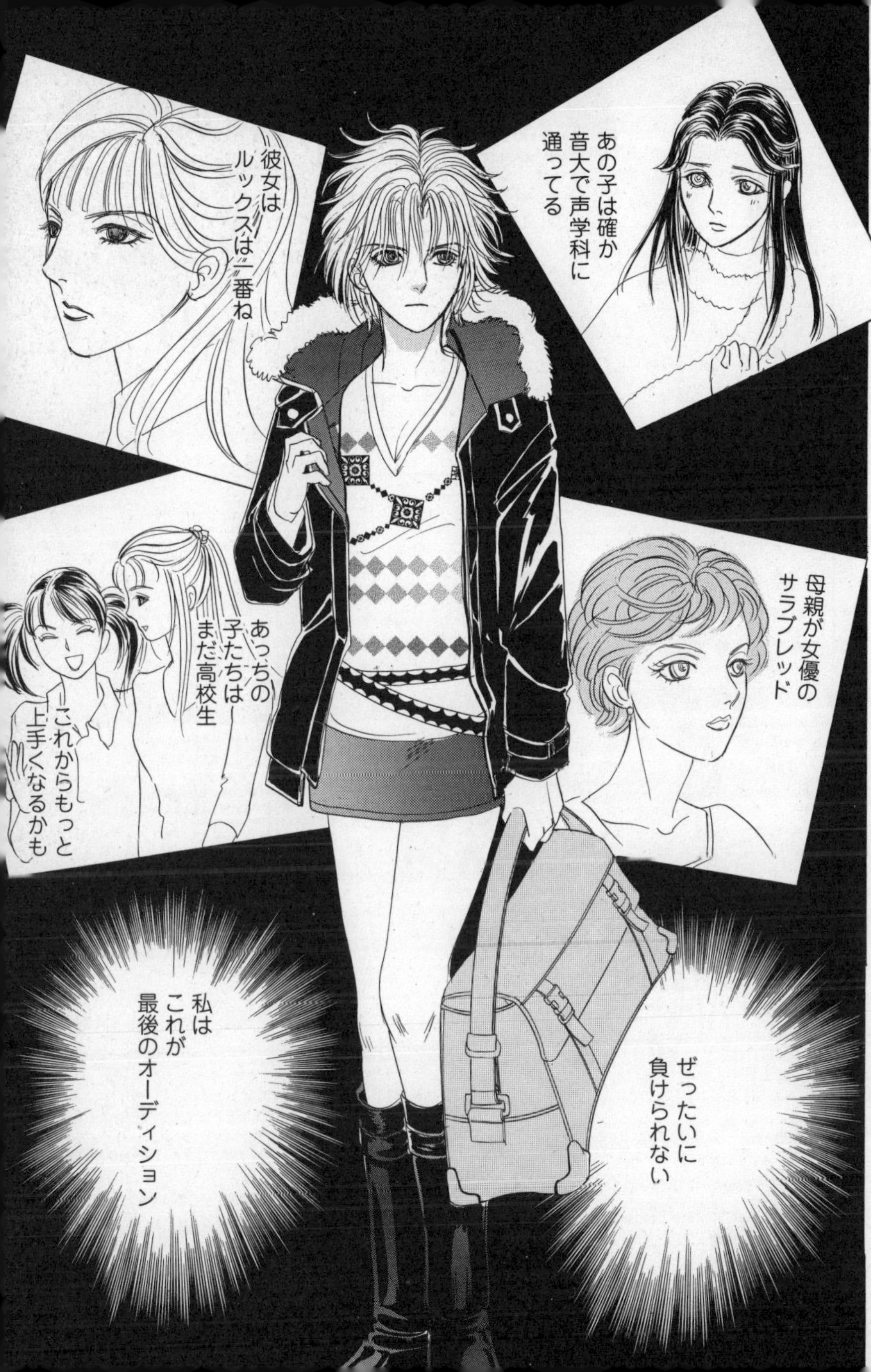
あの子は確か音大で声学科に通ってる
彼女はルックスは一番ね
母親が女優のサラブレッド
あっちの子たちはまだ高校生
これからもっと上手くなるかも
ぜったいに負けられない
私はこれが最後のオーディション

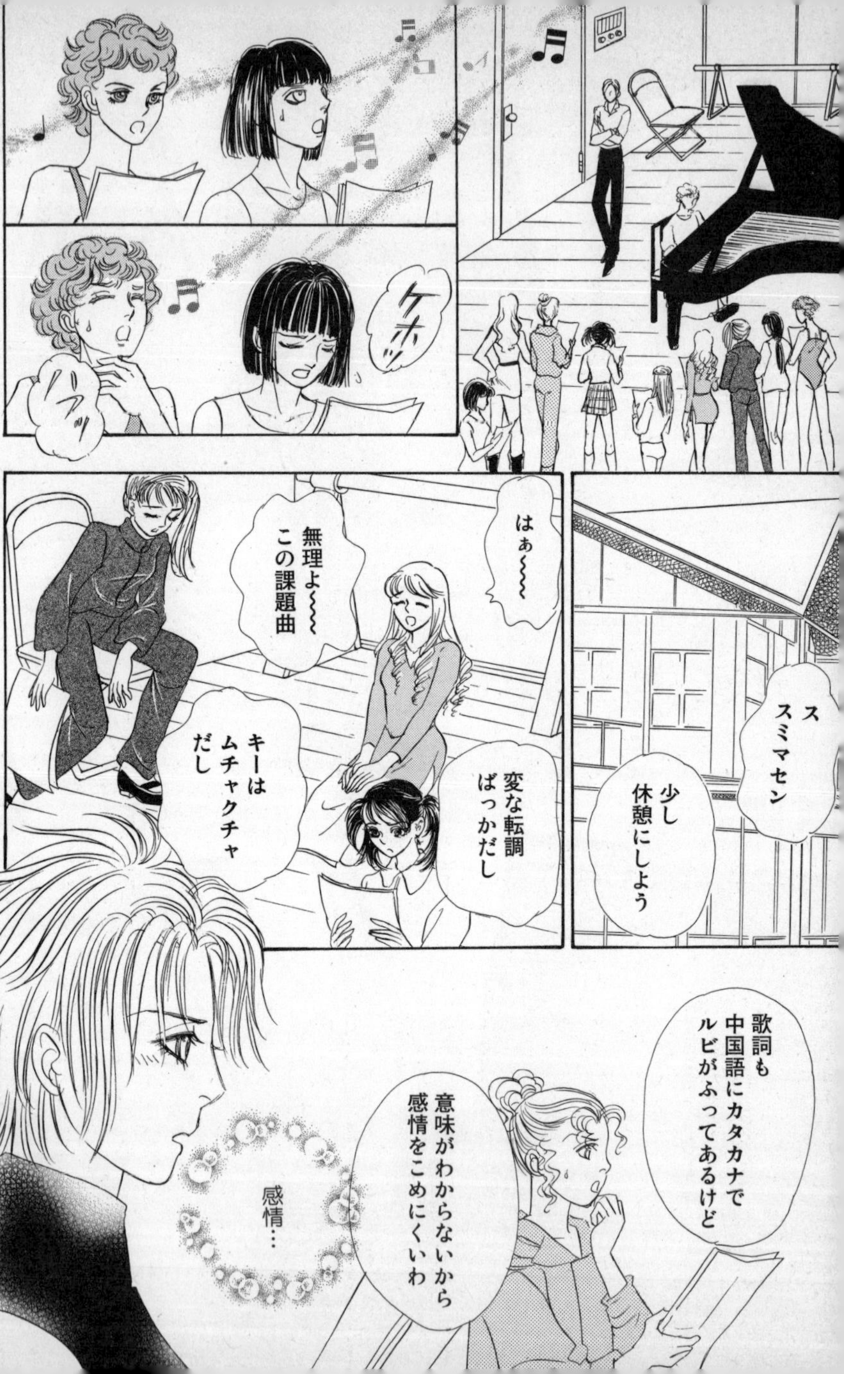
ケホッ
ハフッ
ススミマセン
少し休憩にしよう
はぁ〜〜〜
無理よ〜〜〜この課題曲
変な転調ばっかだし
キーはムチャクチャだし
歌詞も中国語にカタカナでルビがふってあるけど
意味がわからないから感情をこめにくいわ
感情…

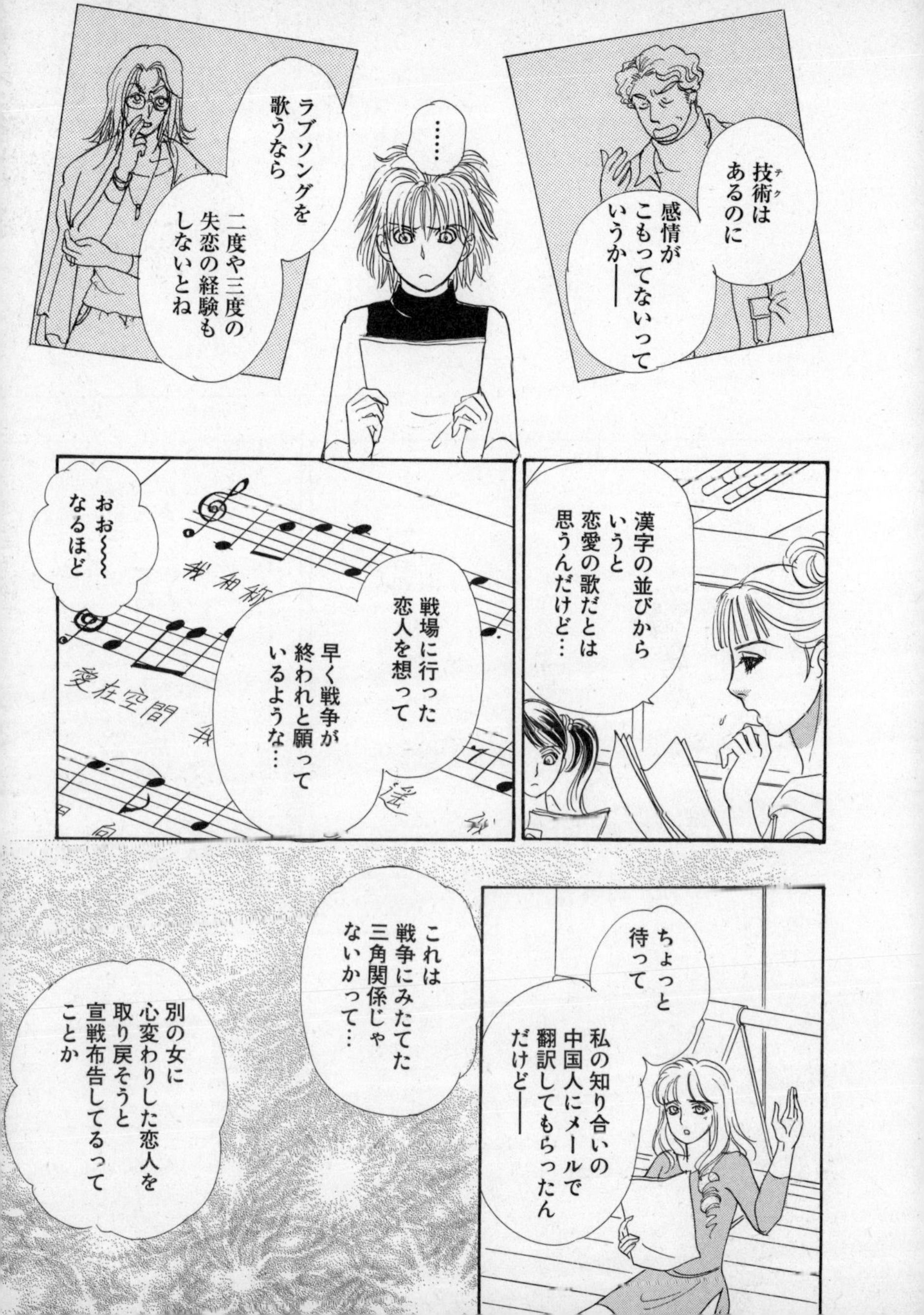
技術はあるのに
感情がこもってないっていうか――
……
ラブソングを歌うなら
二度や三度の失恋の経験もしないとね
漢字の並びからいうと恋愛の歌だとは思うんだけど…
戦場に行った恋人を想って
早く戦争が終われと願っているような…
おお〜〜なるほど
ちょっと待って
私の知り合いの中国人にメールで翻訳してもらったんだけど――
これは戦争にみたてた三角関係じゃないかって…
別の女に心変わりした恋人を取り戻そうと宣戦布告してるってことか

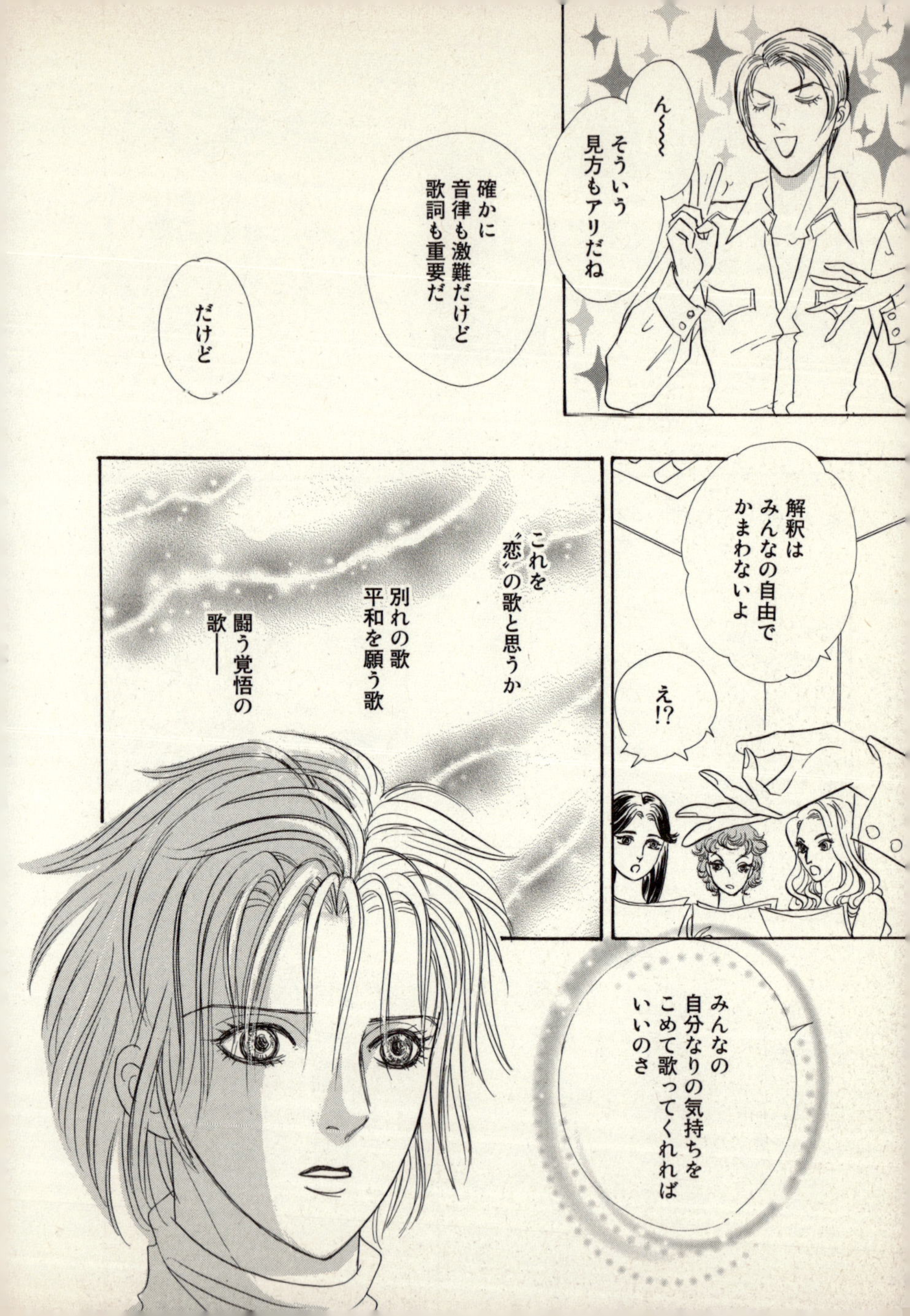

ん〜〜〜
そういう見方もアリだね
確かに音律も激難だけど歌詞も重要だ
だけど
解釈はみんなの自由でかまわないよ
え!?
これを〝恋〟の歌と思うか
別れの歌
平和を願う歌
闘う覚悟の歌――
みんなの自分なりの気持ちをこめて歌ってくれればいいのさ

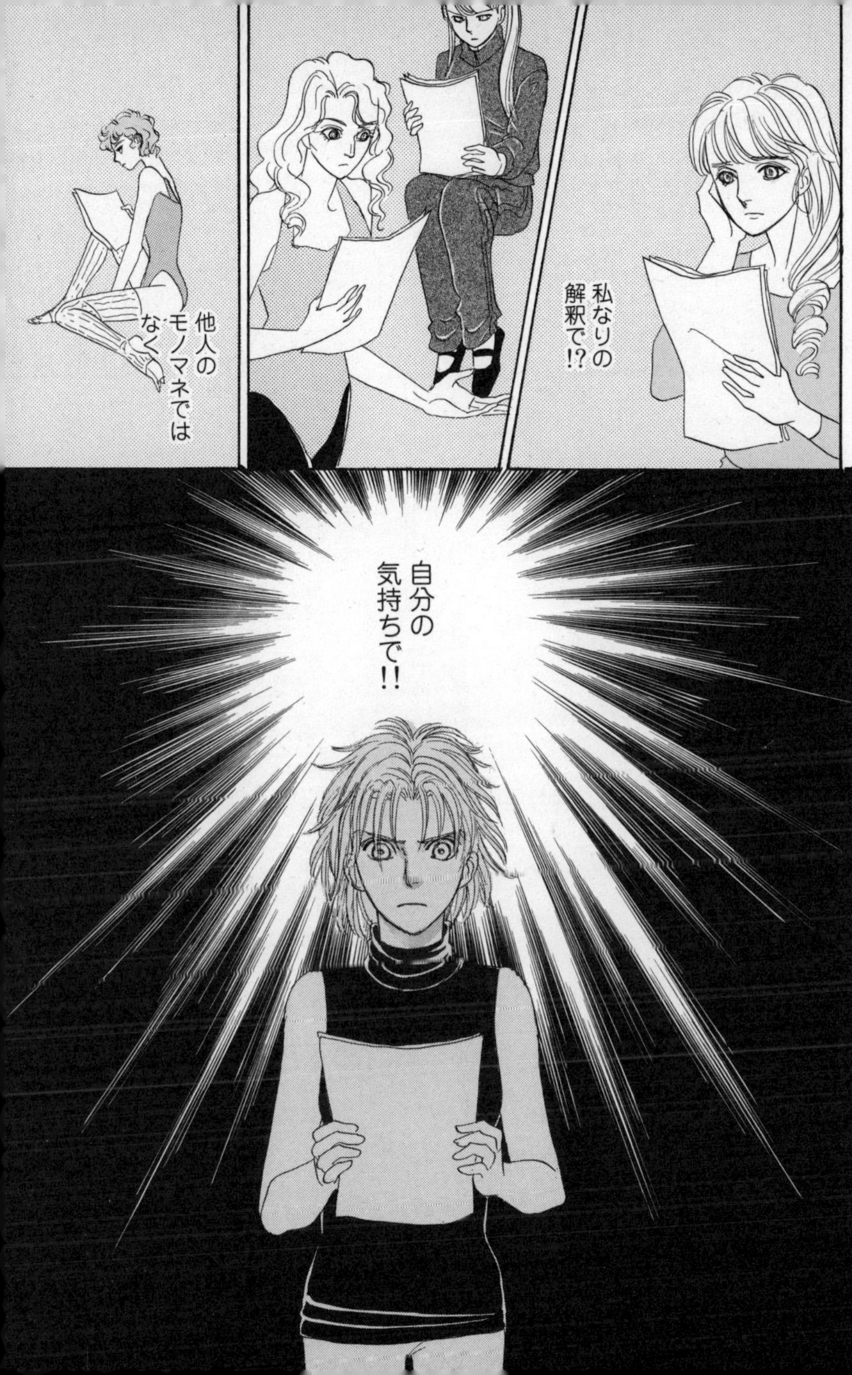
私なりの解釈で!?
他人のモノマネではなく
自分の気持ちで!!

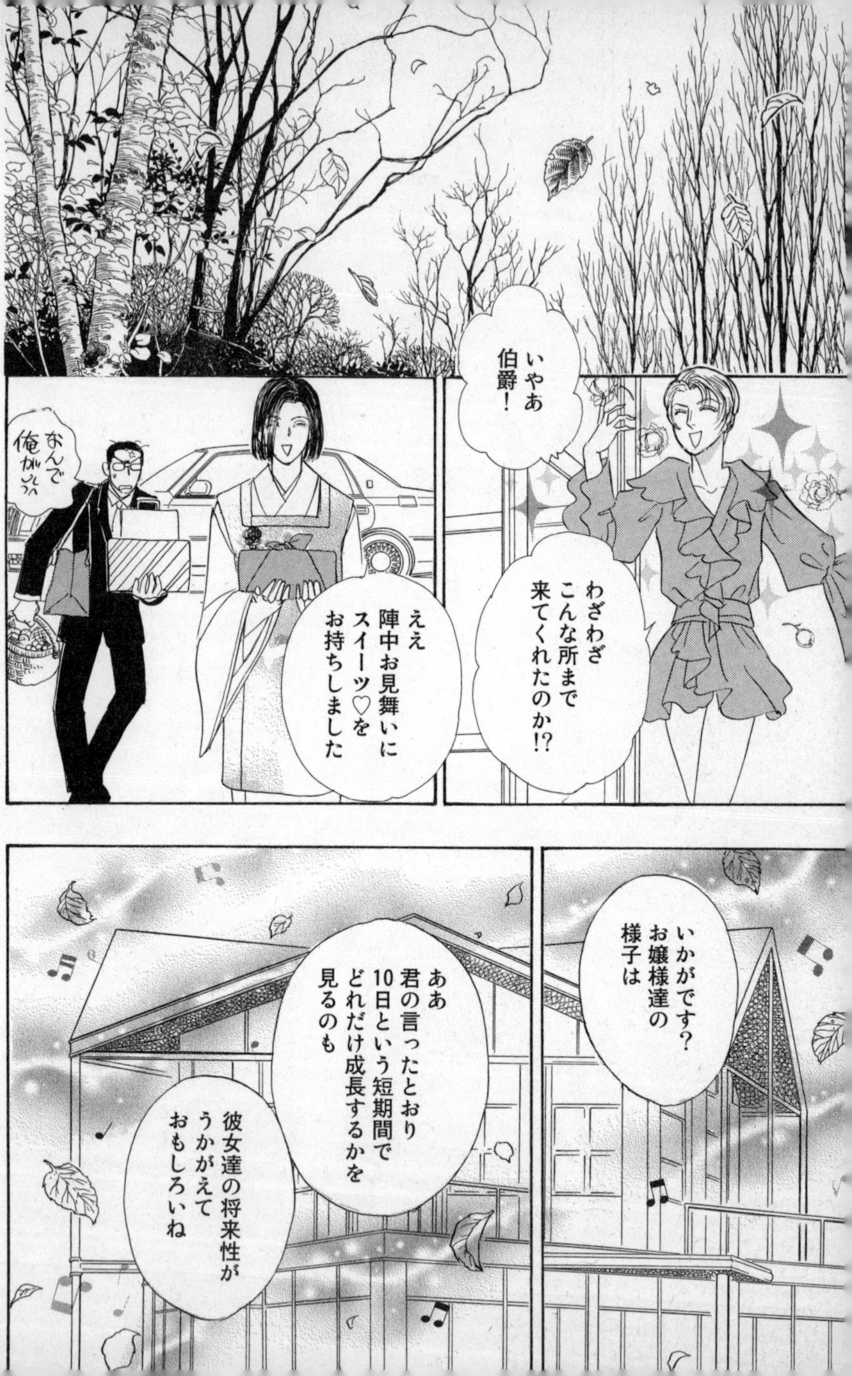
いやあ伯爵！
わざわざこんな所まで来てくれたのか!?
ええ陣中お見舞いにスイーツ♡をお持ちしました
なんで俺が
いかがです？お嬢様達の様子は
ああ君の言ったとおり10日という短期間でどれだけ成長するかを見るのも
彼女達の将来性がうかがえておもしろいね

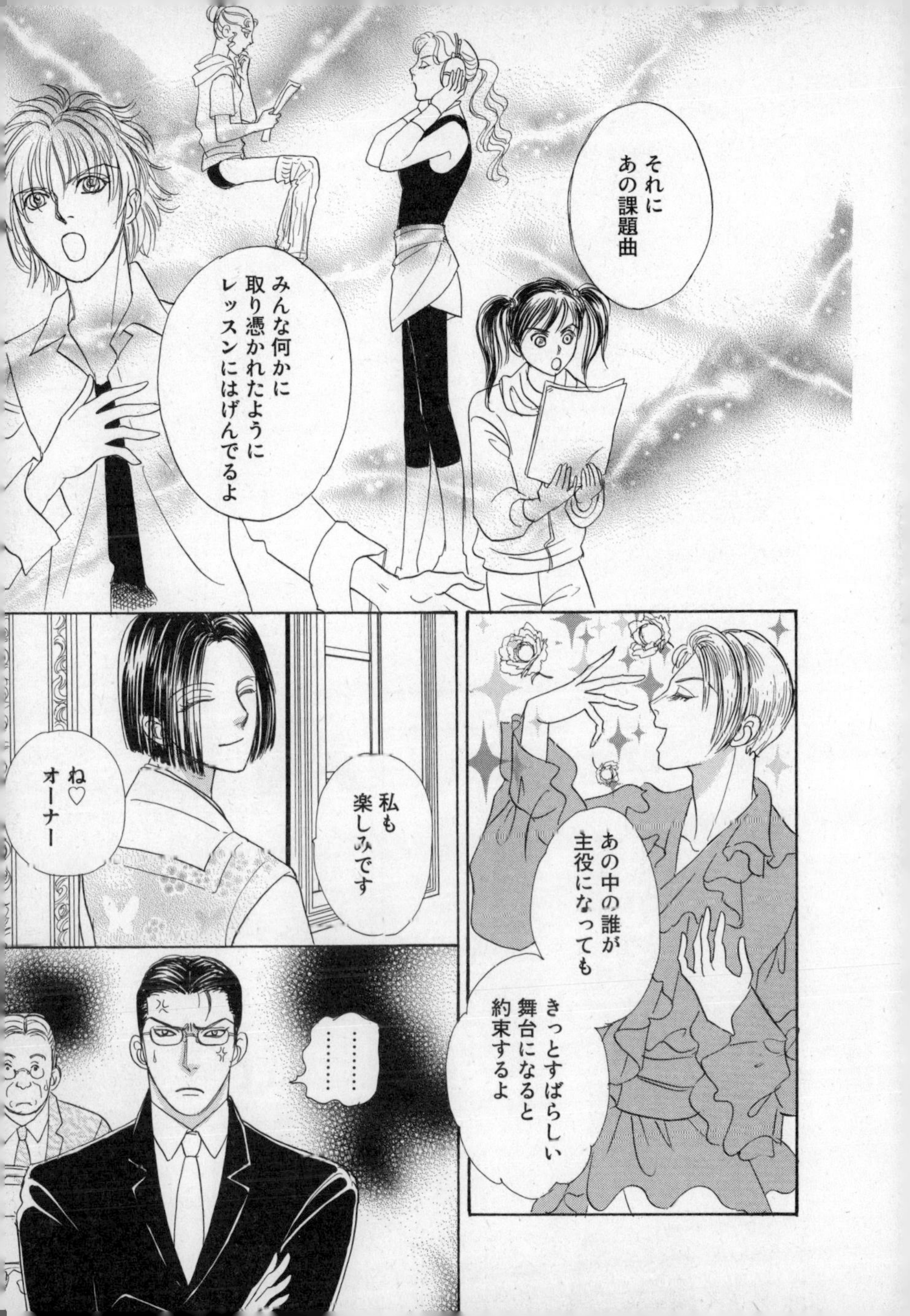

それにあの課題曲
みんな何かに取り憑かれたようにレッスンにはげんでるよ
あの中の誰が主役になっても
きっとすばらしい舞台になると約束するよ
私も楽しみです
ね♡オーナー
……

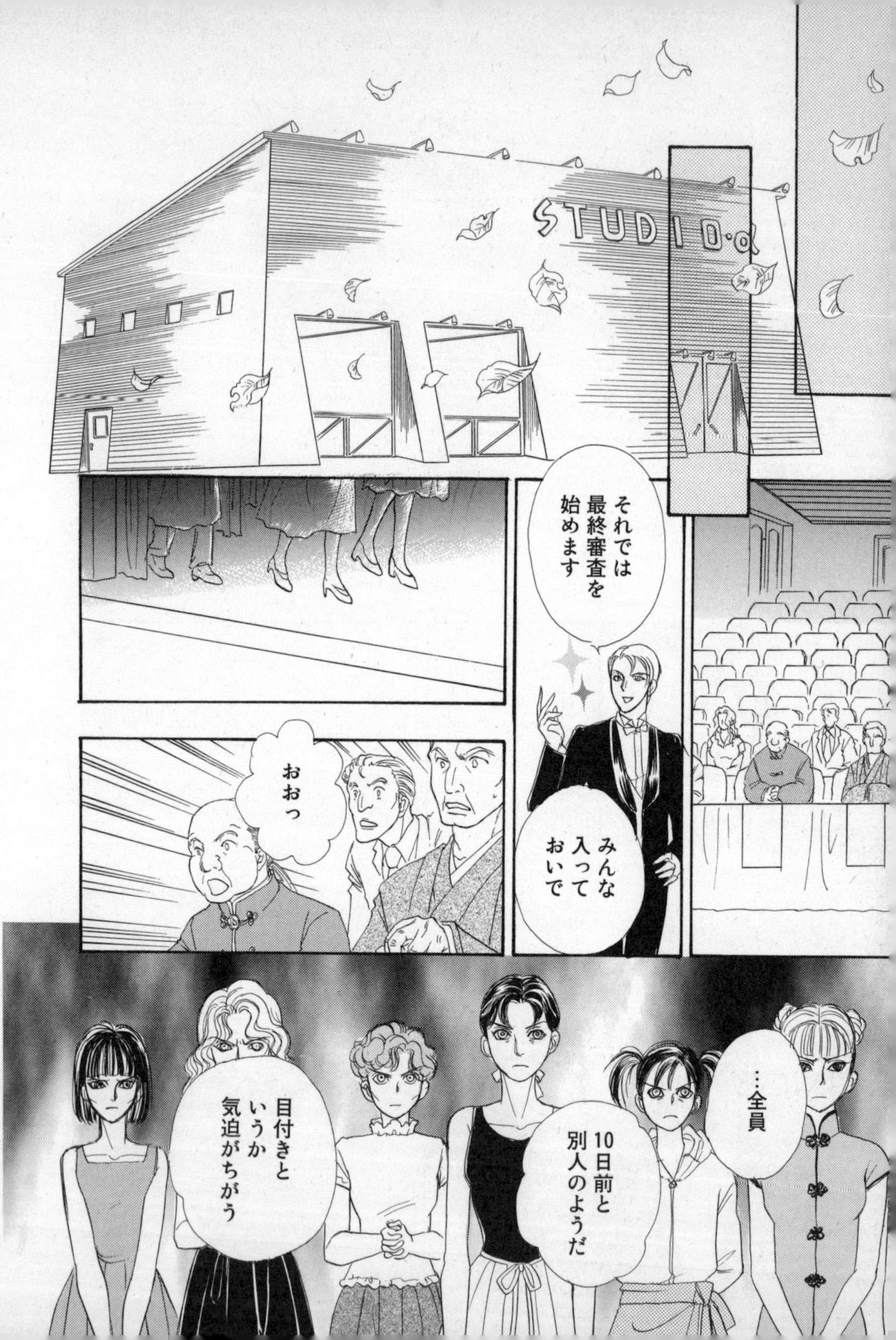
STUDIO・α
それでは最終審査を始めます
みんな入っておいで
おおっ
…全員
10日前と別人のようだ
目付きというか気迫がちがう

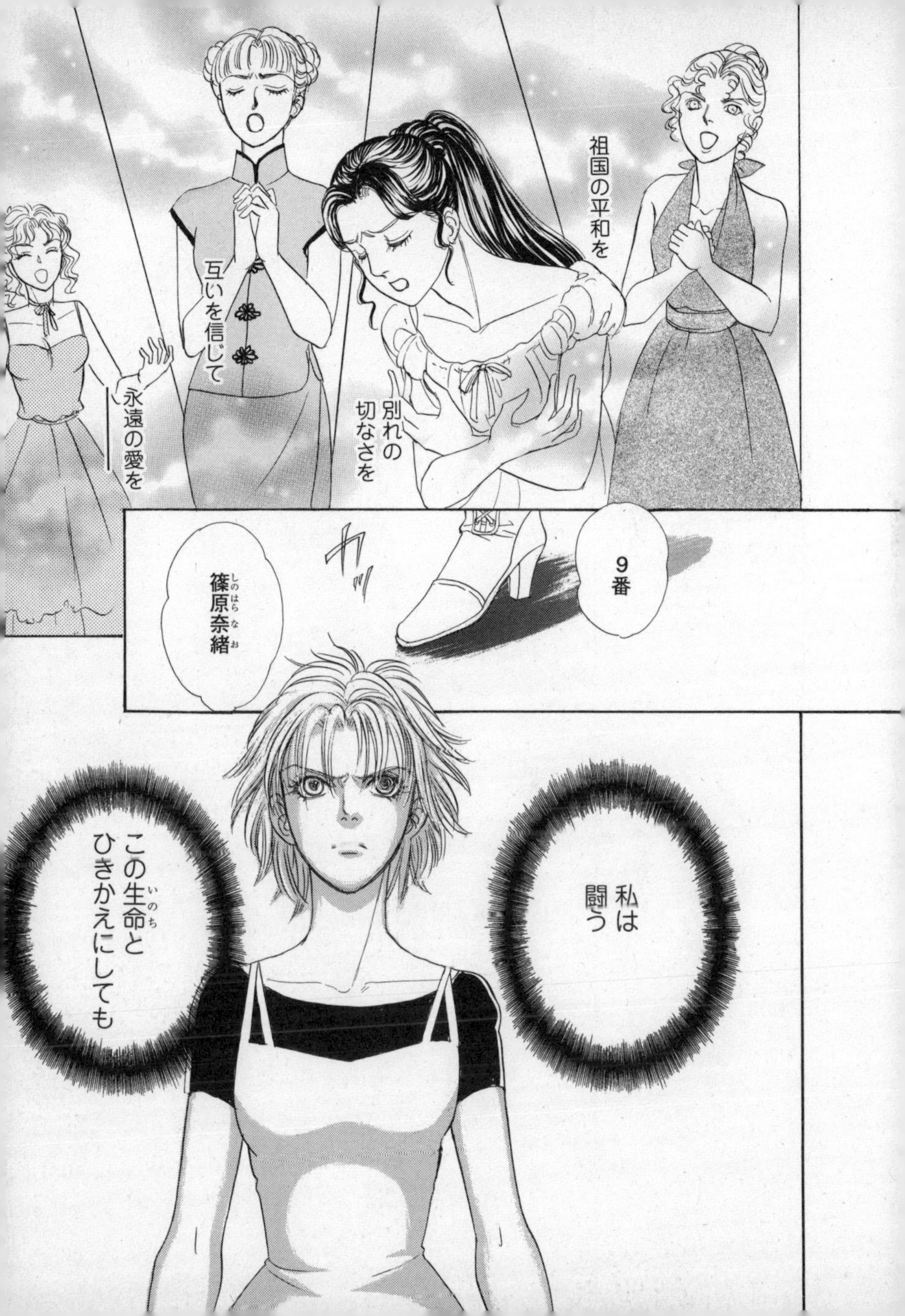

祖国の平和を
別れの切なさを
互いを信じて
永遠の愛を―
9番
カッ
篠原奈緒(しのはらなお)
私は闘う
この生命(いのち)とひきかえにしても

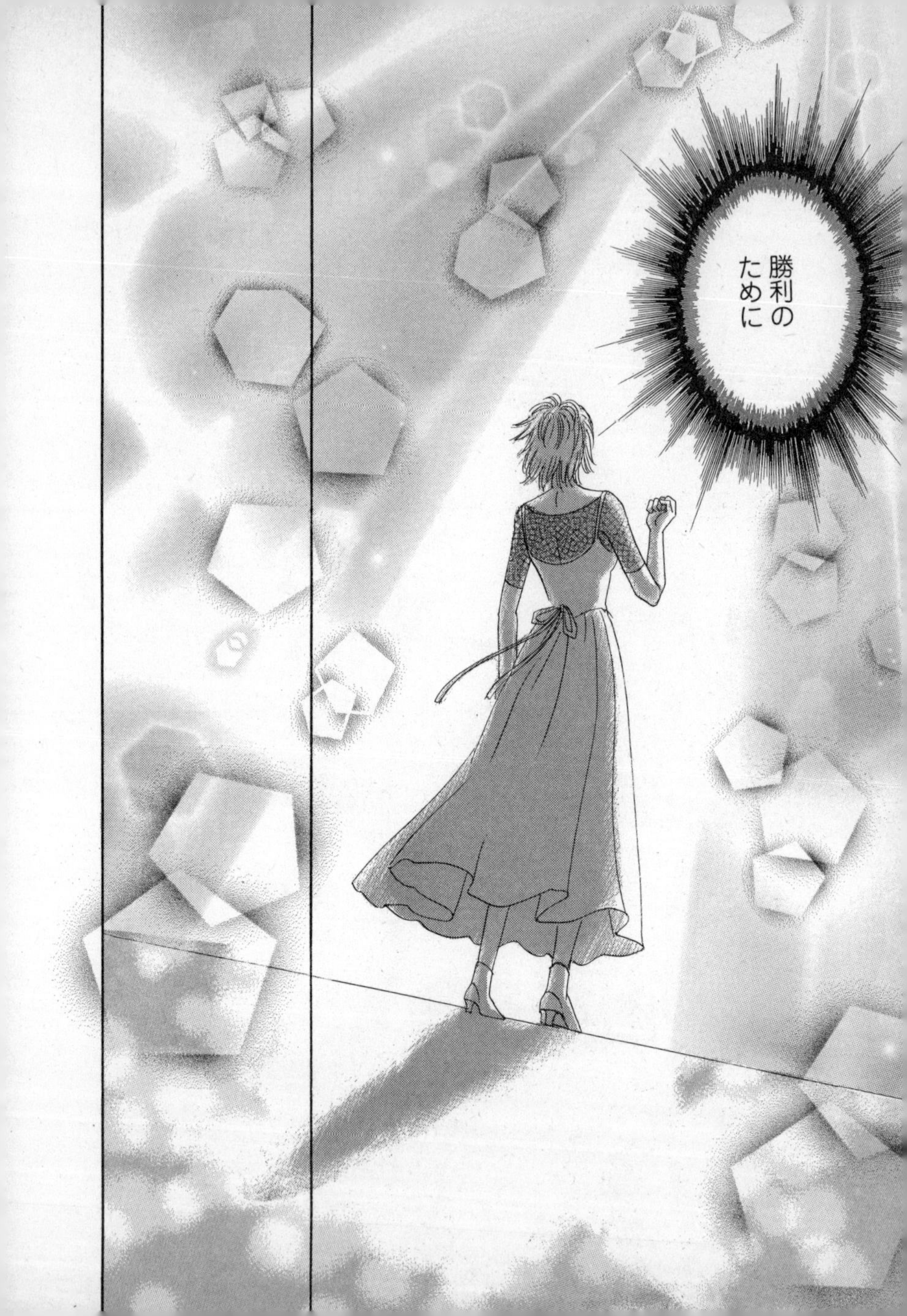
勝利のために

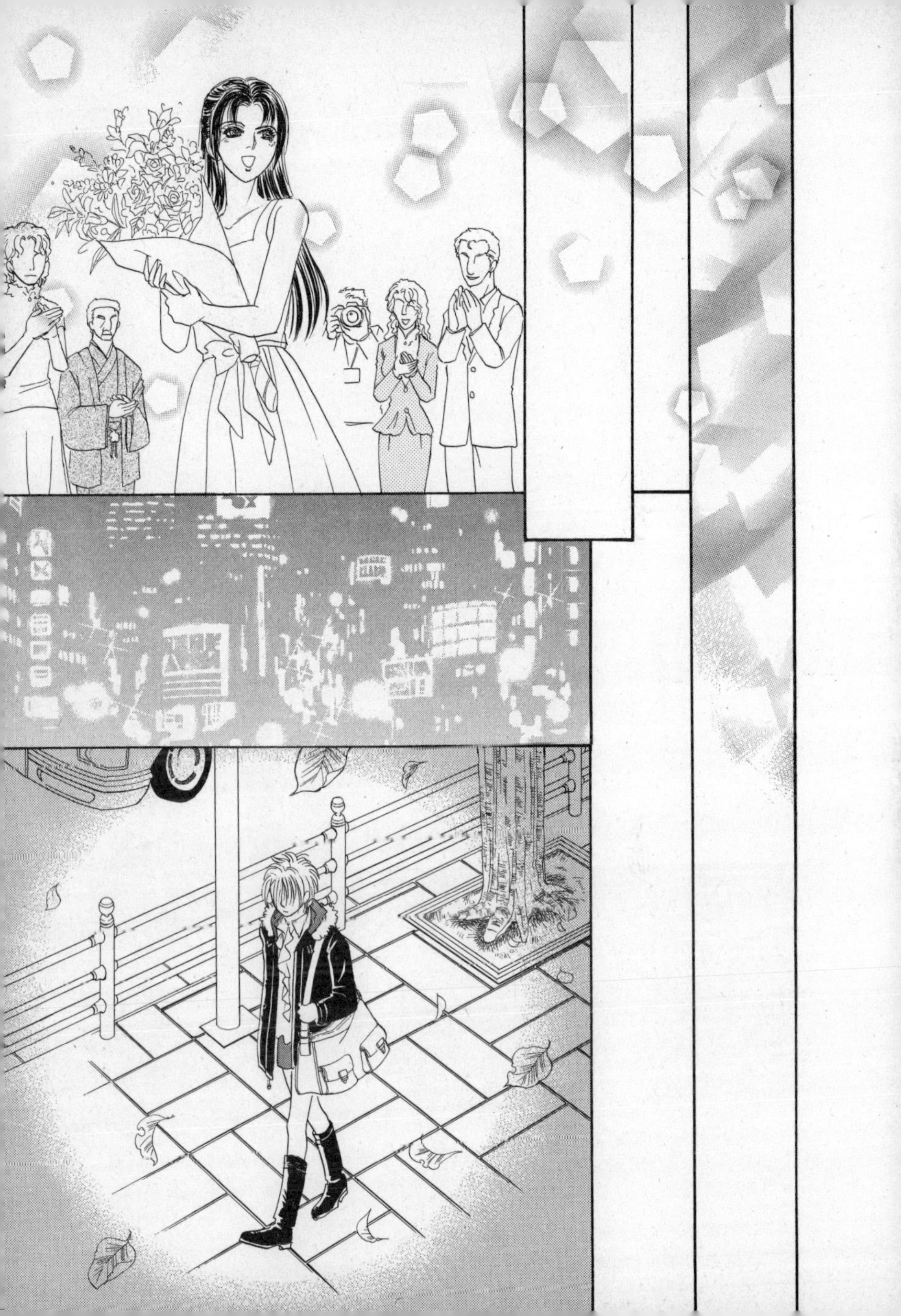

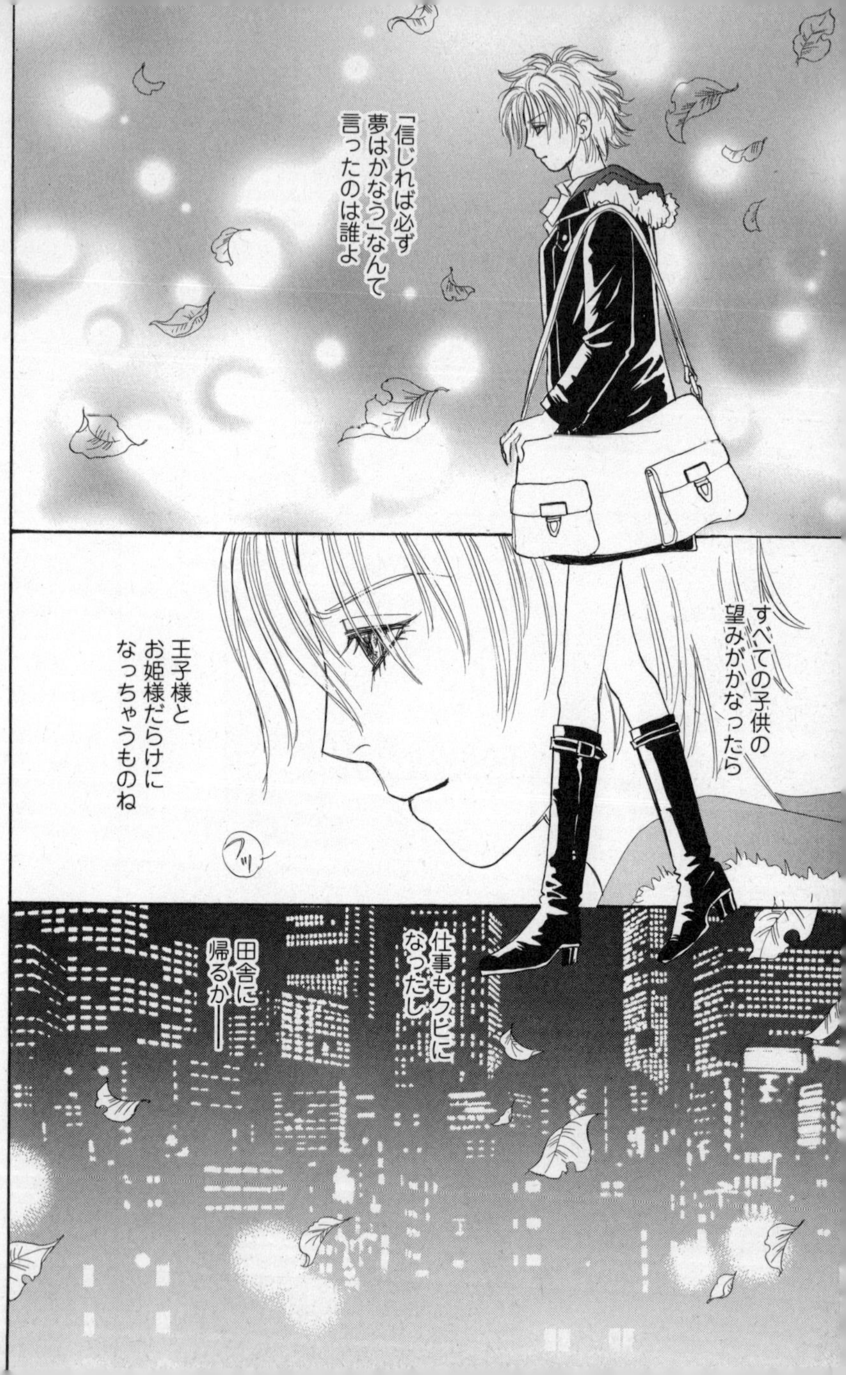
「信じれば必ず夢はかなう」なんて言ったのは誰よ
すべての子供の望みがかなったら
王子様とお姫様だらけになっちゃうものね
フッ
仕事もクビになったし
田舎に帰るかー

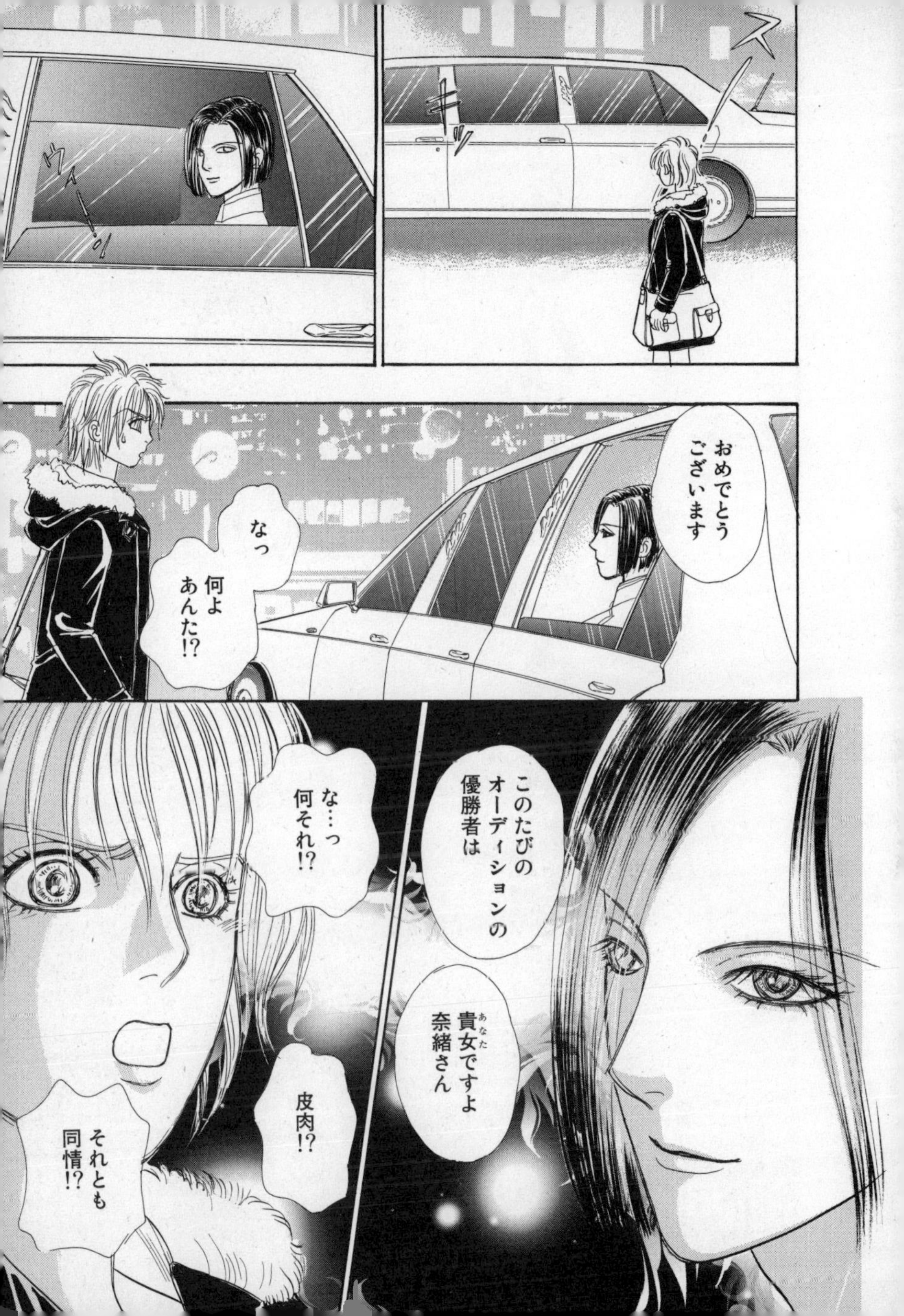
おめでとうございます
なっ
何よあんた!?
このたびのオーディションの優勝者は
貴女ですよ奈緒さん
な…っ何それ!?
皮肉!?
それとも同情!?

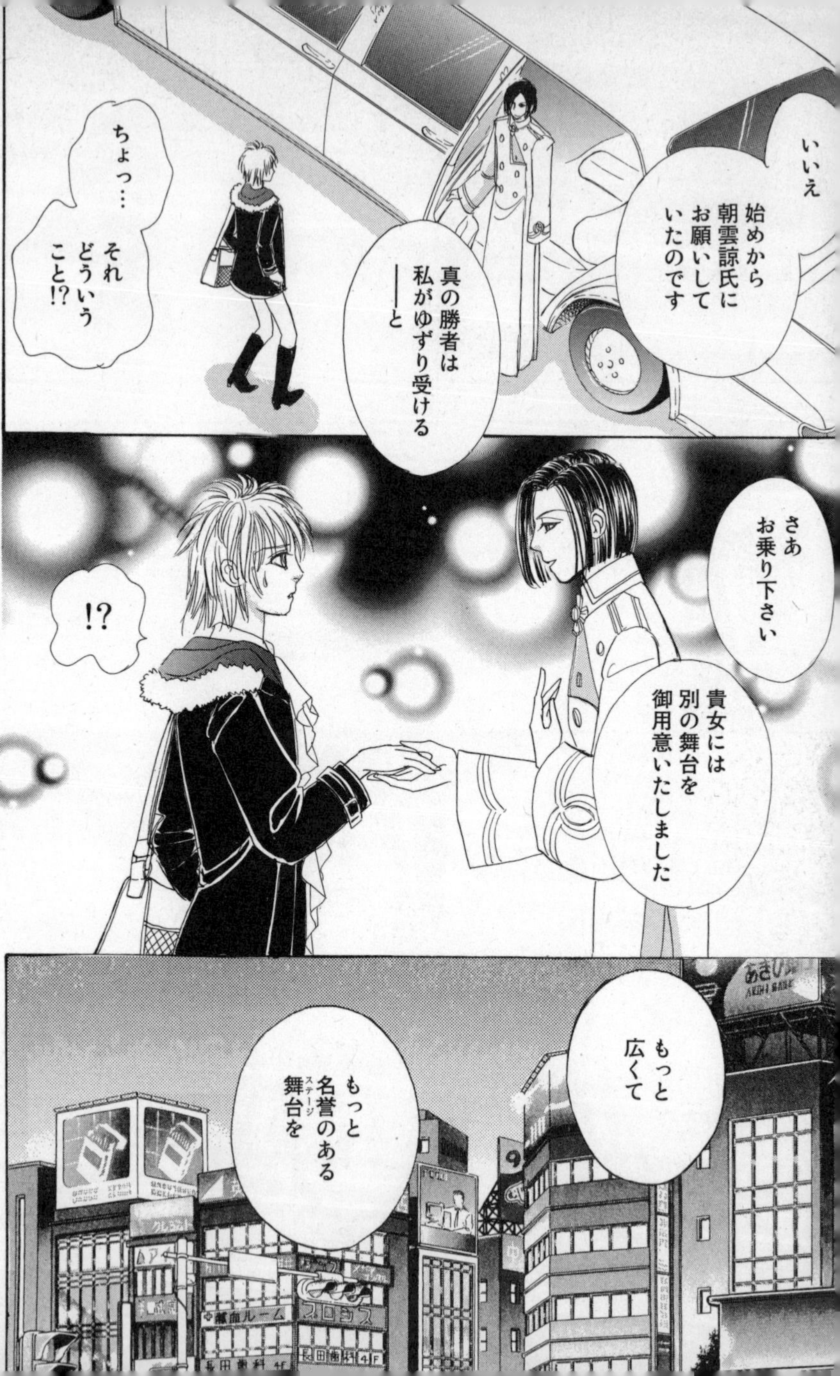
いいえ
始めから
朝雲諒氏に
お願いして
いたのです
真の勝者は
私がゆずり受ける
——と
ちょっ…
それ
どういう
こと!?
さあ
お乗り下さい
貴女には
別の舞台を
御用意いたしました
!?
もっと
広くて
もっと
名誉のある
舞台(ステージ)を

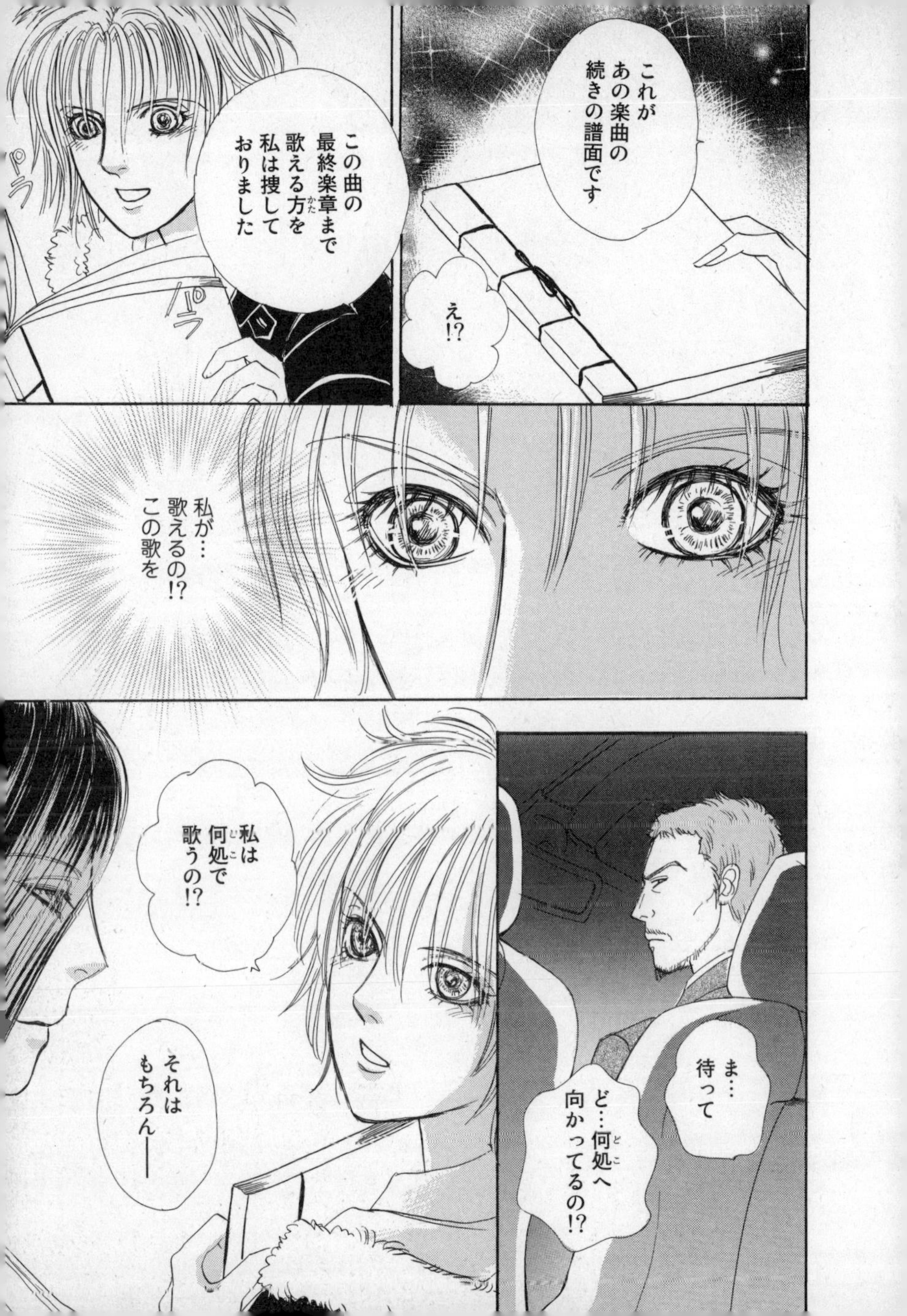
これが
あの楽曲の
続きの譜面です
え!?
この曲の
最終楽章まで
歌える方を
私は捜して
おりました
パラ
パラ
私が…
歌えるの!?
この歌を
ま…
待って
ど…何処へ
向かってるの!?
私は
何処で
歌うの!?
それは
もちろん――

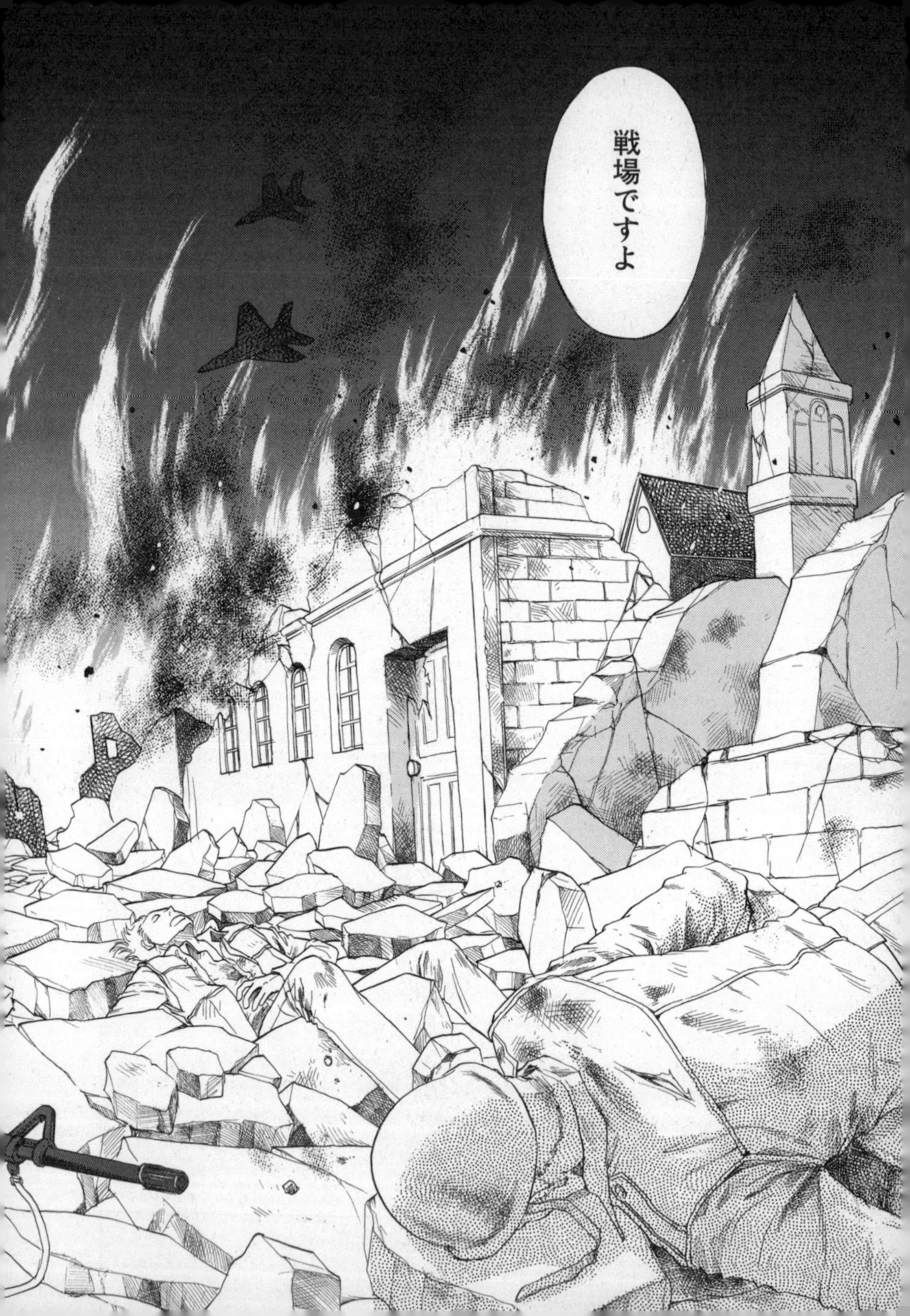
戦場ですよ

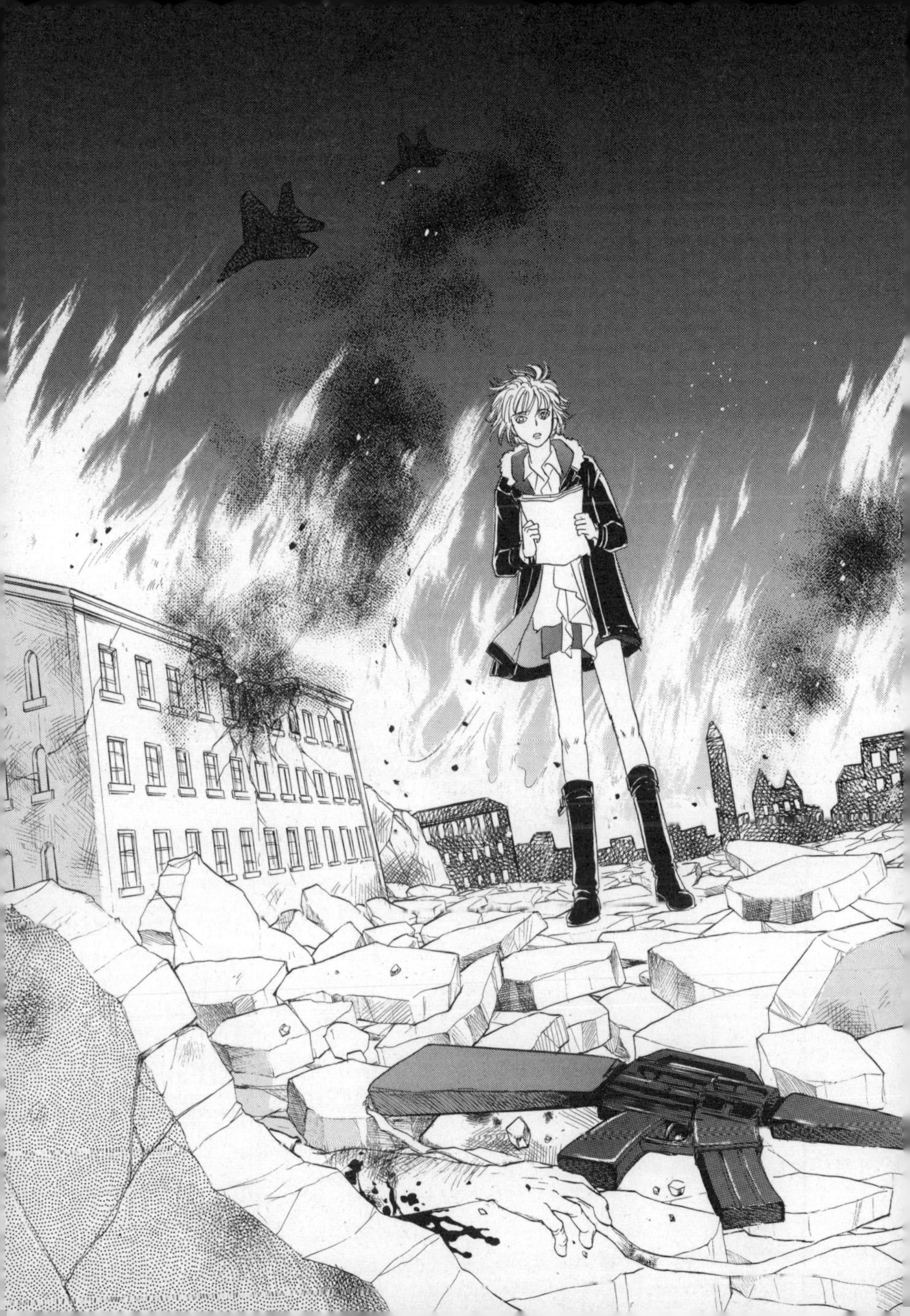

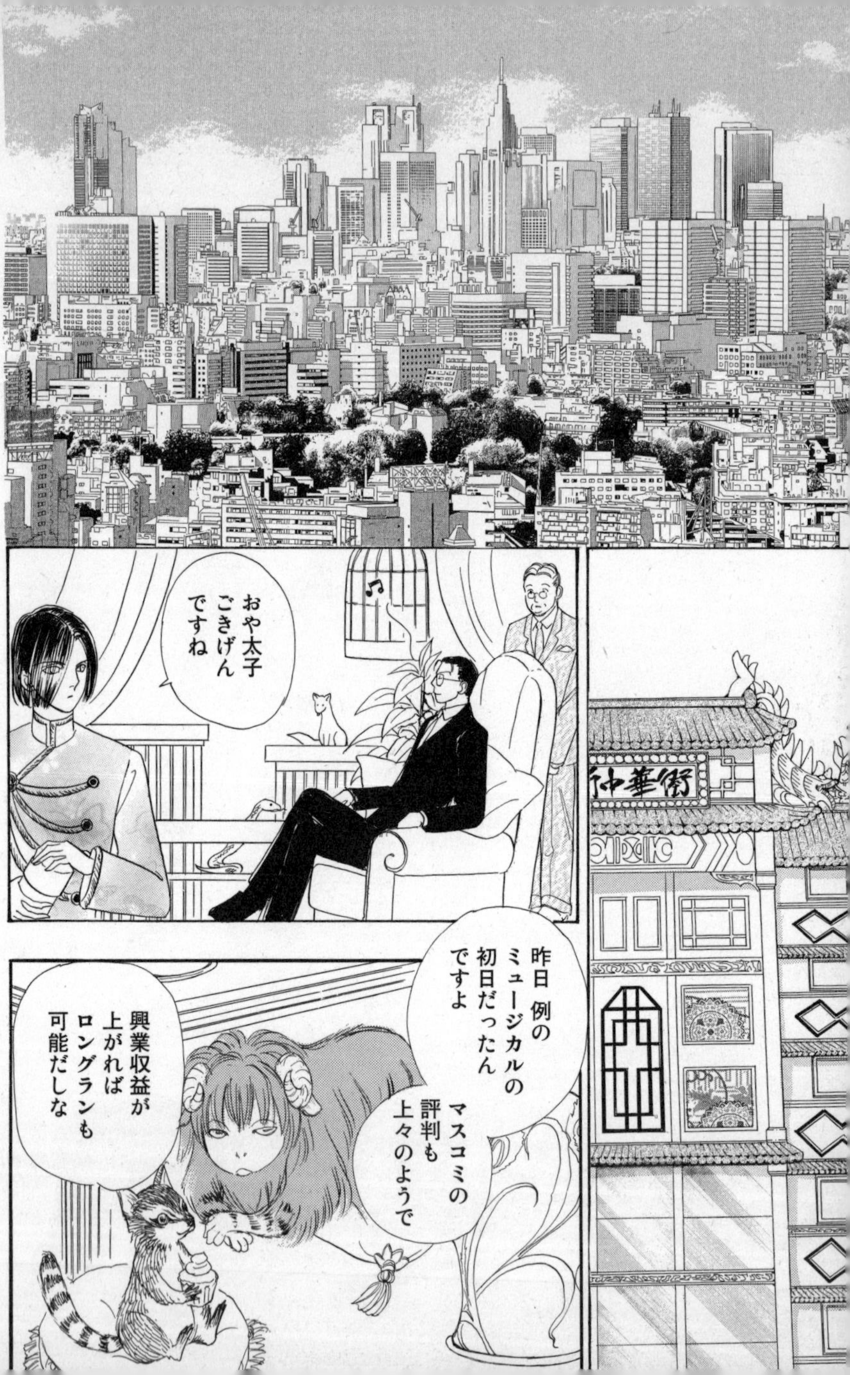
おや太子
ごきげん
ですね
昨日 例の
ミュージカルの
初日だったん
ですよ
マスコミの
評判も
上々のようで
興業収益が
上がれば
ロングランも
可能だしな

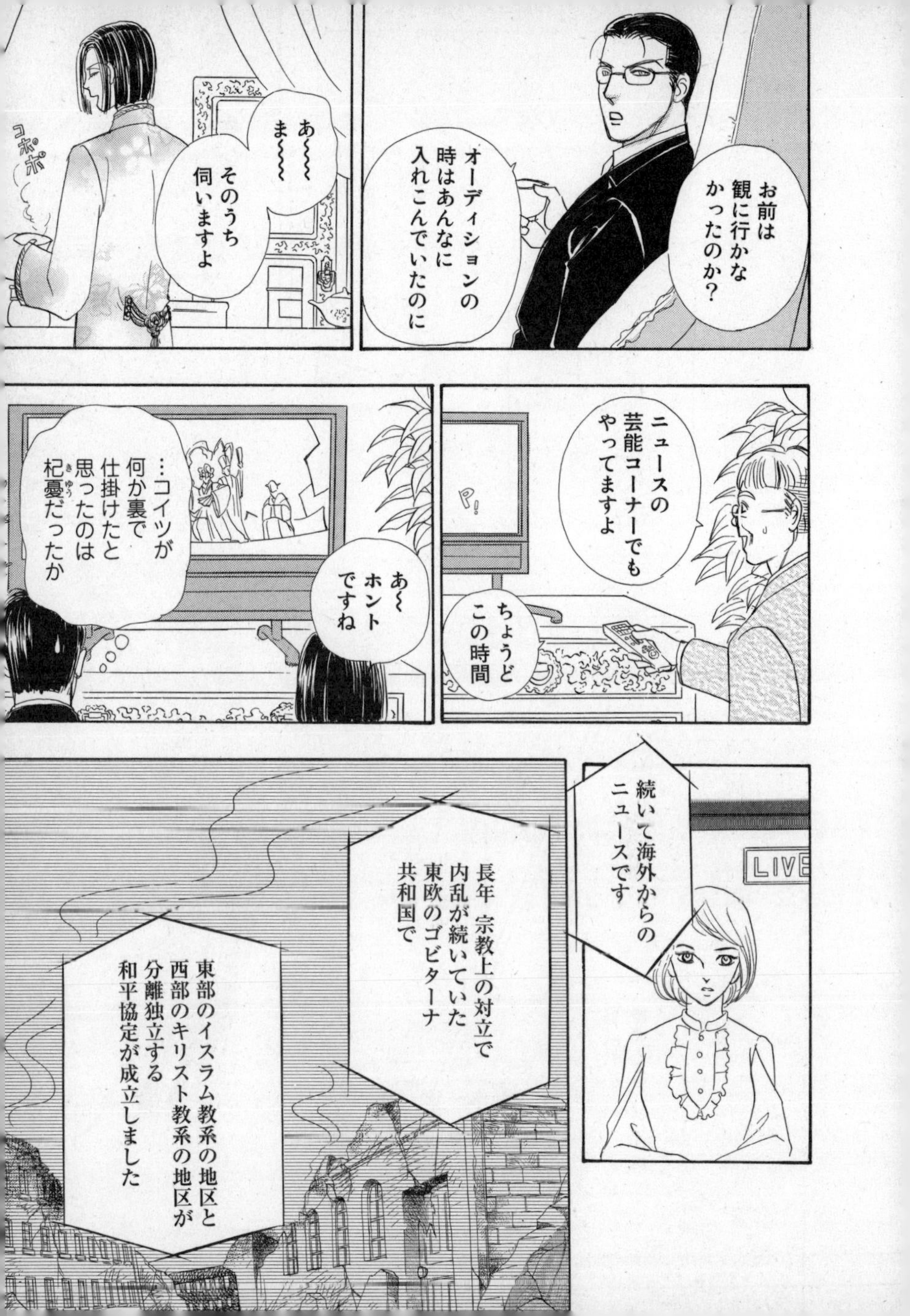
お前は観に行かなかったのか？
オーディションの時はあんなに入れこんでいたのに
コポポ
あ〜〜〜 ま〜〜〜 そのうち伺いますよ
ニュースの芸能コーナーでもやってますよ
P!
ちょうどこの時間
あ〜ホントですね
…コイツが何か裏で仕掛けたと思ったのは杞憂だったか
LIVE
続いて海外からのニュースです
長年 宗教上の対立で内乱が続いていた東欧のゴビターナ共和国で
東部のイスラム教系の地区と西部のキリスト教系の地区が分離独立する和平協定が成立しました

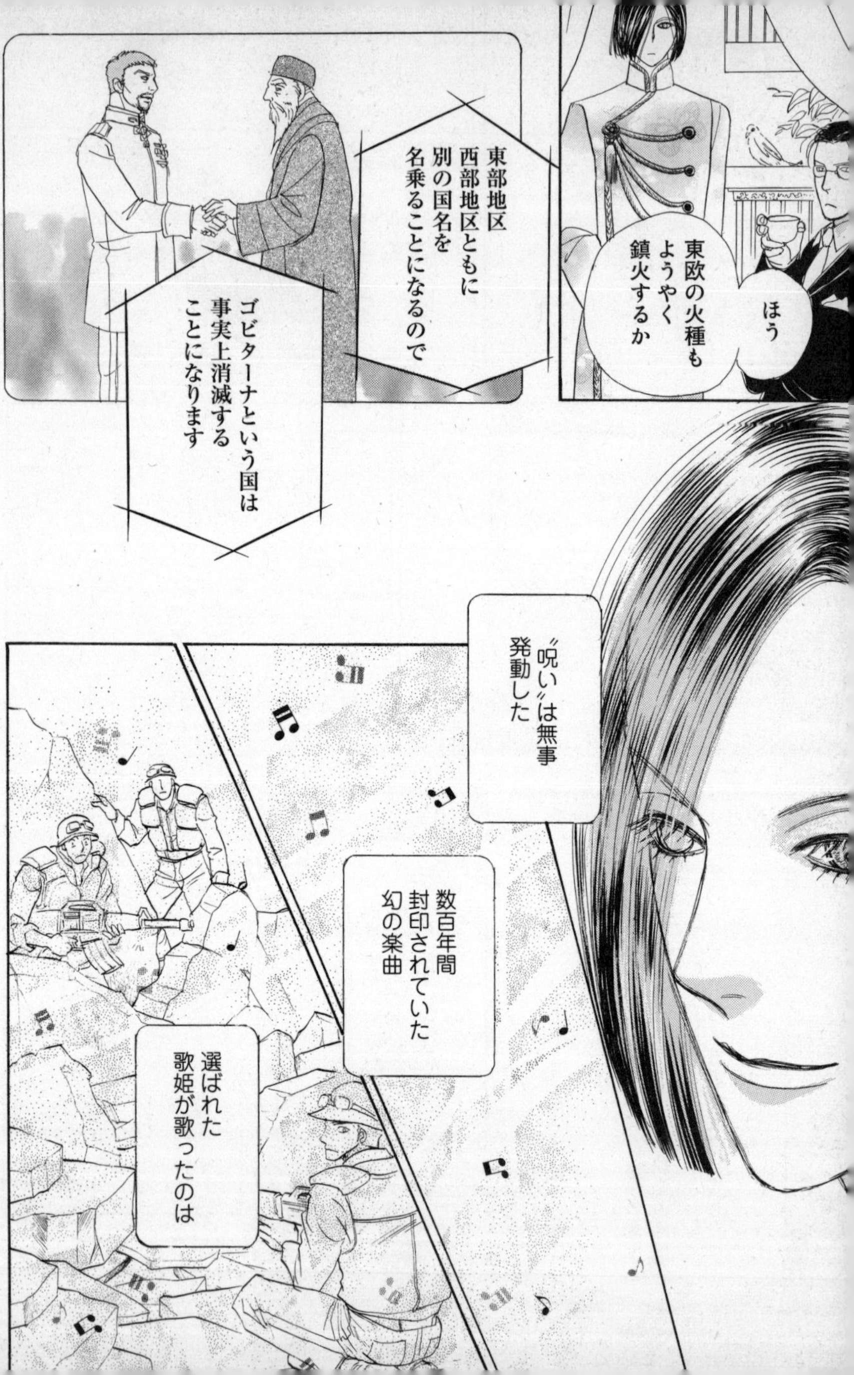
ほう
東欧の火種も ようやく 鎮火するか
東部地区 西部地区ともに 別の国名を 名乗ることになるので
ゴビターナという国は 事実上消滅する ことになります
〃呪い〃は無事 発動した
数百年間 封印されていた 幻の楽曲
選ばれた 歌姫が歌ったのは

その名を『亡国』という
第23話／おわり

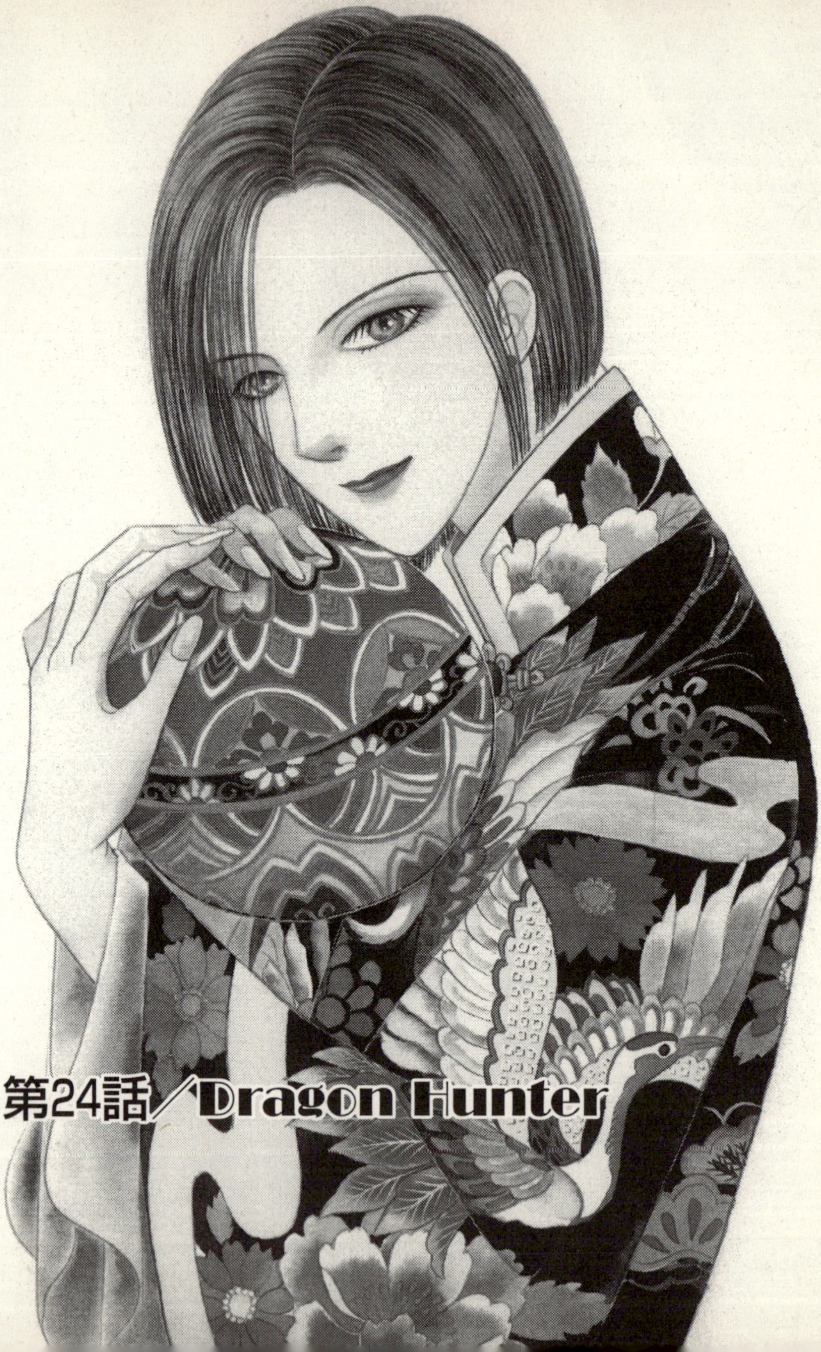

第24話／Dragon Hunter

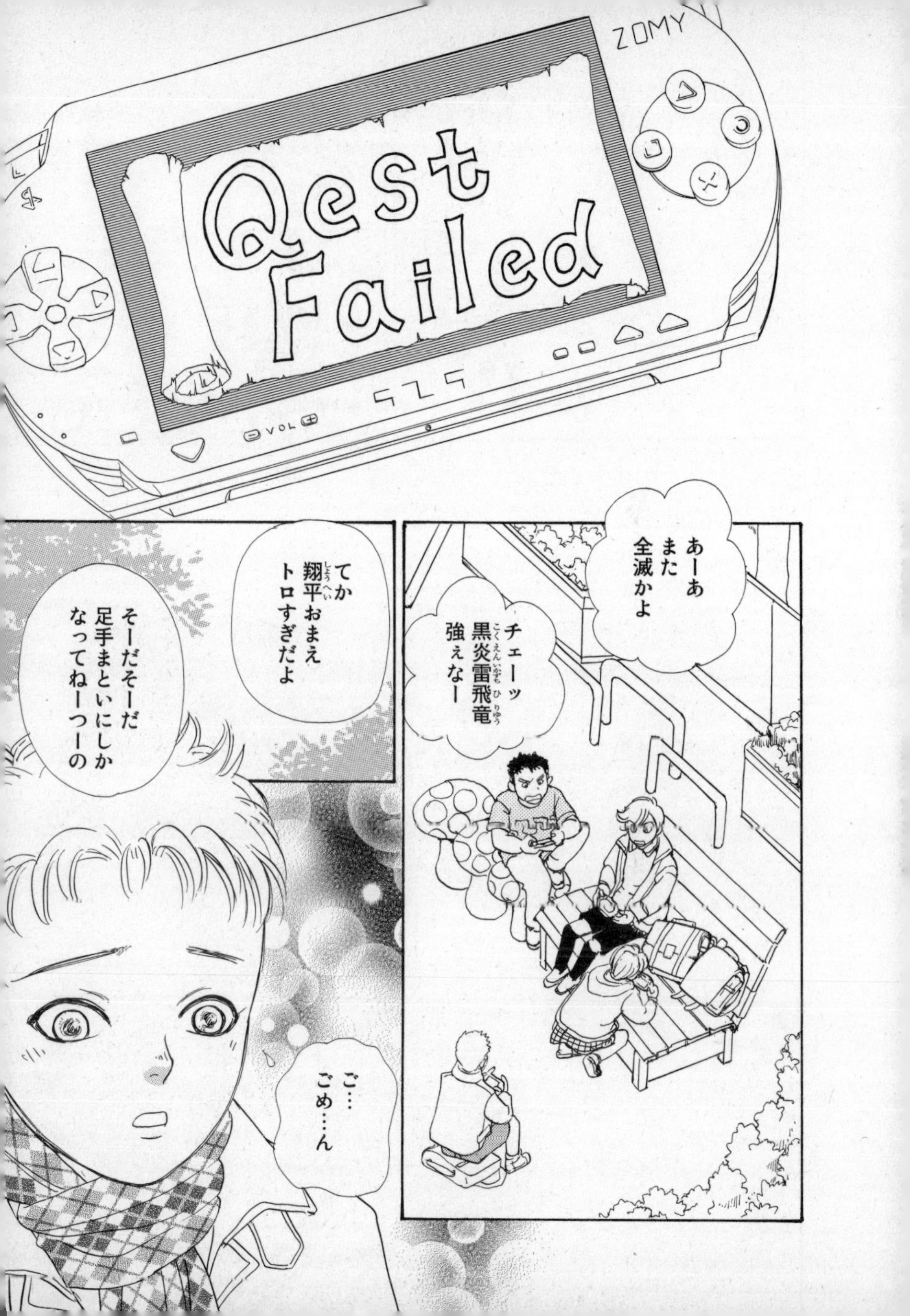
ZOMY
Qest Failed
VOL
あーあ また 全滅かよ
チェーッ 黒炎雷飛竜 強ぇなー
てか 翔平おまえ トロすぎだよ
そーだそーだ 足手まといにしか なってねーつーの
ご… ごめ…ん

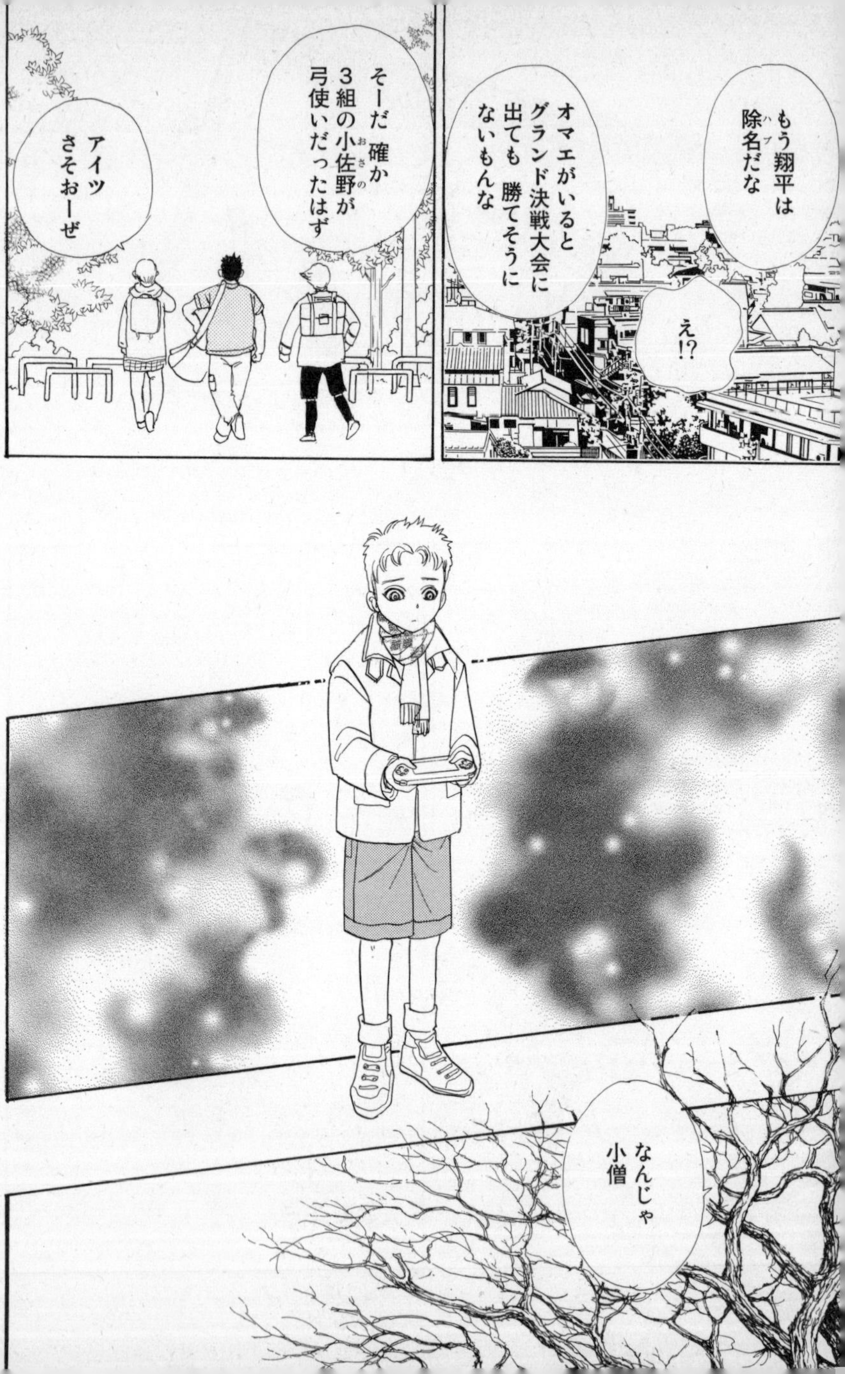
もう翔平は除名(ハブ)だな
え!?
オマエがいるとグランド決戦大会に出ても 勝てそうにないもんな
そーだ 確か3組の小佐野(おさの)が弓使いだったはず
アイツさそおーぜ
なんじゃ小僧

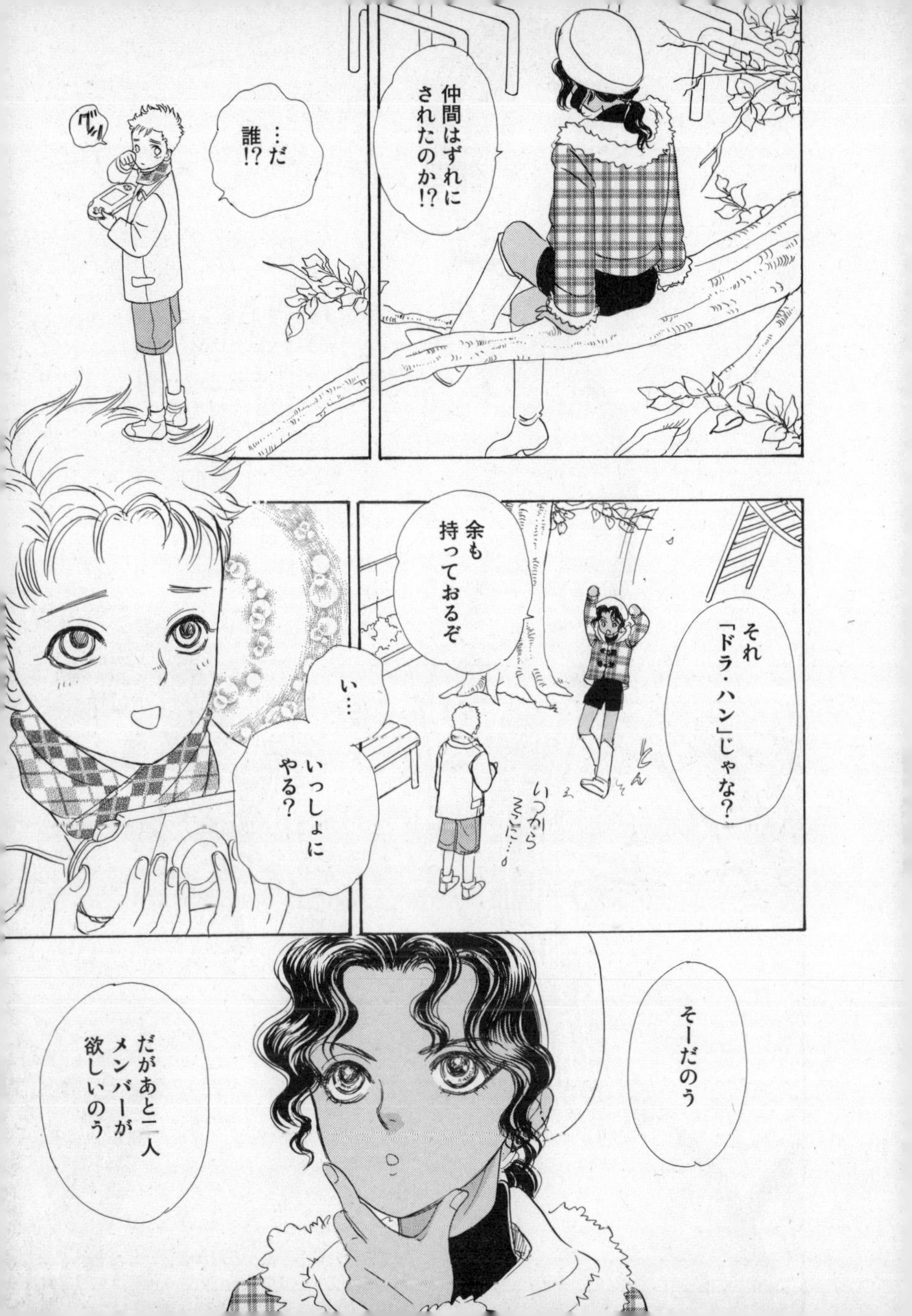
仲間はずれにされたのか!?
…だ誰!?
それ「ドラ・ハン」じゃな?
とん
いつからここに…
余も持っておるぞ
い…
いっしょにやる?
そーだのう
だがあと二人メンバーが欲しいのう

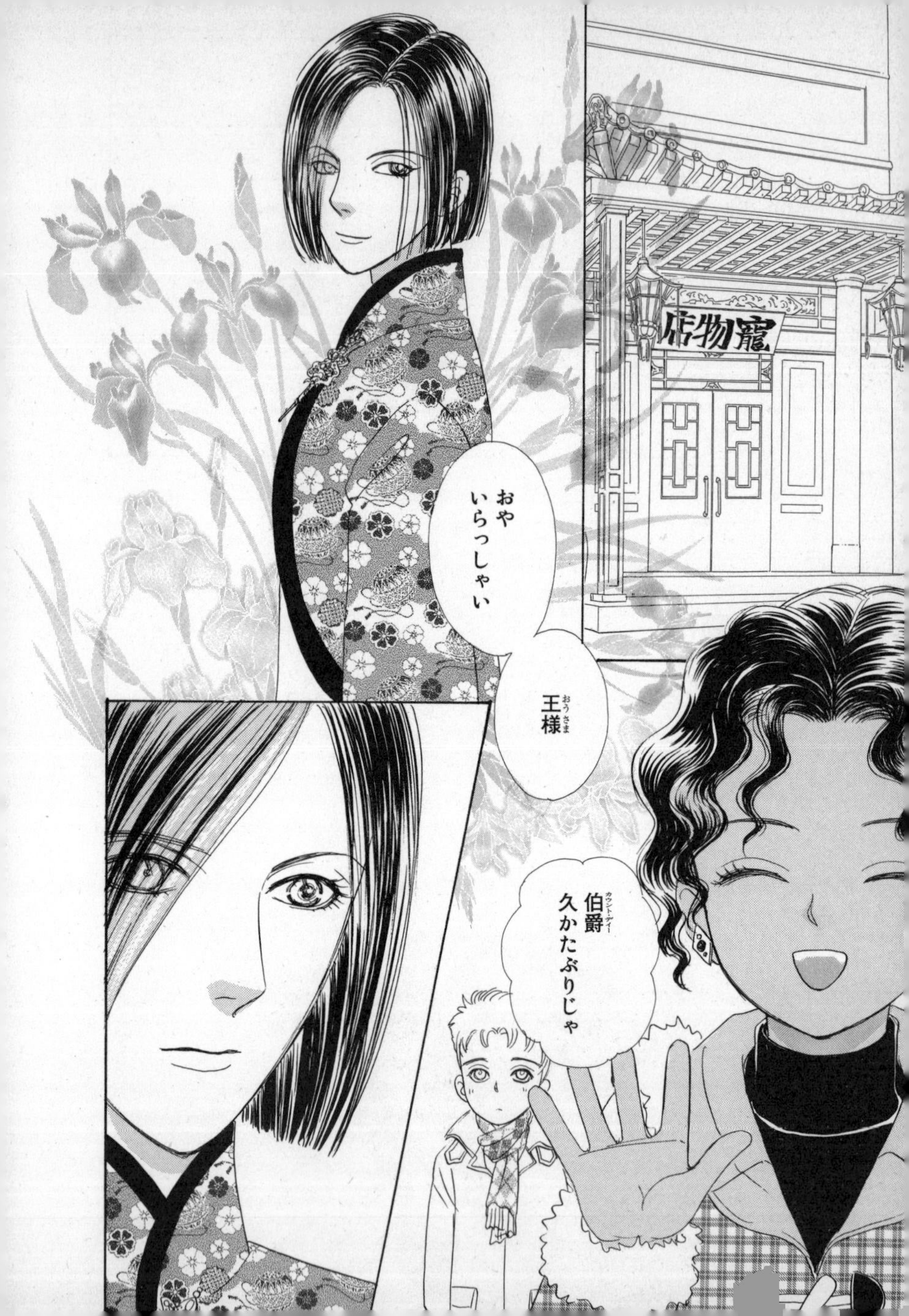
寵物店
おや いらっしゃい
王様
伯爵 久かたぶりじゃ

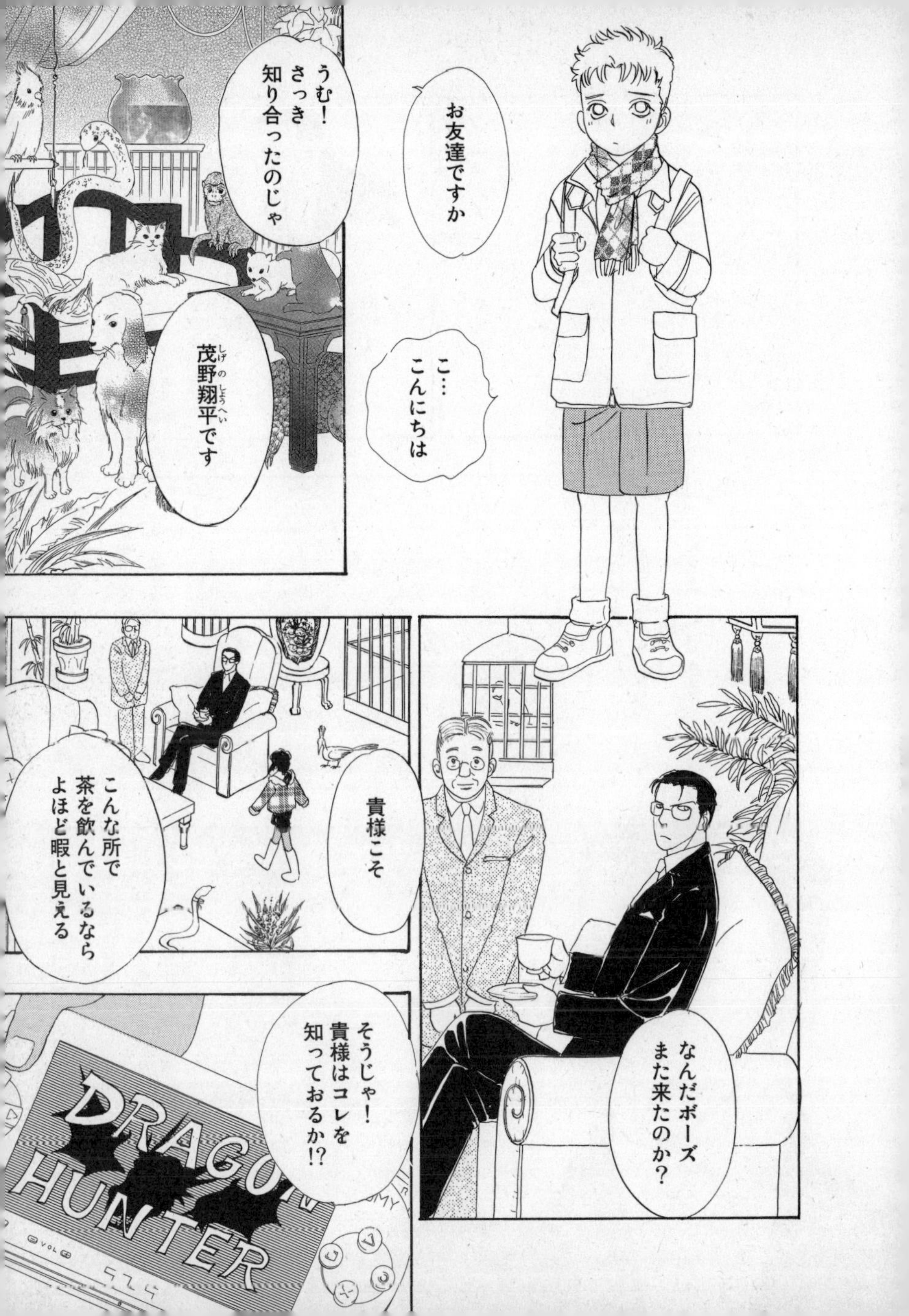
お友達ですか
うむ！さっき知り合ったのじゃ
こ…こんにちは
茂野翔平です
なんだボーズ また来たのか？
貴様こそ
こんな所で茶を飲んでいるなら よほど暇と見える
そうじゃ！貴様はコレを知っておるか!?
DRAGON HUNTER

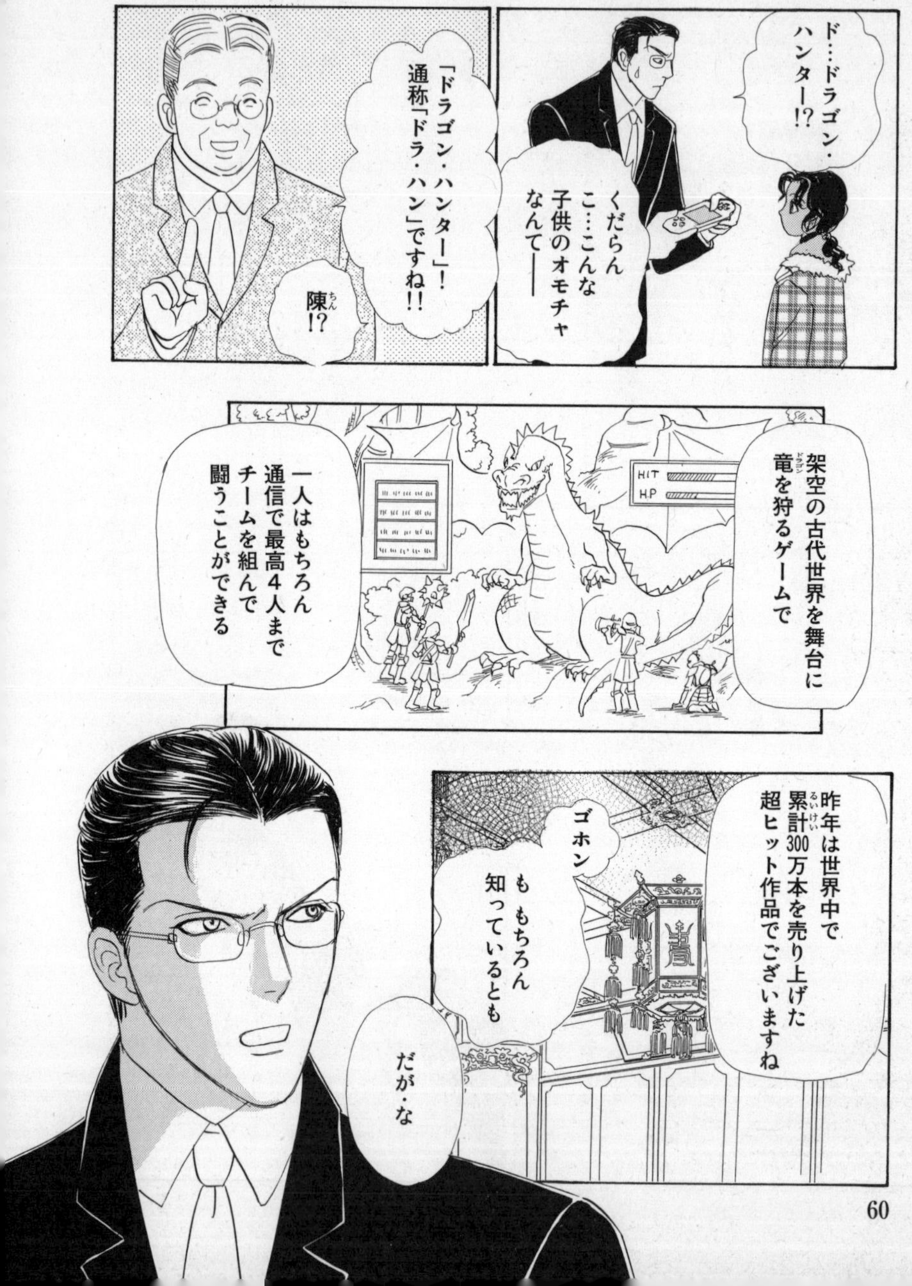
ド…ドラゴン・ハンター!?
くだらん こ…こんな子供のオモチャなんて——
「ドラゴン・ハンター」! 通称「ドラ・ハン」ですね!!
陳!?
架空の古代世界を舞台に竜を狩るゲームで
HIT
H.P
一人はもちろん通信で最高4人までチームを組んで闘うことができる
昨年は世界中で累計300万本を売り上げた超ヒット作品でございますね
ゴホン
も もちろん知っているとも
だが・な

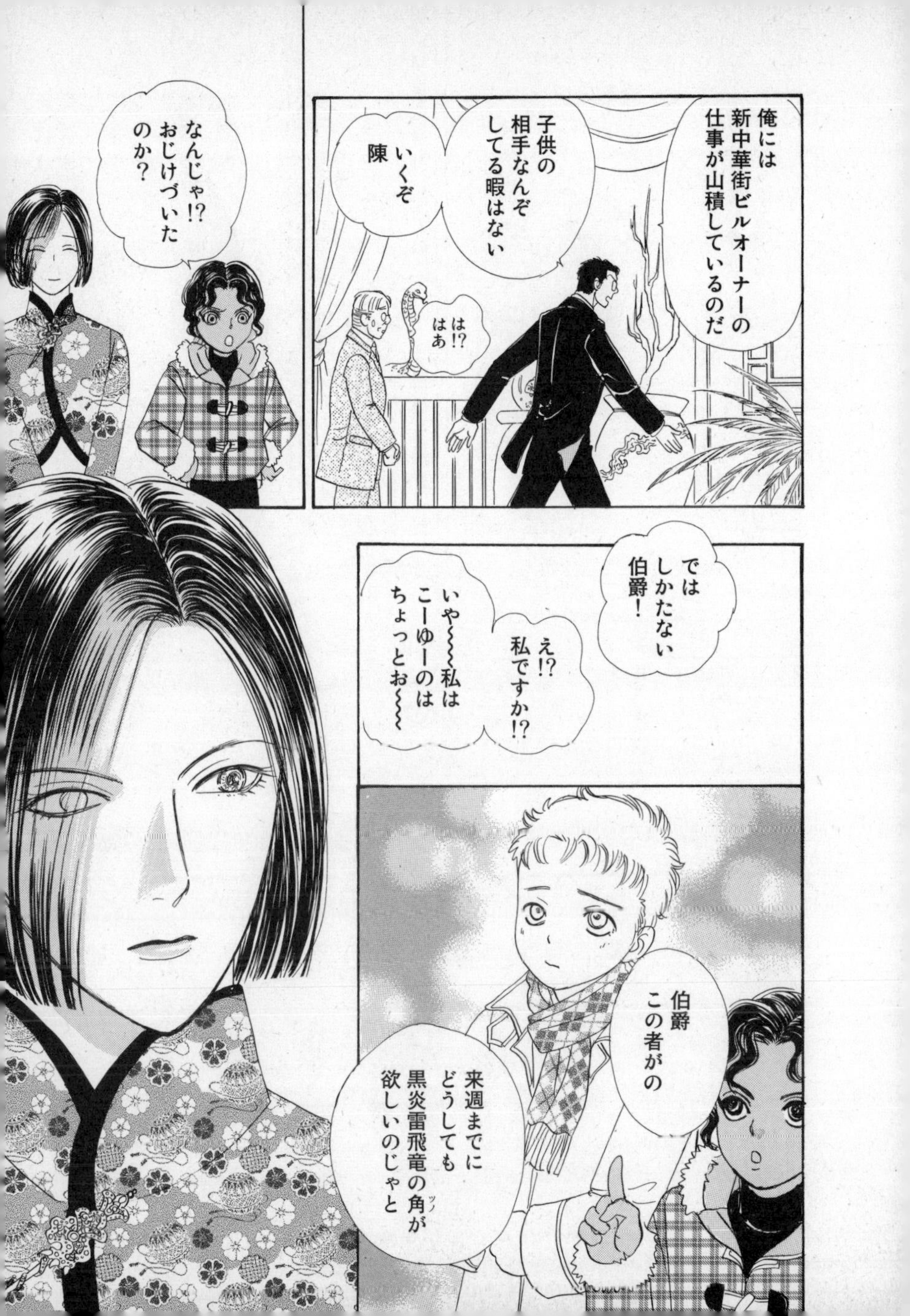

俺には新中華街ビルオーナーの仕事が山積しているのだ
子供の相手なんぞしてる暇はない
いくぞ陳
は!?はぁ
なんじゃ!?おじけづいたのか?
ではしかたない伯爵!
え!?私ですか!?
いや〜〜私はこーゆーのはちょっとお〜〜
伯爵この者がの
来週までにどうしても黒炎雷飛竜の角(ツノ)が欲しいのじゃと

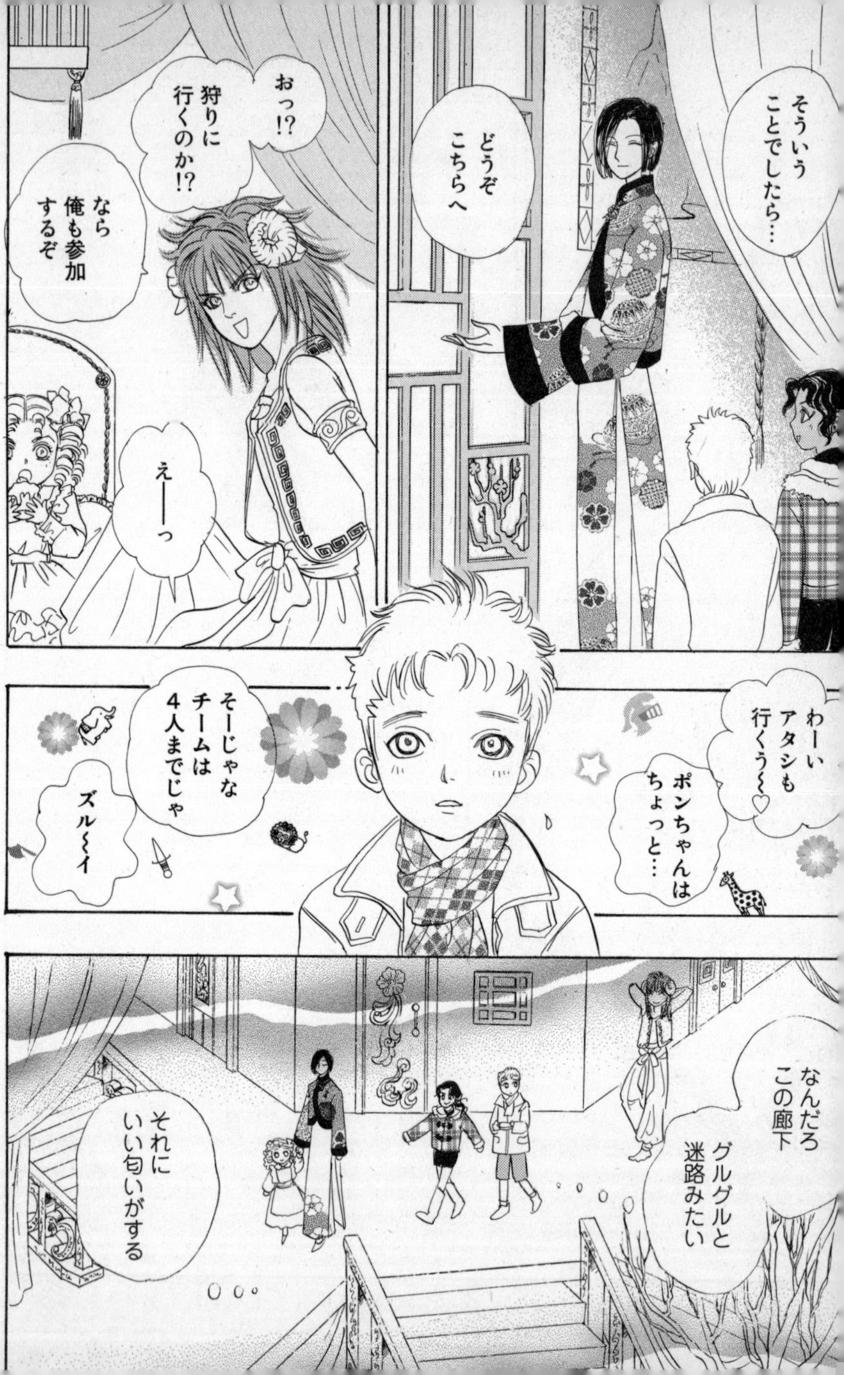
そういうことでしたら…
どうぞこちらへ
おっ!?狩りに行くのか!?
なら俺も参加するぞ
え――っ
わーいアタシも行くぅ～♡
ポンちゃんはちょっと…
そーじゃなチームは4人までじゃ
ズル～～イ
なんだろこの廊下グルグルと迷路みたい
それにいい匂いがする

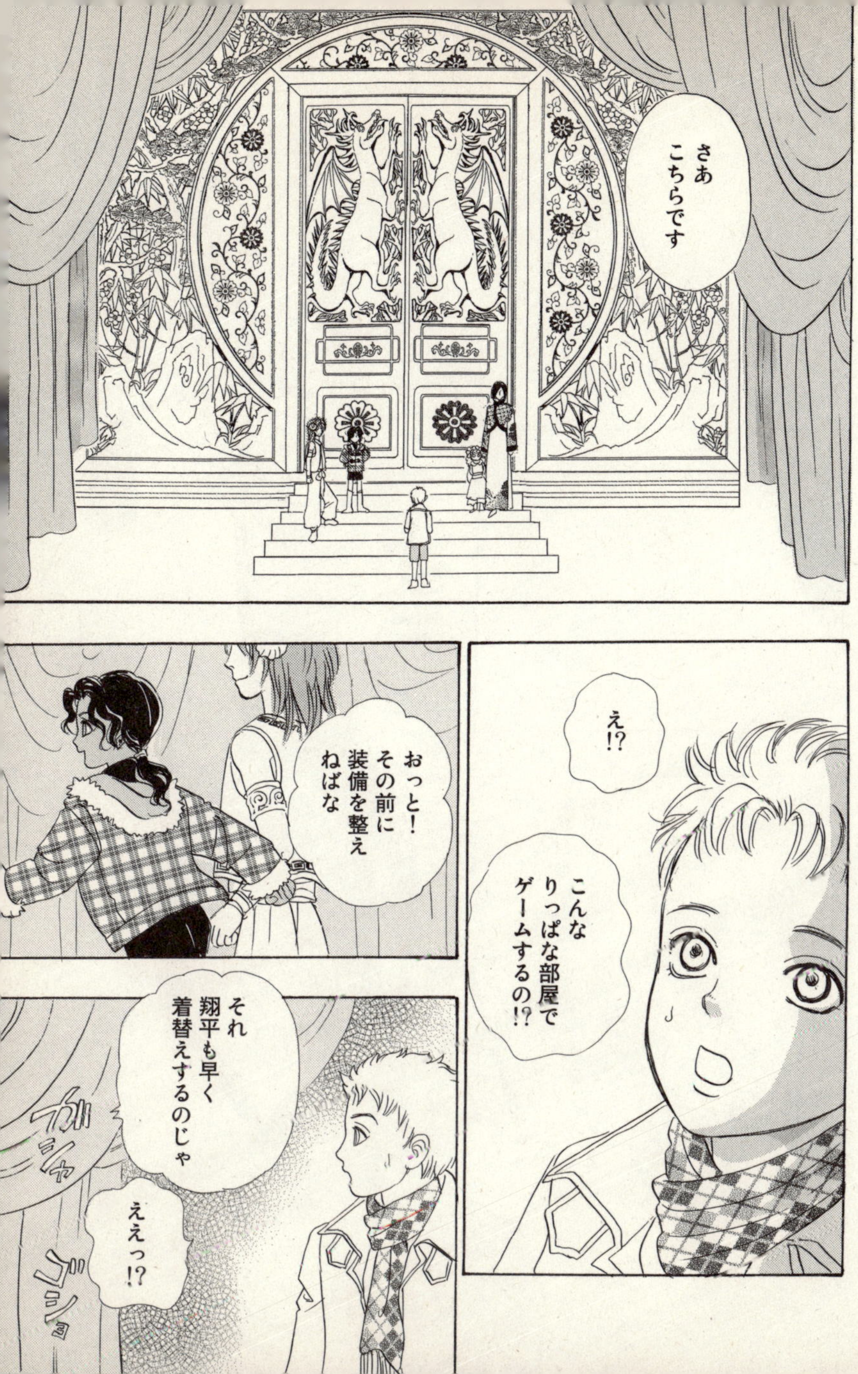
さあ
こちらです
え!?
こんなりっぱな部屋でゲームするの!?
おっと! その前に装備を整えねばな
それ 翔平も早く着替えするのじゃ
ええっ!?

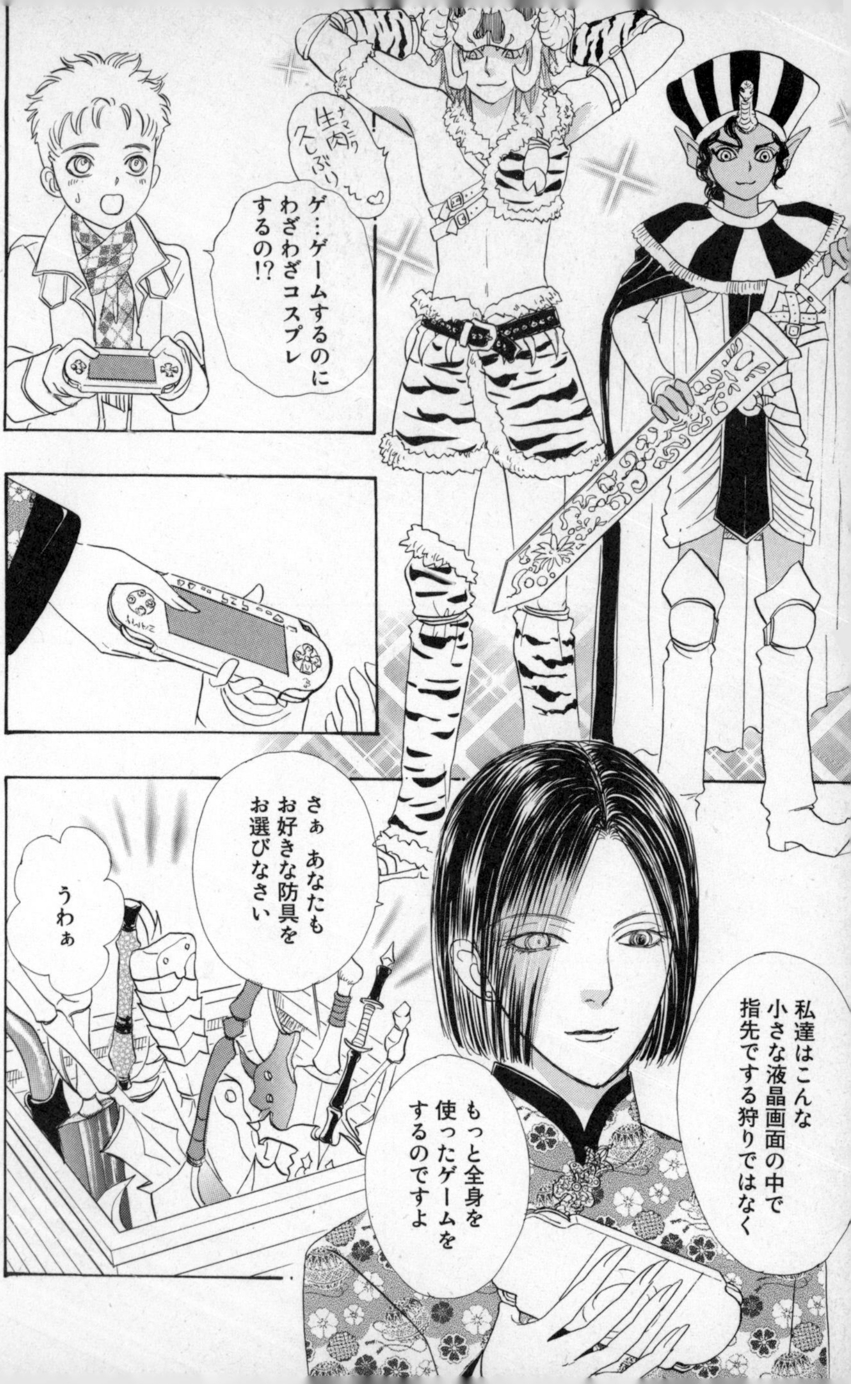

生肉久しぶり～♡
ゲ…ゲームするのにわざわざコスプレするの!?
私達はこんな小さな液晶画面の中で指先でする狩りではなく
もっと全身を使ったゲームをするのですよ
さぁ あなたもお好きな防具をお選びなさい
うわぁ

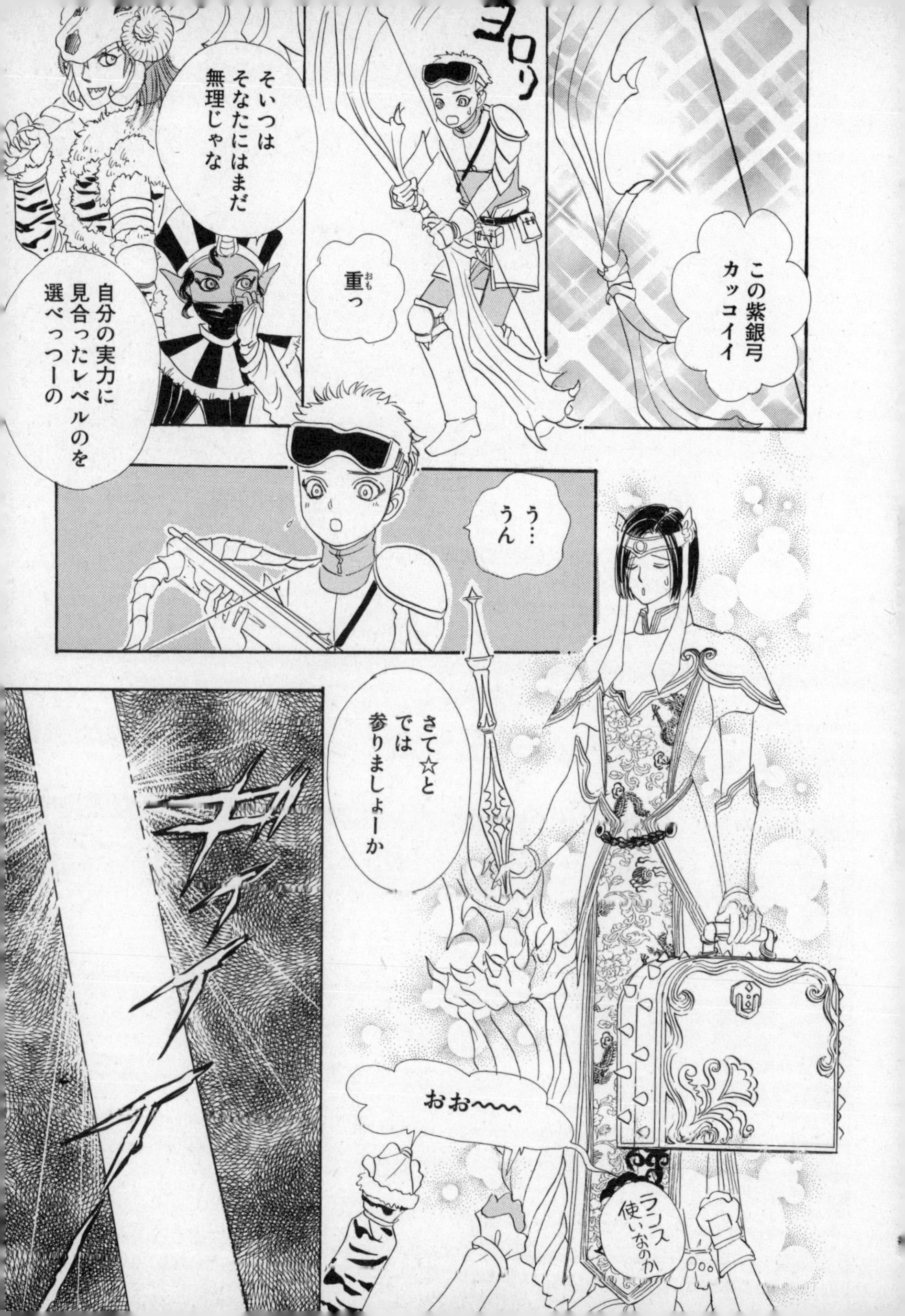
ヨロリ
この紫銀弓カッコイイ
重っ
そいつはそなたにはまだ無理じゃな
自分の実力に見合ったレベルのを選べっつーの
う…うん
さて☆とでは参りましょーか
おお〜〜〜
ランス使いなのか

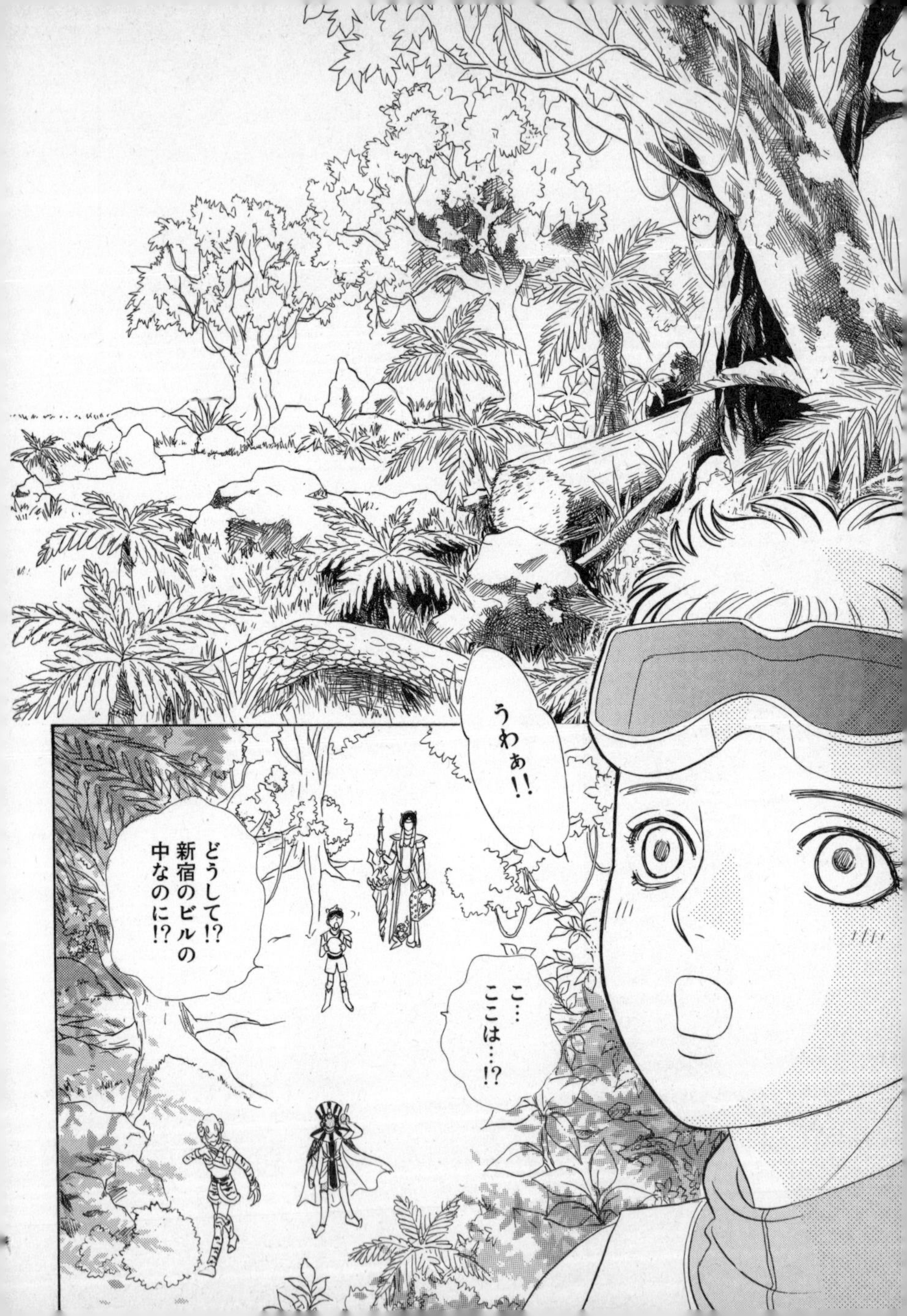
うわぁ!!
こ…ここは…!?
どうして!? 新宿のビルの中なのに!?

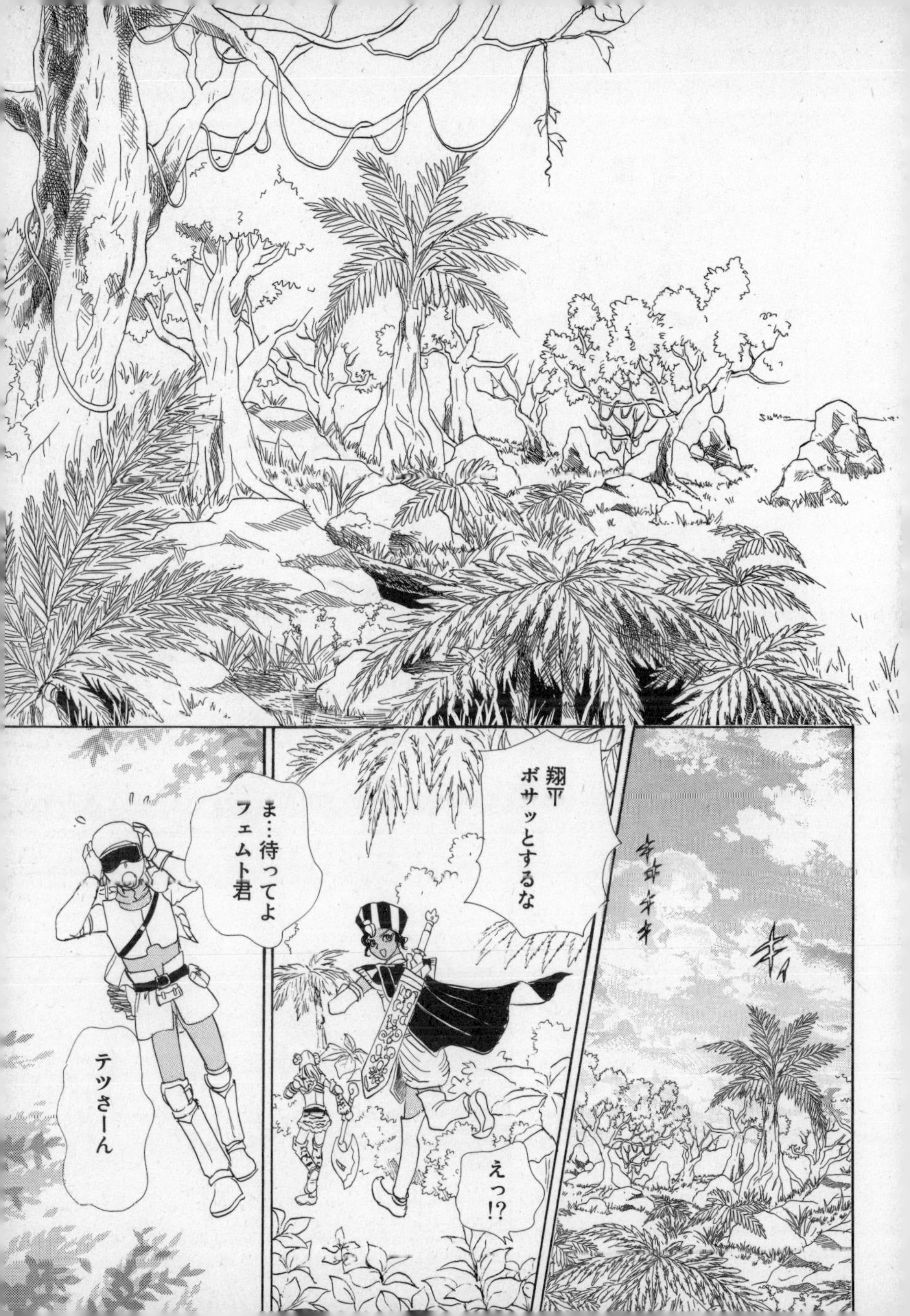
翔平 ボサッとするな
えっ!?
ま…待ってよ フェムト君
テツさーん

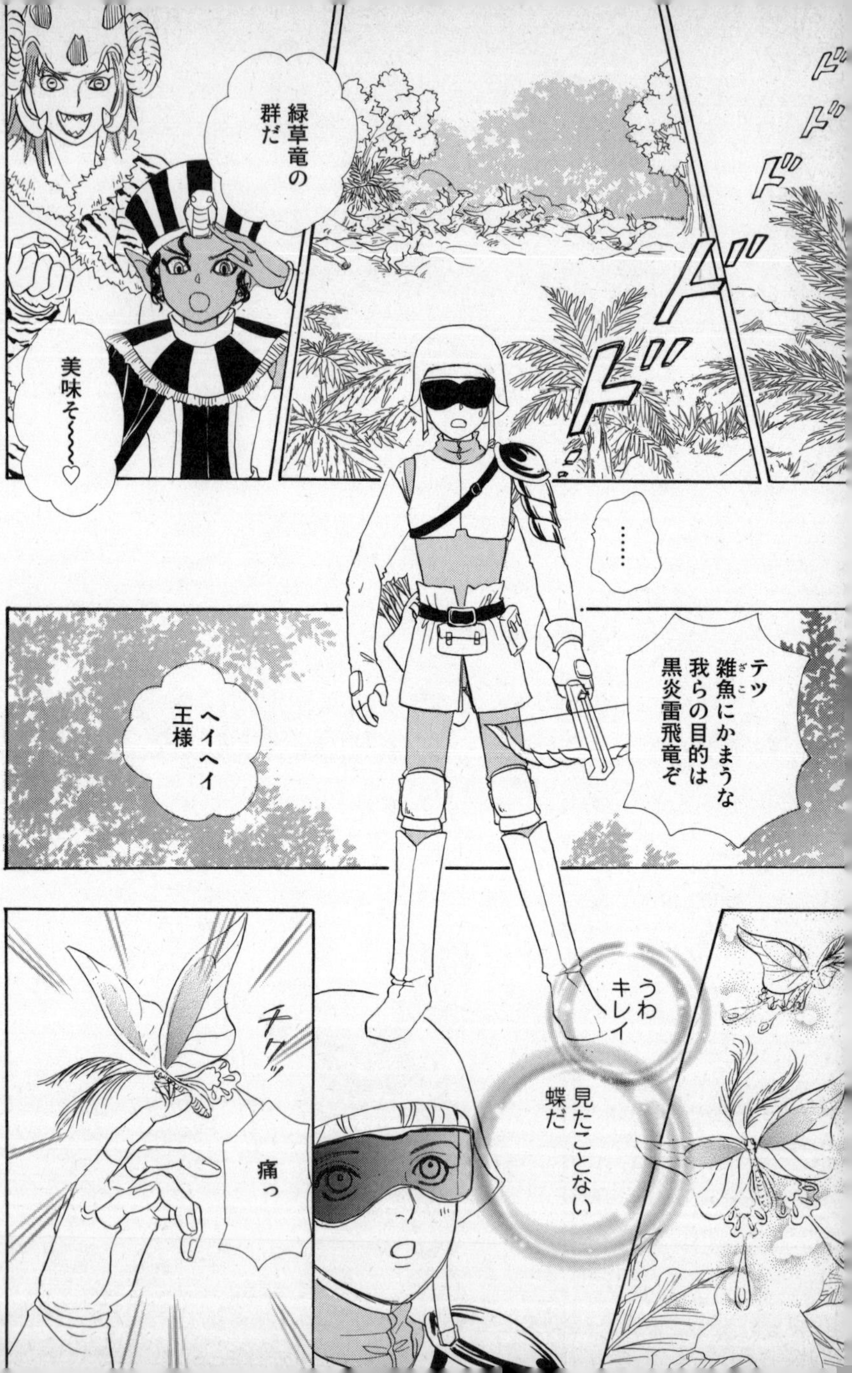
ドドドドド
緑草竜の群だ
美味そ〜〜〜♡
……
テツ
雑魚にかまうな
我らの目的は
黒炎雷飛竜ぞ
ヘイヘイ
王様
うわ
キレイ
見たことない
蝶だ
チクッ
痛っ

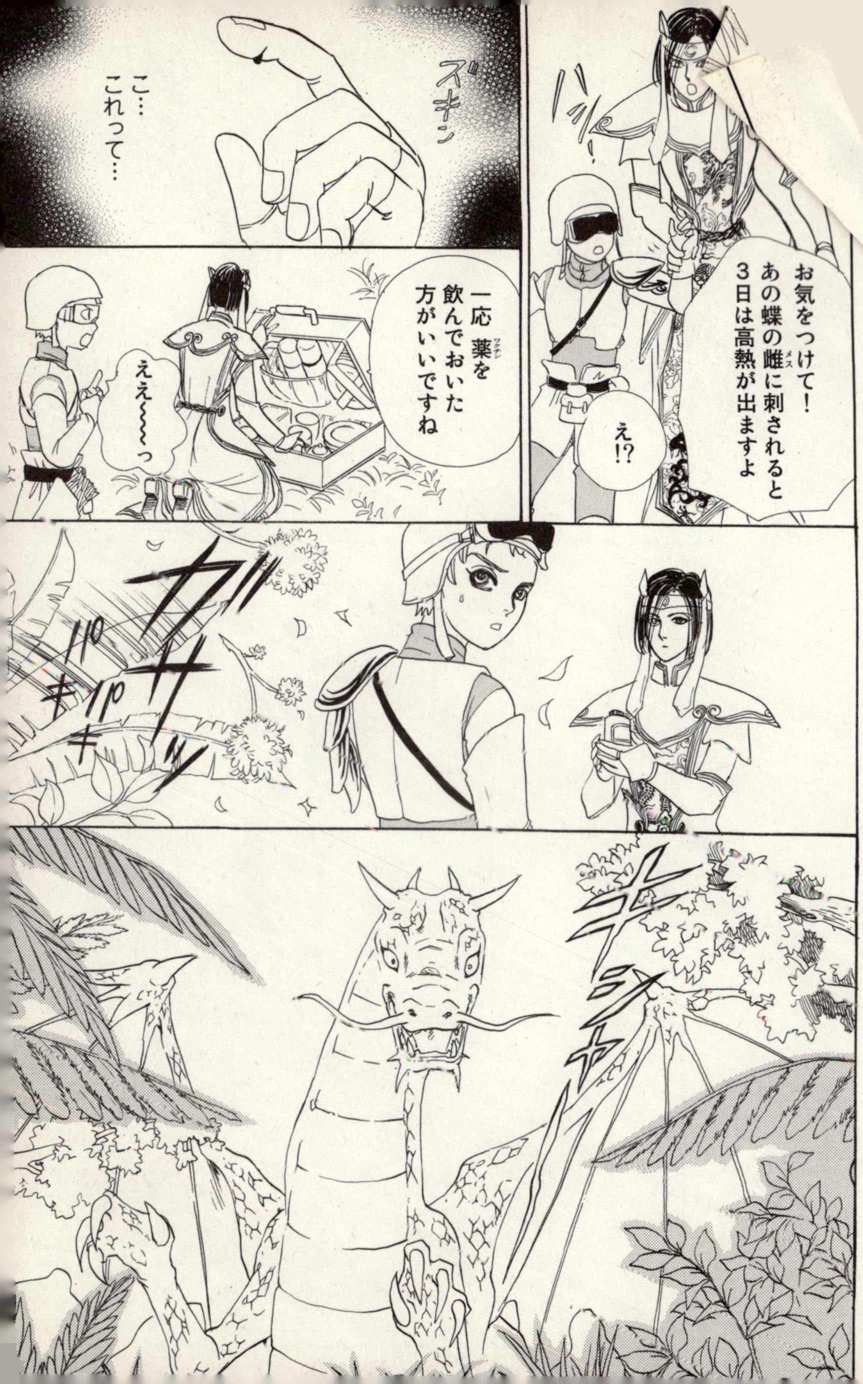
バッ!
お気をつけて!
あの蝶の雌に刺されると
3日は高熱が出ますよ
え!?
ズキン
こ…
これって…
一応 薬を
飲んでおいた
方がいいですね
ええ〜〜〜っ
ガサッ
パキ
パキ
ギシャッ

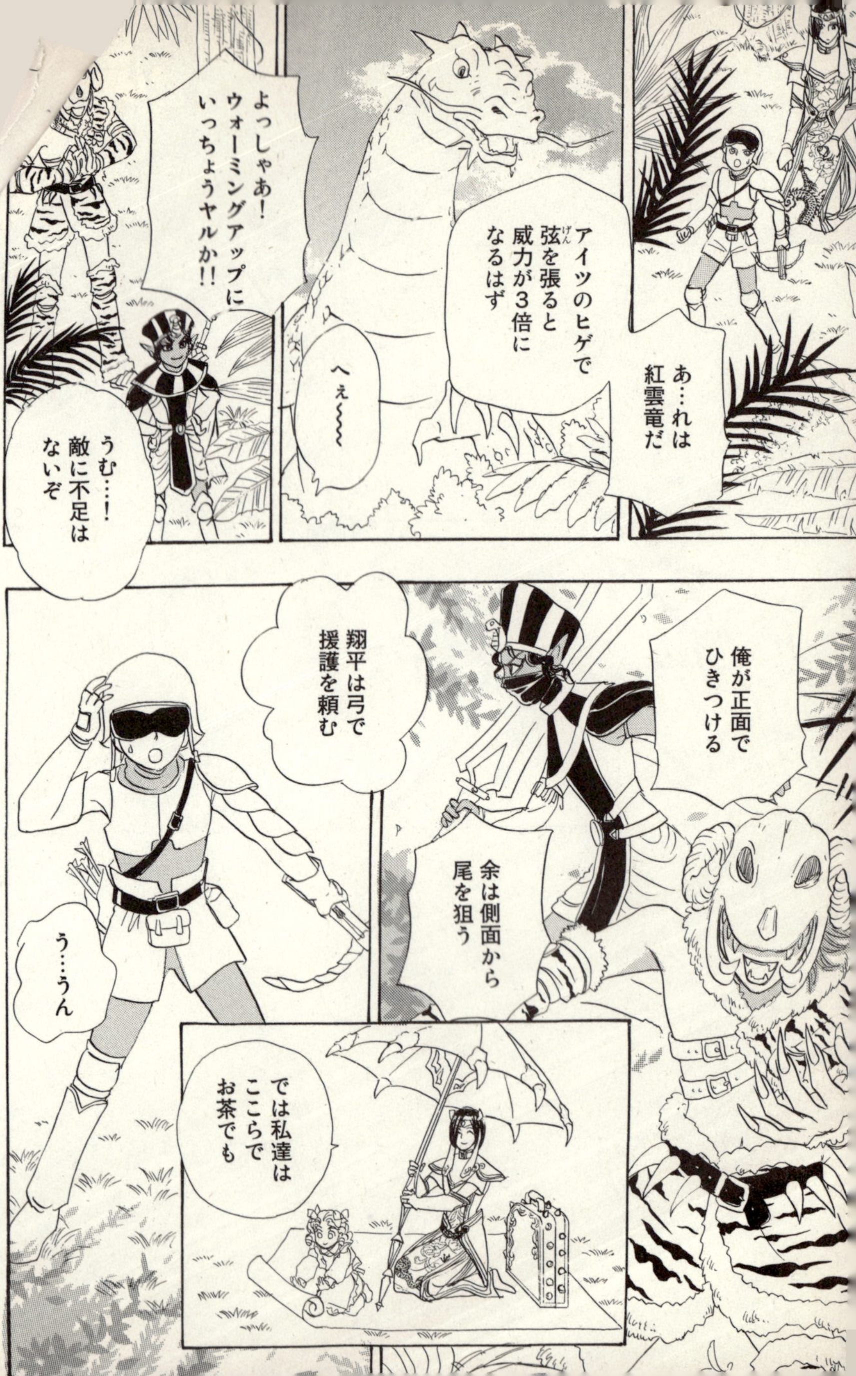
あ…れは紅雲竜だ
アイツのヒゲで弦を張ると威力が3倍になるはず
へぇ〜〜〜
よっしゃあ!ウォーミングアップにいっちょうヤルか!!
うむ…!敵に不足はないぞ
俺が正面でひきつける
余は側面から尾を狙う
翔平は弓で援護を頼む
う…うん
では私達はここらでお茶でも

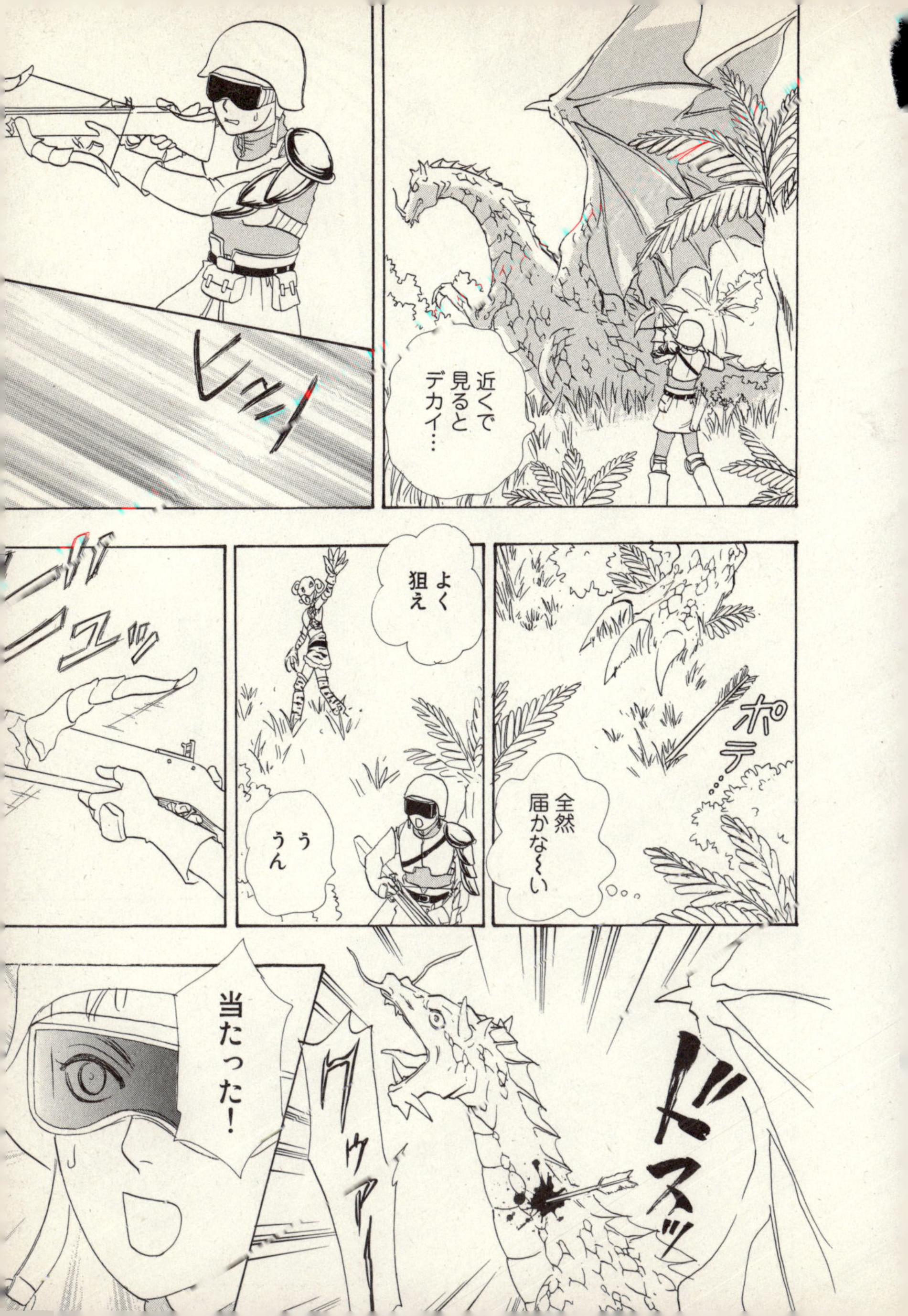
近くで見るとデカイ…
ヒュッ
ポテ…
全然届かな〜い
よく狙え
ううん
ドスッ
当たった!

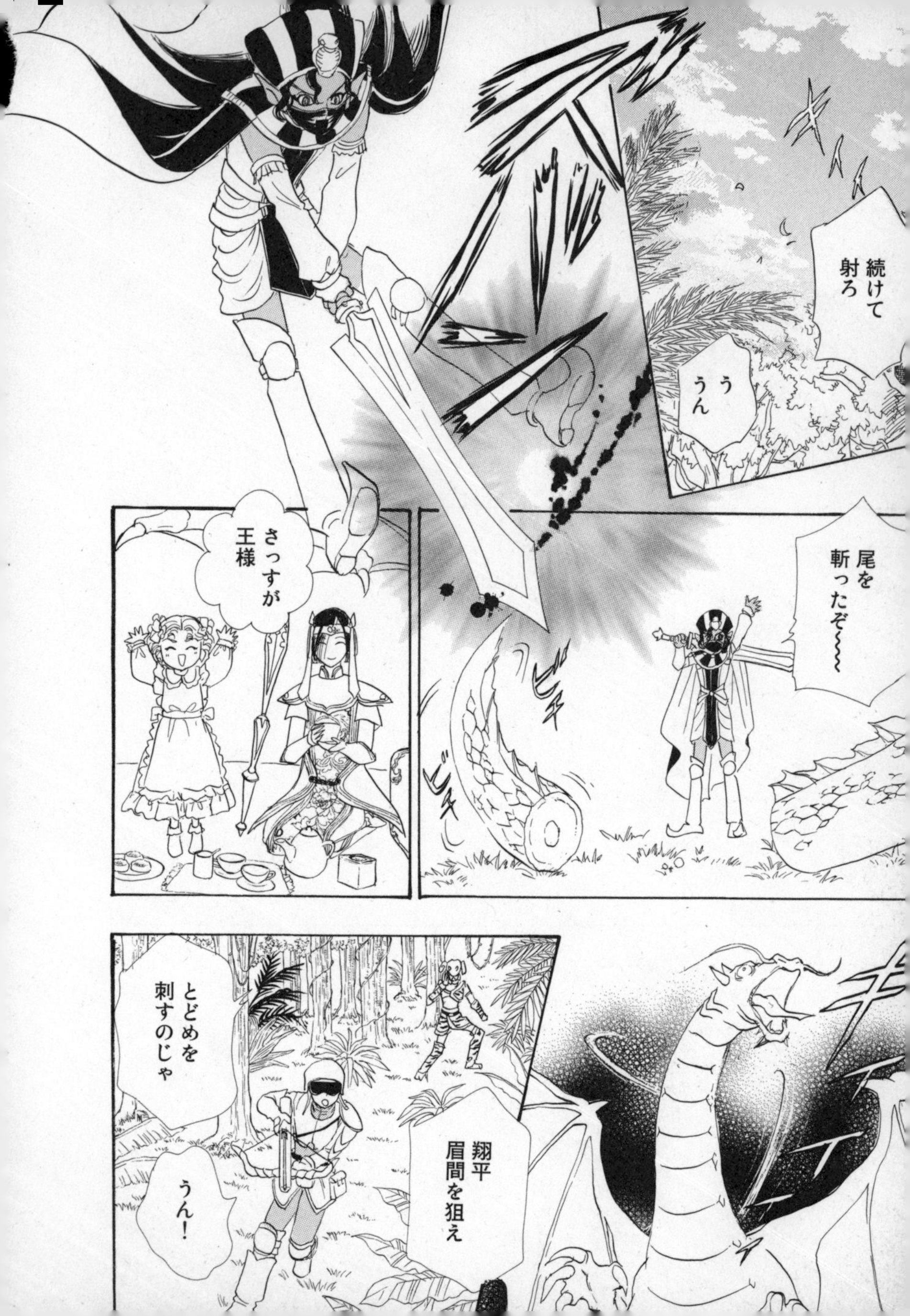

続けて射ろ
う うん
尾を斬ったぞ〜〜〜
さっすが王様
翔平 眉間を狙え
とどめを刺すのじゃ
うん！

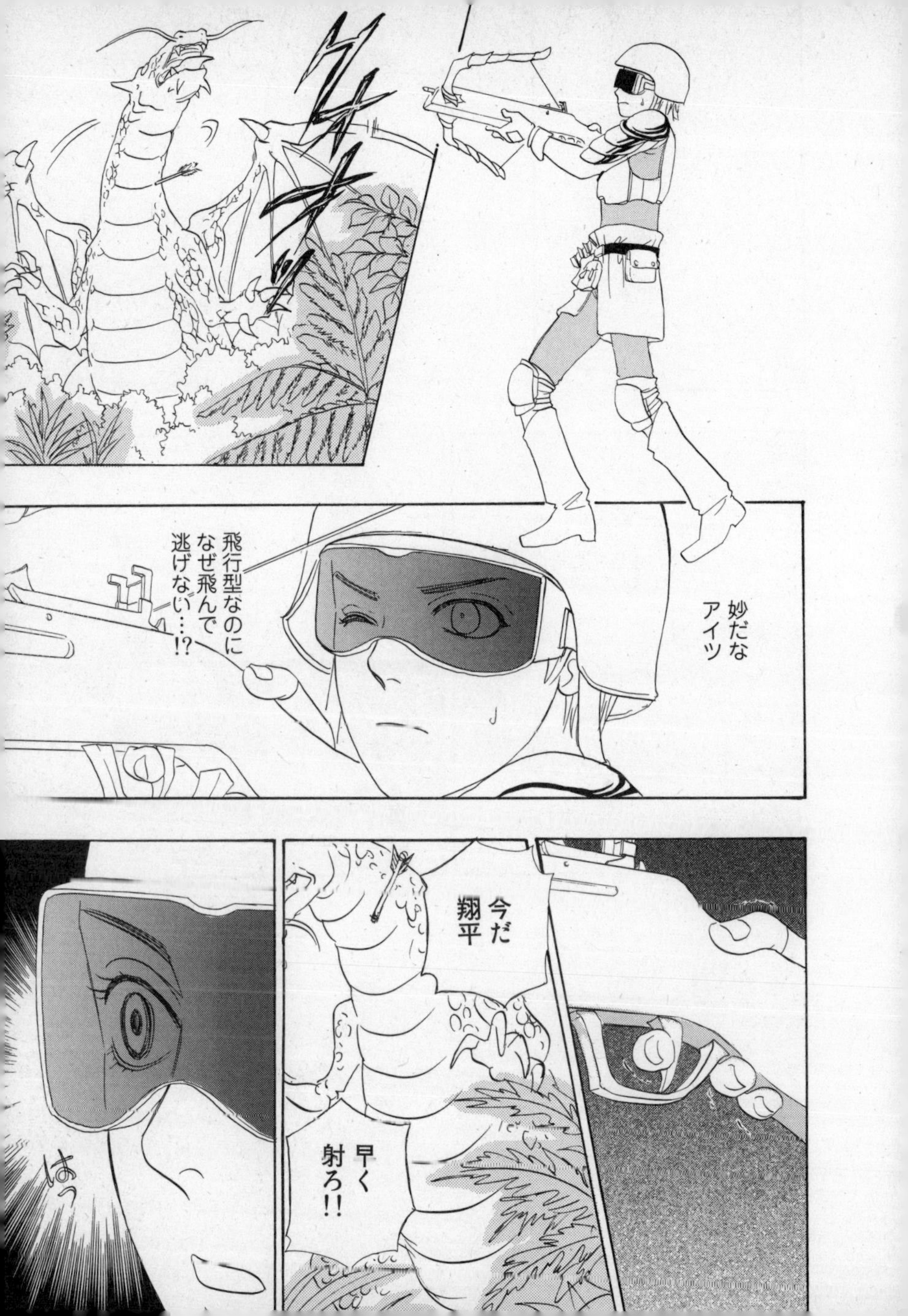
妙だな
アイツ
飛行型なのに
なぜ飛んで
逃げない…!?
今だ
翔平
早く
射ろ!!
はっ

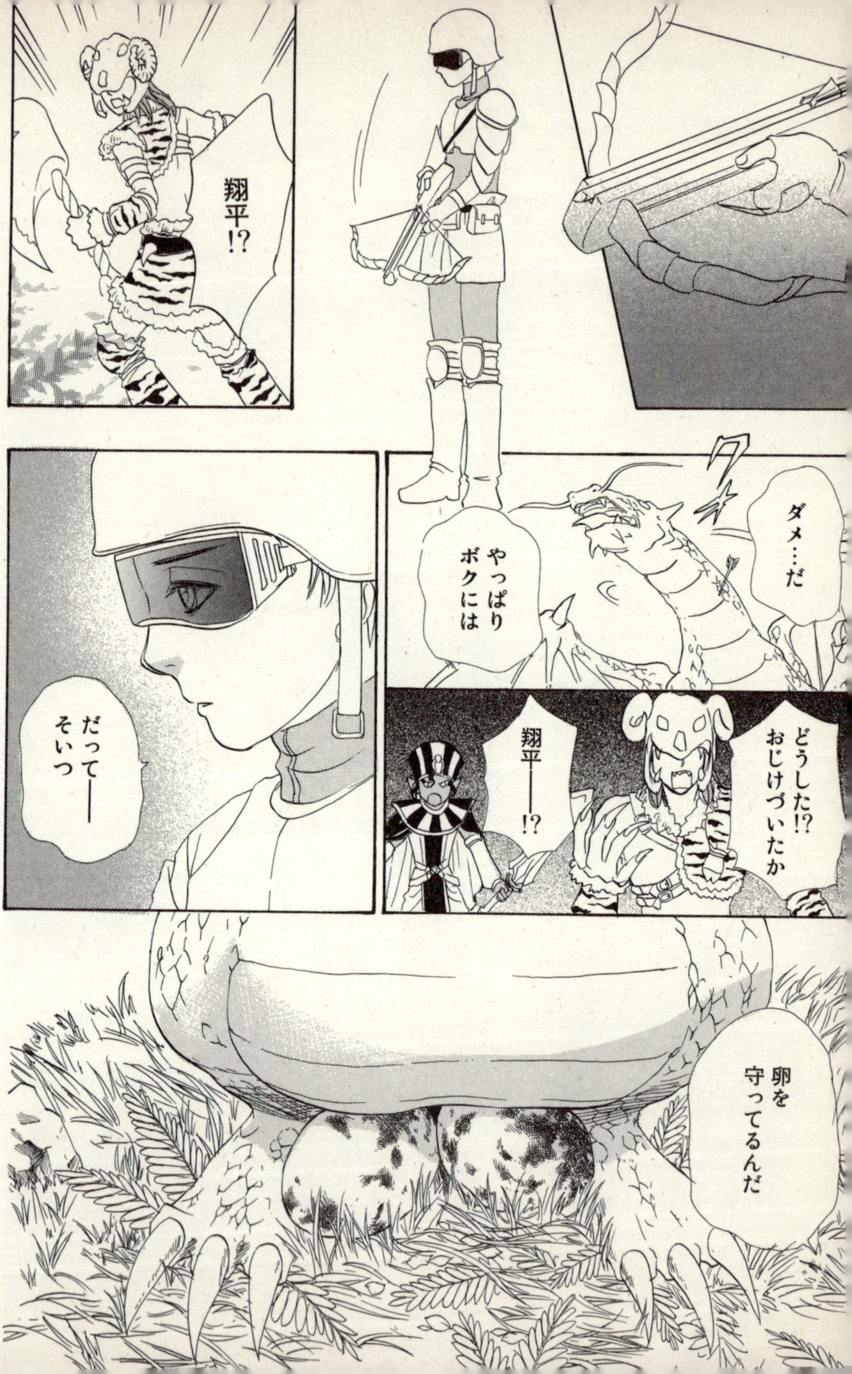
翔平!?
ダメ…だ
やっぱりボクには
どうした!?おじけづいたか
翔平——!?
だってそいつ——
卵を守ってるんだ

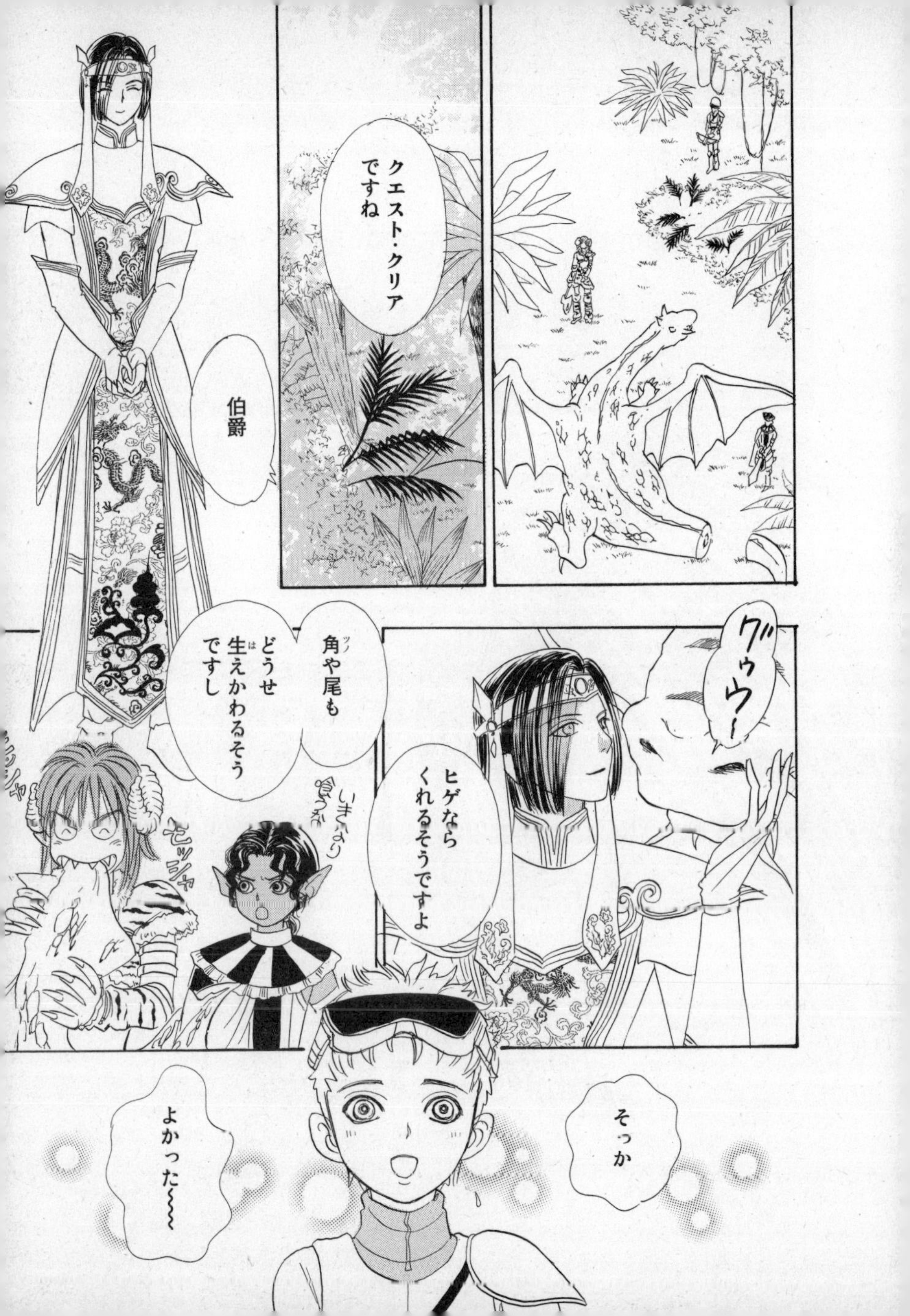
クエスト・クリアですね
伯爵
グゥウ～
ヒゲならくれるそうですよ
角(ツノ)や尾もどうせ生(は)えかわるそうですし
いきなり食うか
モッシャ
そっか
よかった～～～

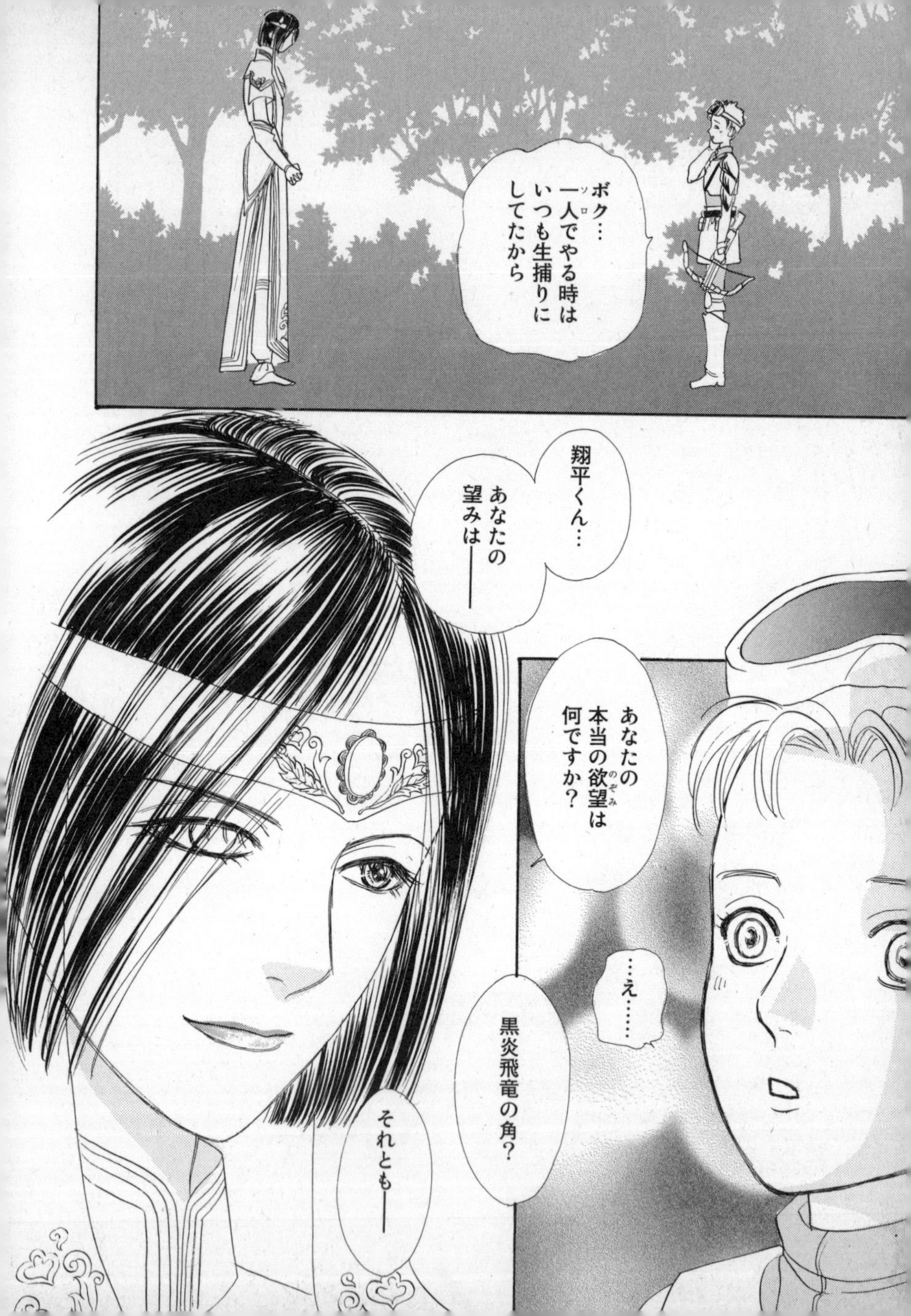
ボク…一人(ソロ)でやる時はいつも生捕りにしてたから
翔平くん…
あなたの望みは——
あなたの本当の欲望(のぞみ)は何ですか？
…え……
黒炎飛竜の角？
それとも——

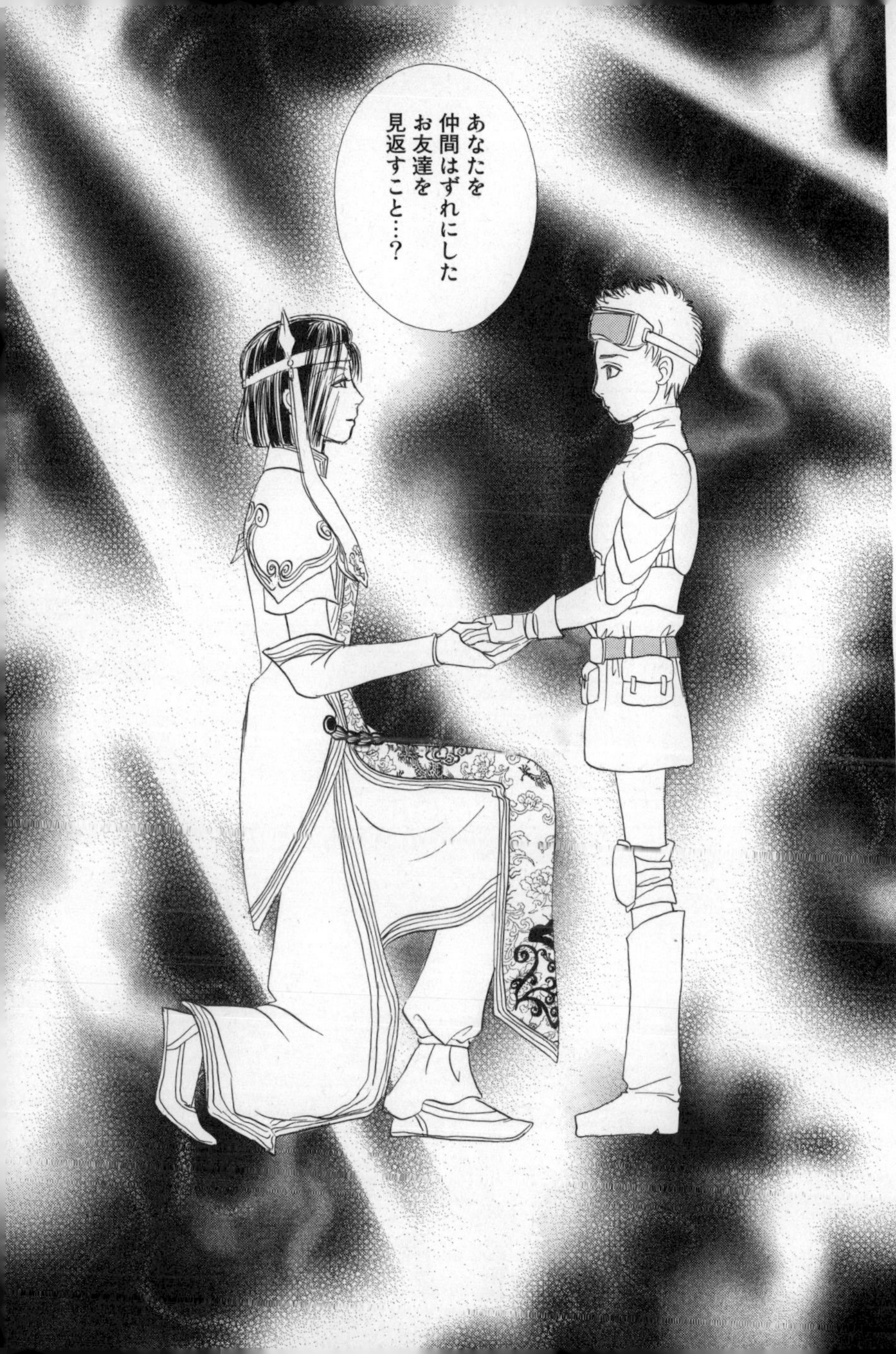
あなたを仲間はずれにしたお友達を見返すこと…？

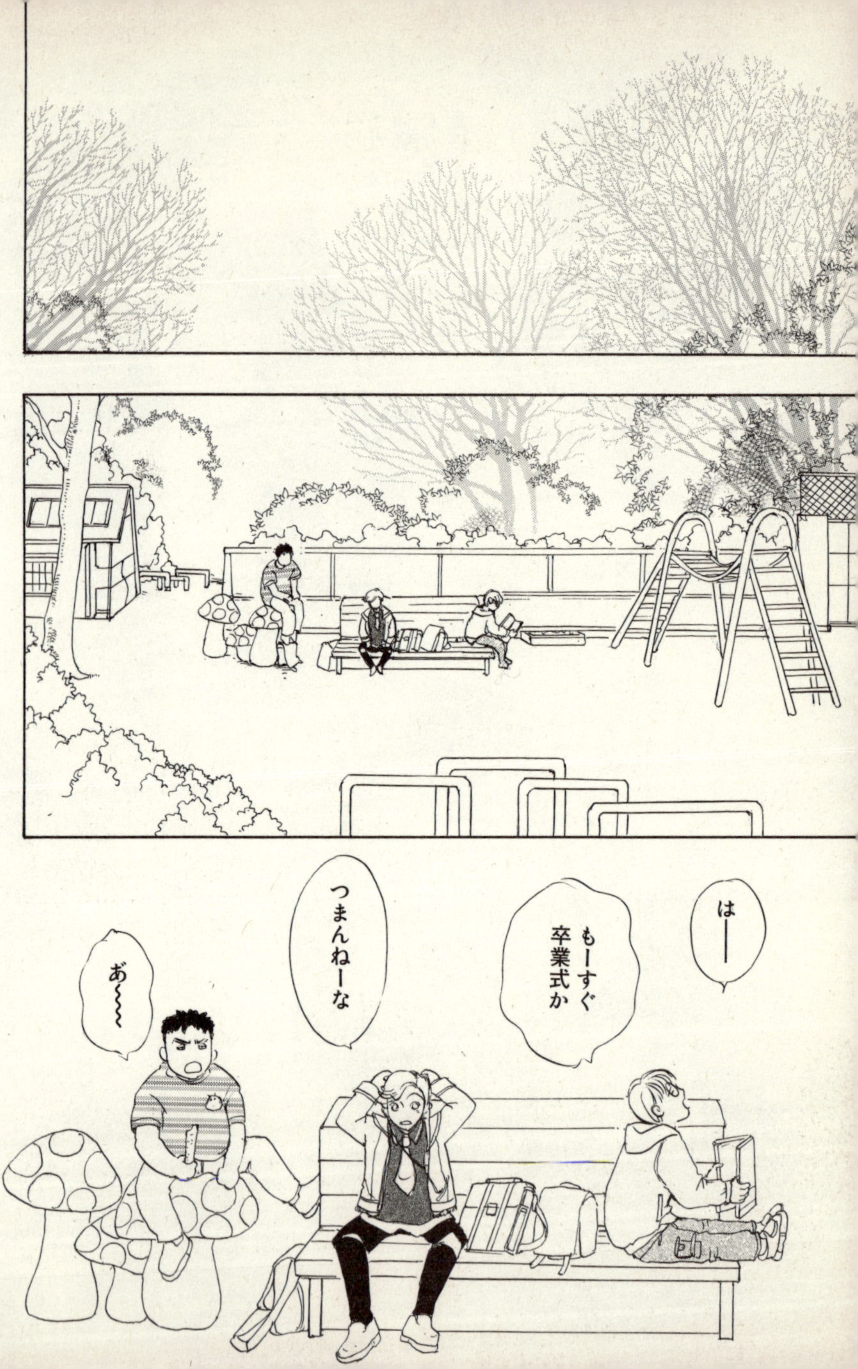
はーー
もーすぐ卒業式か
つまんねーな
あ〜〜〜

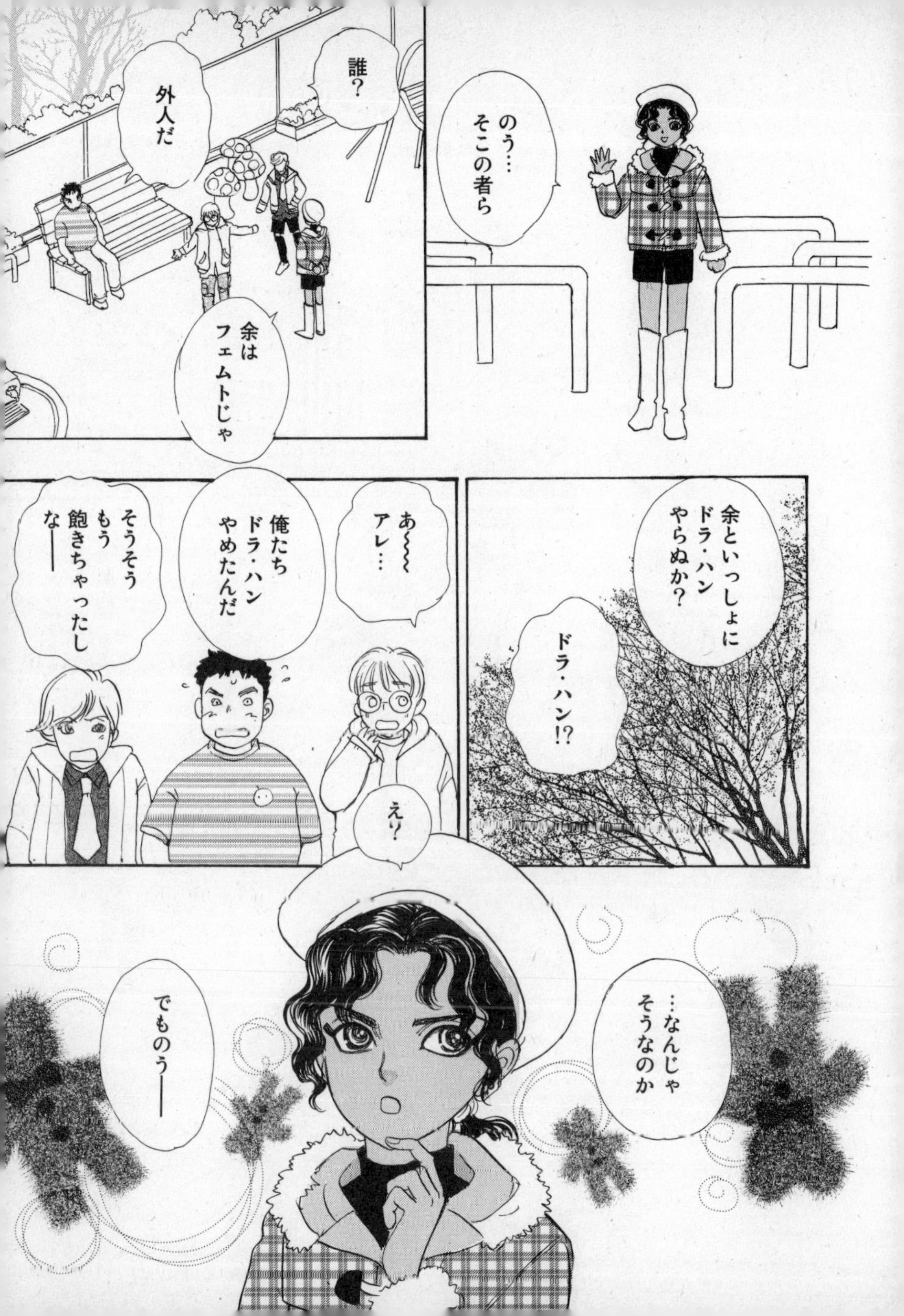

のう…
そこの者ら
誰?
外人だ
余は
フェムトじゃ
余といっしょに
ドラ・ハン
やらぬか?
ドラ・ハン!?
あ〜〜〜
アレ…
俺たち
ドラ・ハン
やめたんだ
そうそう
もう
飽きちゃったし
な——
え!?
…なんじゃ
そうなのか
でものう——

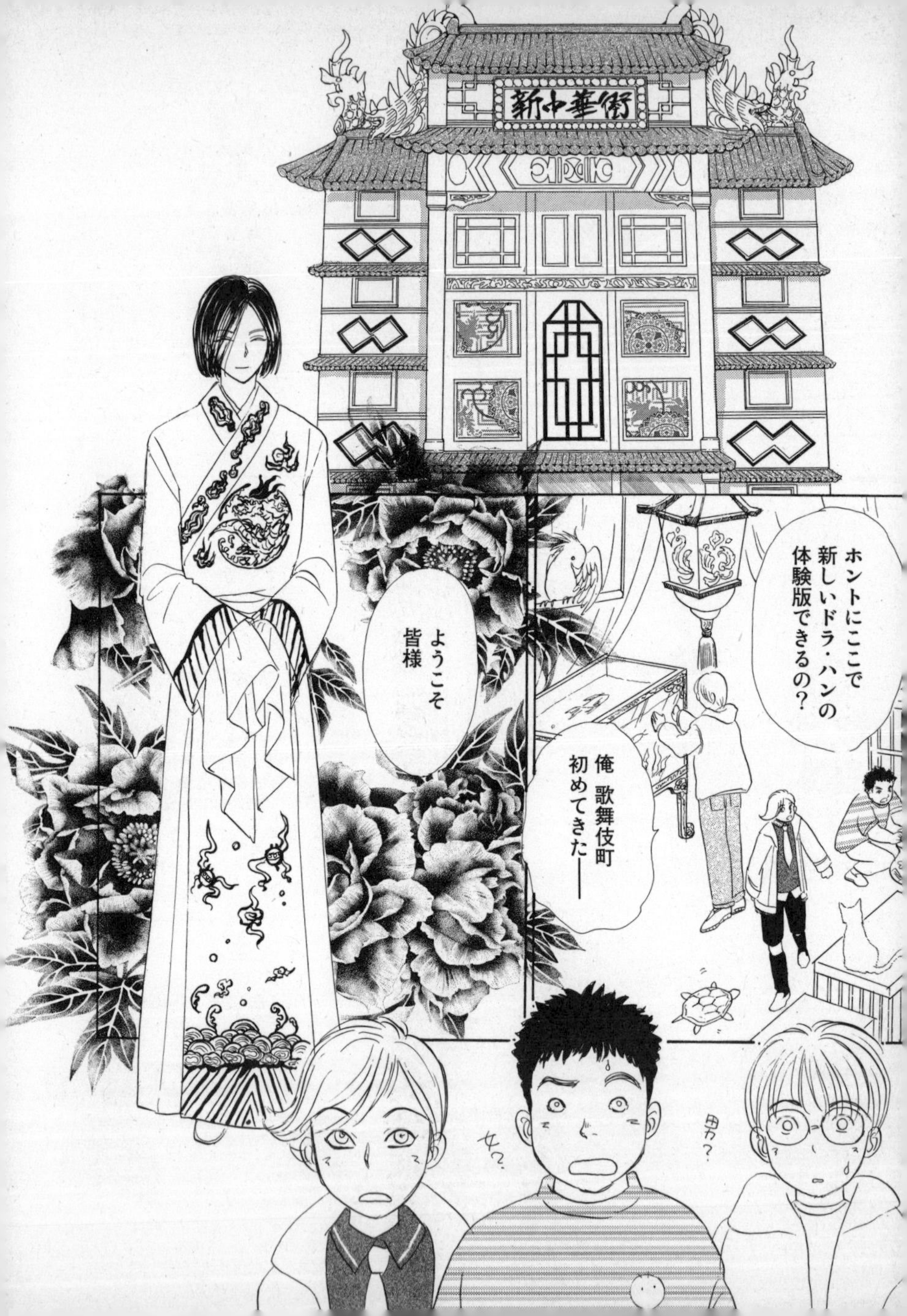
新中華街
ホントにここで新しいドラ・ハンの体験版できるの？
俺 歌舞伎町初めてきた——
ようこそ皆様
男？
女？

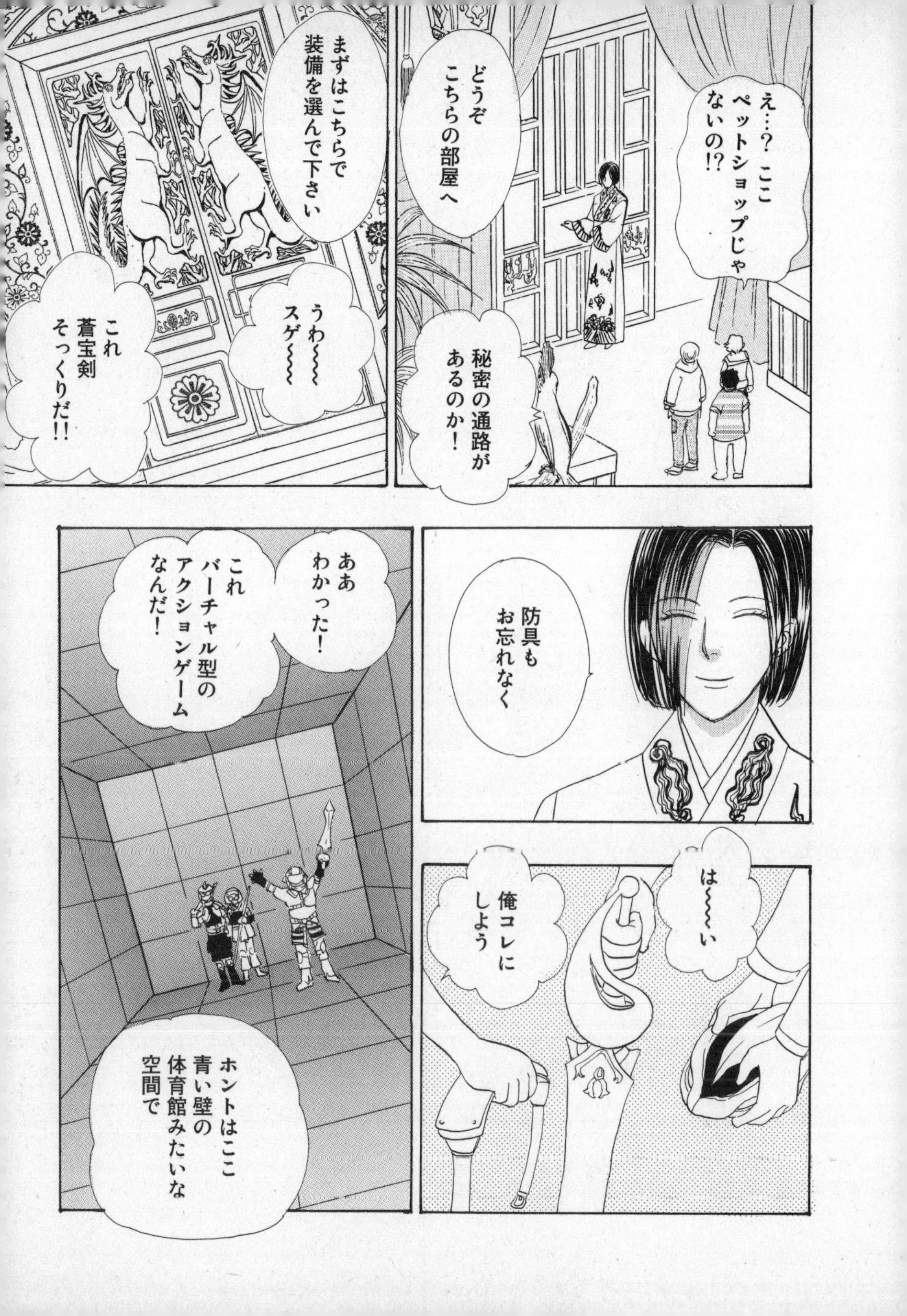
え…？ ここ
ペットショップじゃ
ないの!?
どうぞ
こちらの部屋へ
秘密の通路が
あるのか！
まずはこちらで
装備を選んで下さい
うわ〜〜〜
スゲ〜〜〜
これ
蒼宝剣
そっくりだ!!
防具も
お忘れなく
は〜〜〜い
俺コレに
しよう
ああ
わかった！
これ
バーチャル型の
アクションゲーム
なんだ！
ホントはここ
青い壁の
体育館みたいな
空間で

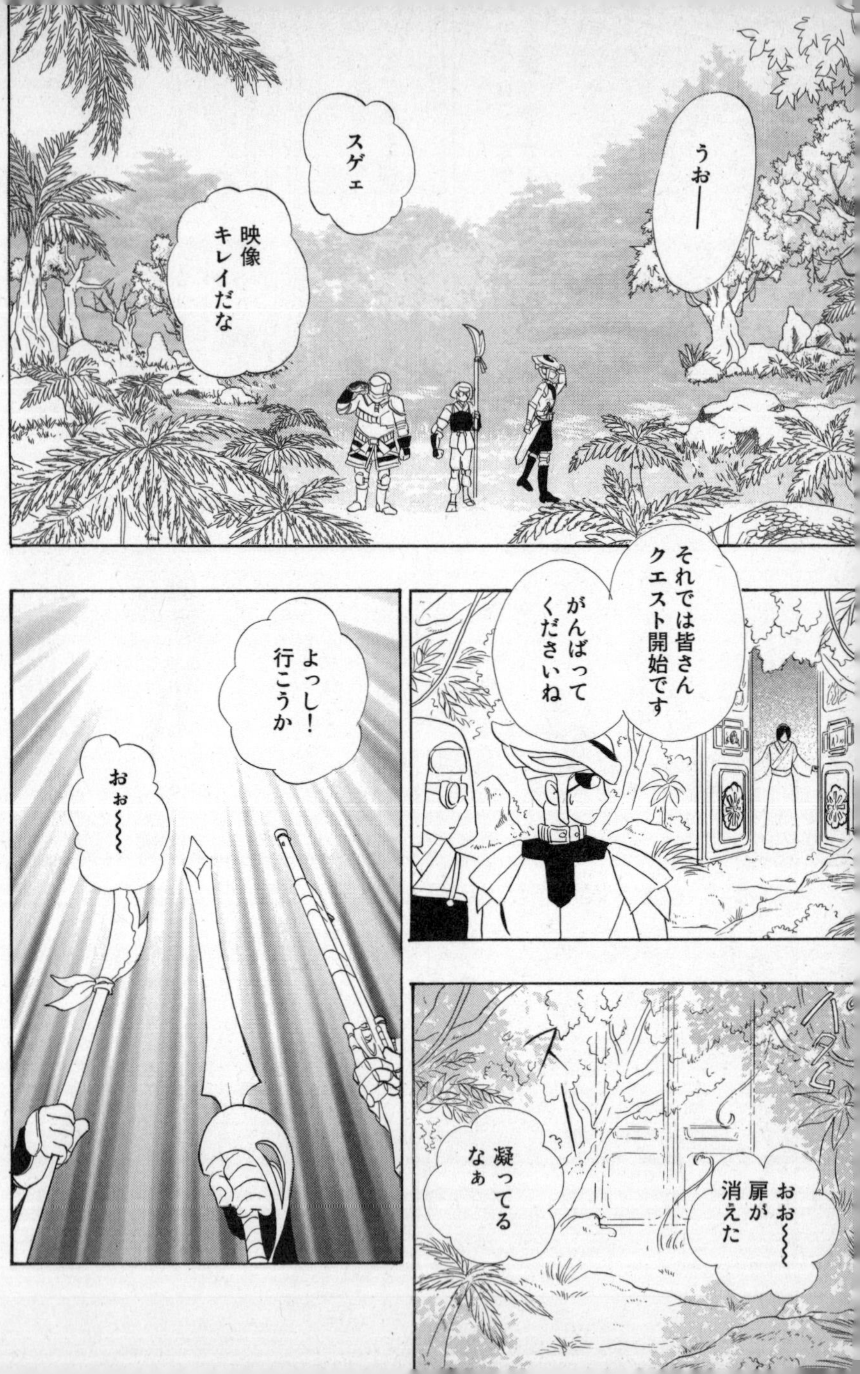
うお―――
スゲェ
映像キレイだな
それでは皆さんクエスト開始です
がんばってくださいね
よっし！行こうか
おぉ〜〜〜
おぉ〜〜〜扉が消えた
凝ってるなぁ

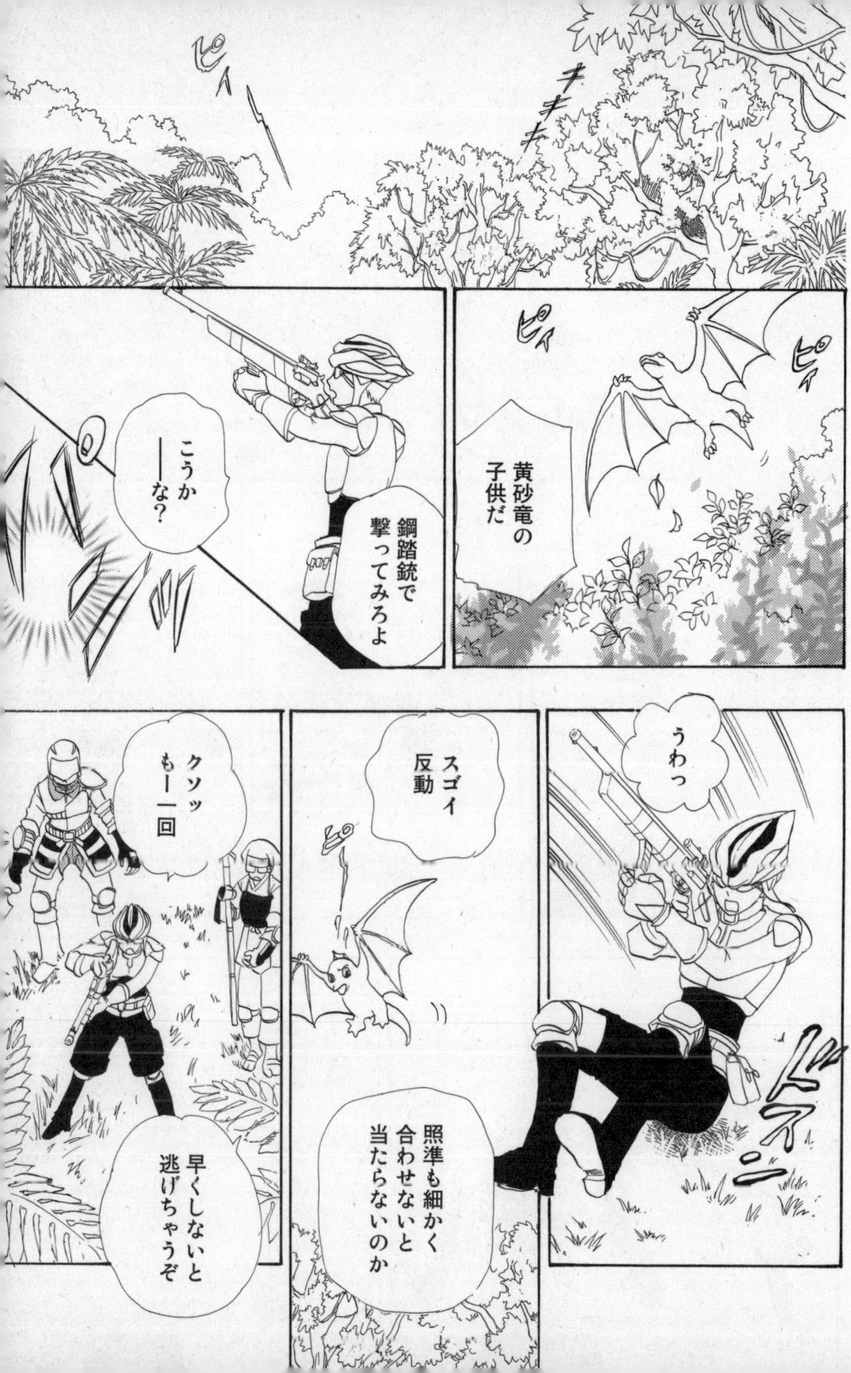
ピィ
キキキ
ピィ
ピィ
黄砂竜の
子供だ
鋼踏銃で
撃ってみろよ
こうか
──な？
うわっ
ドスン
スゴイ
反動
照準も細かく
合わせないと
当たらないのか
クソッ
もー一回
早くしないと
逃げちゃうぞ

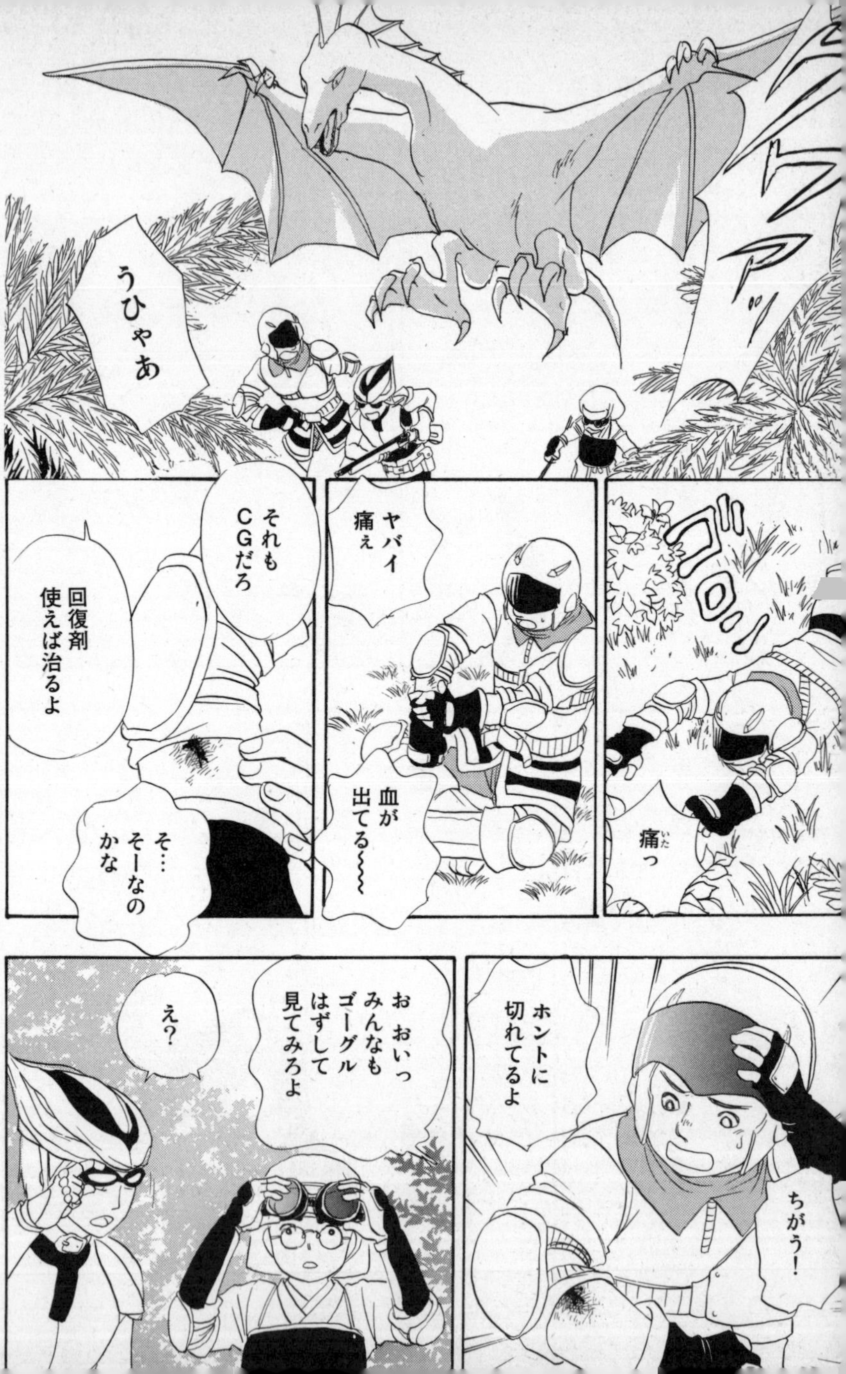
うひゃあ
ゴロン
痛っ
ヤバイ 痛ぇ
血が出てる〜〜
それもCGだろ
回復剤使えば治るよ
そ…そーなのかな
ちがう!
ホントに切れてるよ
おおいっ みんなもゴーグルはずして見てみろよ
え?

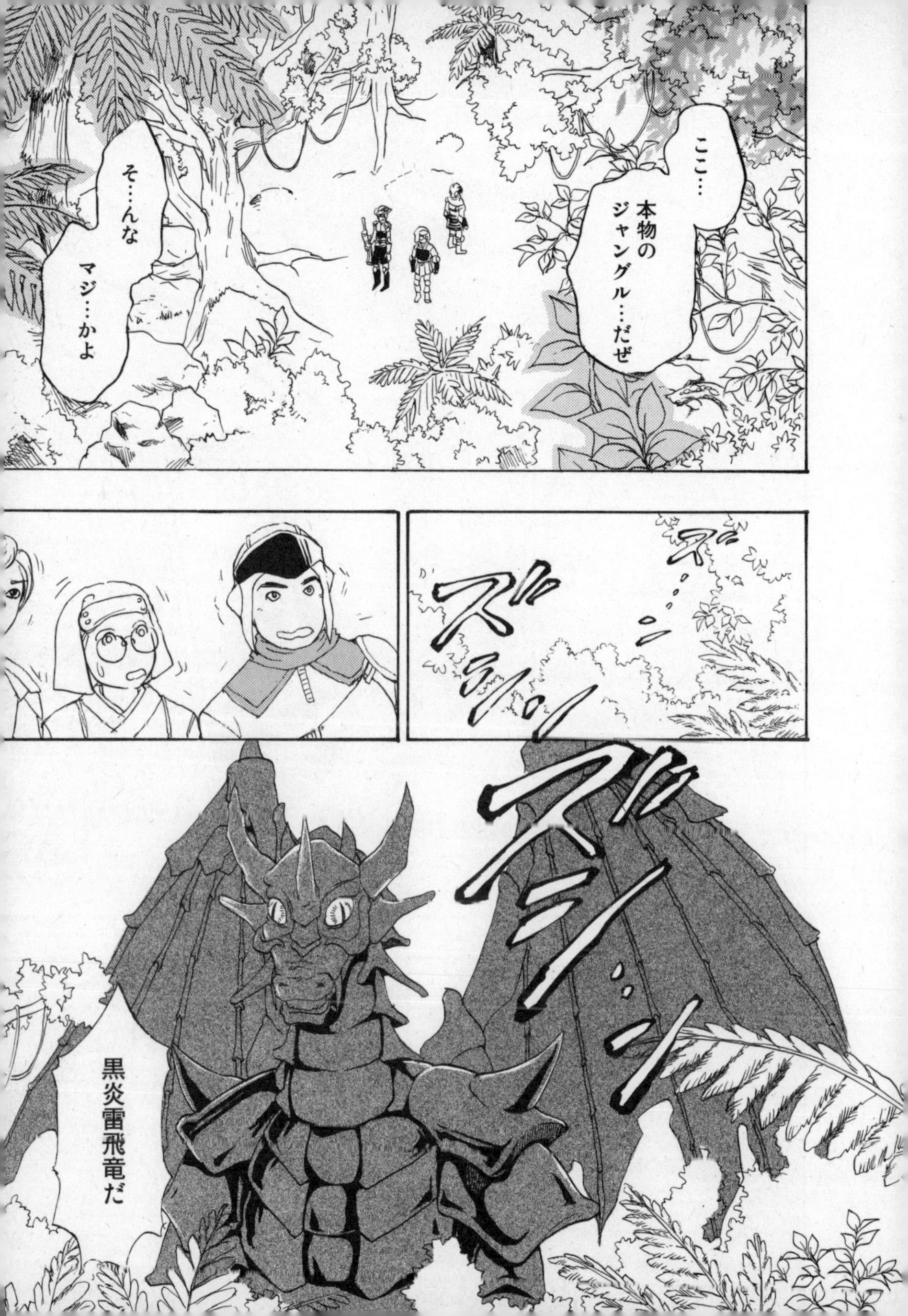
ここ…本物のジャングル…だぜ
そ…んなマジ…かよ
ズ…ン
ズシン
ズシン
黒炎雷飛竜だ

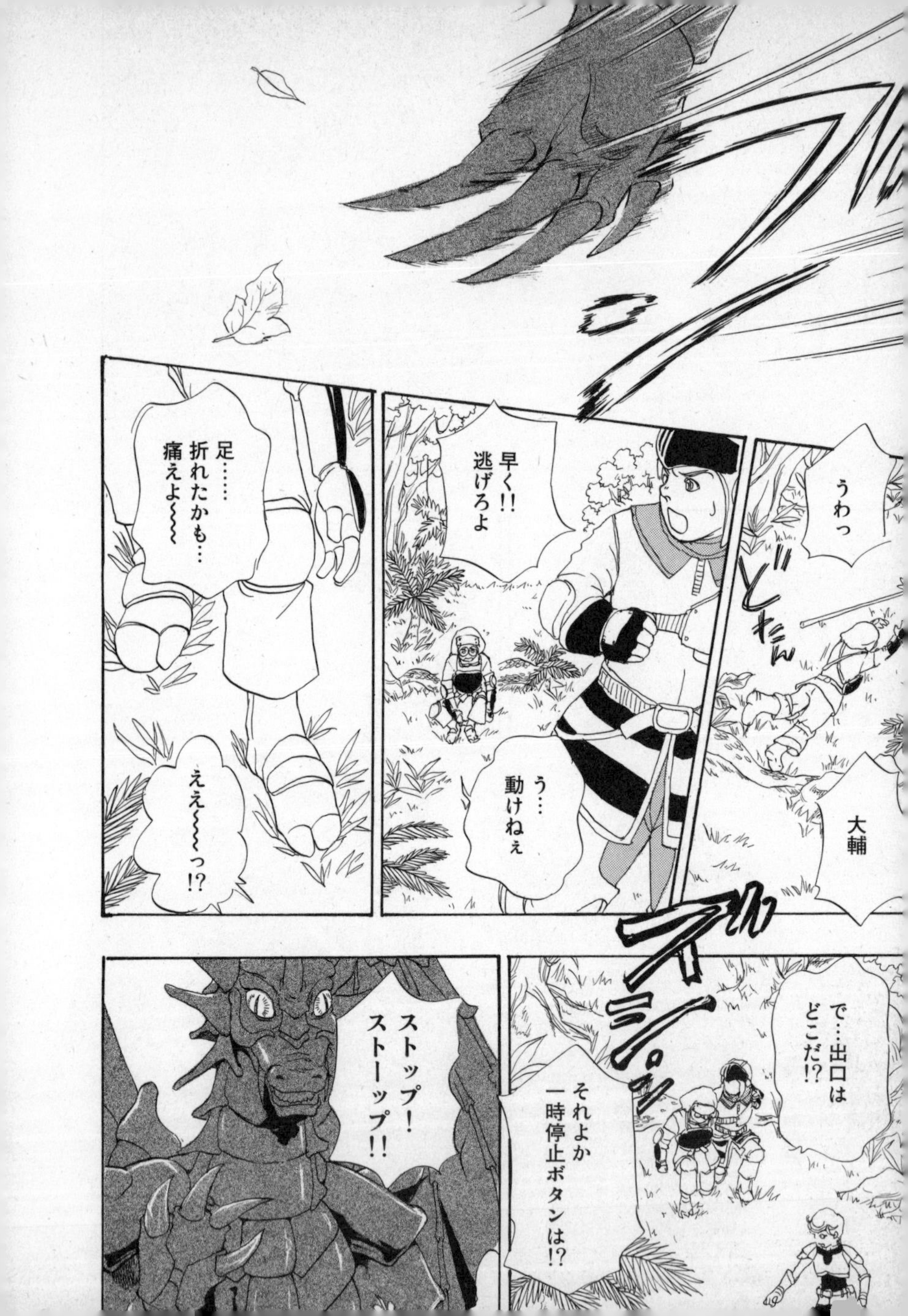
うわっ
大輔
早く!! 逃げろよ
う… 動けねぇ
足…… 折れたかも… 痛えよ〜〜〜
ええ〜〜〜っ!?
で…出口は どこだ!?
それよか 一時停止ボタンは!?
ストップ! ストーップ!!

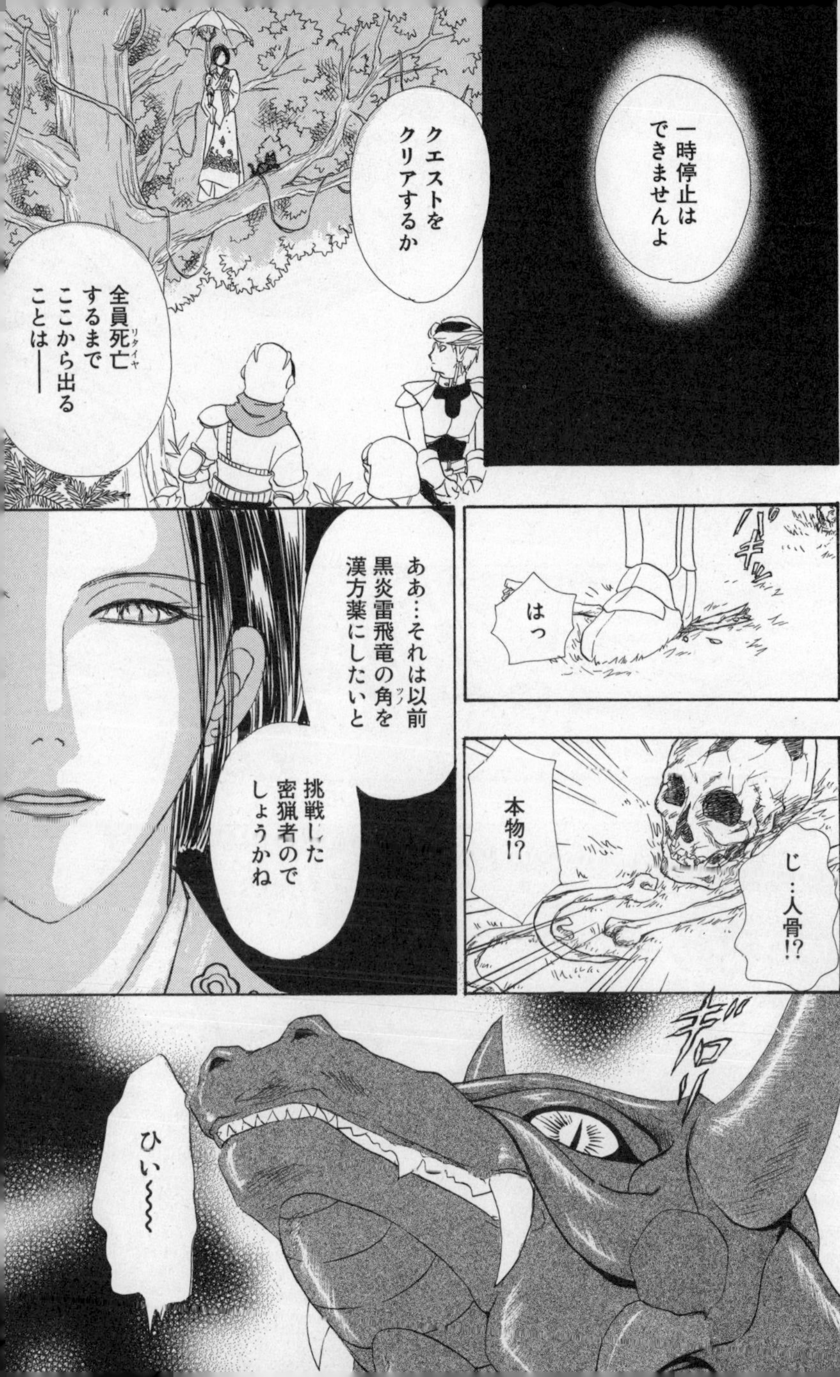
一時停止はできませんよ
クエストをクリアするか
全員死亡(リタイヤ)するまでここから出ることは――
パキッ
はっ
じ…人骨!?
本物!?
ああ…それは以前黒炎雷飛竜の角(ツノ)を漢方薬にしたいと
挑戦した密猟者のでしょうかね
ギロリ
ひい〜〜〜

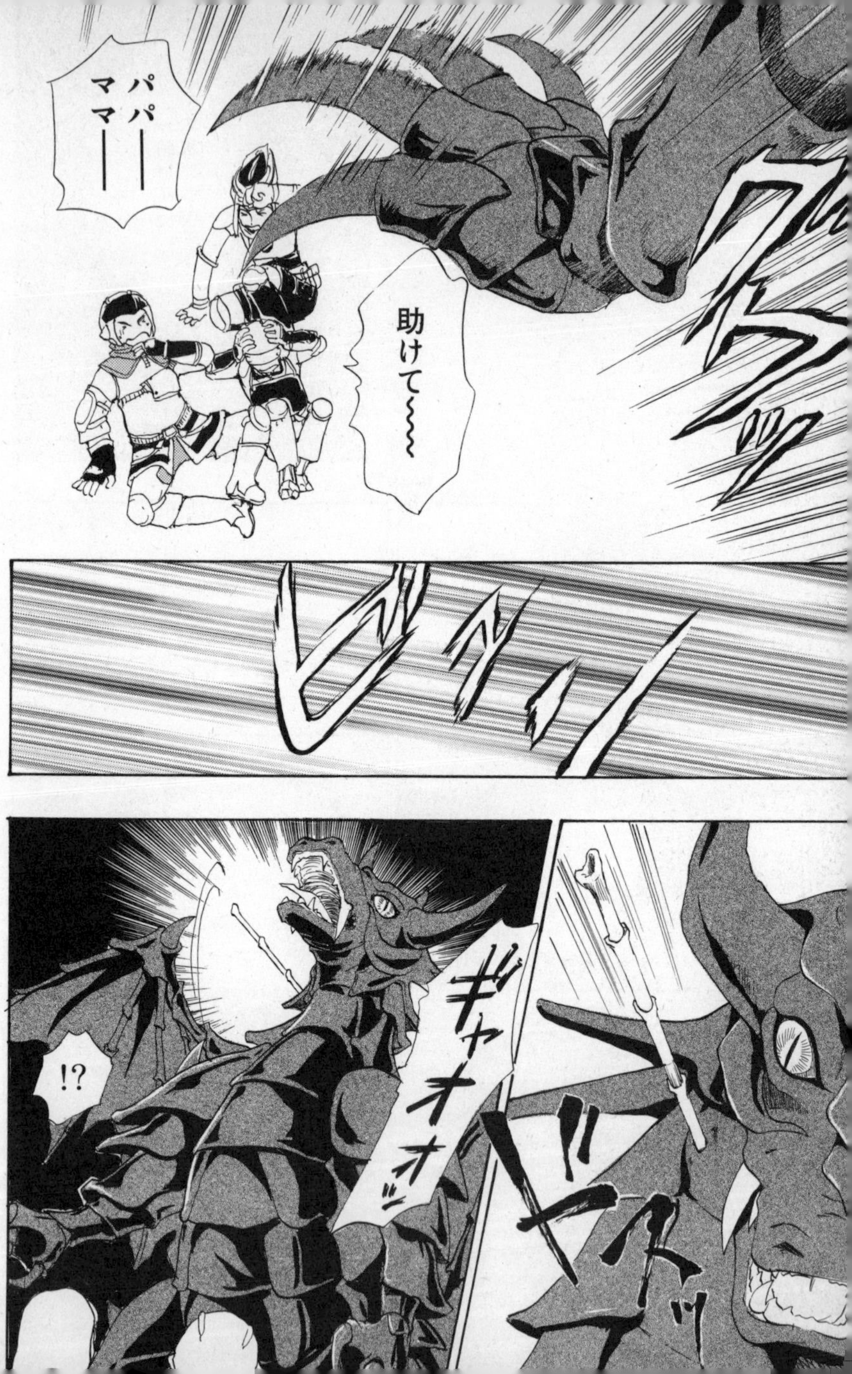
助けて～～～
パパーー
ママーー
ギャオオッ
!?

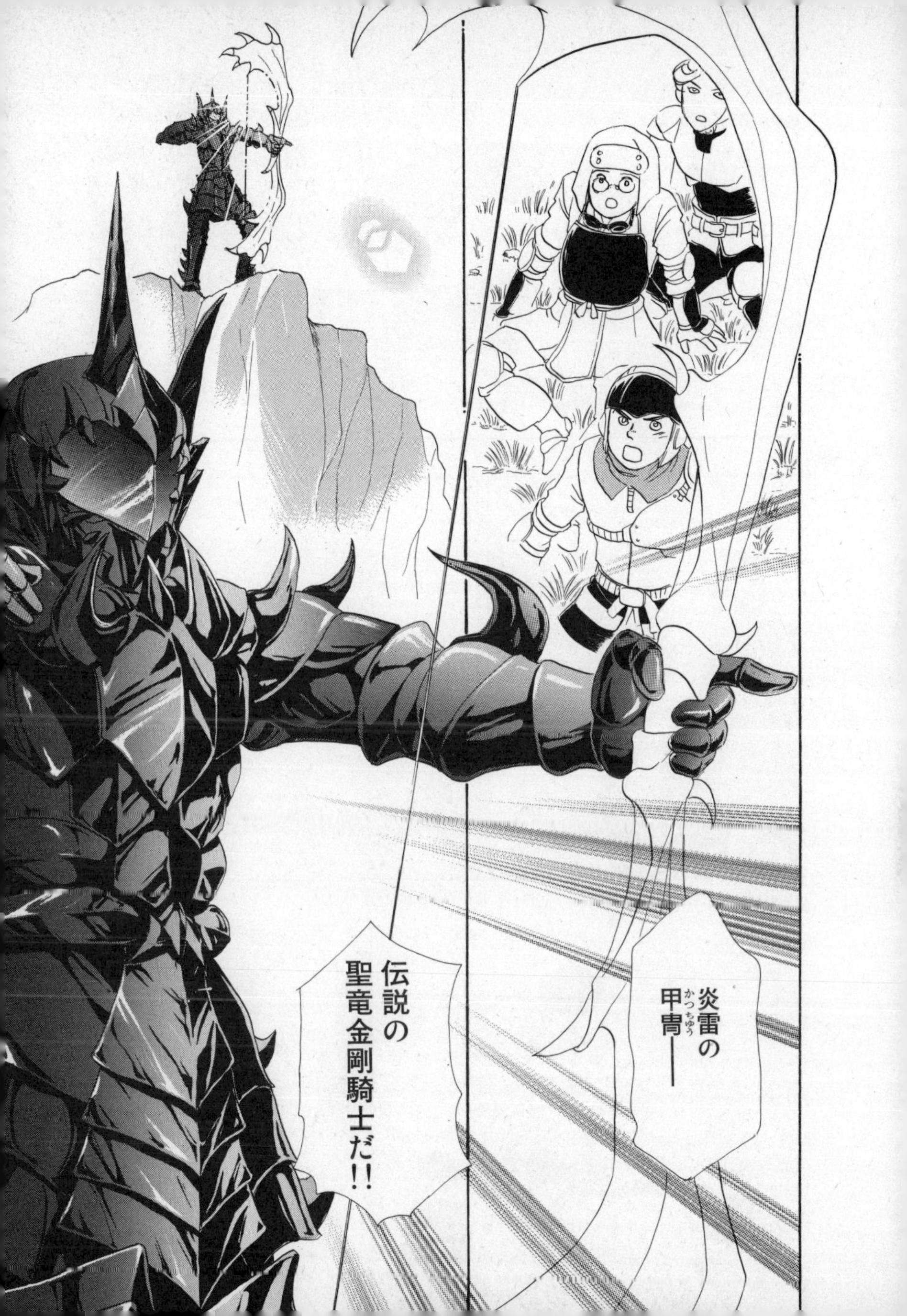
炎雷の甲冑(かっちゅう)——
伝説の聖竜金剛騎士だ!!

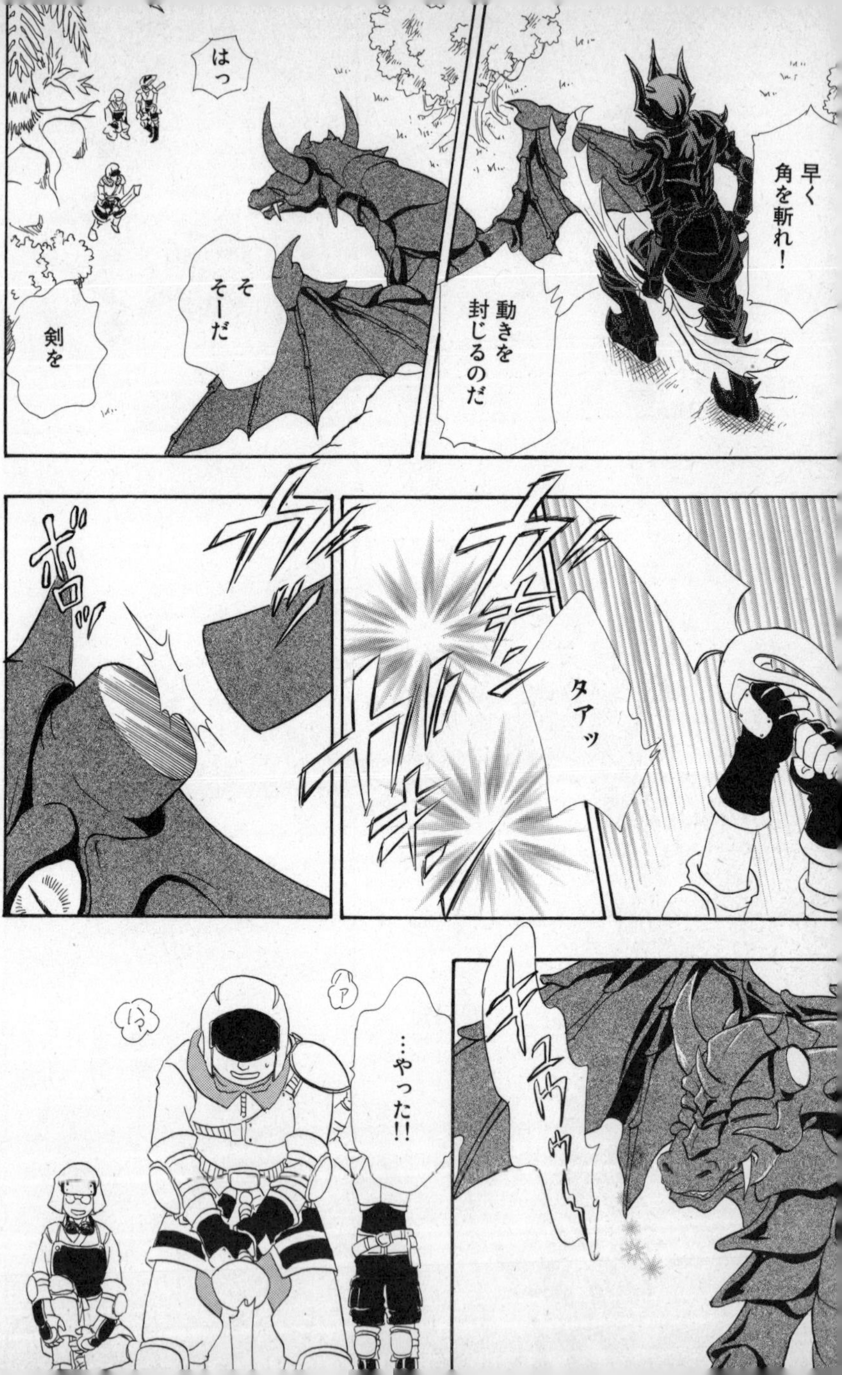
早く角を斬れ!
動きを封じるのだ
はっ
そそーだ
剣を
タアッ
ハァ
…やった!!

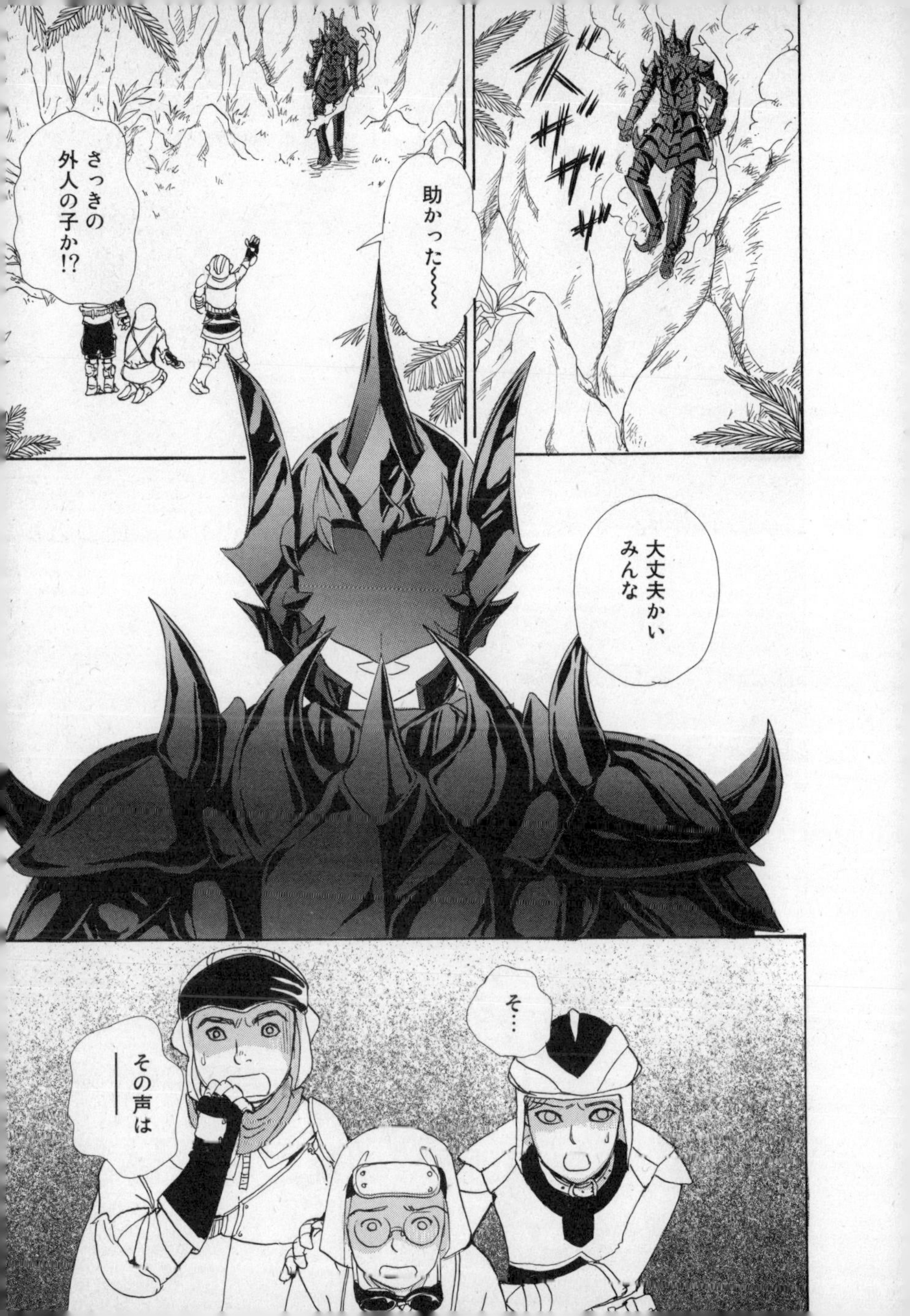
助かった〜〜〜
さっきの外人の子か!?
大丈夫かいみんな
そ…
その声は——

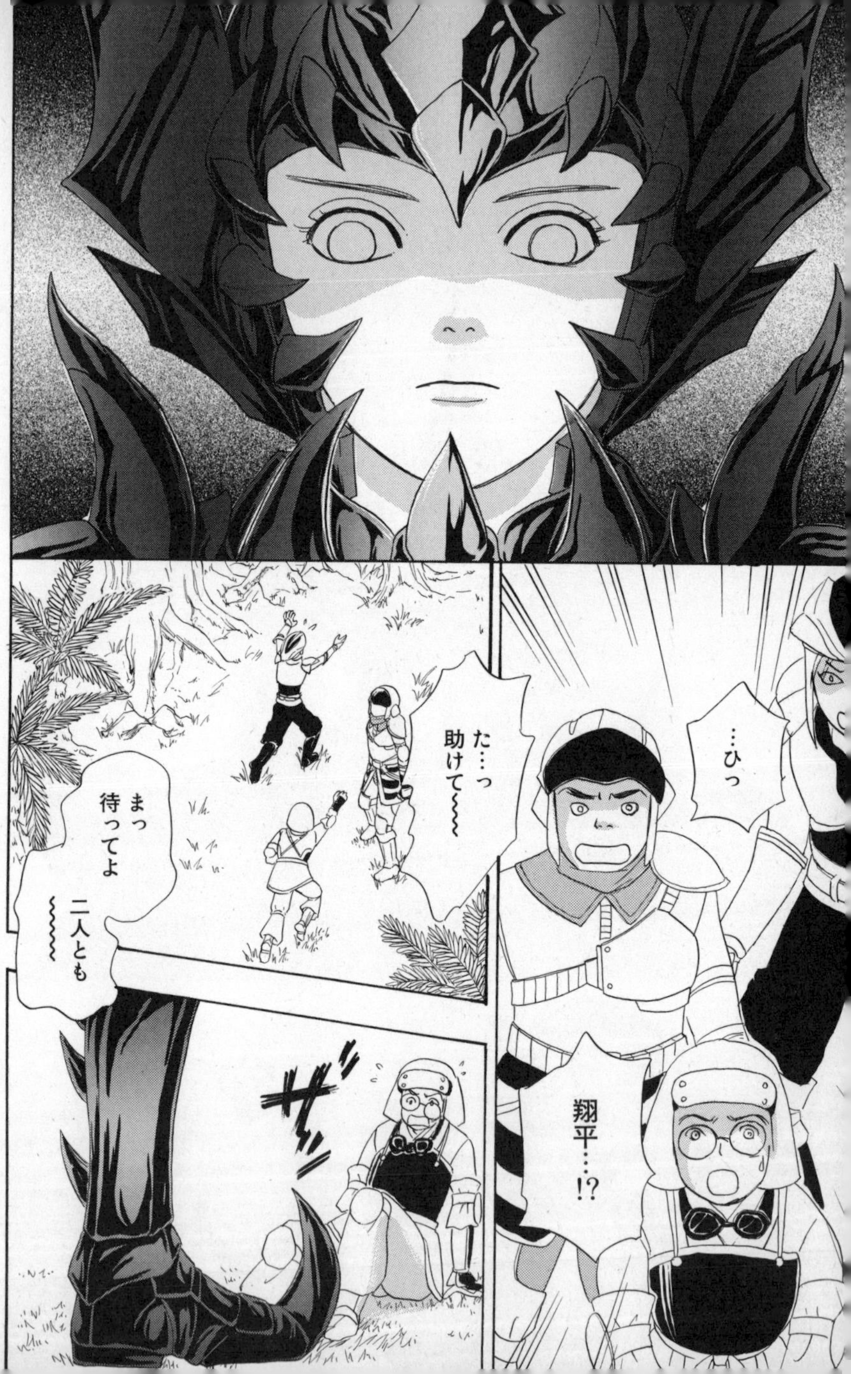
…ひっ
た…っ助けて〜〜〜
まっ待ってよ二人とも〜〜〜
翔平…!?
ザ

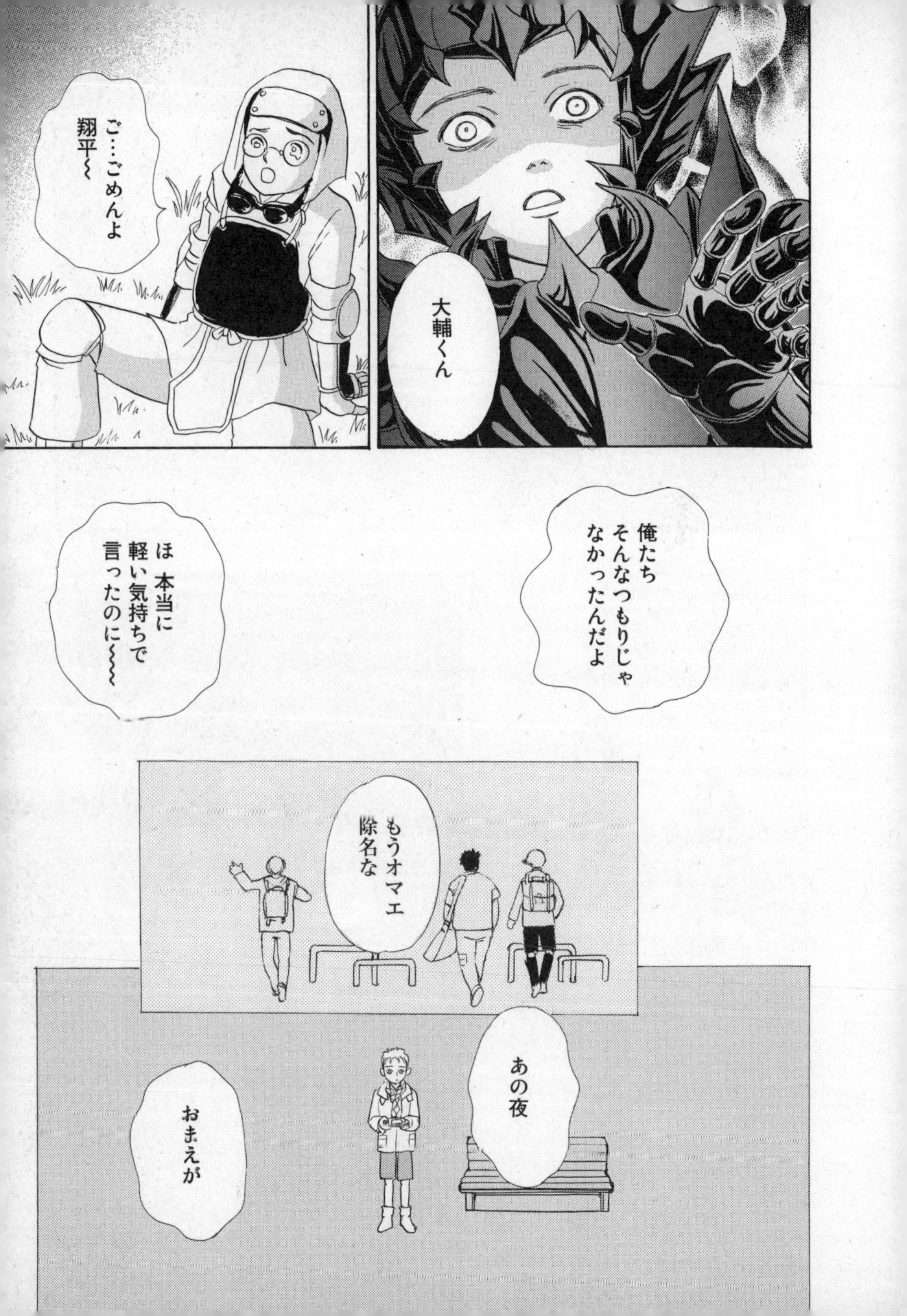

大輔くん
ご…ごめんよ 翔平〜
俺たち そんなつもりじゃ なかったんだよ
ほ 本当に 軽い気持ちで 言ったのに〜〜〜
もうオマエ 除名な
あの夜
おまえが

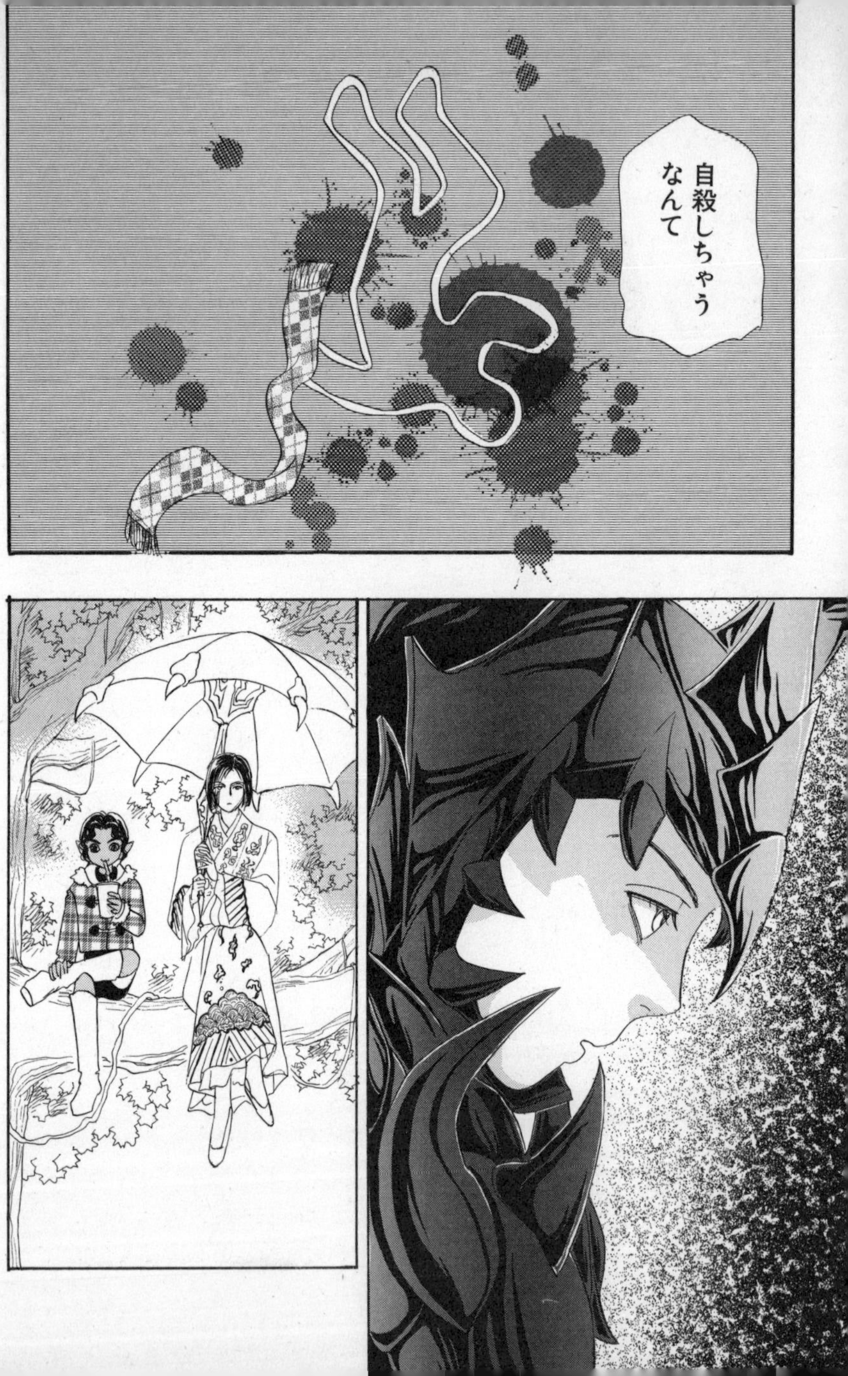
自殺しちゃう
なんて

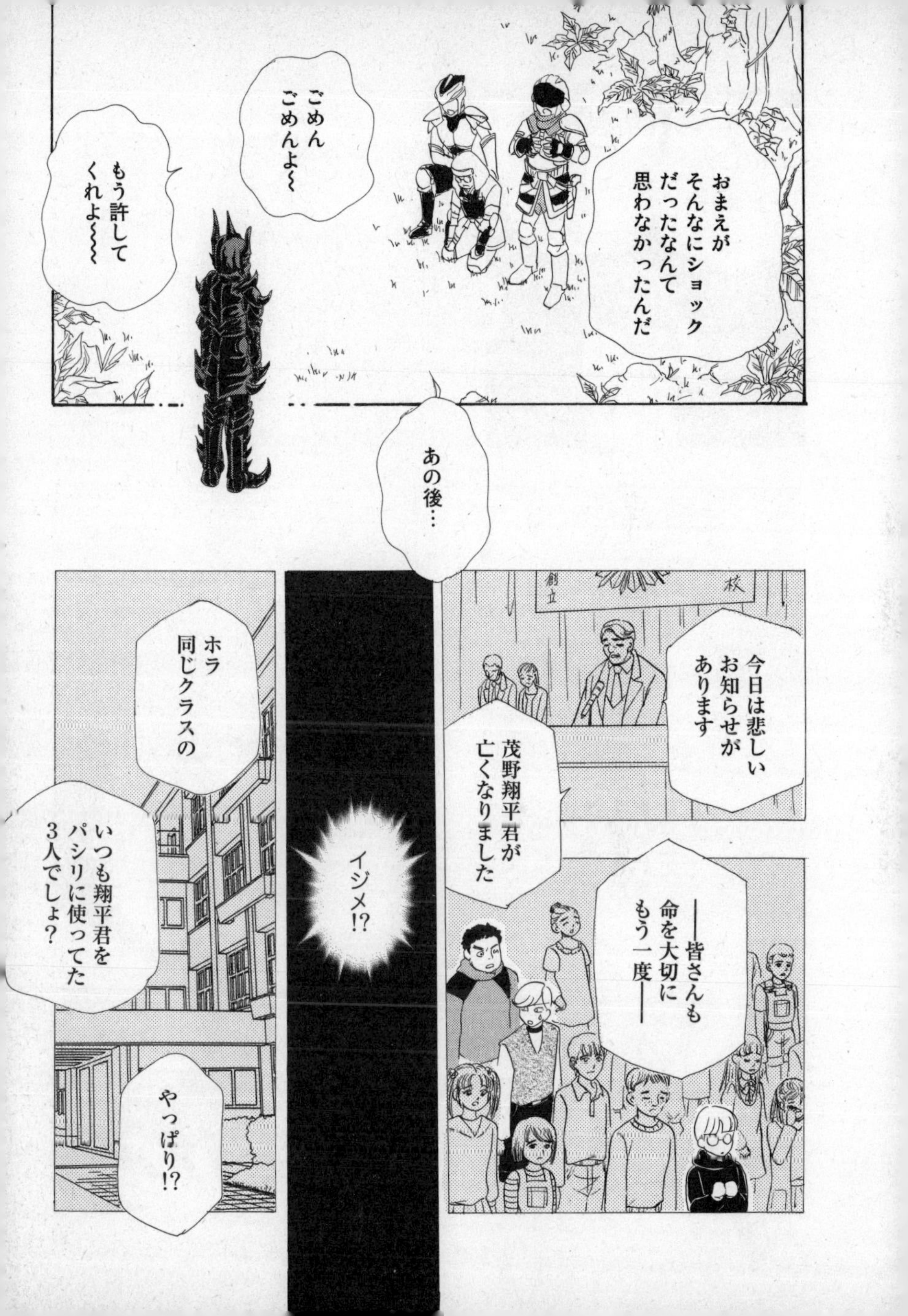

おまえがそんなにショックだったなんて思わなかったんだ
ごめんごめんよ〜
もう許してくれよ〜〜〜
あの後…
今日は悲しいお知らせがあります
茂野翔平君が亡くなりました
——皆さんも命を大切にもう一度——
イジメ!?
ホラ同じクラスの
いつも翔平君をパシリに使ってた3人でしょ?
やっぱり!?

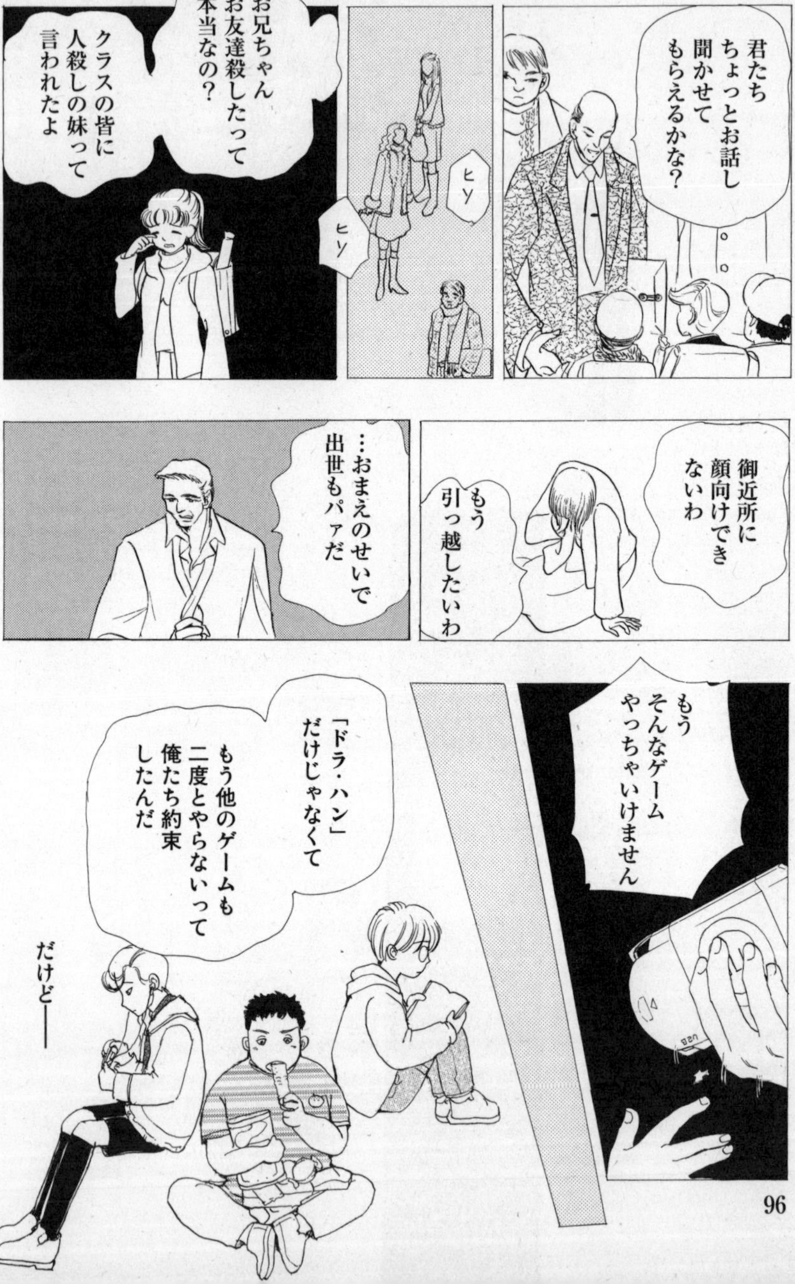
君たち ちょっとお話し 聞かせて もらえるかな?
ヒソ
ヒソ
お兄ちゃん お友達殺したって 本当なの?
クラスの皆に 人殺しの妹って 言われたよ
御近所に 顔向けできないわ
もう 引っ越したいわ
…おまえのせいで 出世もパァだ
もう そんなゲーム やっちゃいけません
「ドラ・ハン」だけじゃなくて もう他のゲームも 二度とやらないって 俺たち約束したんだ
だけど——

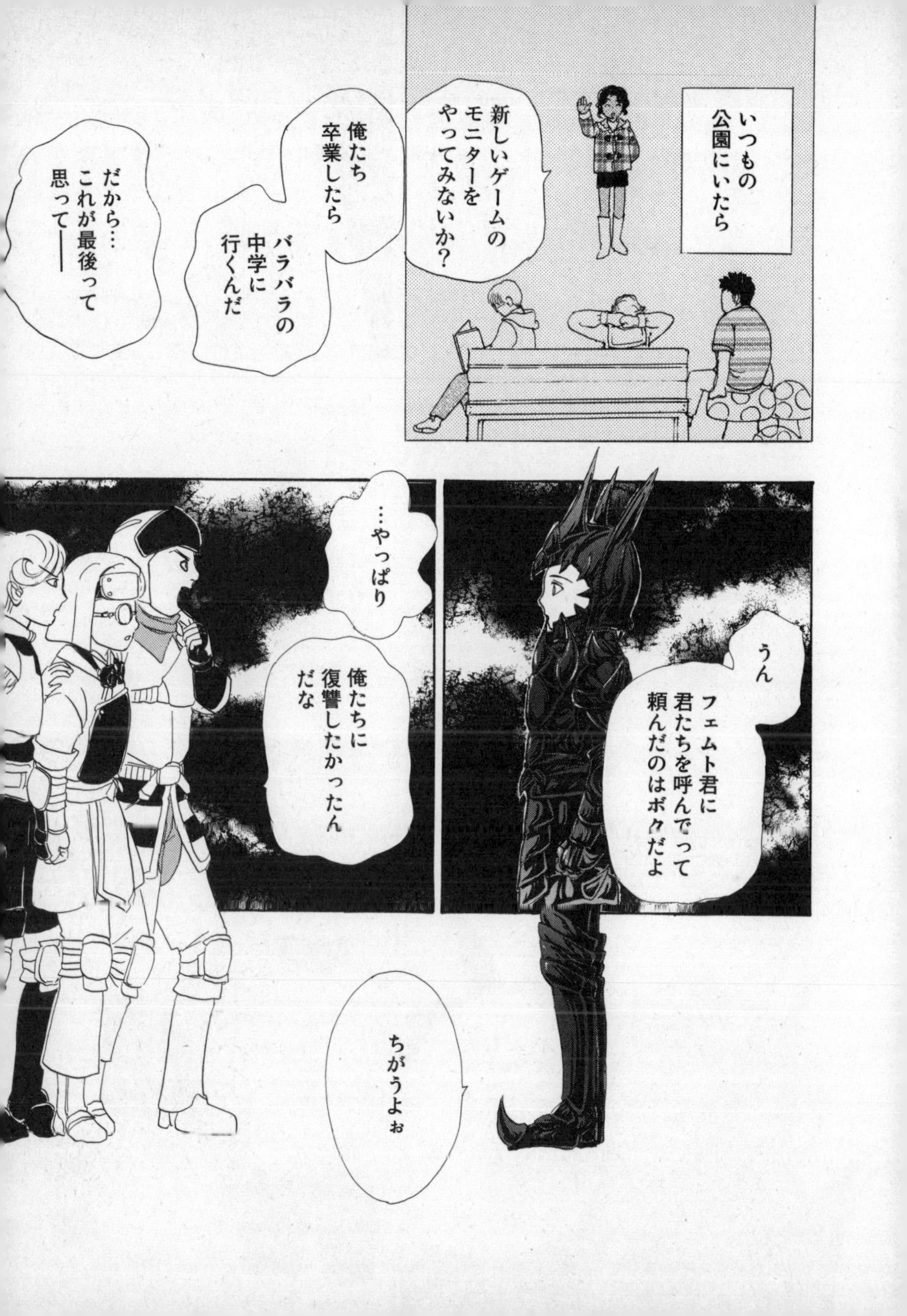
いつもの公園にいたら
新しいゲームのモニターをやってみないか?
俺たち卒業したら バラバラの中学に行くんだ
だから…これが最後って思って——
うん フェムト君に君たちを呼んでって頼んだのはボクだよ
…やっぱり
俺たちに復讐したかったんだな
ちがうよぉ

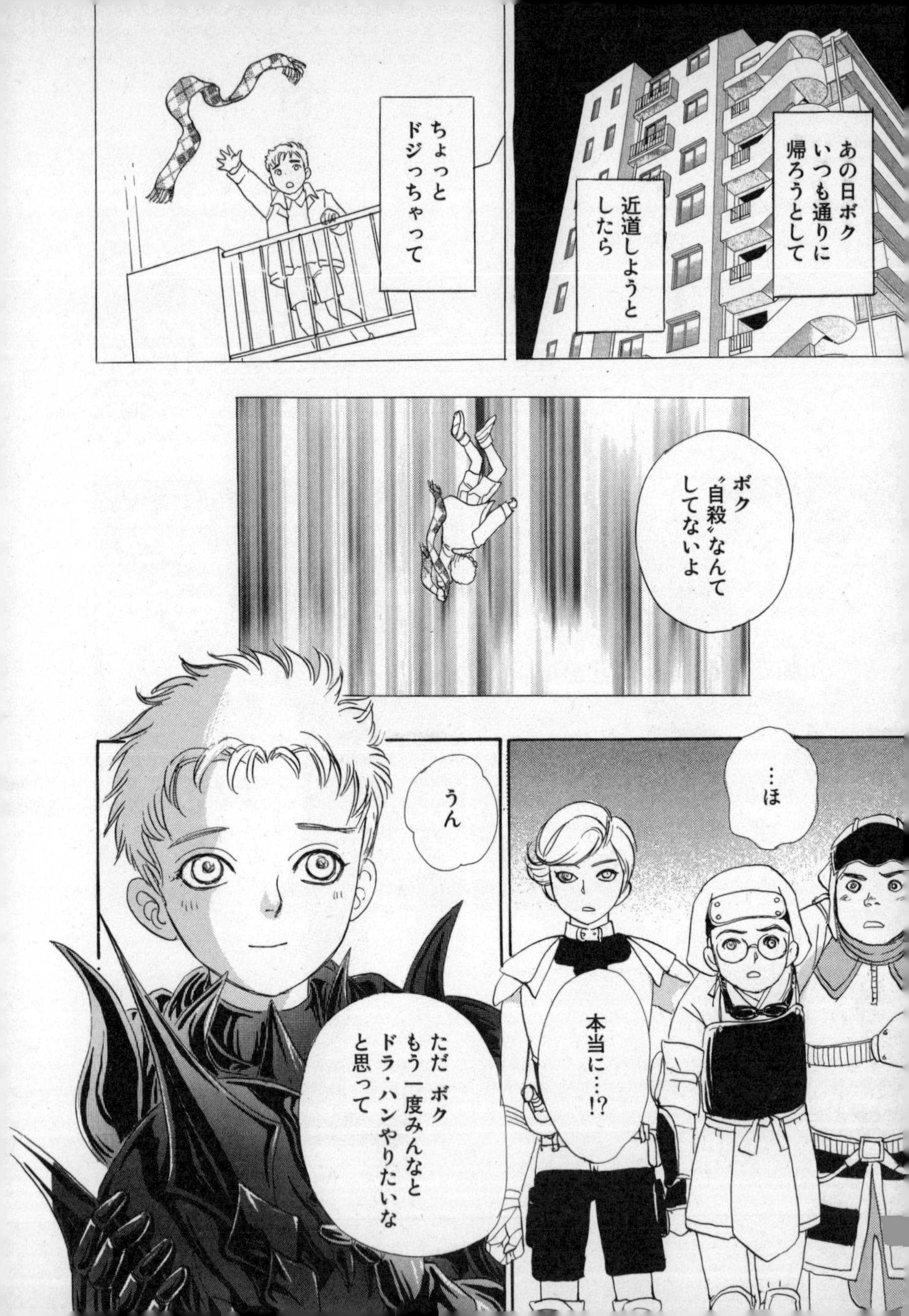
あの日ボク いつも通りに 帰ろうとして
近道しようと したら
ちょっと ドジっちゃって
ボク "自殺"なんて してないよ
…ほ
本当に…!?
うん
ただ ボク もう一度みんなと ドラ・ハンやりたいな と思って

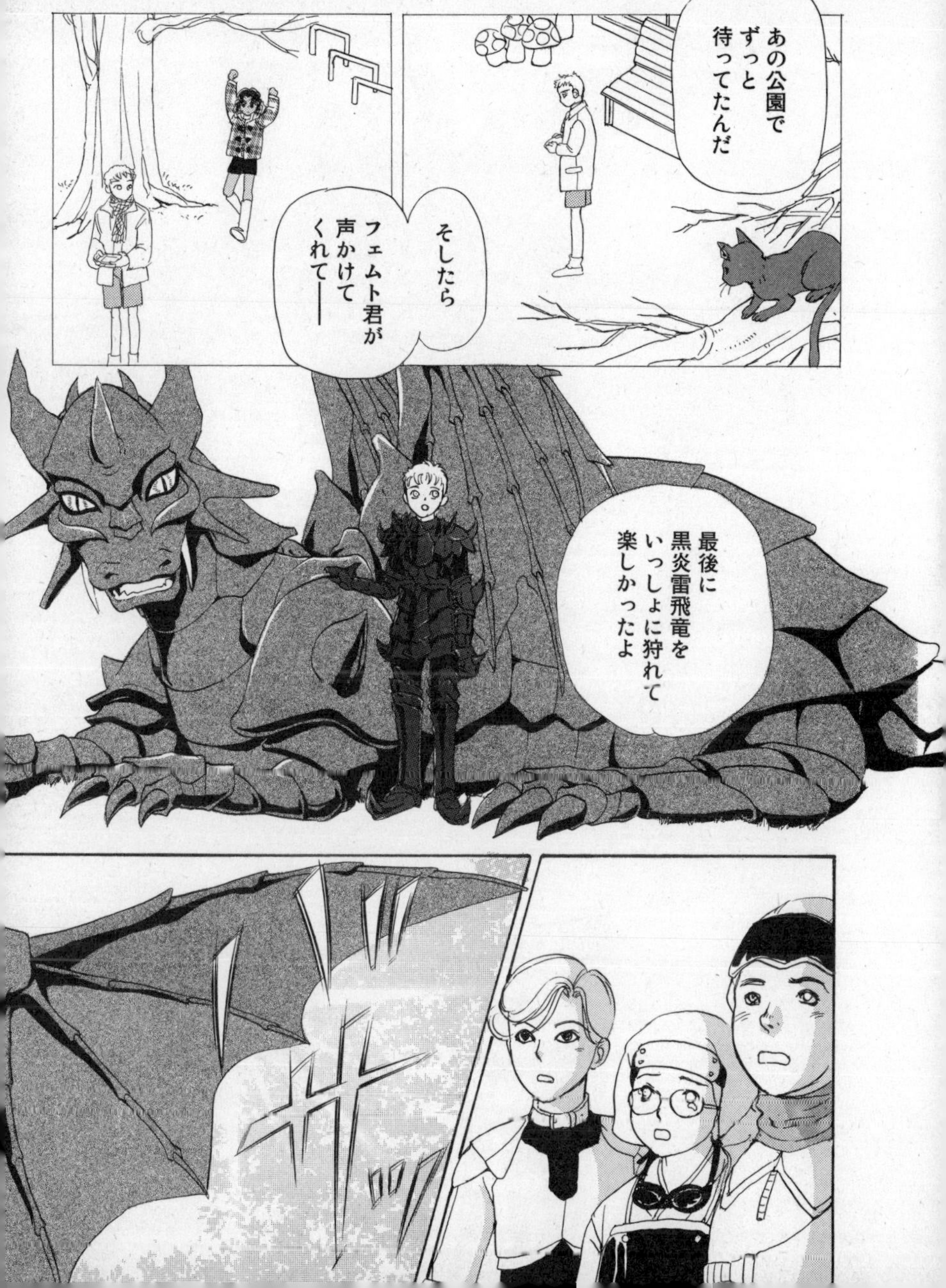

あの公園で
ずっと
待ってたんだ
そしたら
フェムト君が
声かけて
くれて——
最後に
黒炎雷飛竜を
いっしょに狩れて
楽しかったよ

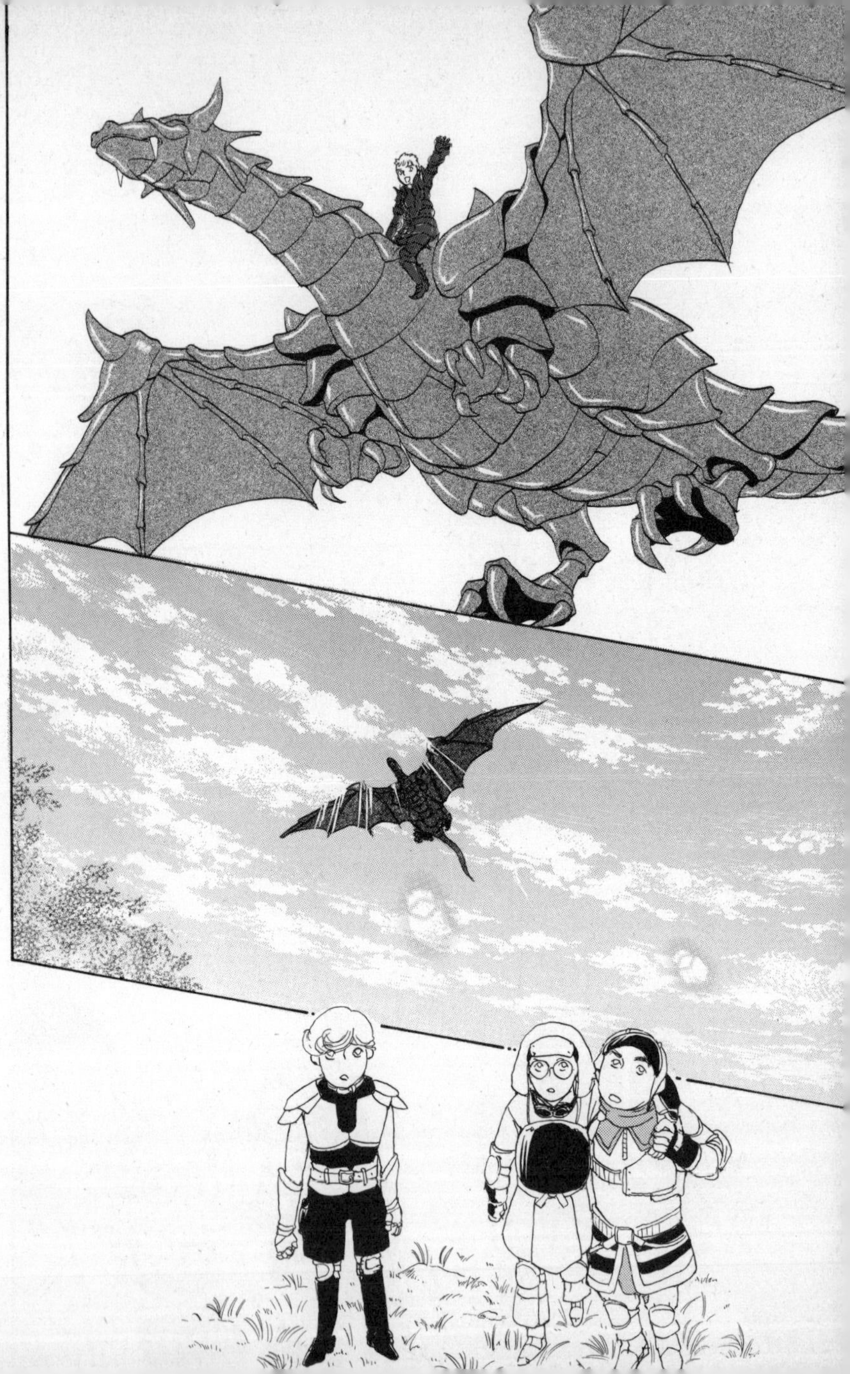

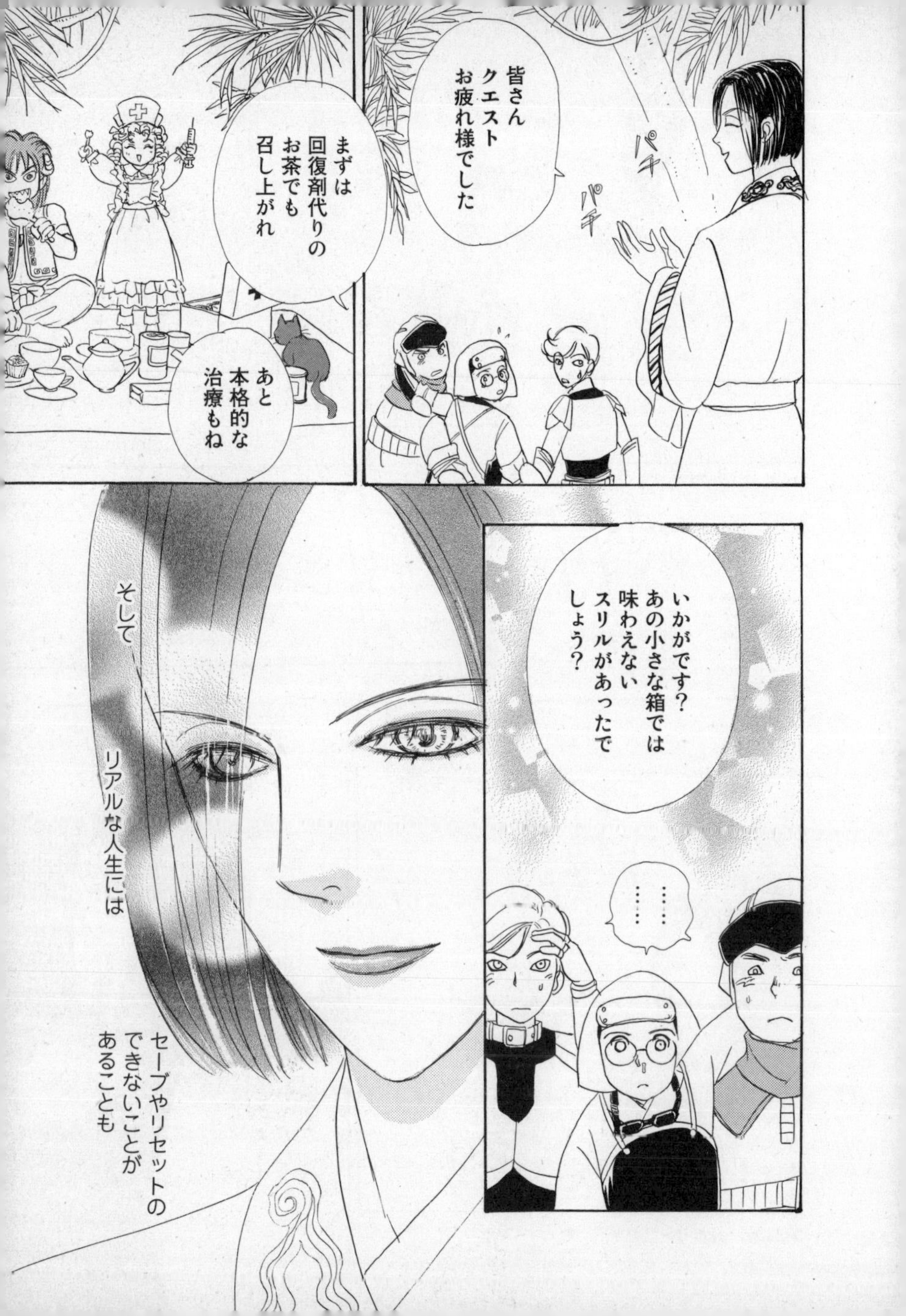
皆さん
クエスト
お疲れ様でした
パチ
パチ
まずは
回復剤代りの
お茶でも
召し上がれ
あと
本格的な
治療もね
いかがです？
あの小さな箱では
味わえない
スリルがあったで
しょう？
……
……
そして
リアルな人生には
セーブやリセットの
できないことが
あることも

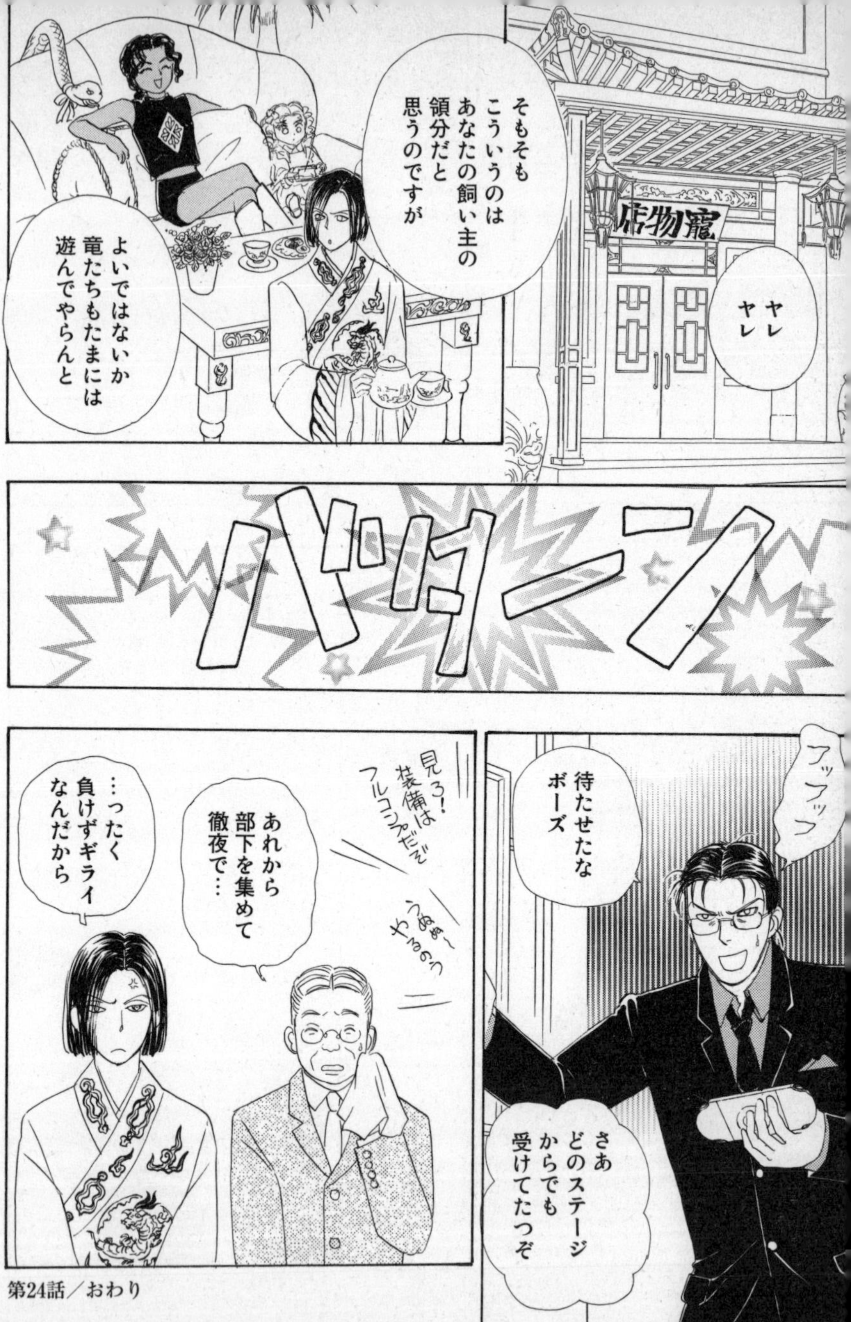
寵物店
ヤレヤレ
そもそもこういうのはあなたの飼い主の領分だと思うのですが
よいではないか竜たちもたまには遊んでやらんと
バターン
アッフッフ
待たせたなボーズ
さあどのステージからでも受けてたつぞ
見ろ！装備はフルコンプだぞ
うぬぬ〜やるのう
あれから部下を集めて徹夜で…
…ったく負けずギライなんだから

第24話／おわり

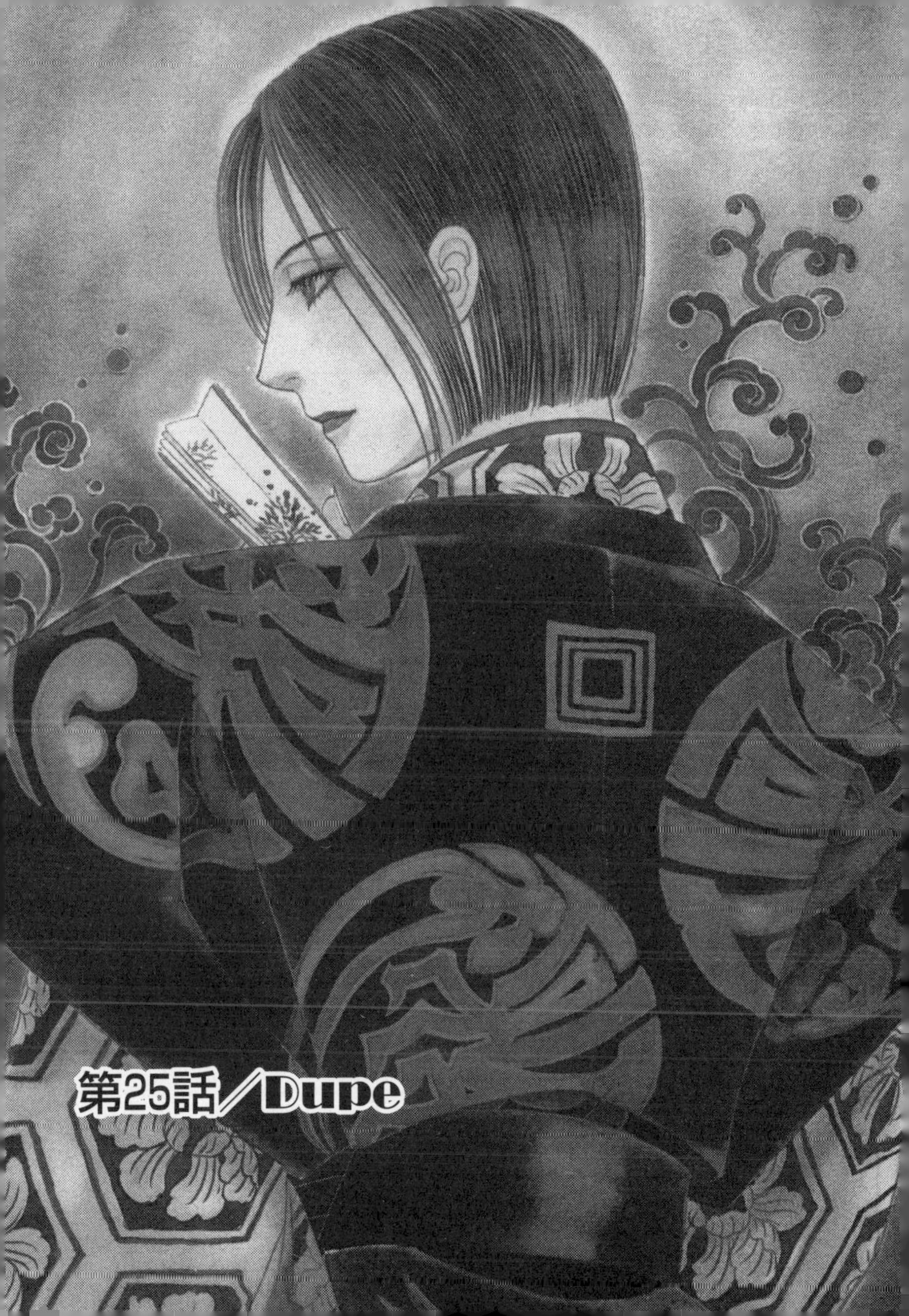
第25話／Dupe

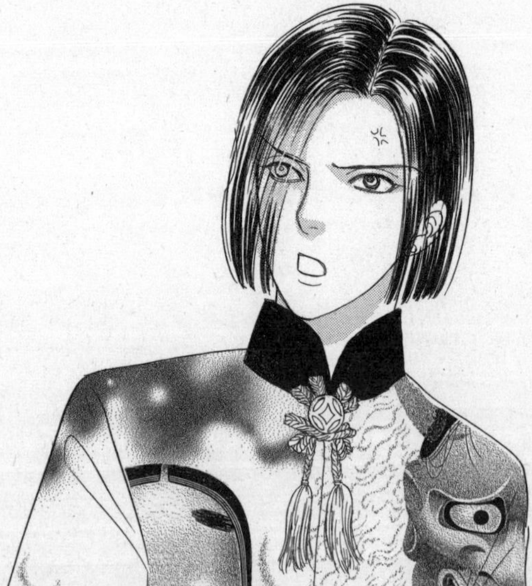

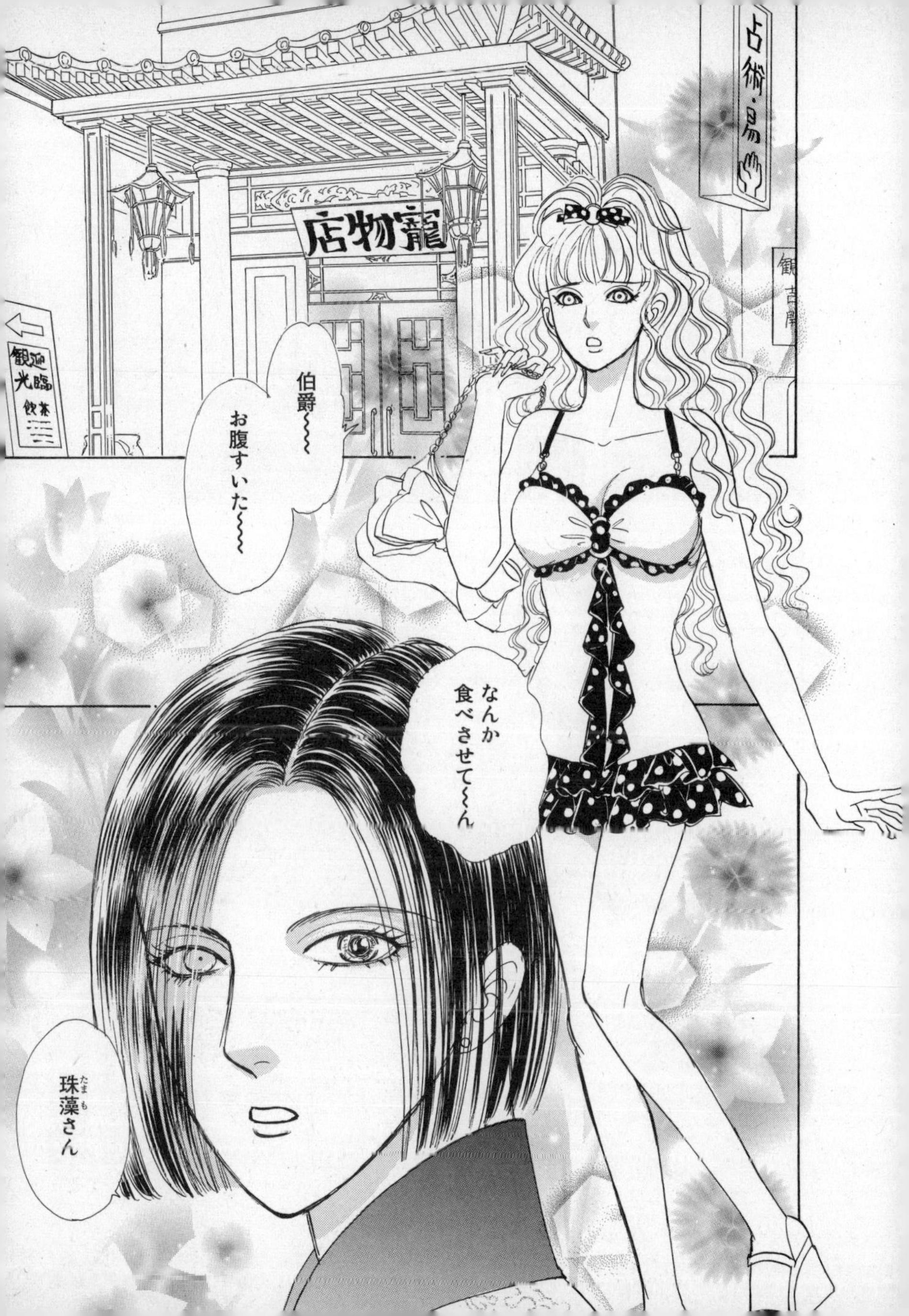

龍物店
占術・易
観迎光臨
伯爵〜〜〜
お腹すいた〜〜〜
なんか食べさせて〜ん
珠藻さん

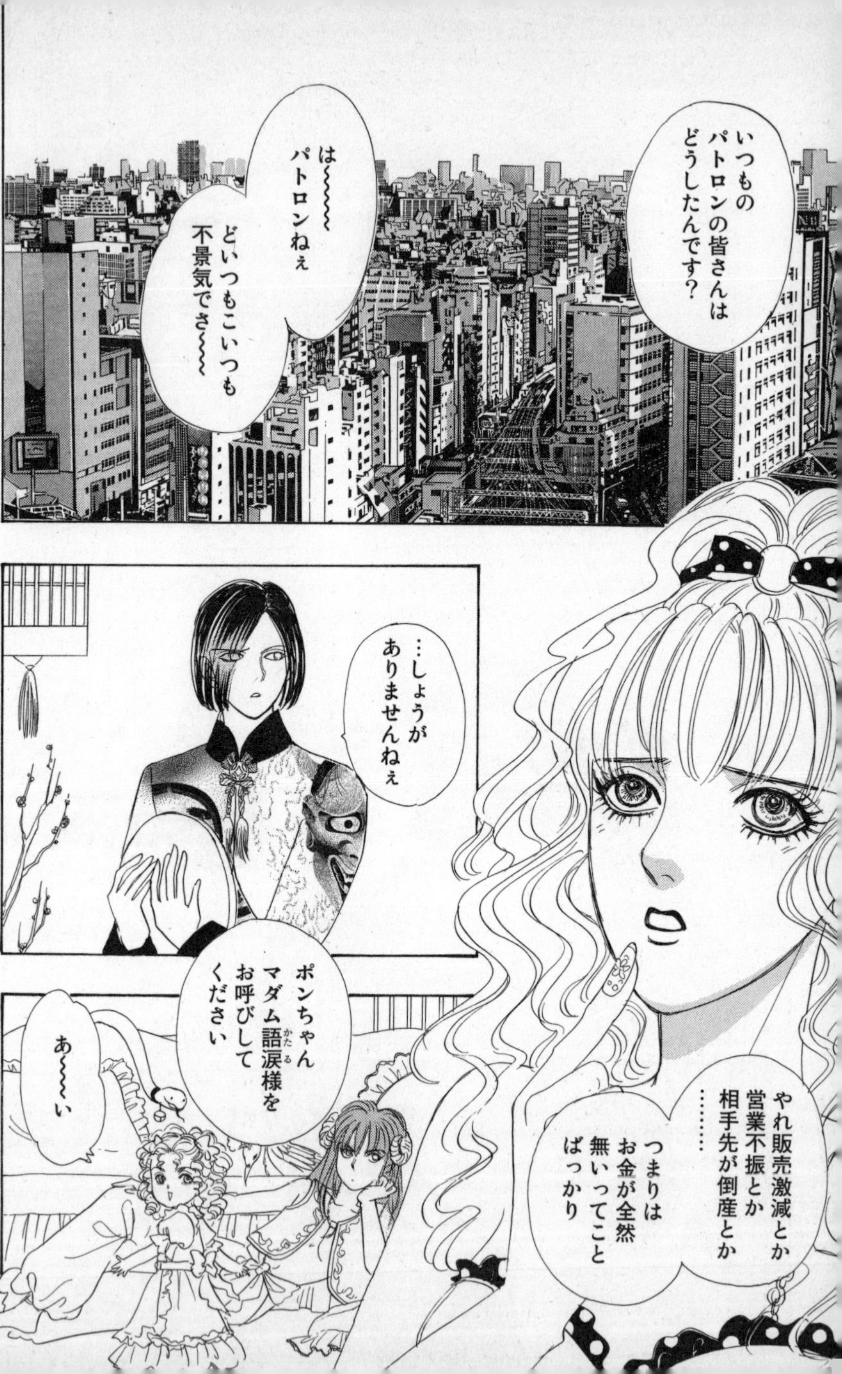
いつものパトロンの皆さんはどうしたんです？
は〜〜〜パトロンねぇ
どいつもこいつも不景気でさ〜〜
…しょうがありませんねぇ
やれ販売激減とか営業不振とか相手先が倒産とか
………つまりはお金が全然無いってことばっかり
ポンちゃんマダム語涙様をお呼びしてください
あ〜〜い

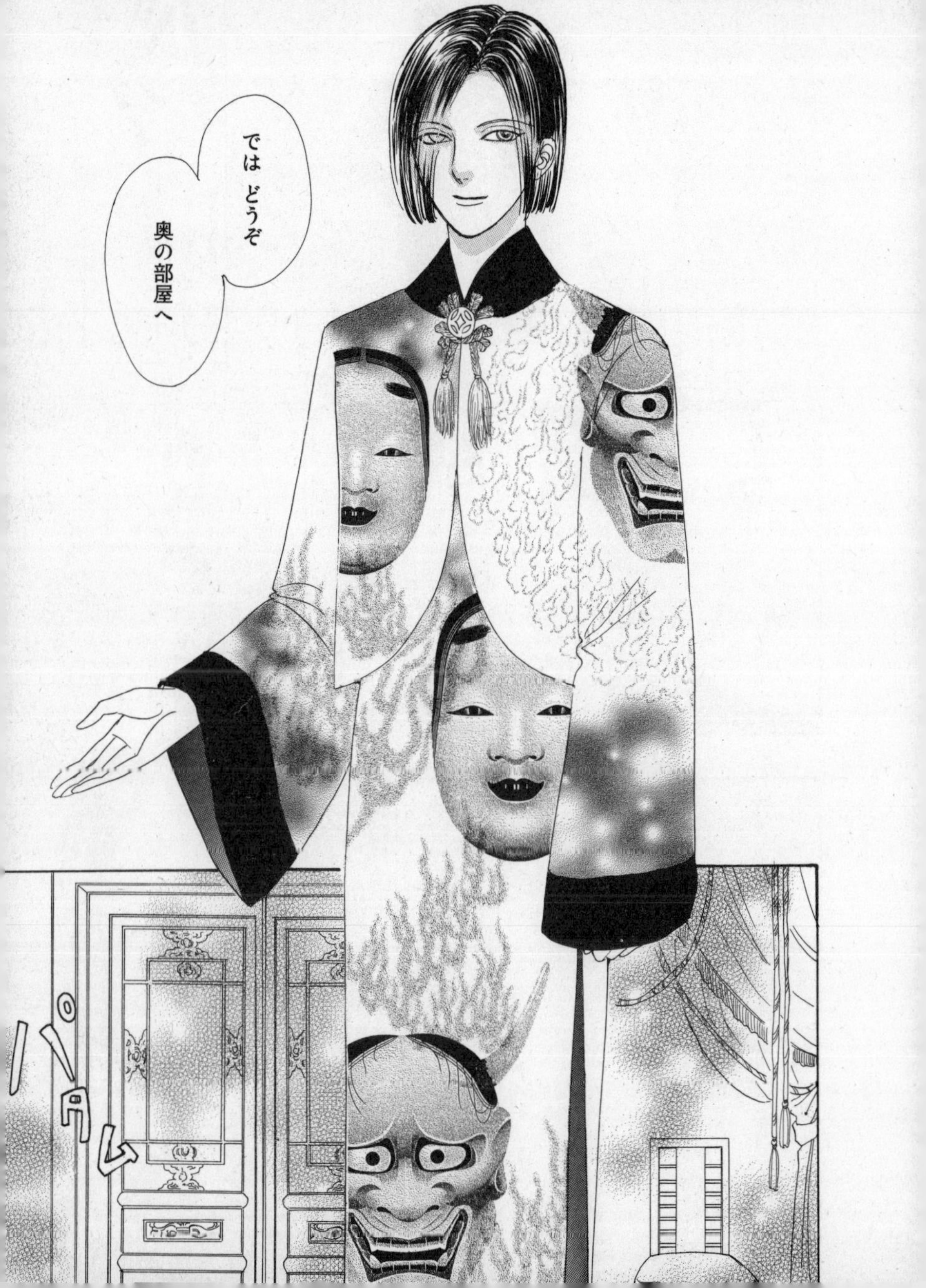
では どうぞ 奥の部屋へ
パタム

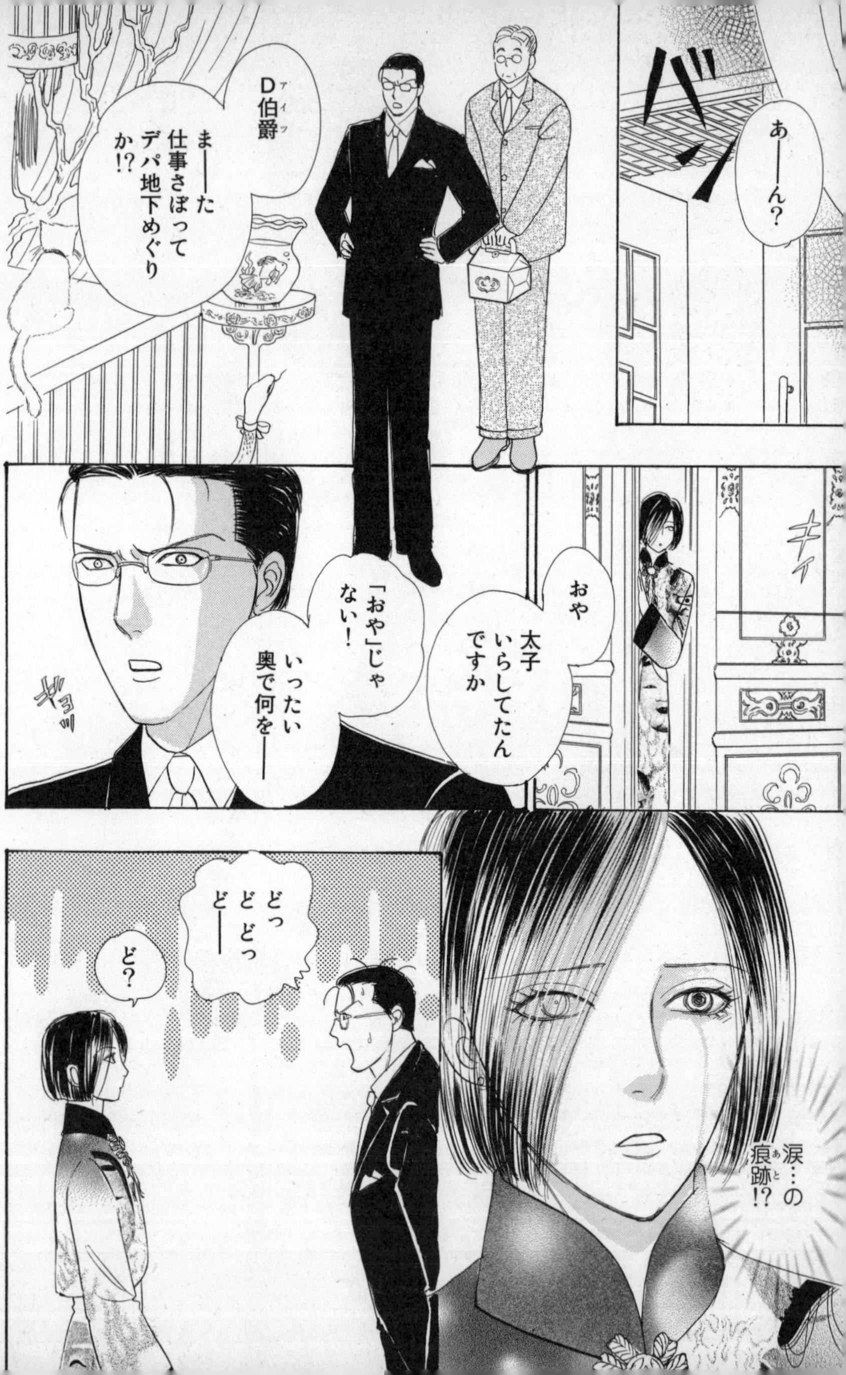
バン
あ——ん？
D伯爵(アイツ) ま——た仕事さぼってデパ地下めぐりか!?
キイ
おや 太子 いらしてたんですか
「おや」じゃない！ いったい奥で何を——
ギョッ
涙…の痕跡(あと)!?
どっ ど どっ ど——
ど？

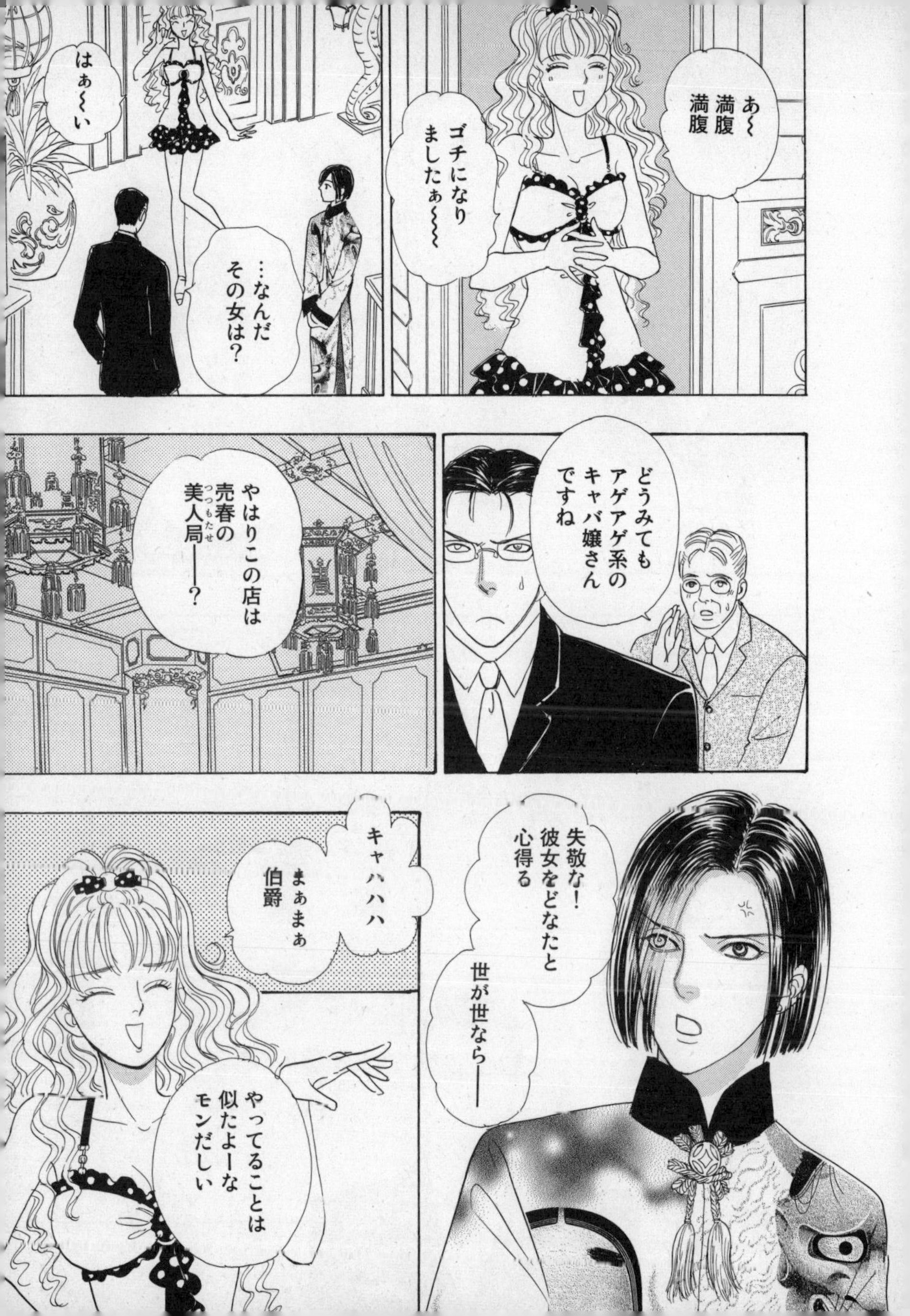
あ〜満腹満腹
ゴチになりましたぁ〜〜〜
はぁ〜い
…なんだその女は？
どうみてもアゲアゲ系のキャバ嬢さんですね
やはりこの店は売春の美人局（つつもたせ）——？
失敬な！彼女をどなたと心得る
世が世なら——
キャハハハハ
まぁまぁ伯爵
やってることは似たよーなモンだしぃ

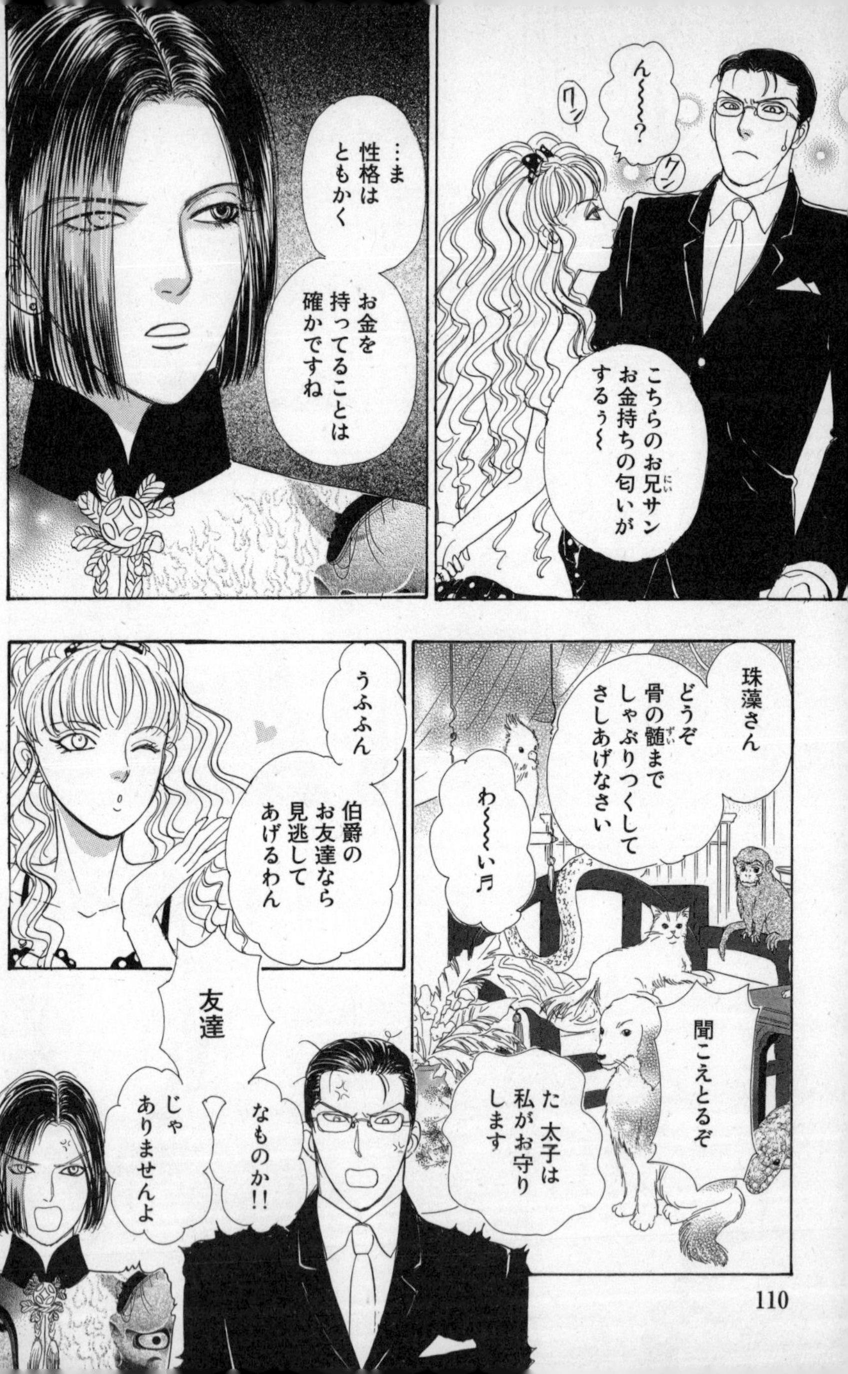
ん〜〜〜？
クン
クン
こちらのお兄サンお金持ちの匂いがするぅ〜
…ま性格はともかく
お金を持ってることは確かですね
珠藻さん
どうぞ骨の髄までしゃぶりつくしてさしあげなさい
わ〜〜〜い♬
うふふん
伯爵のお友達なら見逃してあげるわん
聞こえとるぞ
た 太子は私がお守りします
友達
なものか!!
じゃありませんよ

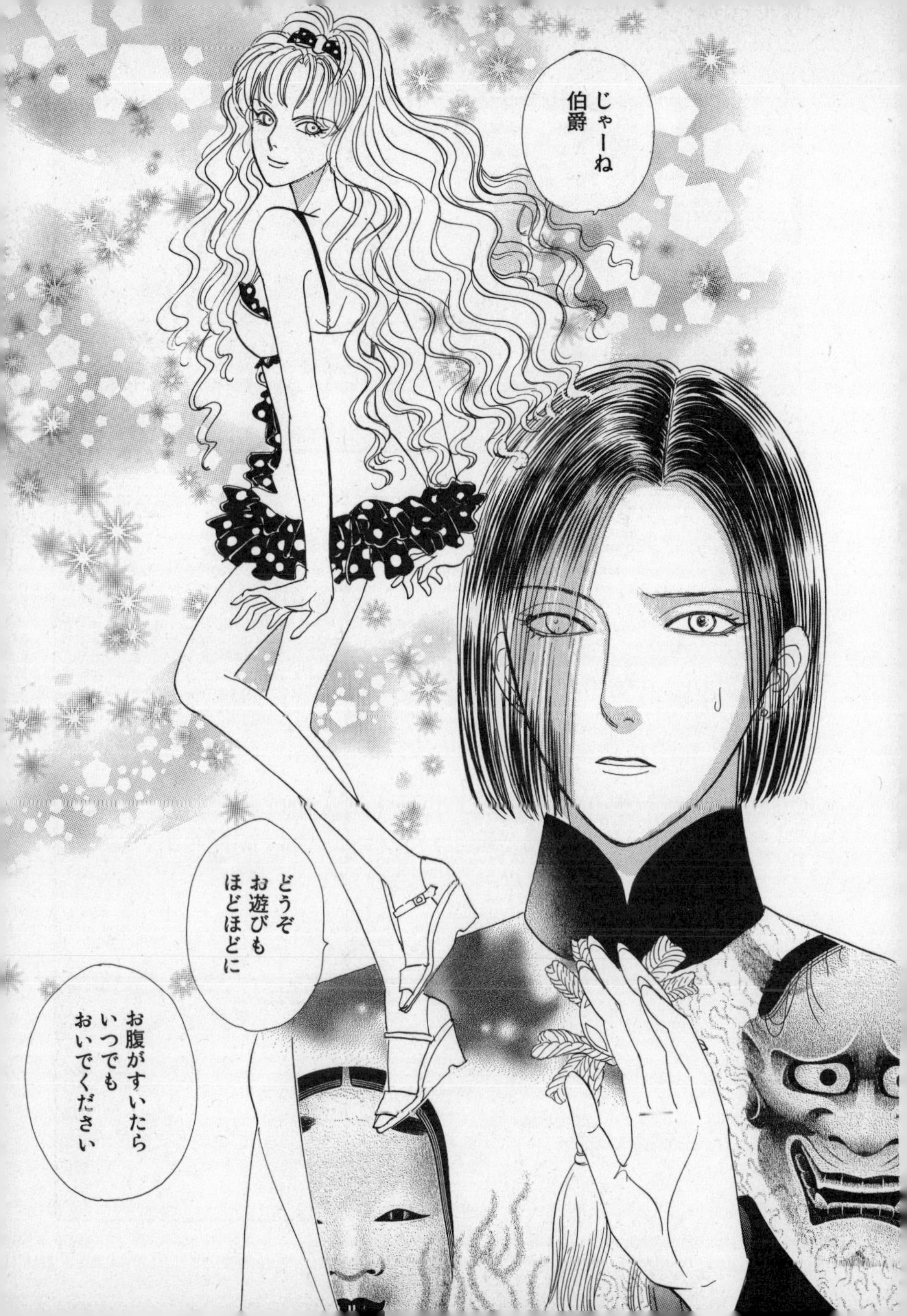
じゃーね
伯爵
どうぞ
お遊びも
ほどほどに
お腹がすいたら
いつでも
おいでください

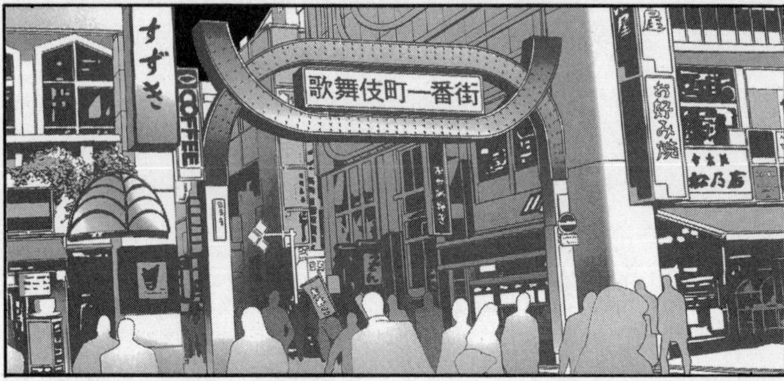
歌舞伎町一番街
すずき
COFFEE
お好み焼

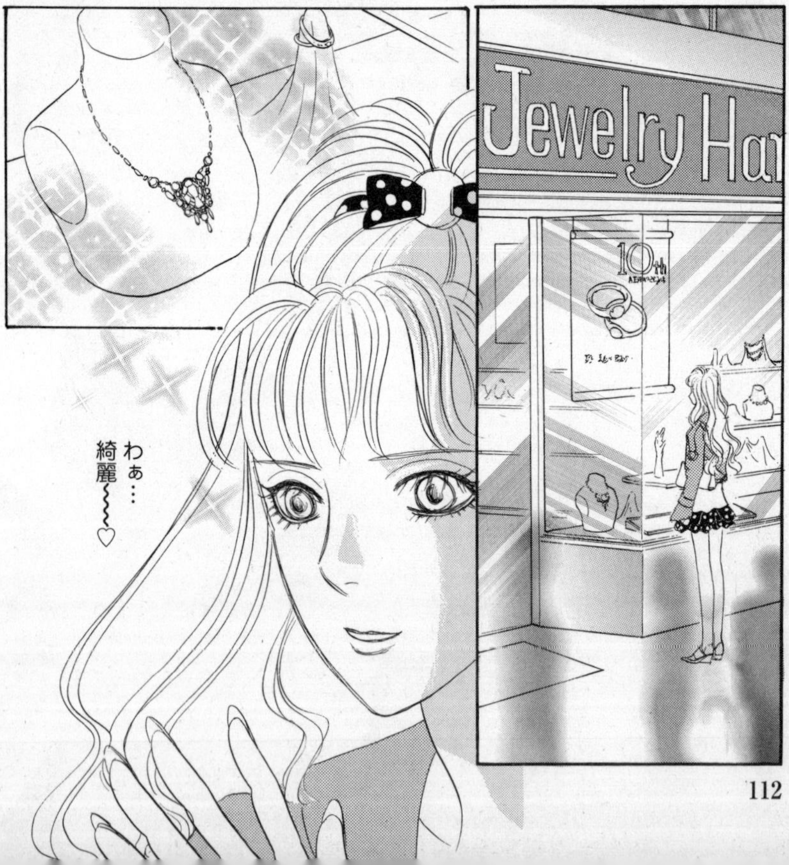
Jewelry Ha
わぁ…綺麗〜〜〜♡

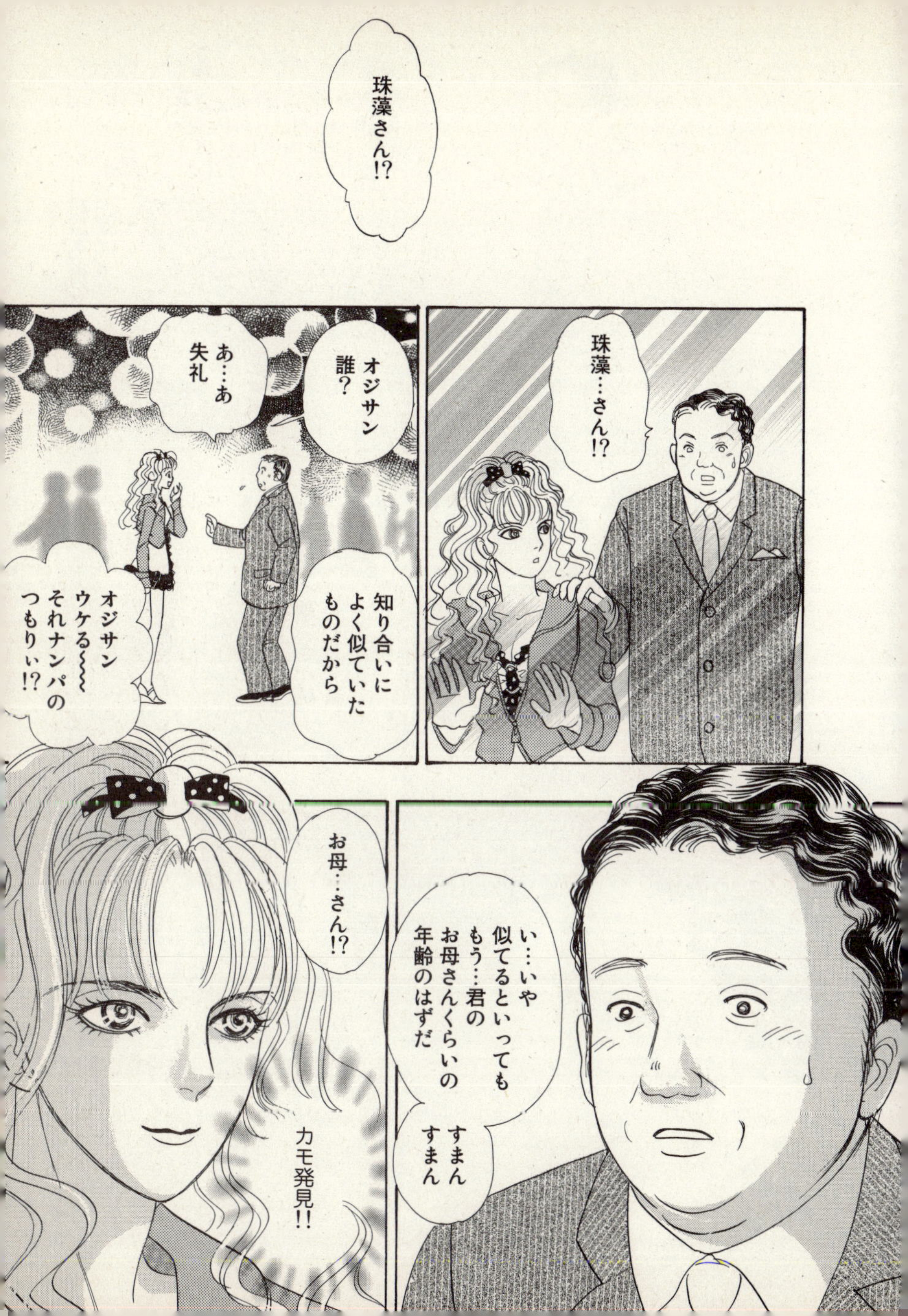
珠藻さん!?
珠藻…さん!?
オジサン誰?
あ…あ失礼
知り合いによく似ていたものだから
オジサンウケる〜〜それナンパのつもりぃ!?
い…いや似てるといってももう…君のお母さんくらいの年齢のはずだ
すまんすまん
お母…さん!?
カモ発見!!

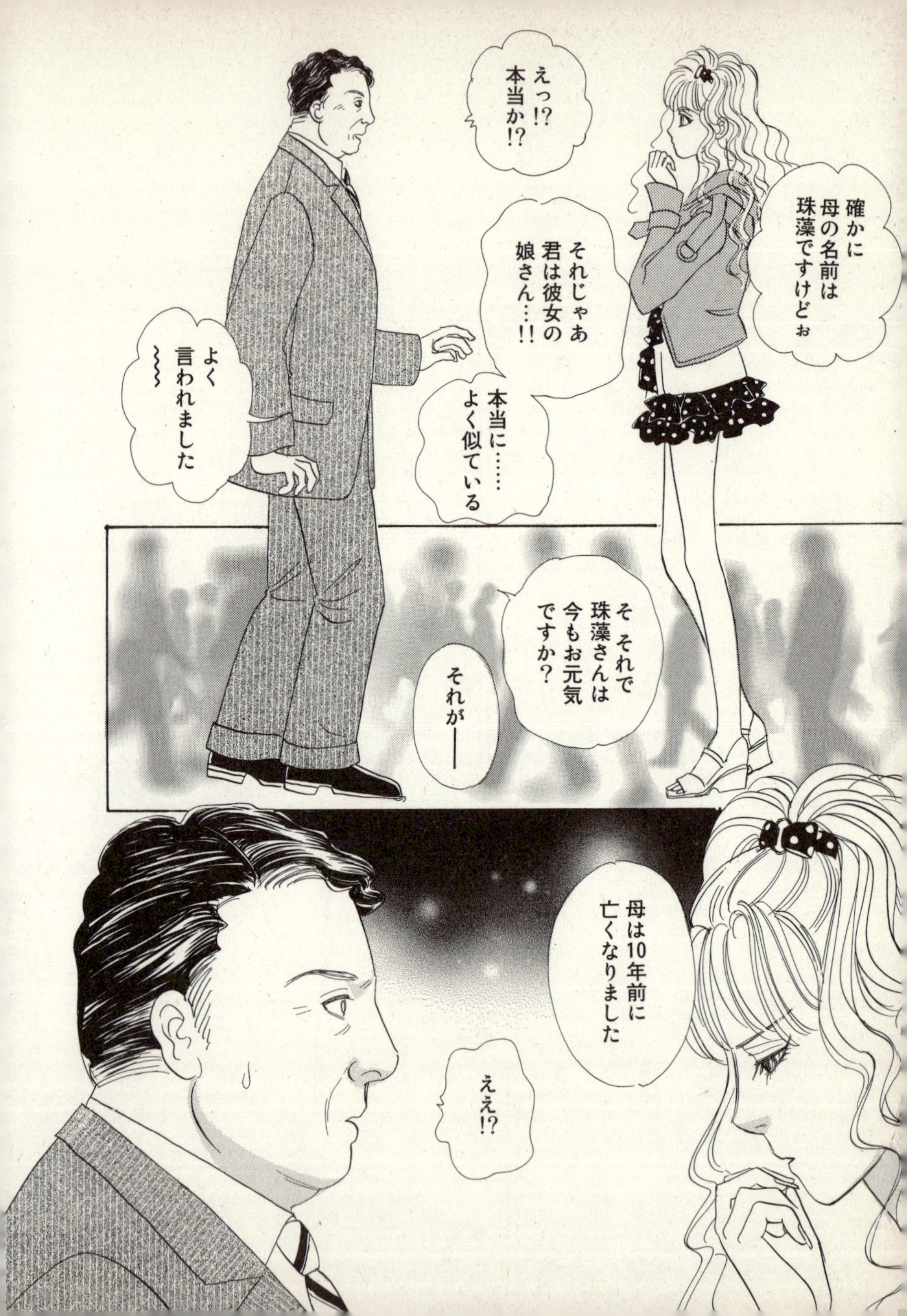
確かに母の名前は珠藻ですけどぉ
えっ!? 本当か!?
それじゃあ君は彼女の娘さん…!!
本当に……よく似ている
よく言われました〜〜
そ それで珠藻さんは今もお元気ですか?
それが――
母は10年前に亡くなりました
ええ!?

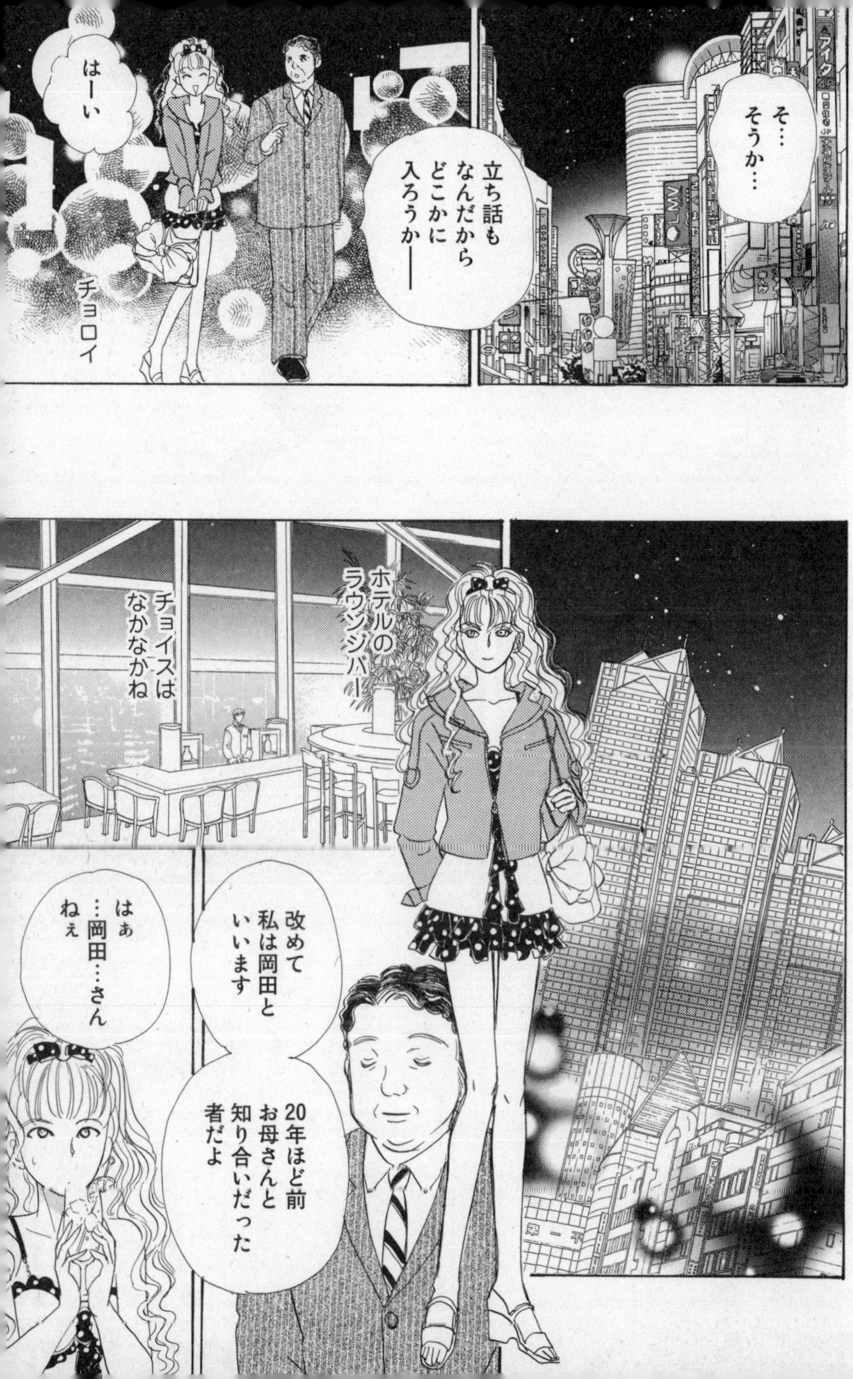

そ…
そうか…
立ち話も
なんだから
どこかに
入ろうか――
はーい
チョロイ
ホテルの
ラウンジバー！
チョイスは
なかなかね
改めて
私は岡田と
いいます
20年ほど前
お母さんと
知り合いだった
者だよ
はぁ
…岡田…さん
ねぇ

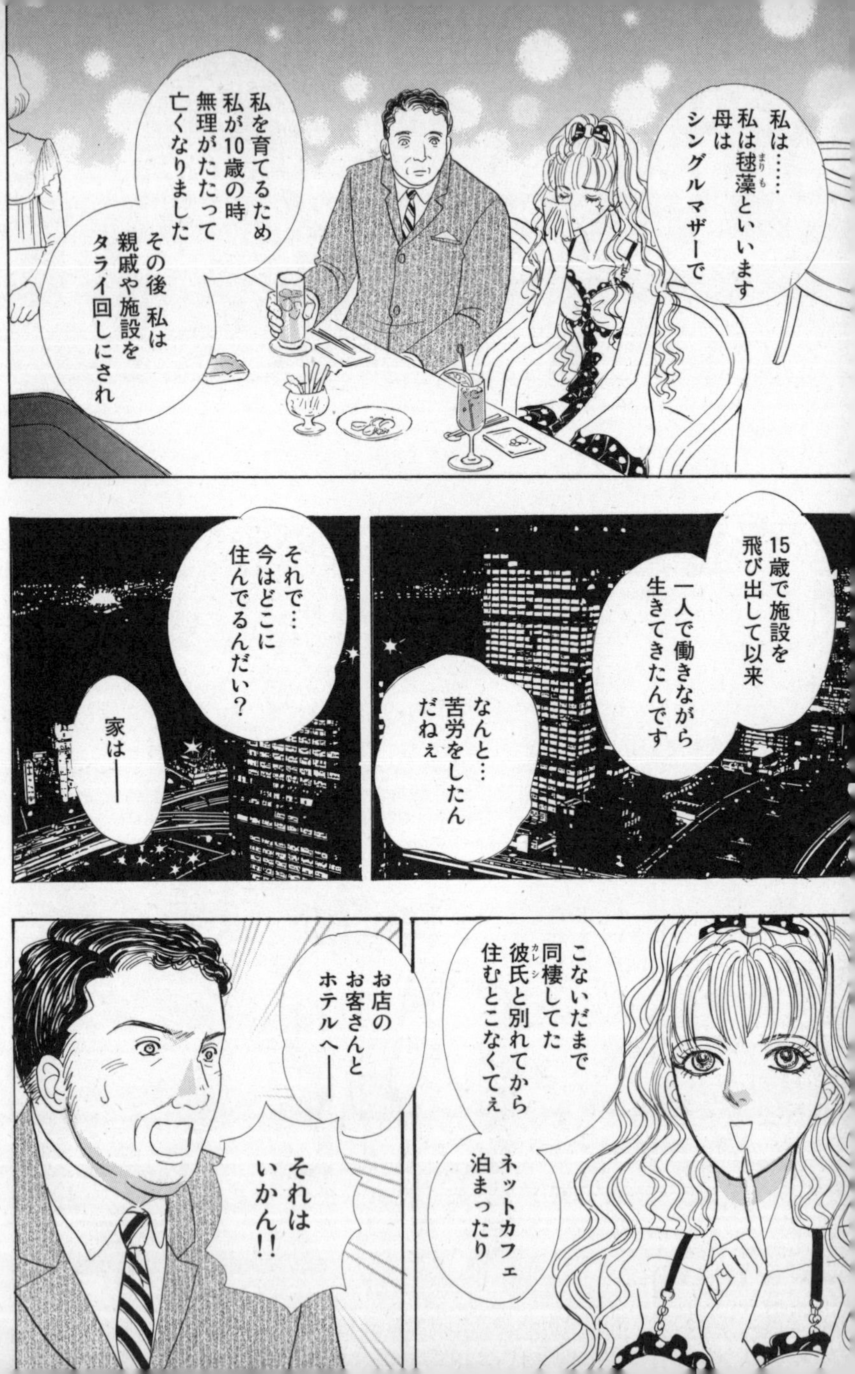
私は……
私は毬藻といいます
母はシングルマザーで
私を育てるため 私が10歳の時 無理がたたって 亡くなりました
その後 私は 親戚や施設を タライ回しにされ
15歳で施設を飛び出して以来 一人で働きながら 生きてきたんです
なんと… 苦労をしたんだねぇ
それで… 今はどこに 住んでるんだい？
家は——
こないだまで 同棲してた 彼氏と別れてから 住むとこなくてぇ
ネットカフェ 泊まったり
お店の お客さんと ホテルへ——
それは いかん!!

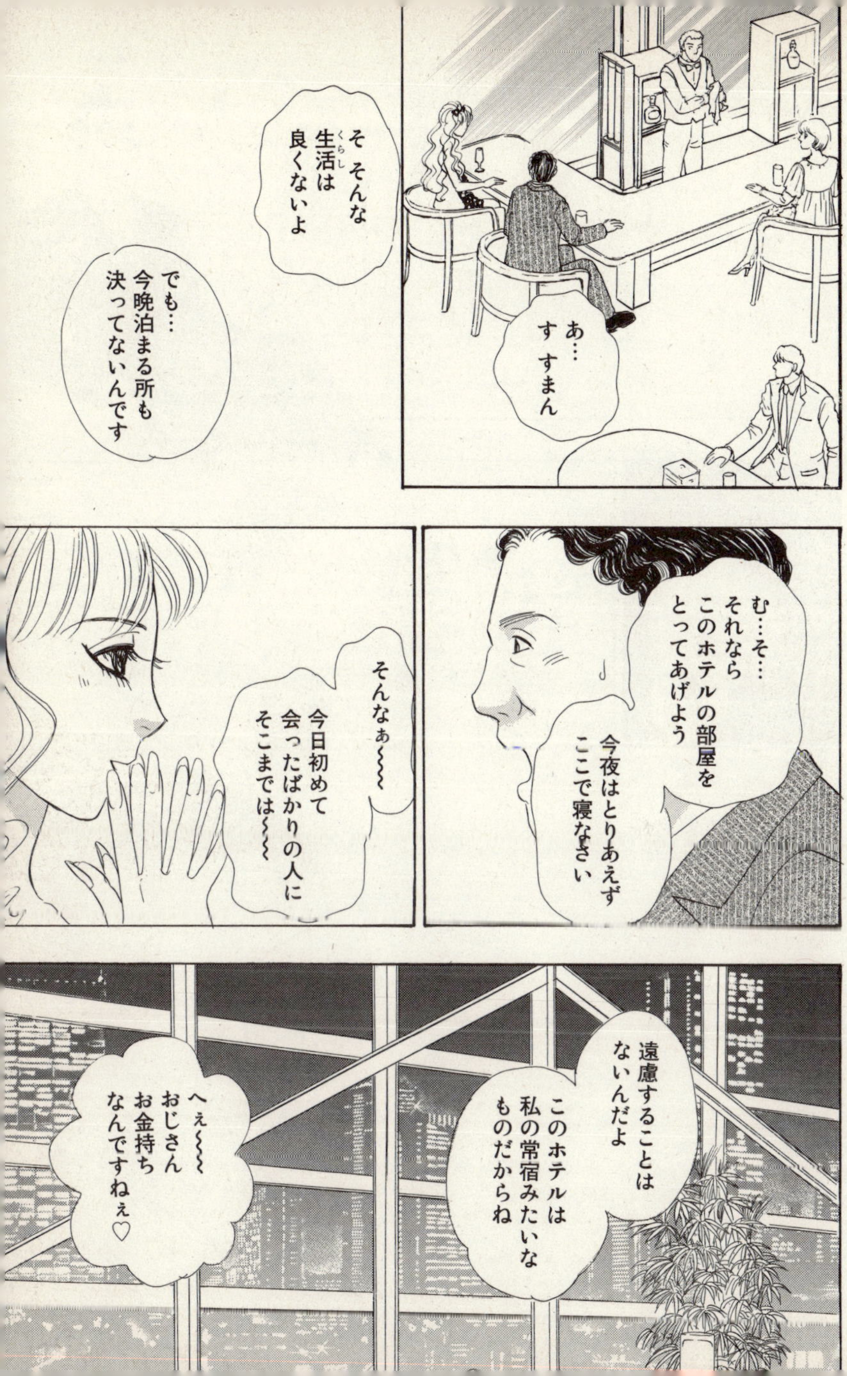
そ そんな生活(くらし)は良くないよ
あ… す すまん
でも… 今晩泊まる所も決ってないんです
む…そ… それなら このホテルの部屋を とってあげよう
今夜はとりあえず ここで寝なさい
そんなぁ〜〜〜
今日初めて 会ったばかりの人に そこまでは〜〜〜
遠慮することは ないんだよ
このホテルは 私の常宿みたいな ものだからね
へぇ〜〜〜 おじさん お金持ち なんですねぇ♡

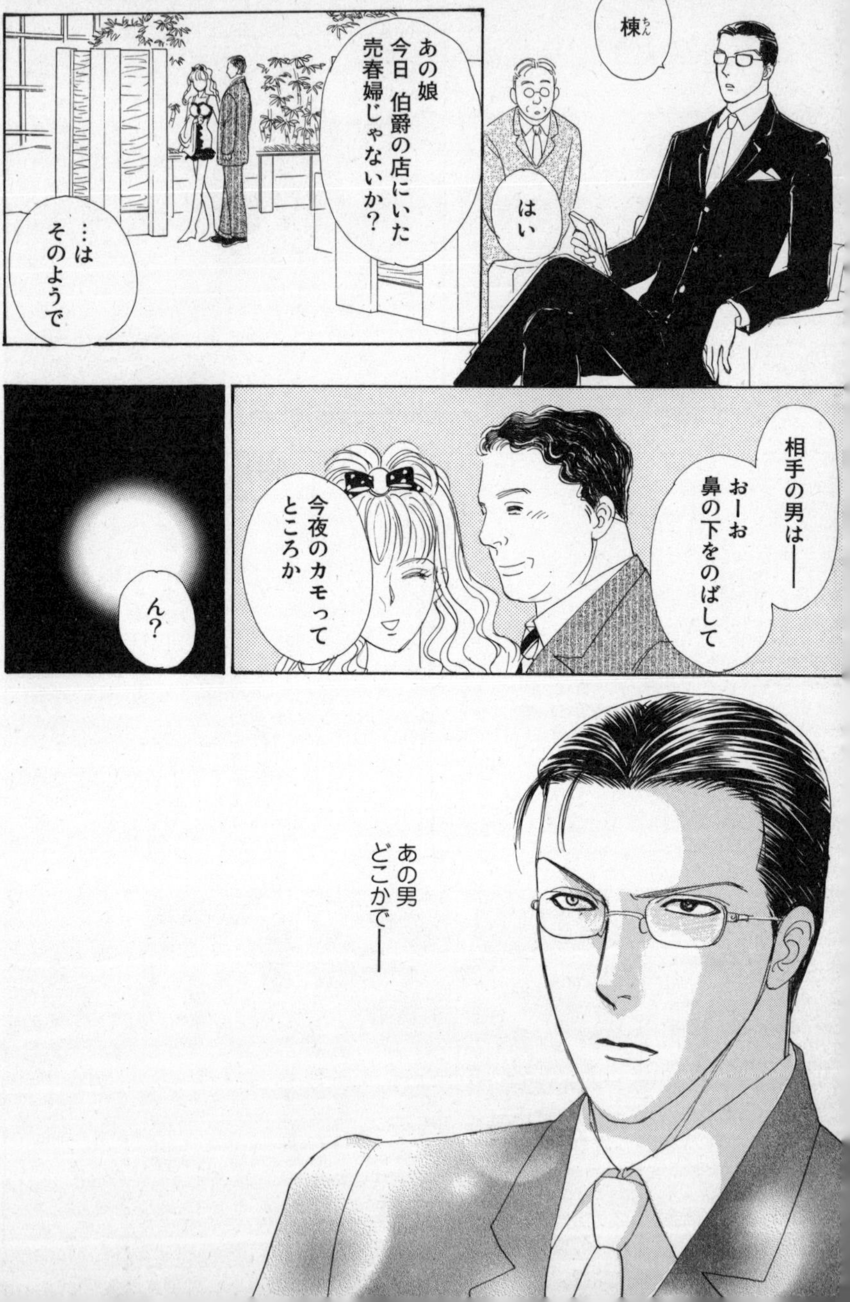
棟(ちん)
はい
あの娘 今日 伯爵の店にいた売春婦じゃないか?
…はそのようで
相手の男は——
おーお 鼻の下をのばして
今夜のカモってところか
ん?
あの男 どこかで——

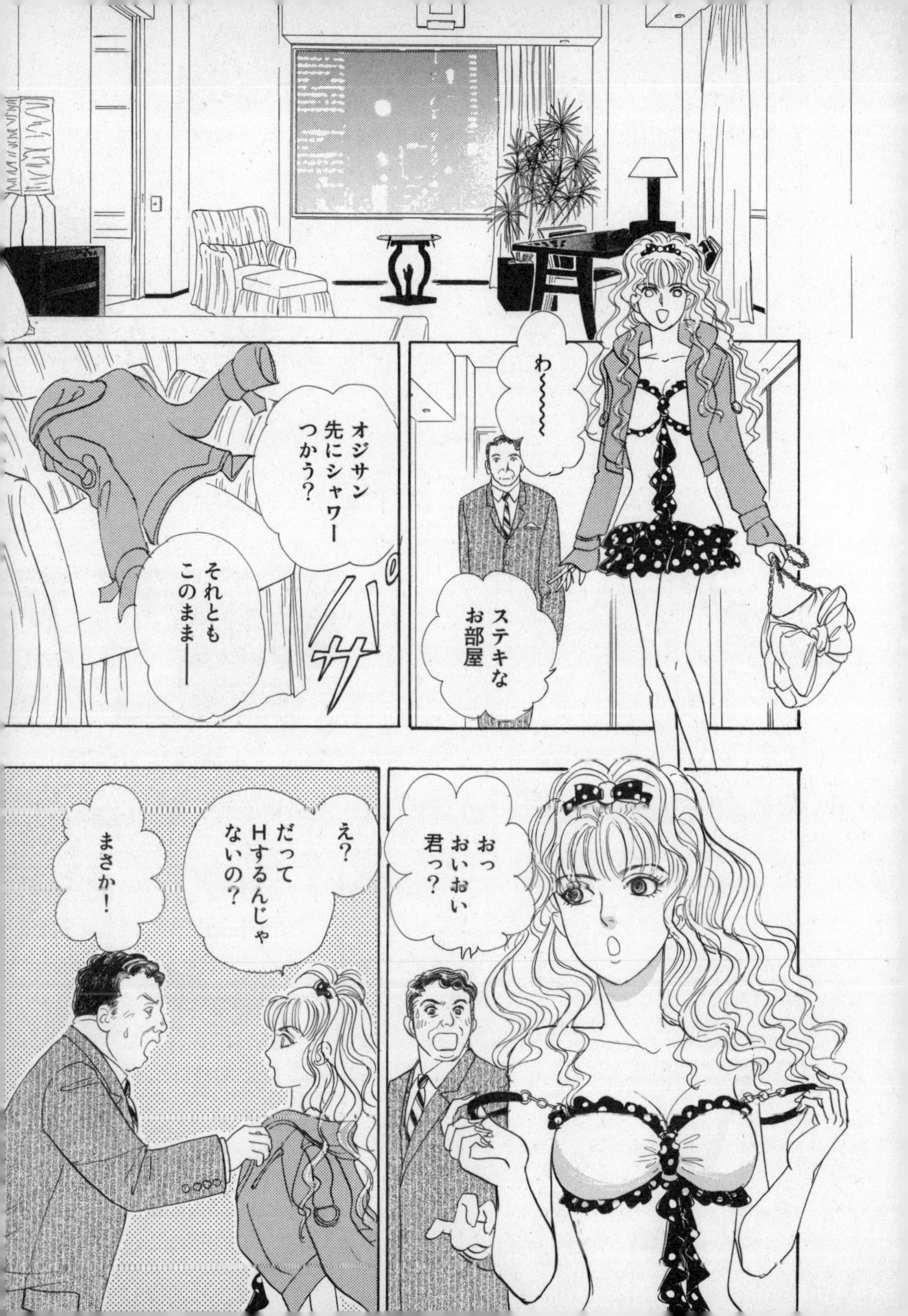

わ〜〜〜〜〜
ステキなお部屋
オジサン先にシャワーつかう？
それともこのまま——
パサ
おっおいおい君っ？
え？だってHするんじゃないの？
まさか！

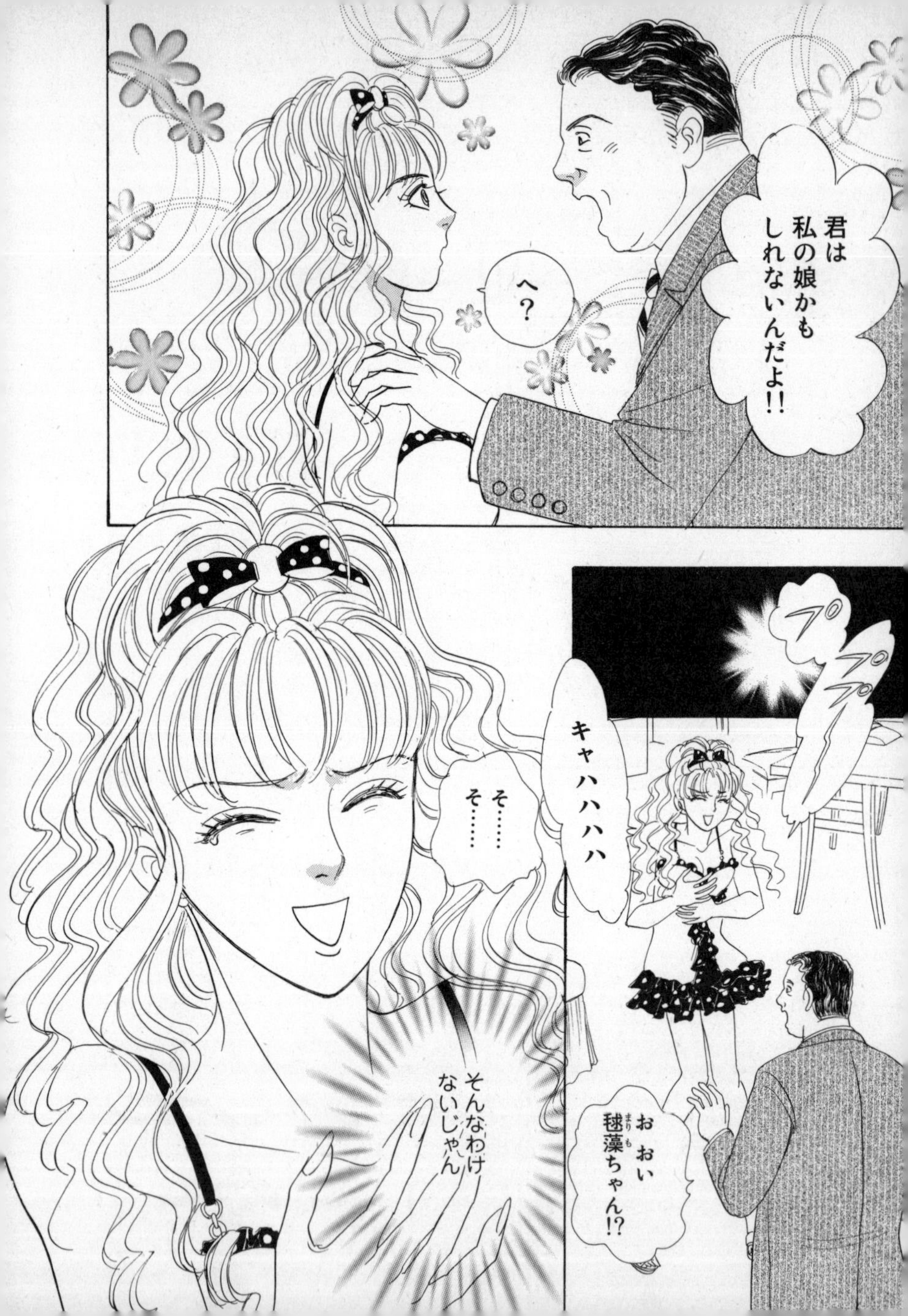

君は
私の娘かも
しれないいんだよ!!
へ?
プププー
キャハハハハハ
そ……
そ……
おおい
毬藻ちゃん!?
そんなわけ
ないじゃん

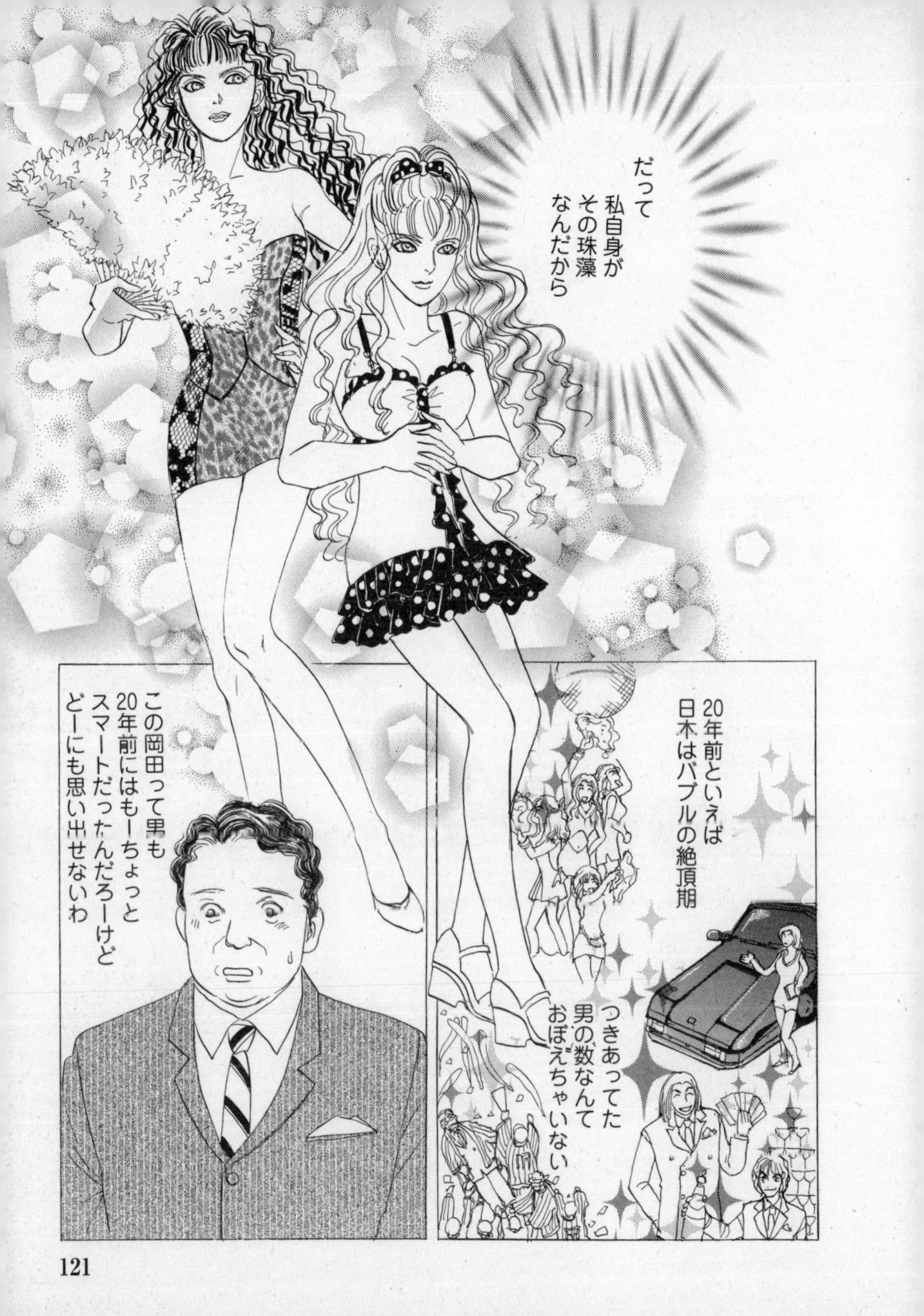
だって
私自身が
その珠藻
なんだから
20年前といえば
日本はバブルの絶頂期
つきあってた
男の数なんて
おぼえちゃいない
この岡田って男も
20年前にはもーちょっと
スマートだったんだろーけど
どーにも思い出せないわ

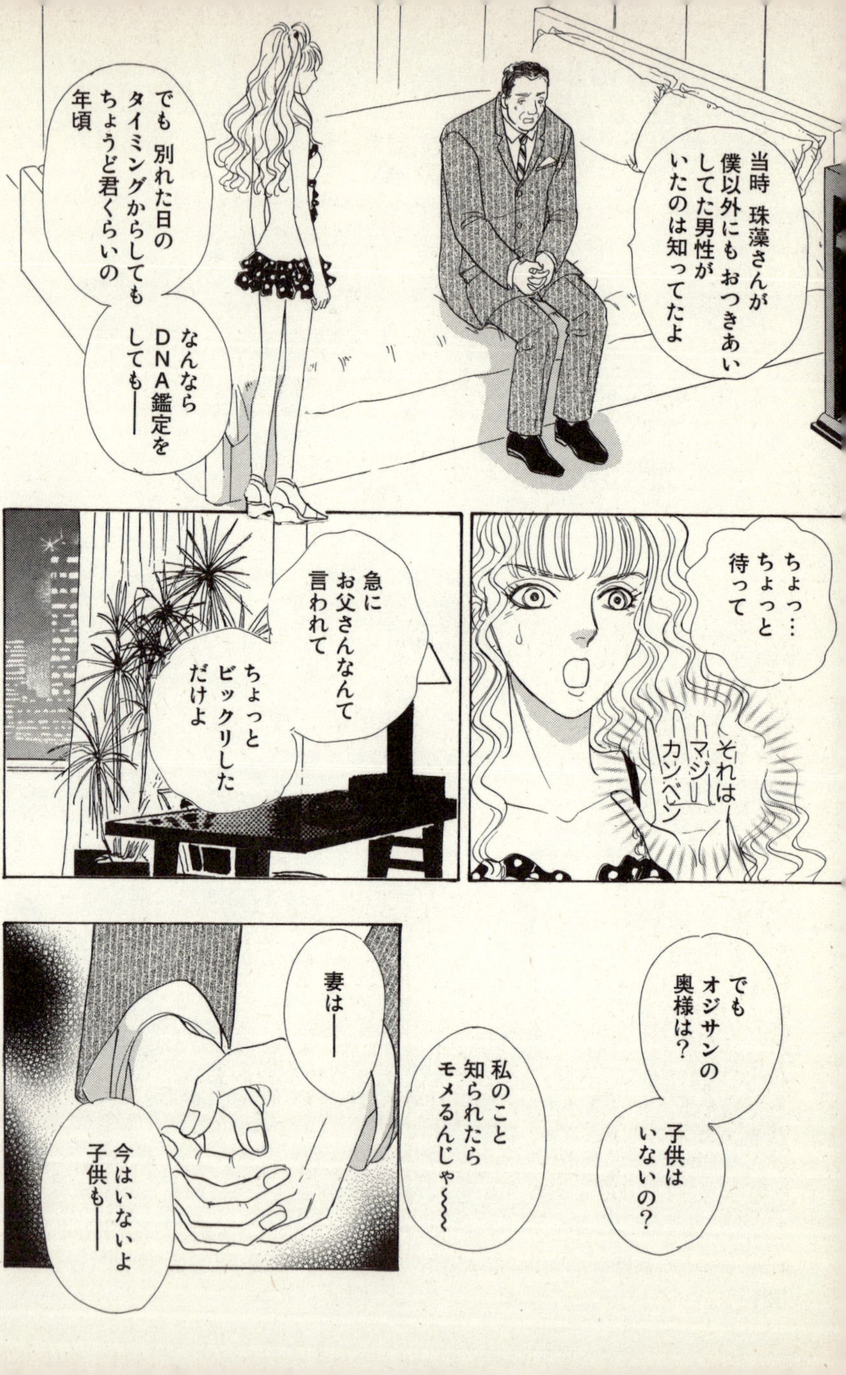
当時 珠藻さんが僕以外にもおつきあいしてた男性がいたのは知ってたよ
でも 別れた日のタイミングからしてもちょうど君くらいの年頃
なんならDNA鑑定をしても——
ちょっ…ちょっと待って
それはマジカンベン
急にお父さんなんて言われて
ちょっとビックリしただけよ
でもオジサンの奥様は？
子供はいないの？
私のこと知られたらモメるんじゃ〜〜〜
妻は——
今はいないよ子供も——

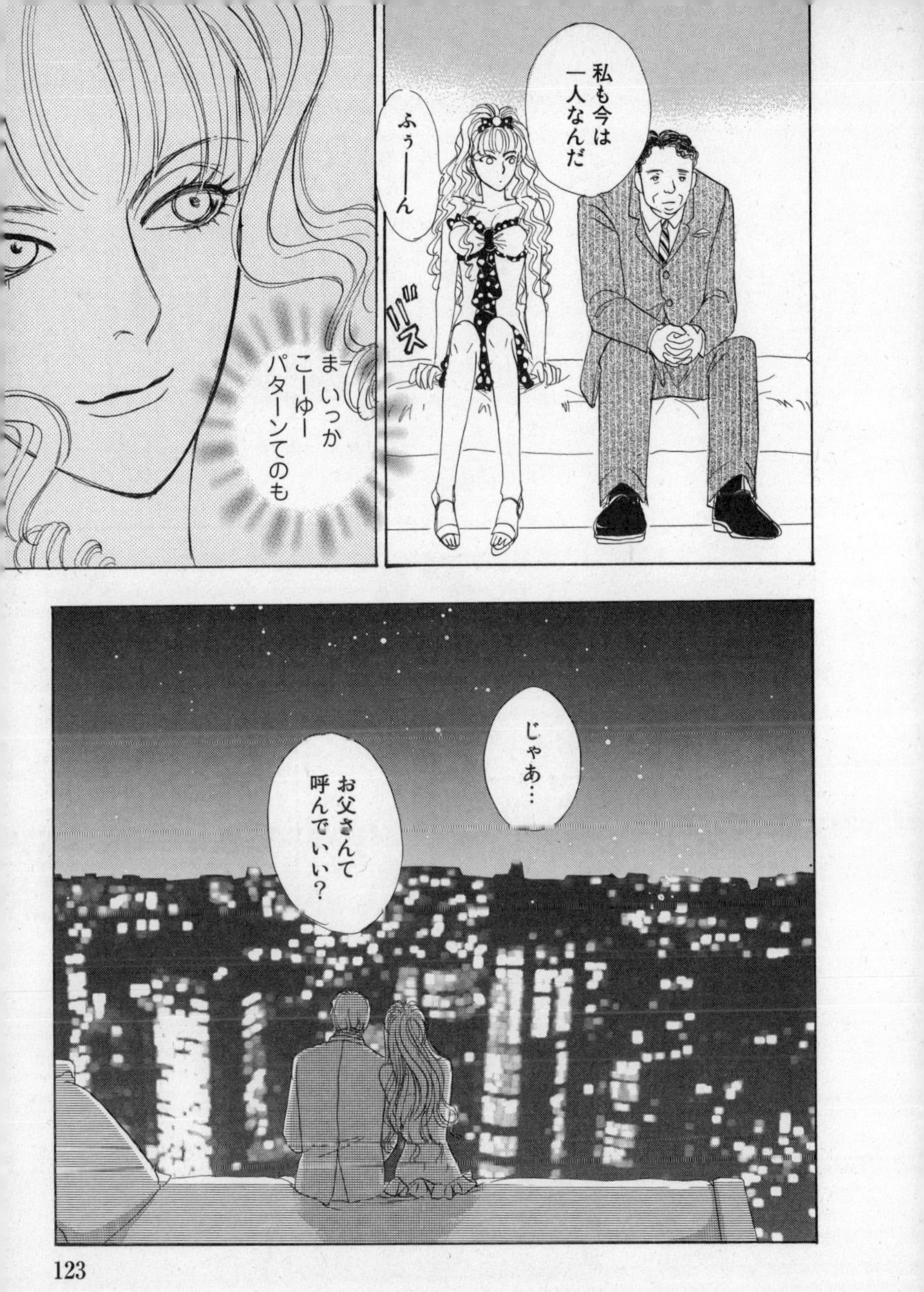

私も今は一人なんだ
ふぅーーん
ズ
まいっか こーゆーパターンてのも
じゃあ…
お父さんて呼んでいい？

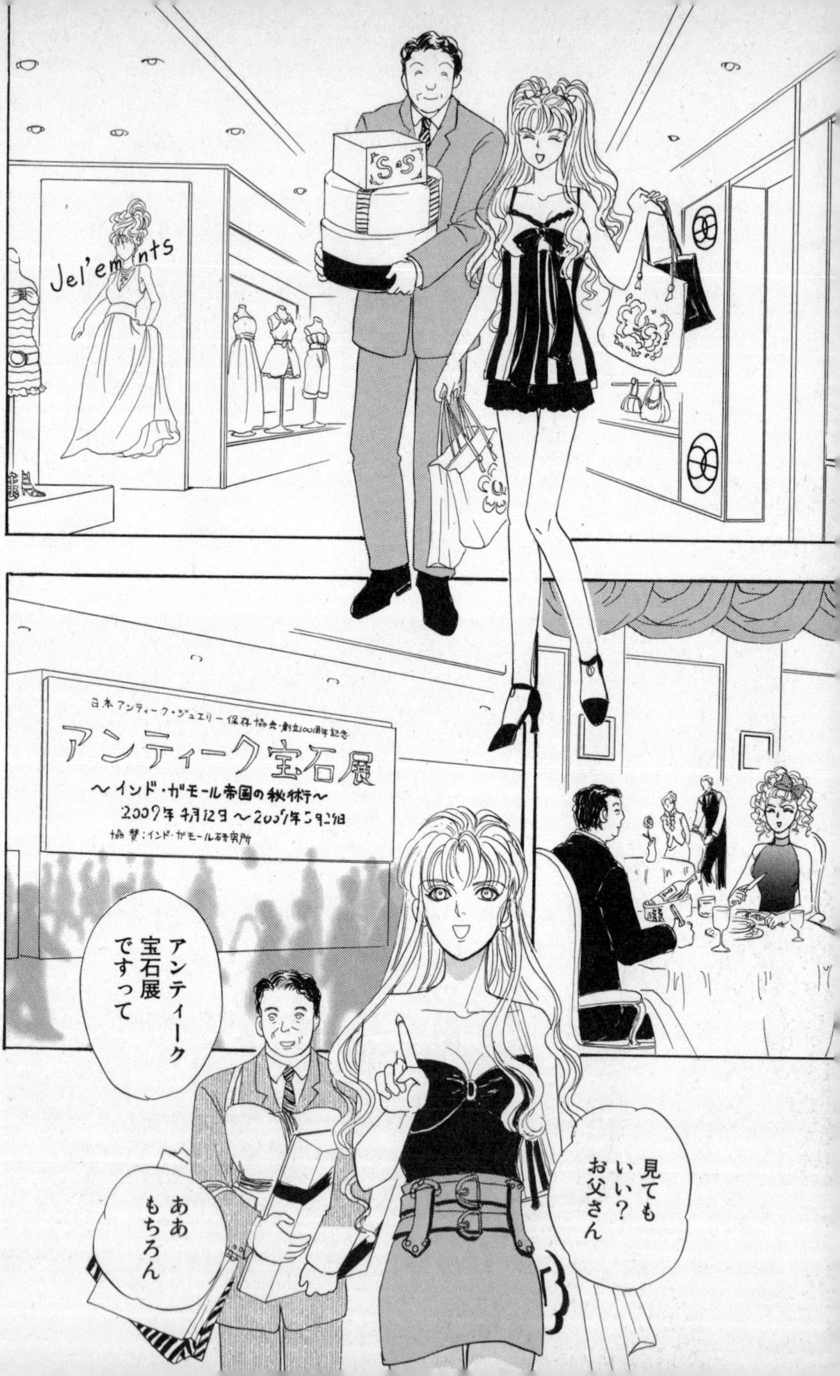
Jel'em nts
日本アンティーク・ジュエリー保存協会・創立100周年記念
アンティーク宝石展
～インド・ガモール帝国の秘術～
協賛：インド・ガモール研究所
アンティーク宝石展ですって
見てもいい？お父さん
ああもちろん

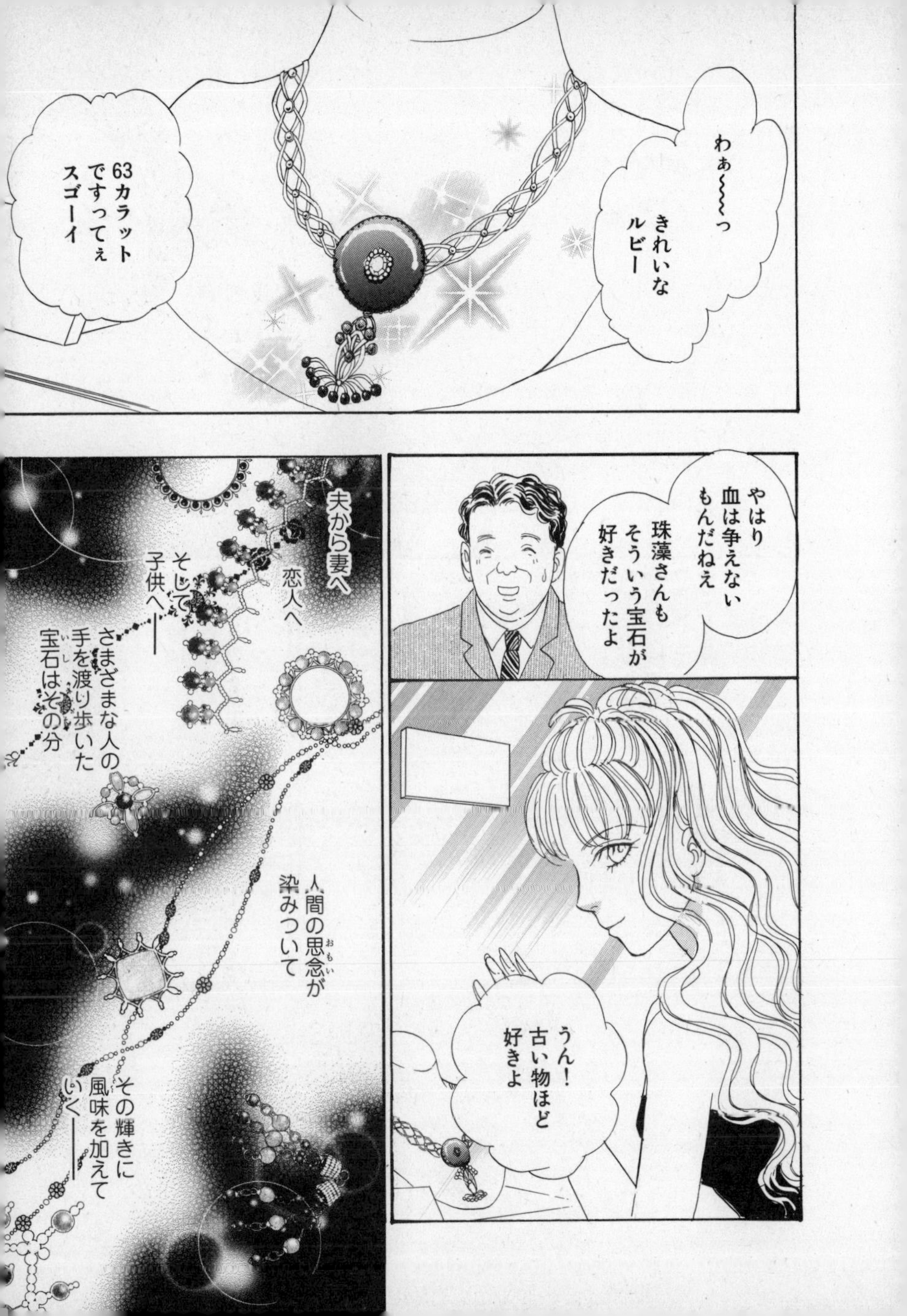
わぁ〜〜〜っ きれいなルビー
63カラットですってぇ スゴーイ
やはり血は争えないもんだねえ
珠藻さんもそういう宝石が好きだったよ
うん！古い物ほど好きよ
夫から妻へ 恋人へ そして子供へ――
さまざまな人の手を渡り歩いた宝石はその分
人間の思念が染みついて
その輝きに風味を加えていく――

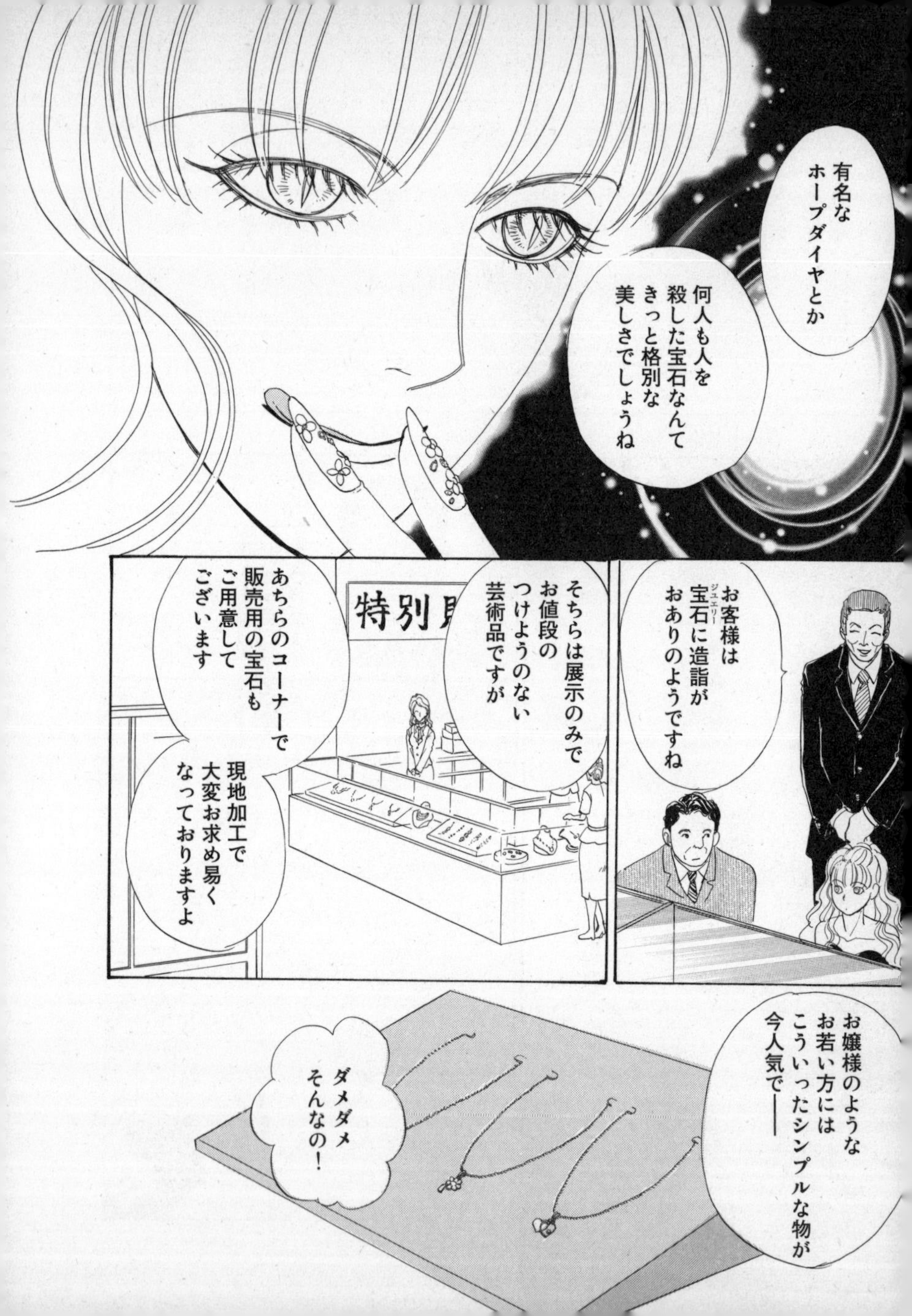
有名なホープダイヤとか
何人も人を殺した宝石なんてきっと格別な美しさでしょうね
お客様は宝石（ジュエリー）に造詣がおありのようですね
特別
そちらは展示のみでお値段のつけようのない芸術品ですが
あちらのコーナーで販売用の宝石もご用意してございます
現地加工で大変お求め易くなっておりますよ
お嬢様のようなお若い方にはこういったシンプルな物が今人気で――
ダメダメそんなの！

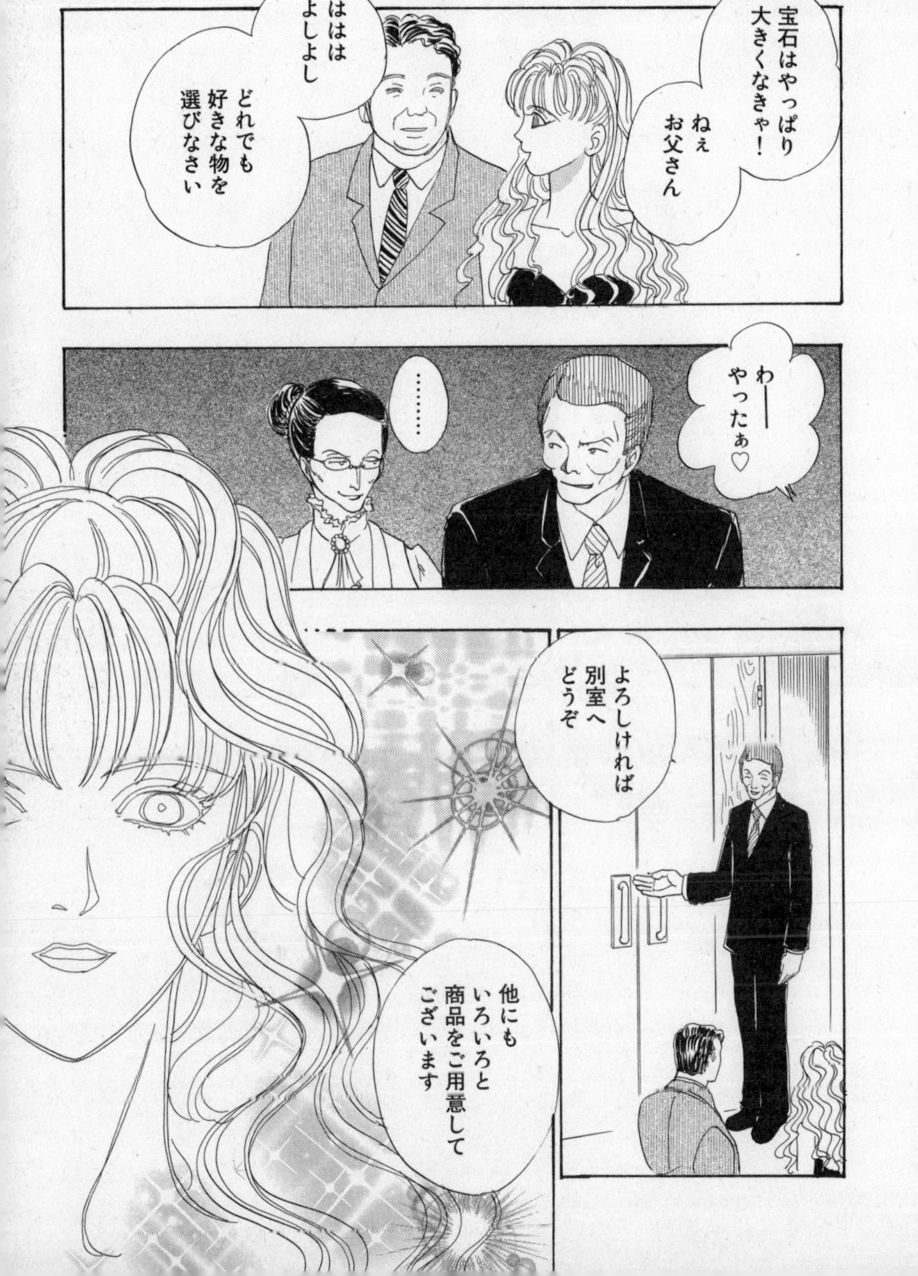
宝石はやっぱり大きくなきゃ！
ねぇお父さん
ははははよしよし
どれでも好きな物を選びなさい
わーやったぁ♡
……
よろしければ別室へどうぞ
他にもいろいろと商品をご用意してございます

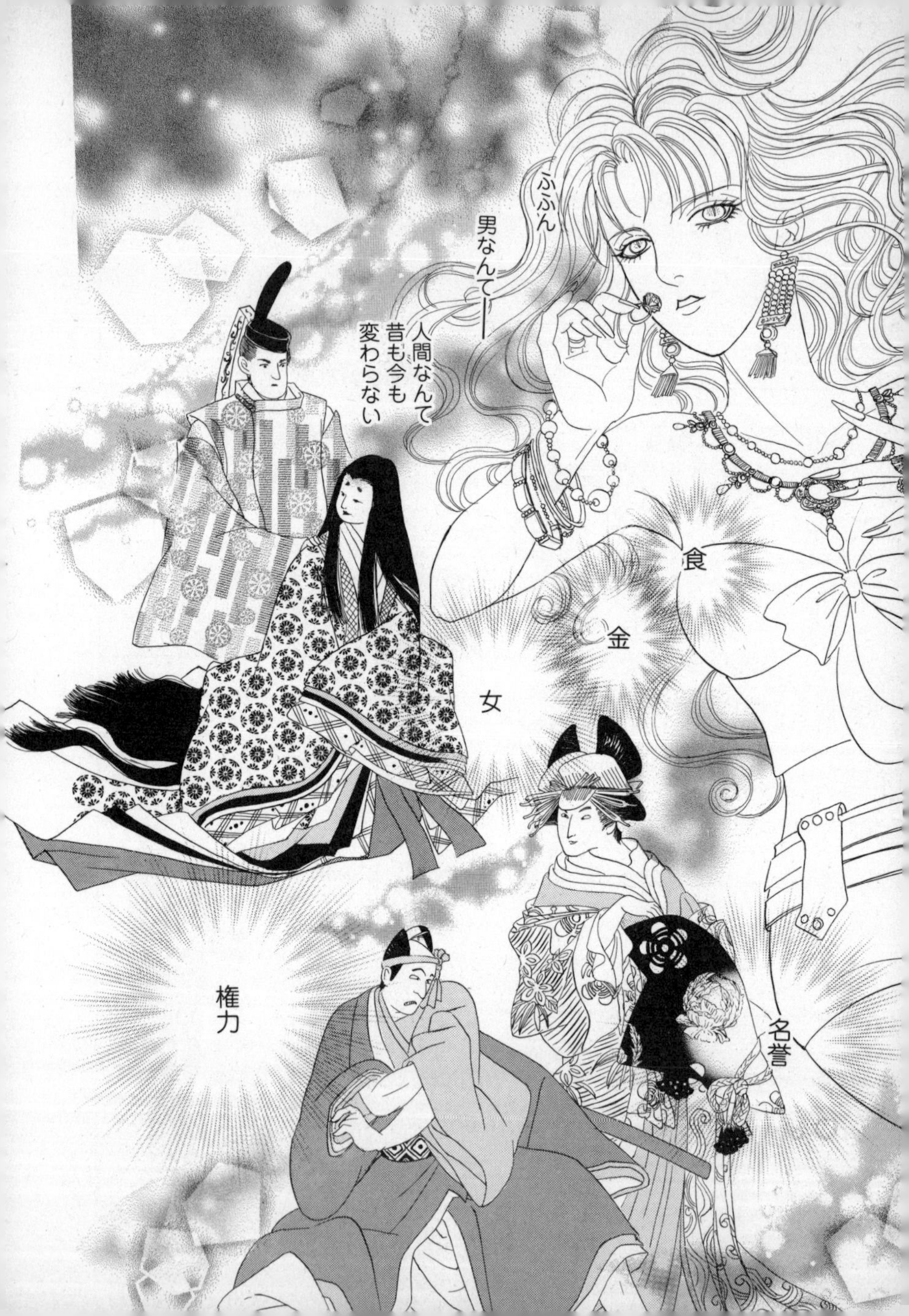
ふふん
男なんて──
人間なんて
昔も今も
変わらない
食
金
女
名誉
権力

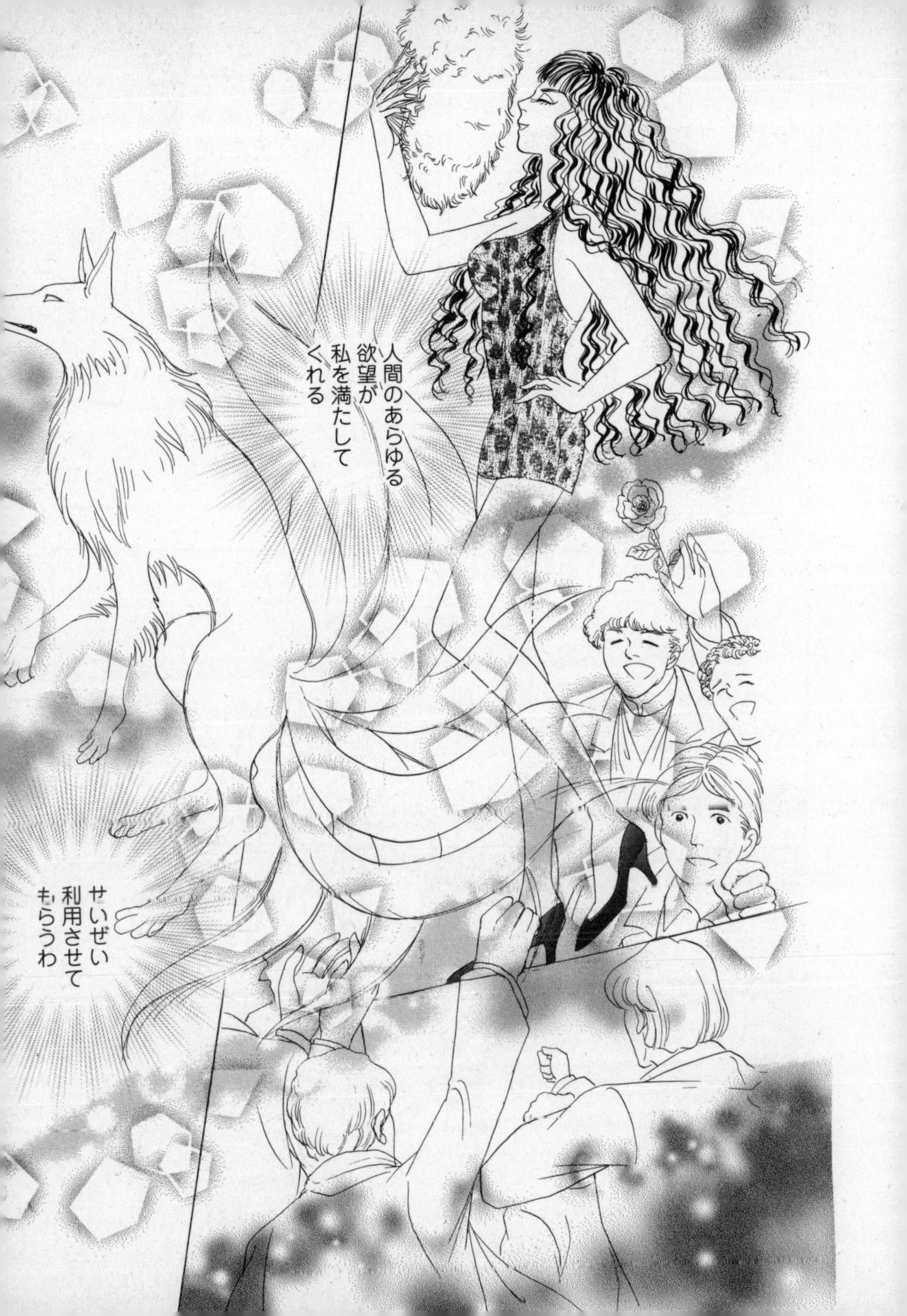
人間のあらゆる欲望が私を満たしてくれる
せいぜい利用させてもらうわ

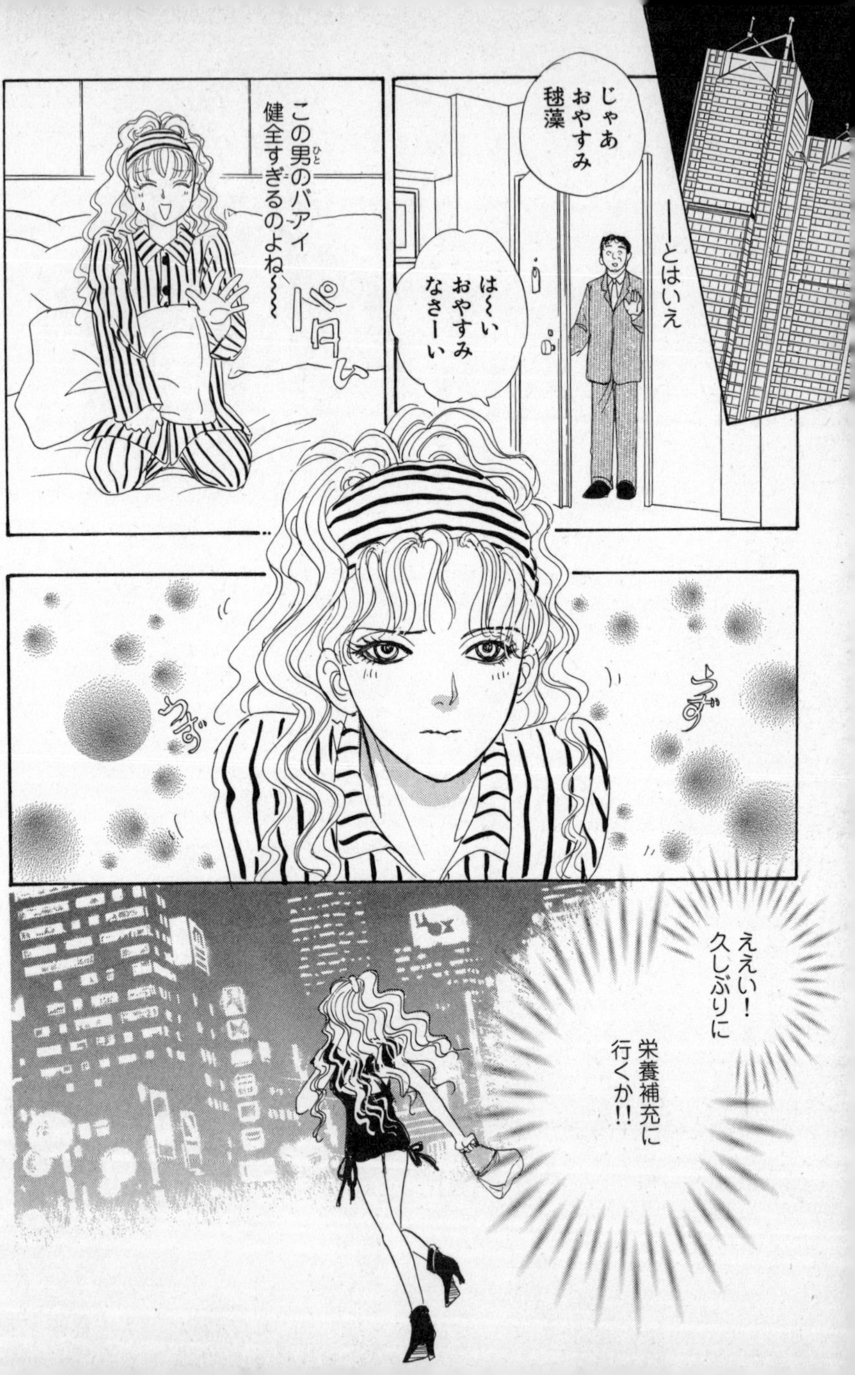
じゃあ
おやすみ
毬藻
はーい
おやすみ
なさーい
―とはいえ
パタム
この男(ひと)のバアイ
健全すぎるのよね〜〜〜
うず
うず
ええい!
久しぶりに
栄養補充に
行くか!!

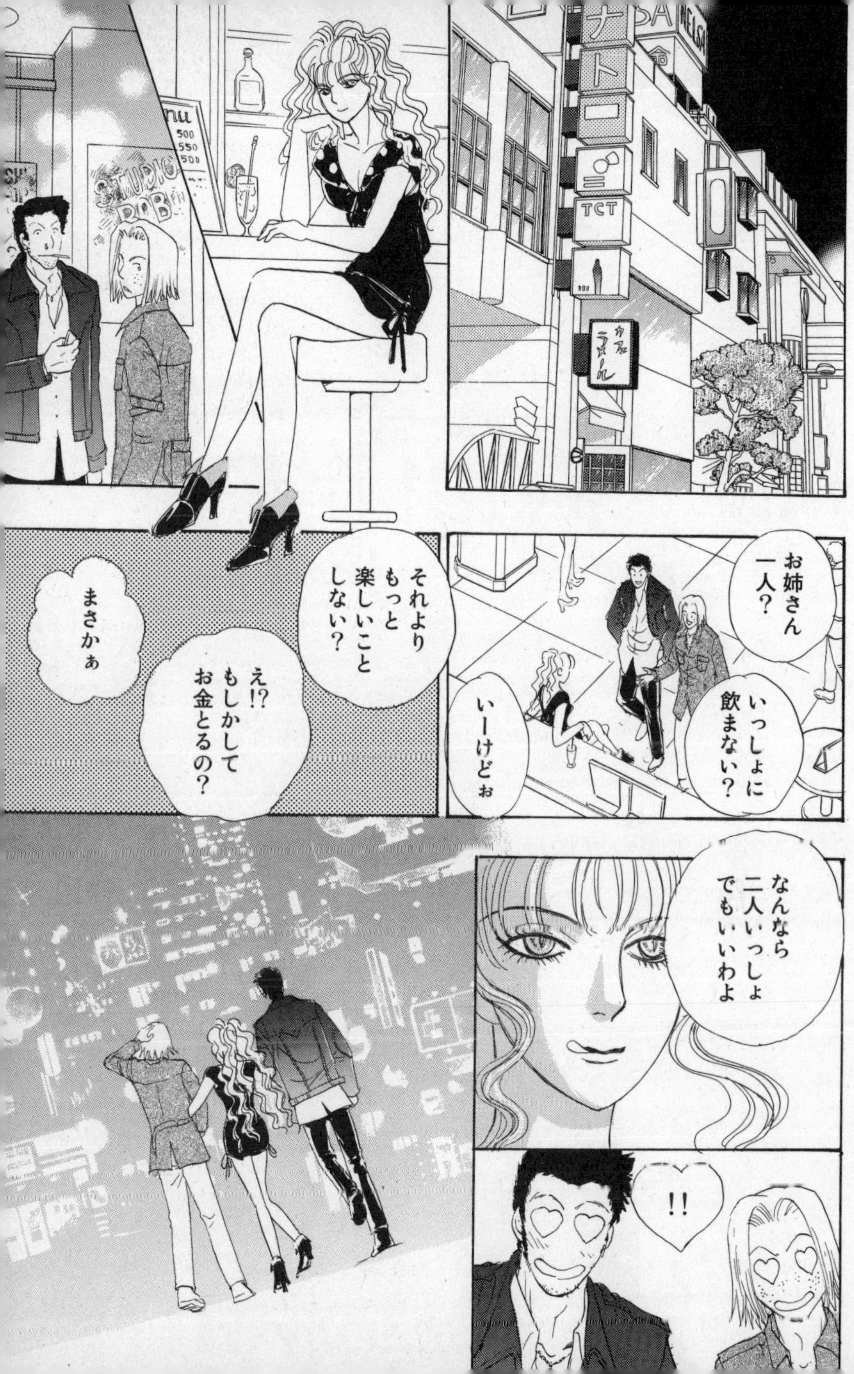

お姉さん一人？
いっしょに飲まない？
いーけどぉ
それよりもっと楽しいことしない？
え!? もしかしてお金とるの？
まさかぁ
なんなら二人いっしょでもいいわよ
!!

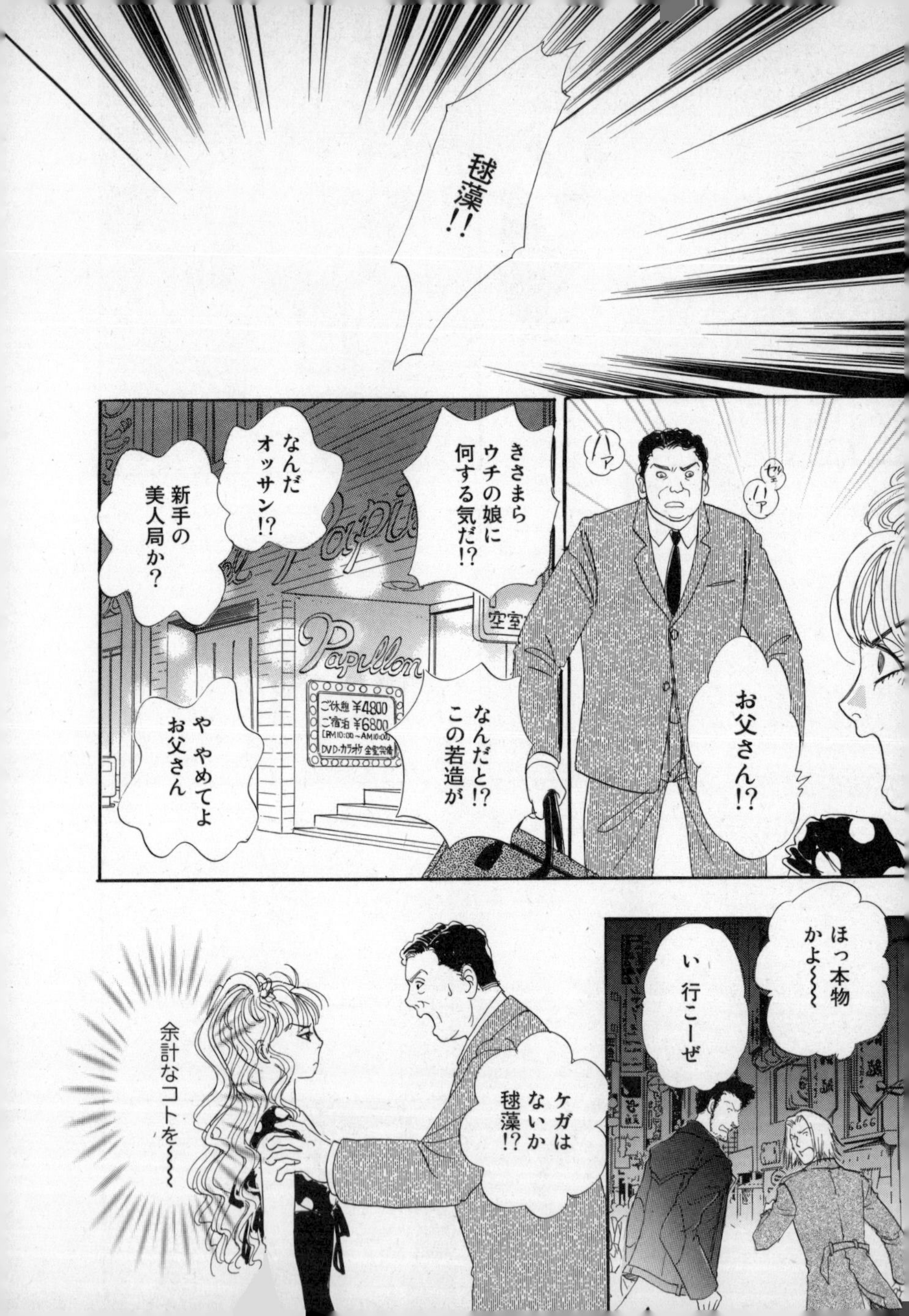
毬藻!!
ハァ
ゼェ
ハァ
お父さん!?
きさまら
ウチの娘に
何する気だ!?
なんだ
オッサン!?
新手の
美人局か?
空室
Papillon
ご休憩 ¥4800
ご宿泊 ¥6800
なんだと!?
この若造が
や やめてよ
お父さん
ほっ本物
かよ〜〜
い 行こーぜ
ケガは
ないか
毬藻!?
余計なコトを〜〜〜

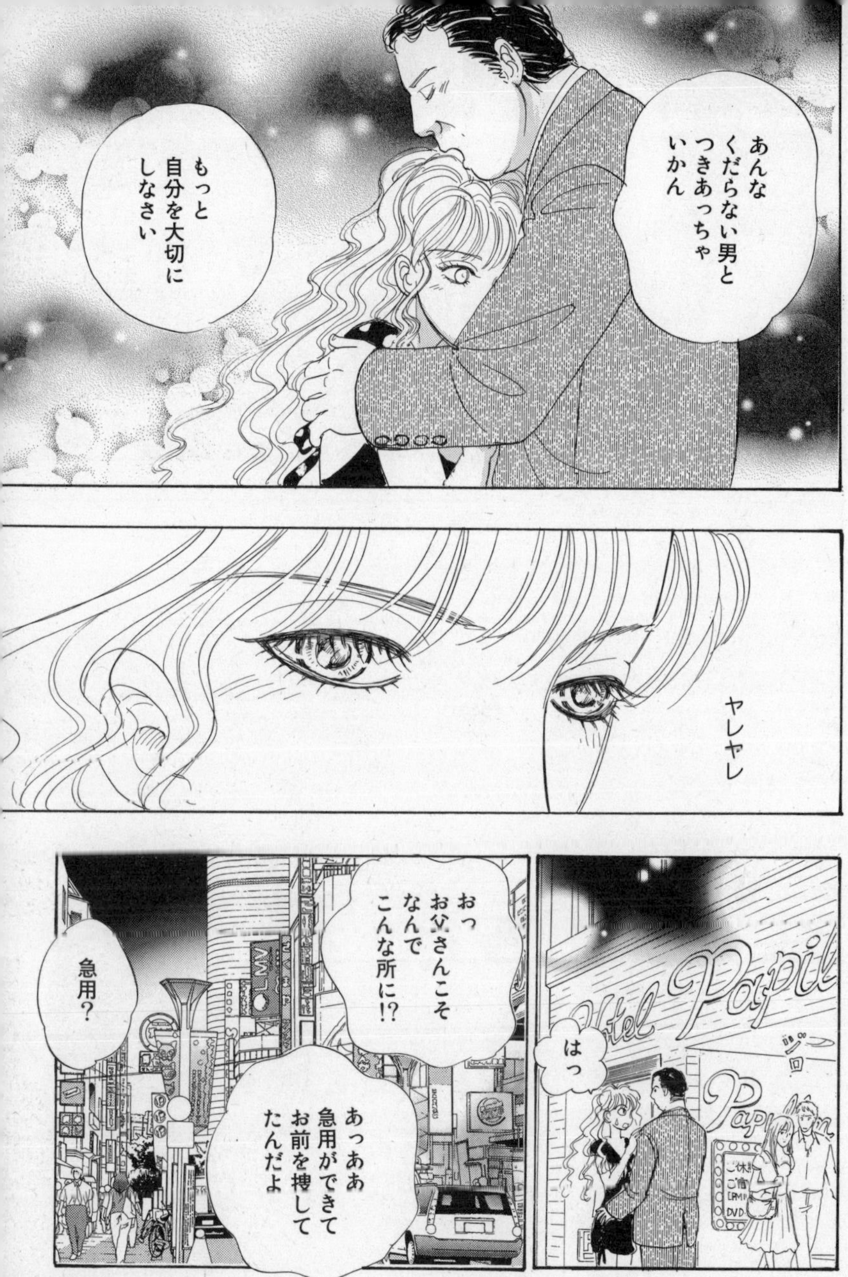

あんな
くだらない男と
つきあっちゃ
いかん
もっと
自分を大切に
しなさい
ヤレヤレ
はっ
ジロ
おっ
お父さんこそ
なんで
こんな所に!?
急用?
あっああ
急用ができて
お前を捜して
たんだよ

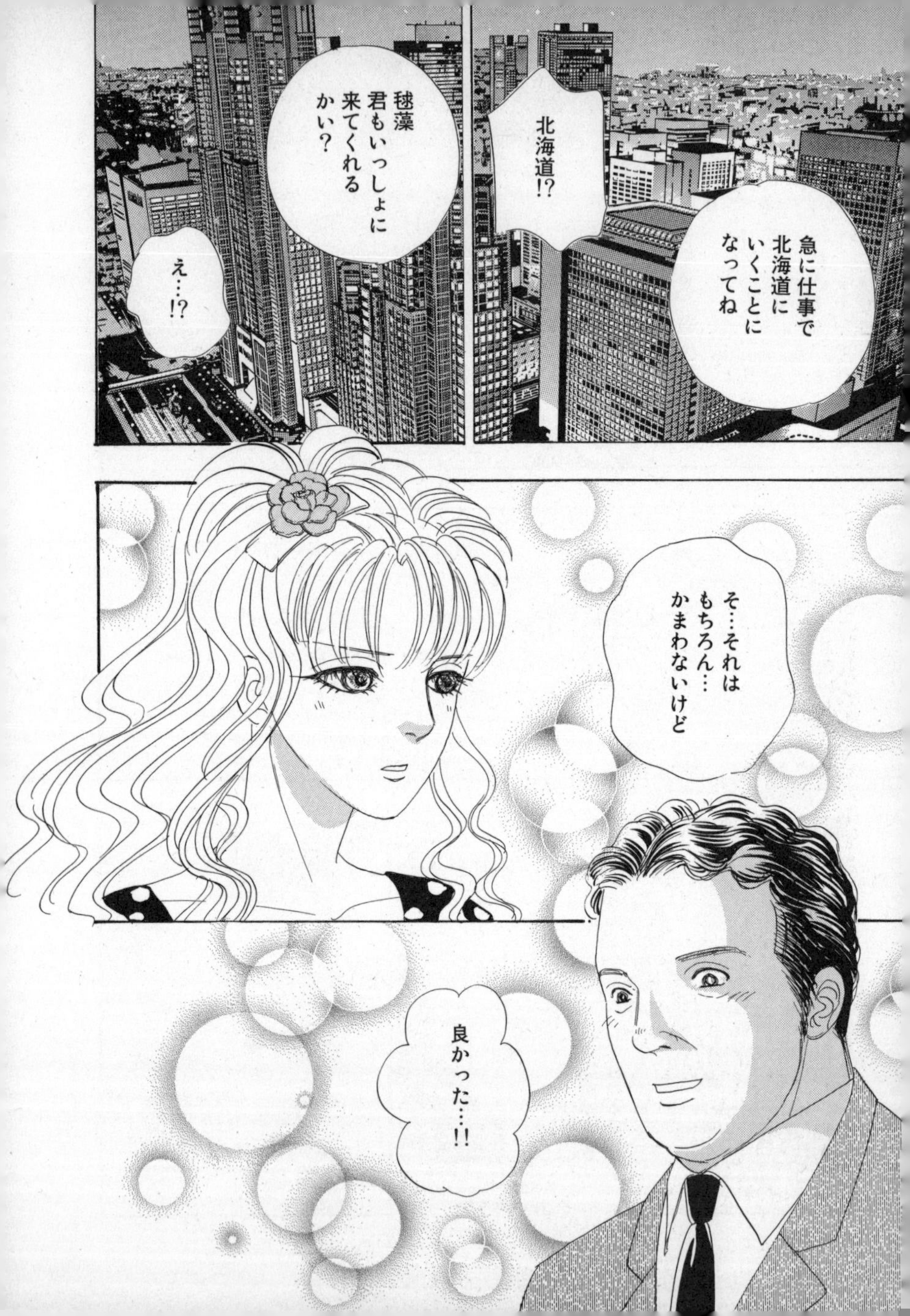
急に仕事で北海道にいくことになってね
北海道!?
毬藻君もいっしょに来てくれるかい?
え…!?
そ…それはもちろん…かまわないけど
良かった…!!

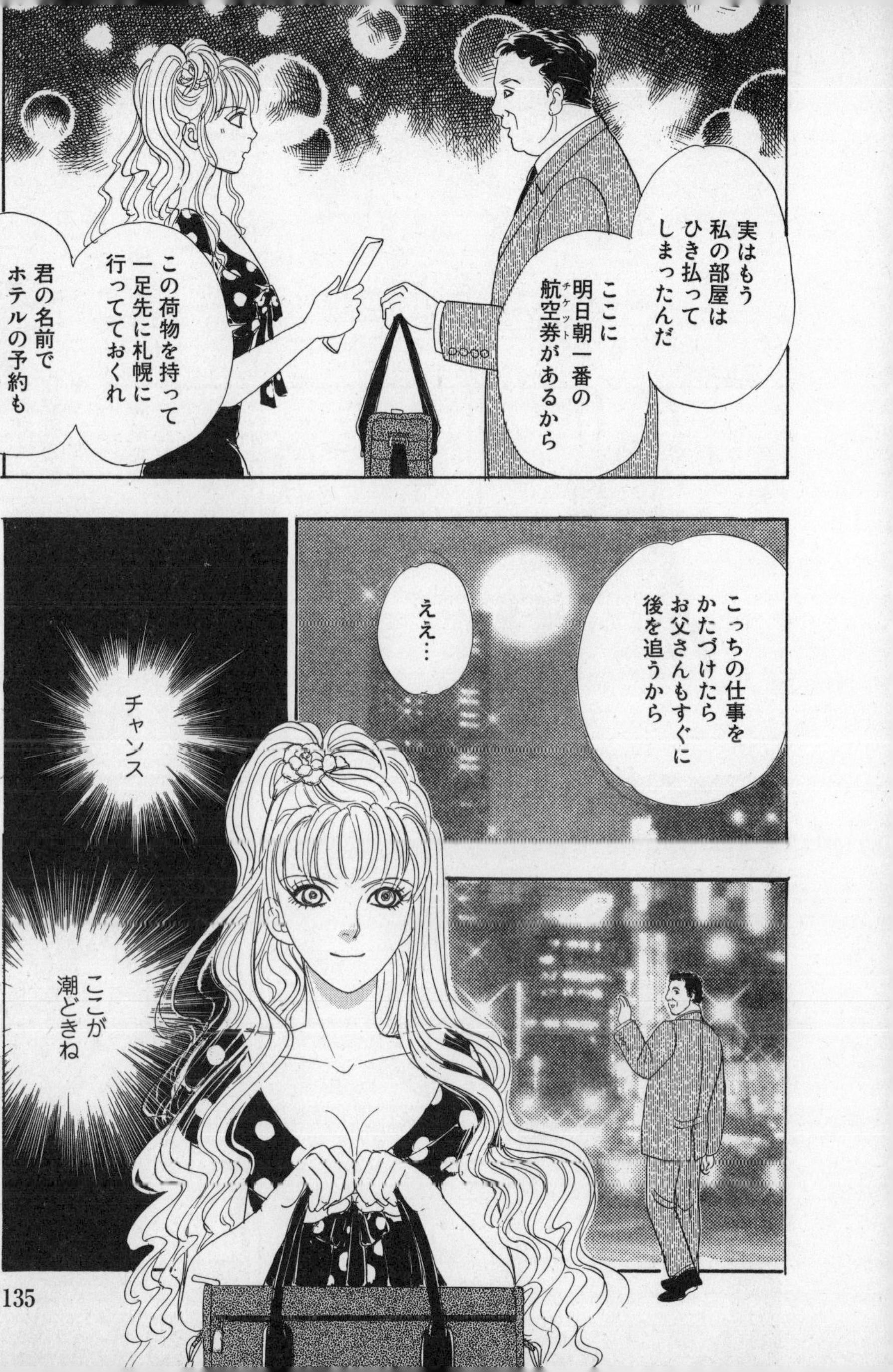
実はもう私の部屋はひき払ってしまったんだ
ここに明日朝一番の航空券（チケット）があるから
この荷物を持って一足先に札幌に行っててておくれ
君の名前でホテルの予約もとってあるから
こっちの仕事をかたづけたらお父さんもすぐに後を追うから
ええ…
チャンス
ここが潮どきね

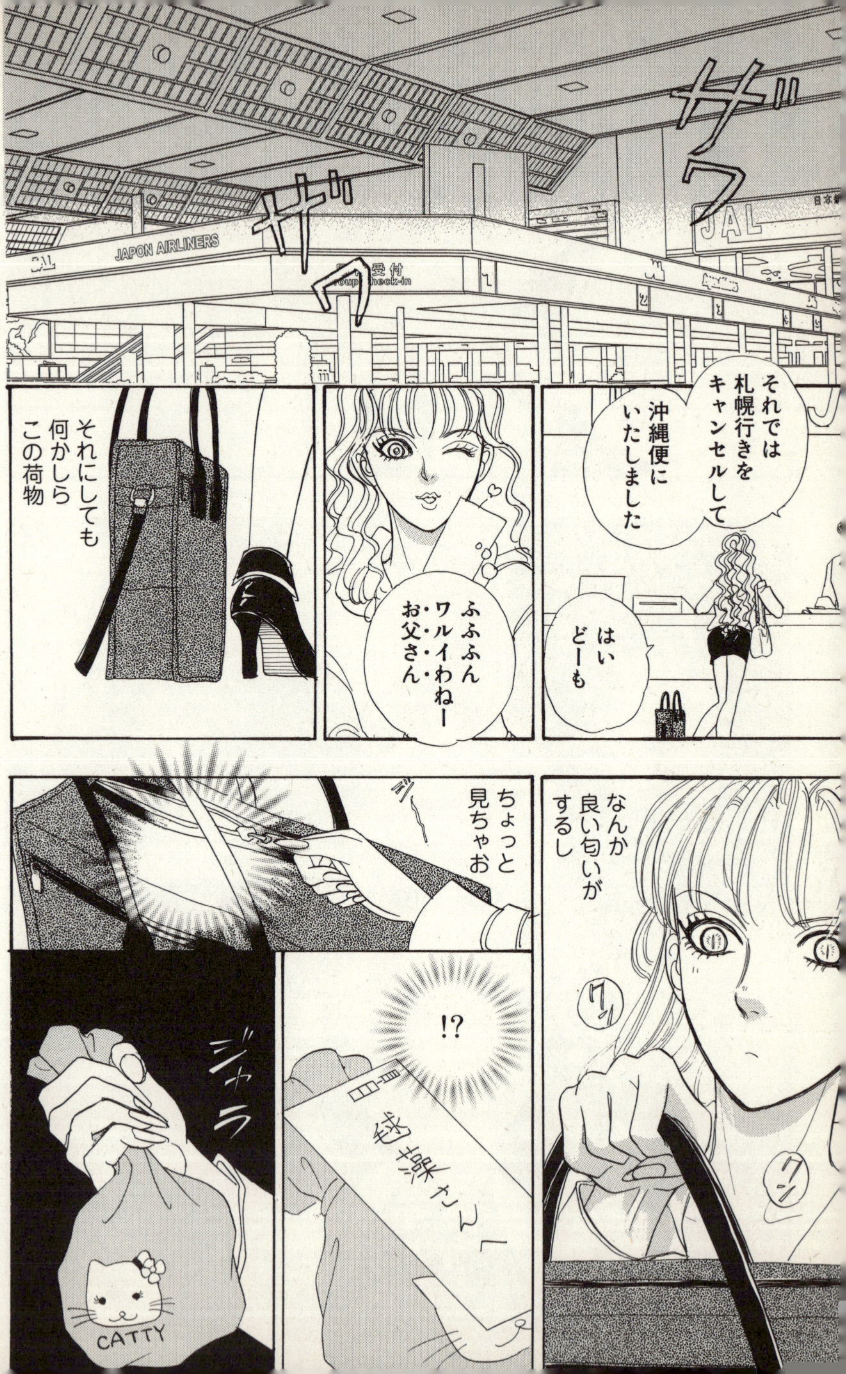
ザワ
ザワ
JAPON AIRLINERS
JAL
それでは
札幌行きを
キャンセルして
沖縄便に
いたしました
はい
どーも
ふふふん
ワルイわねー
・お・父・さん
それにしても
何かしら
この荷物
なんか
良い匂いが
するし
ちょっと
見ちゃお
!?
ジャラ
CATTY

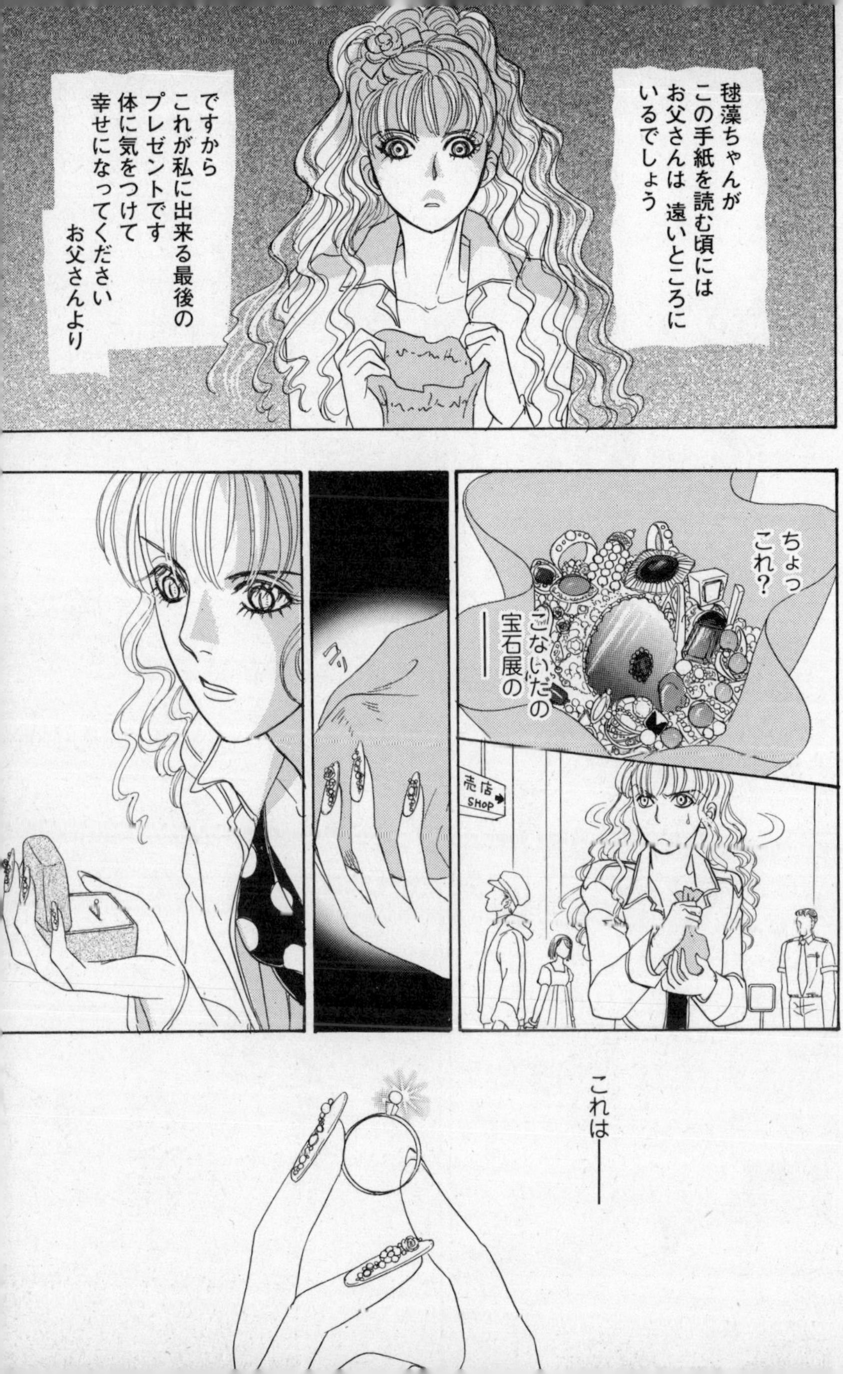
毬藻ちゃんが
この手紙を読む頃には
お父さんは　遠いところに
いるでしょう
ですから
これが私に出来る最後の
プレゼントです
体に気をつけて
幸せになってください
お父さんより
ちょっ
これ？
こないだの
宝石展の
――
グッ
売店
SHOP
これは――

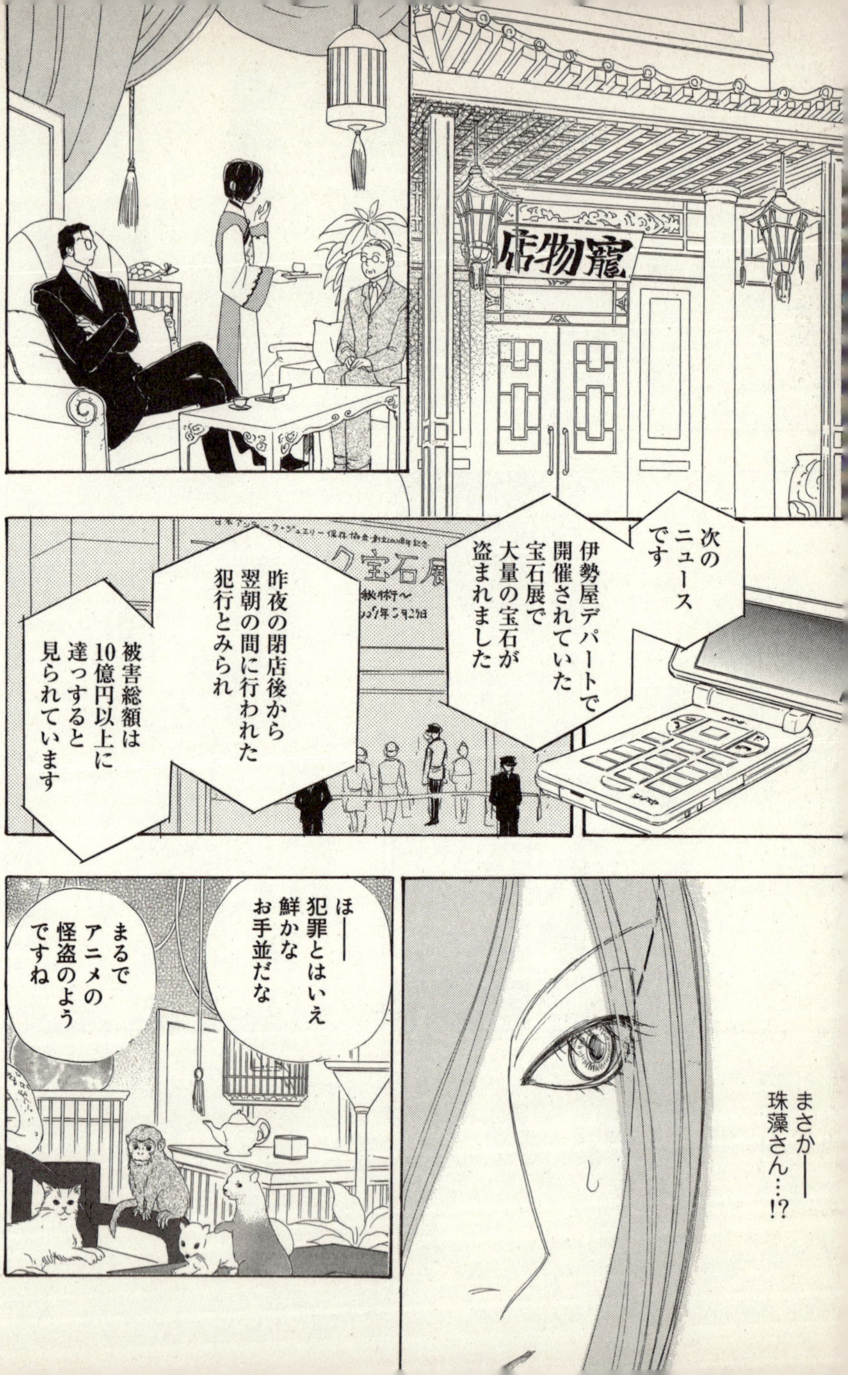
寵物店
次のニュースです
伊勢屋デパートで開催されていた宝石展で大量の宝石が盗まれました
昨夜の閉店後から翌朝の間に行われた犯行とみられ
被害総額は10億円以上に達っすると見られています
まさか——珠藻さん…!?
ほ——犯罪とはいえ鮮かなお手並だな
まるでアニメの怪盗のようですね

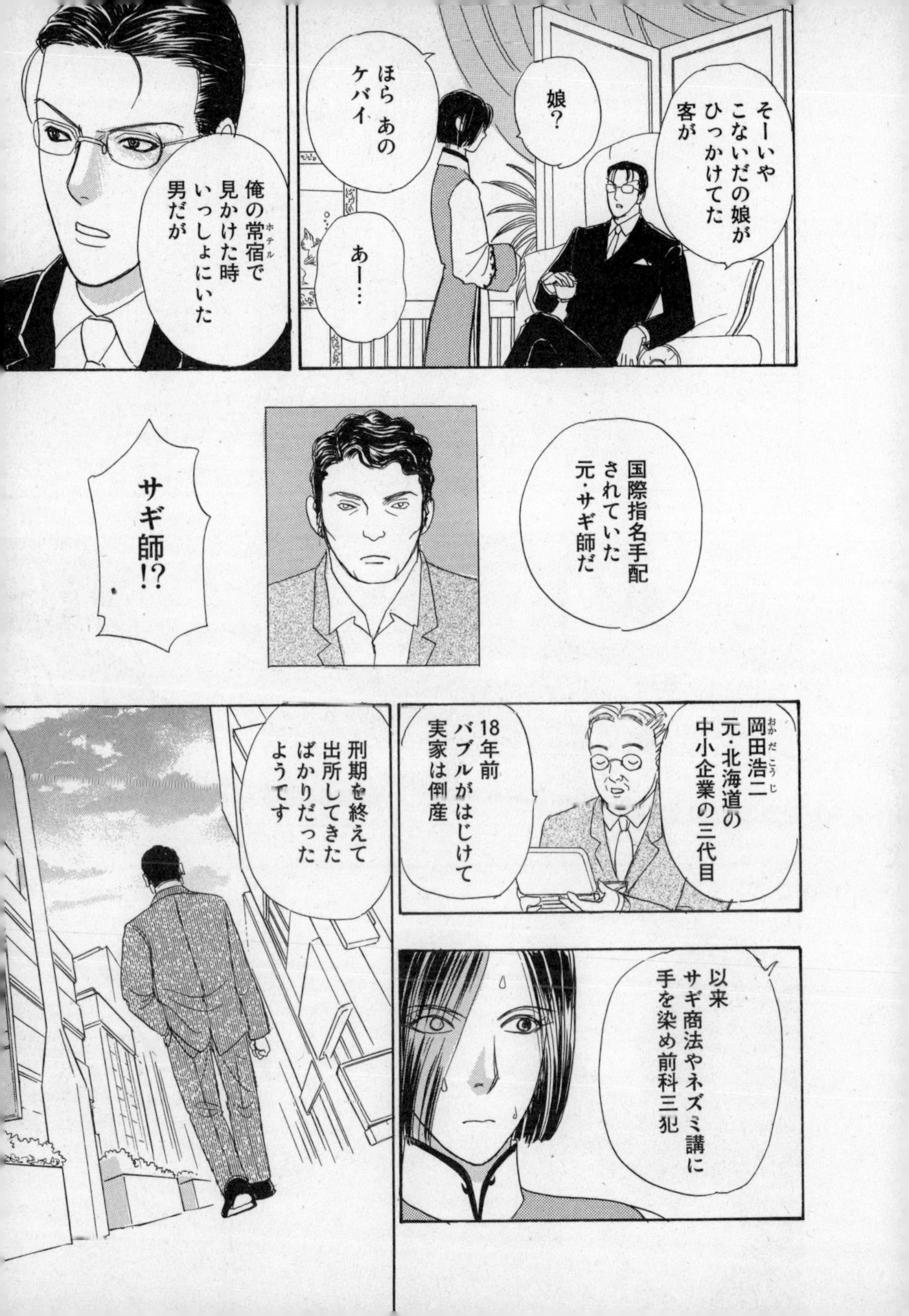
そーいや こないだの娘が ひっかけてた 客が
娘？
ほら あの ケバイ
あー…
俺の常宿で 見かけた時 いっしょにいた 男だが
国際指名手配 されていた 元・サギ師だ
サギ師!?
岡田浩二 元・北海道の 中小企業の三代目
18年前 バブルがはじけて 実家は倒産
以来 サギ商法やネズミ講に 手を染め前科三犯
刑期を終えて 出所してきた ばかりだった ようです

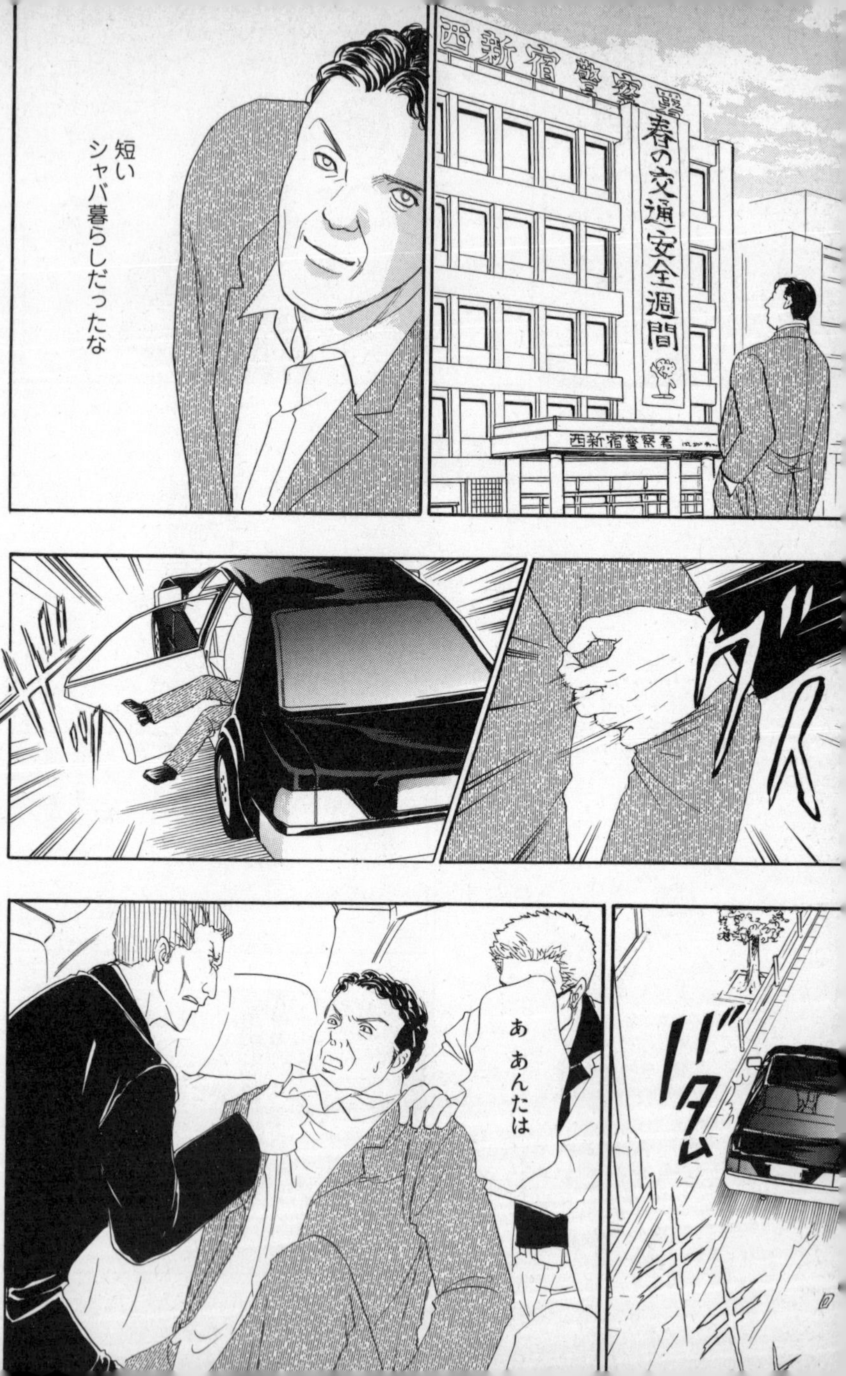
西新宿警察署
春の交通安全週間
西新宿警察署
短い シャバ暮らしだったな
バタム
あ あんたは

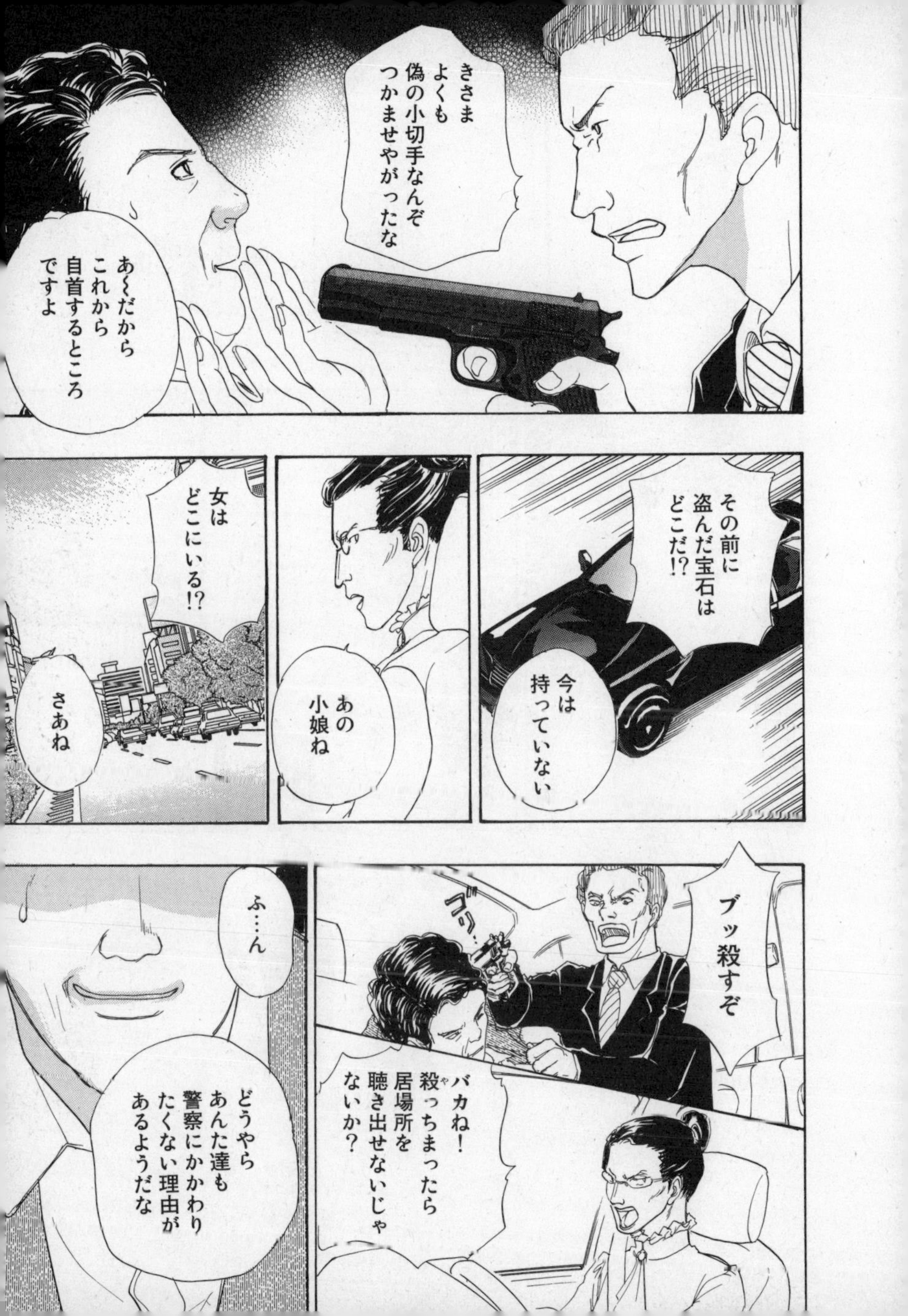
きさま よくも 偽の小切手なんぞ つかませやがったな
あ〜だから これから 自首するところ ですよ
その前に 盗んだ宝石は どこだ!?
今は 持っていない
あの 小娘ね
女は どこにいる!?
さあね
ブッ殺すぞ
ゴリッ
バカね! 殺っちまったら 居場所を 聴き出せないじゃ ないか?
ふ…ん
どうやら あんた達も 警察にかかわり たくない理由が あるようだな

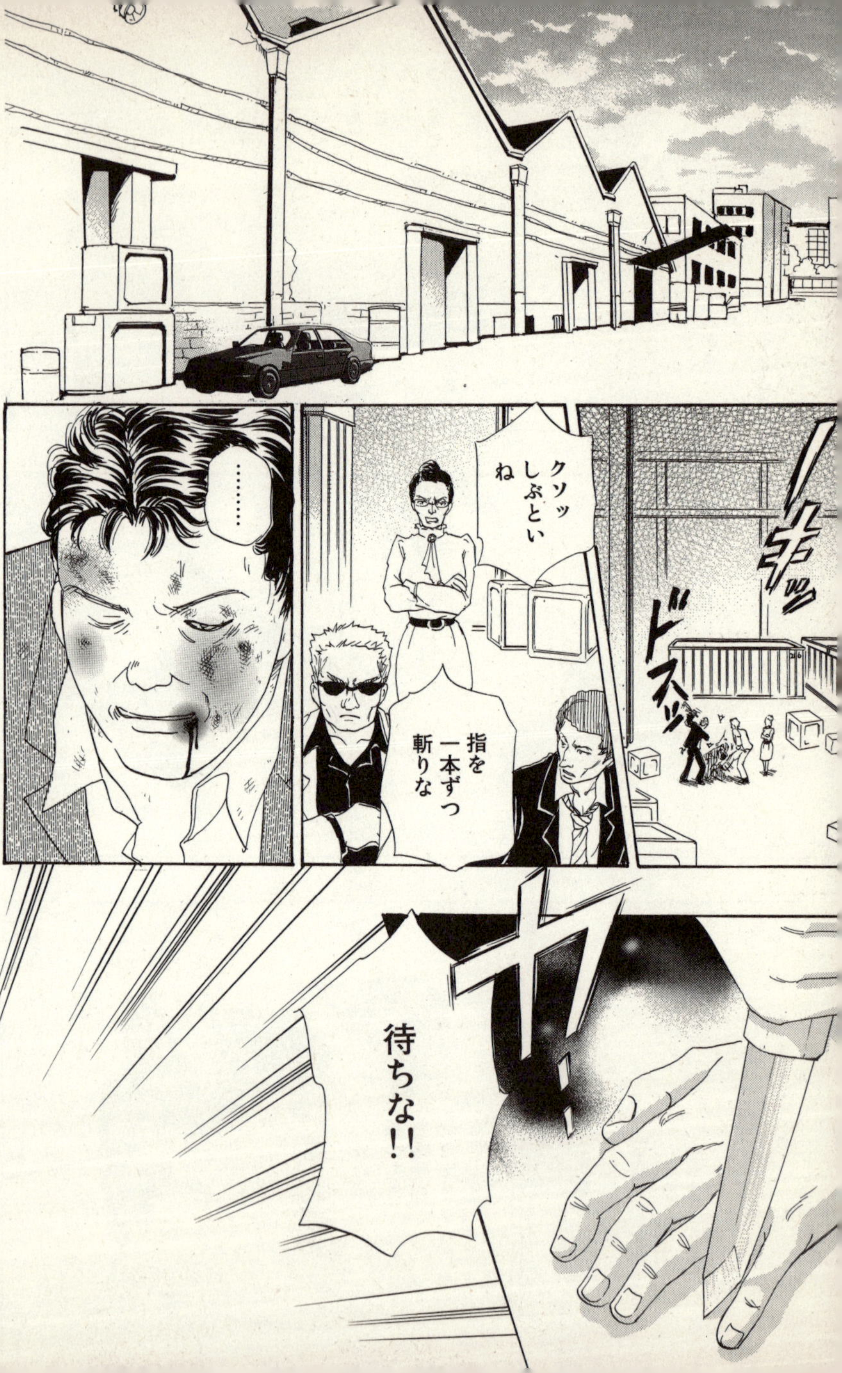

クソッ
しぶとい
ね
……
ギュッ
ドスッ
指を
一本ずつ
斬りな
ガ
待ちな!!

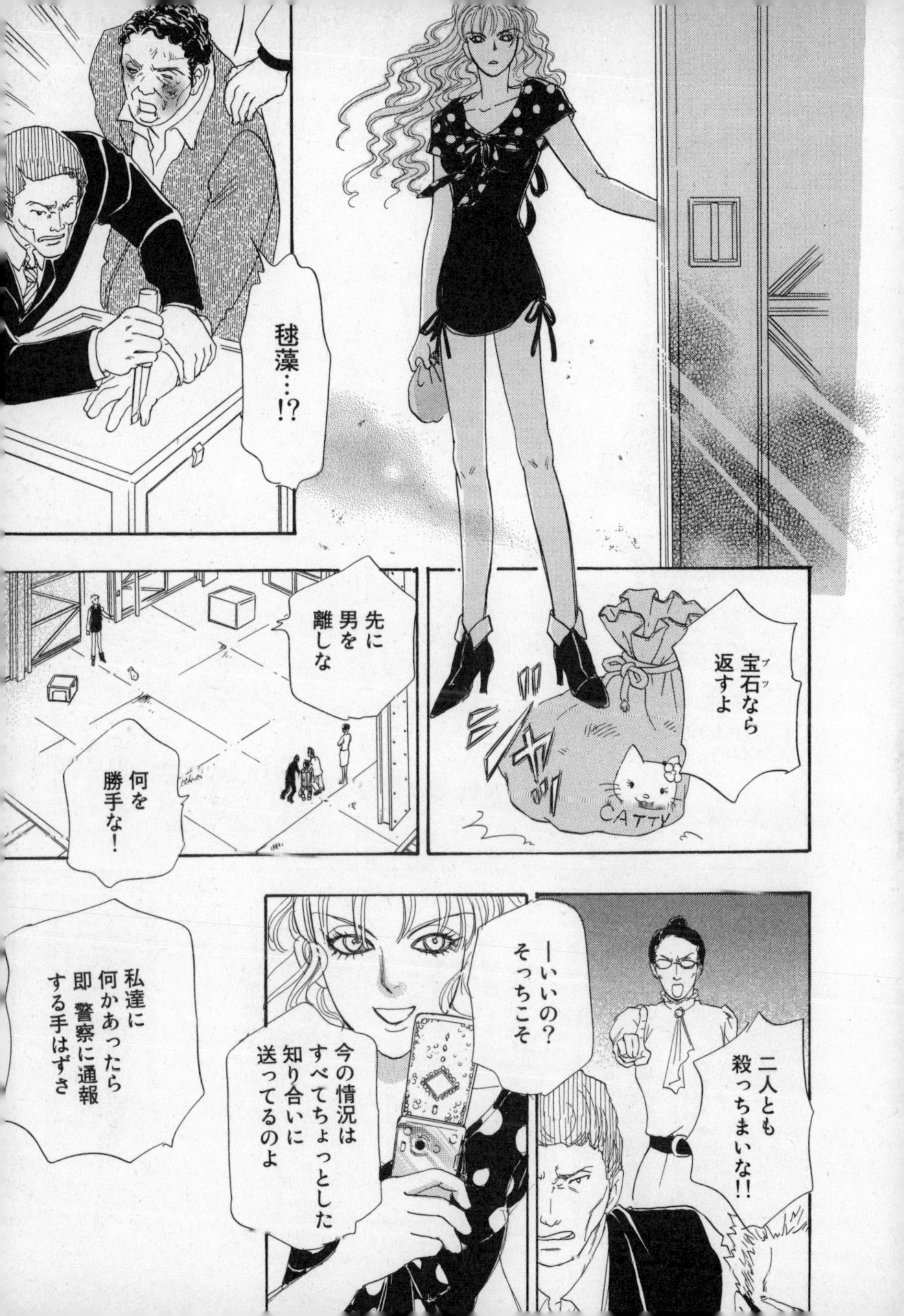
毬藻…!?
宝石なら返すよ
先に男を離しな
何を勝手な!
二人とも殺っちまいな!!
ーいいの?そっちこそ
今の情況はすべてちょっとした知り合いに送ってるのよ
私達に何かあったら即警察に通報する手はずさ
CATTY

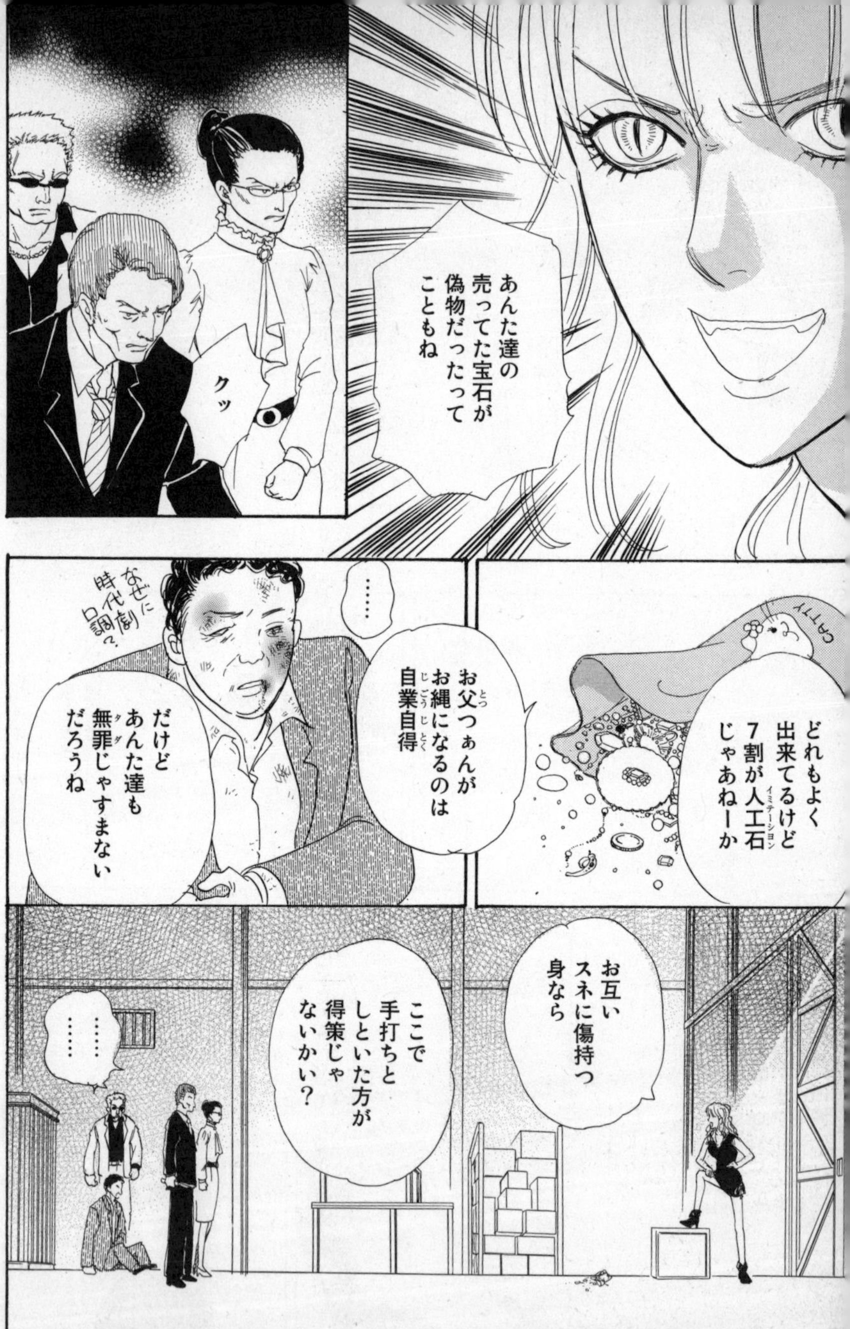
あんた達の
売ってた宝石が
偽物だったって
こともね
クッ
どれもよく
出来てるけど
7割が人工石(イミテーション)
じゃあねーか
……
お父(とっ)つぁんが
お縄になるのは
自業自得(じごうじとく)
だけど
あんた達も
無罪(タダ)じゃすまない
だろうね
なぜに
時代劇
口調?
お互い
スネに傷持つ
身なら
ここで
手打ちと
しといた方が
得策じゃ
ないかい?
……
……

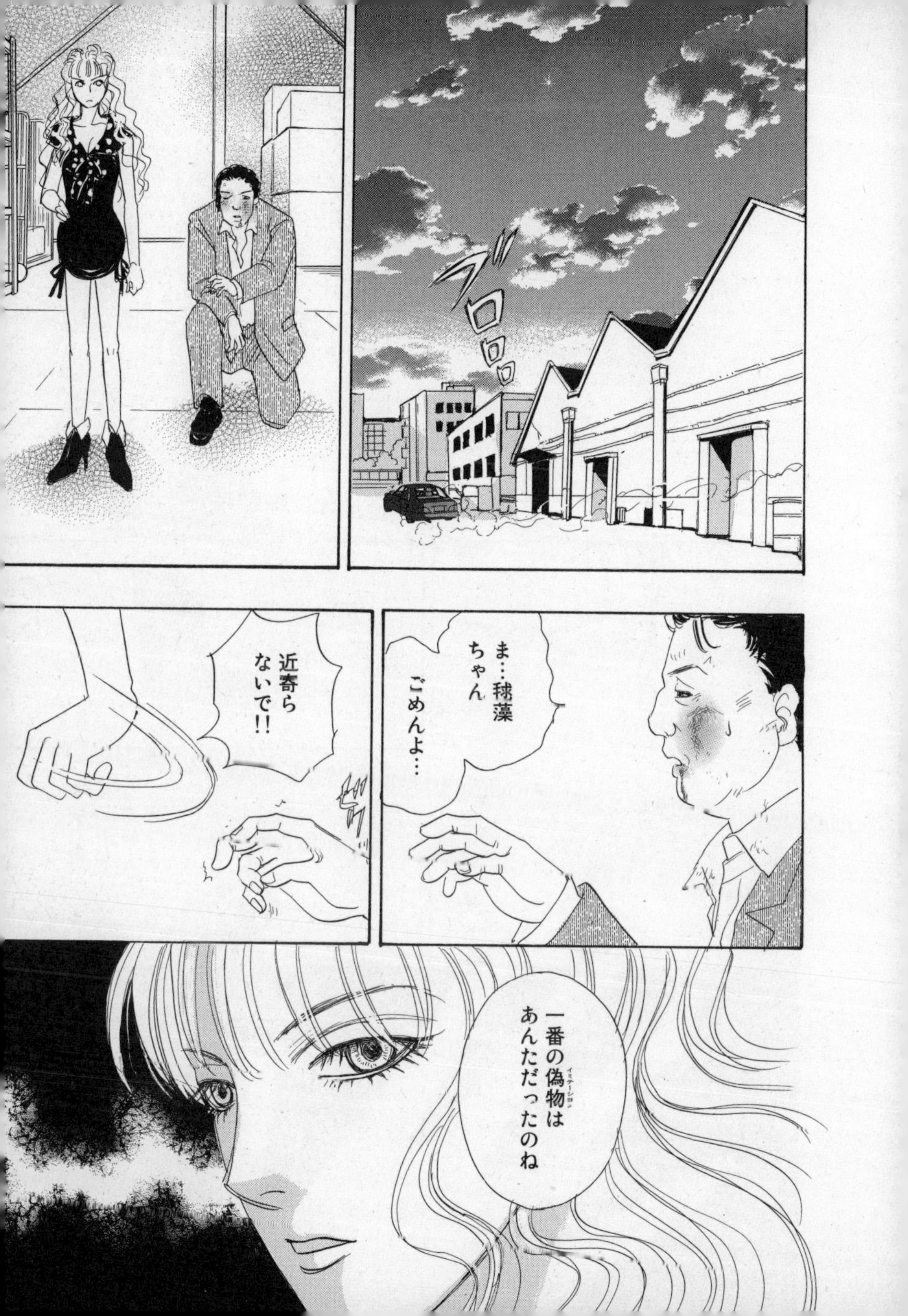
ブロロロ
ま…穂藻ちゃん
ごめんよ…
近寄らないで!!
一番の偽物(イミテーション)はあんただったのね

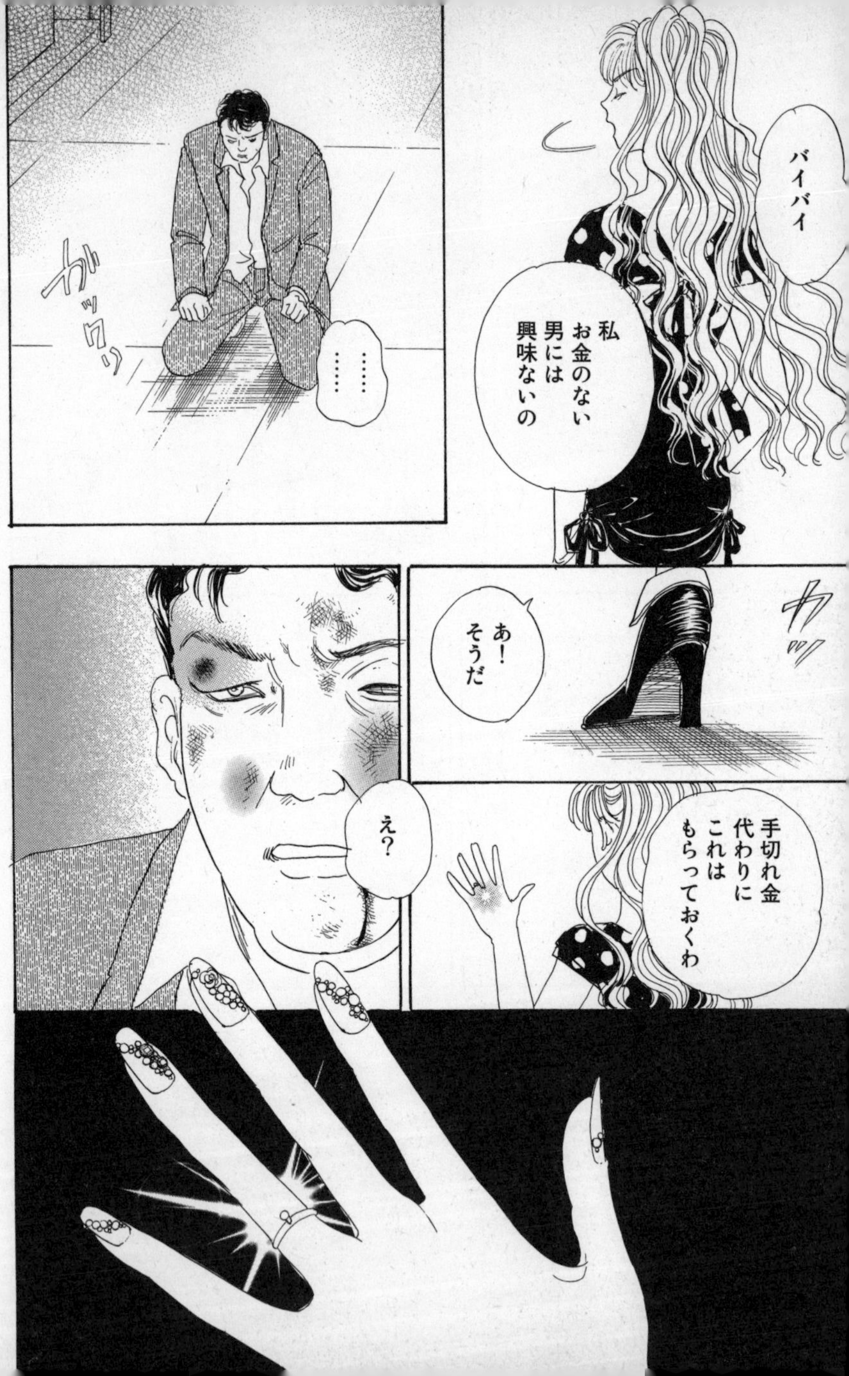
バイバイ
私
お金のない
男には
興味ないの
ガックリ
……
カッ
あ！
そうだ
手切れ金
代わりに
これは
もらっておくわ
え？

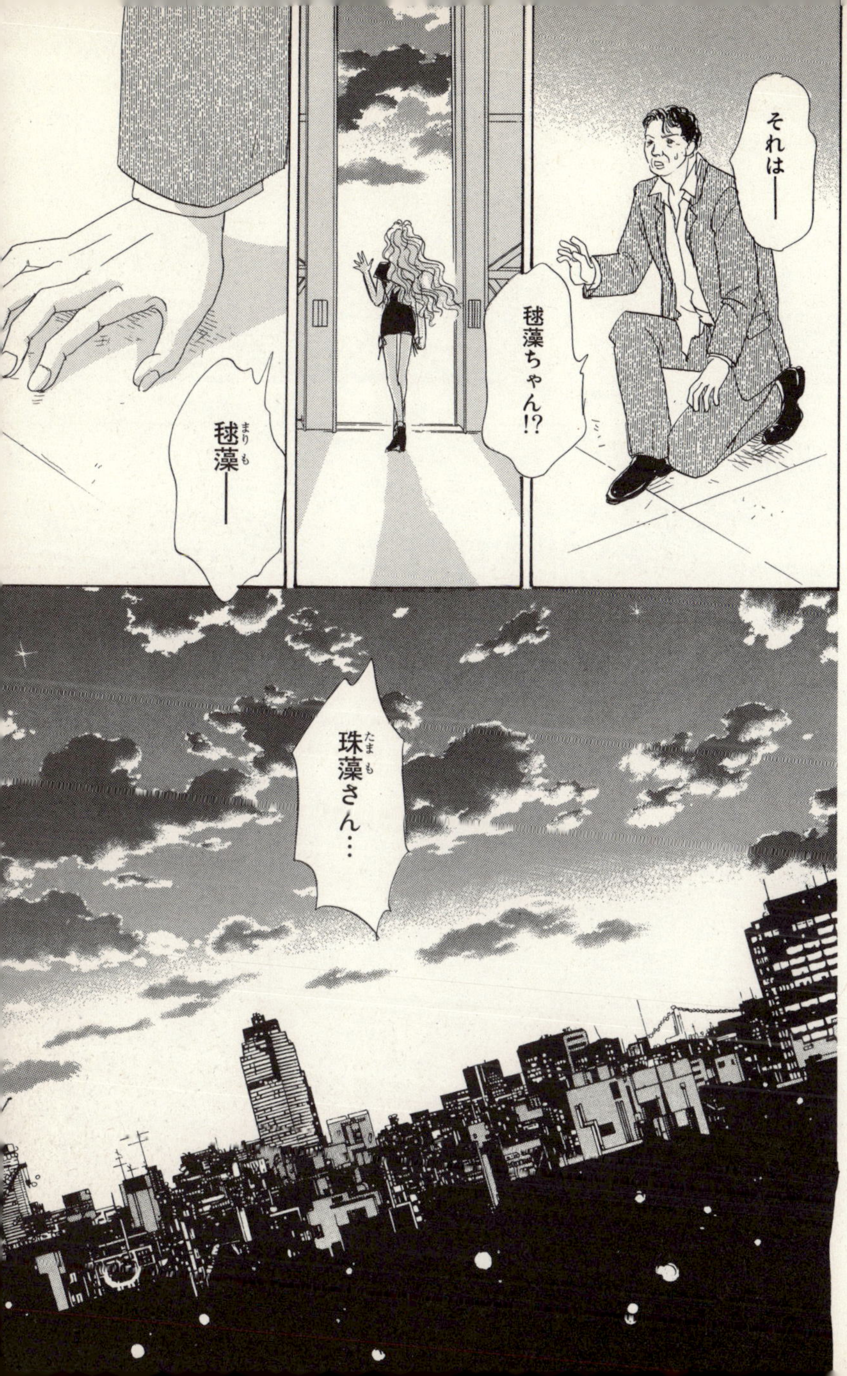
それは――
毬藻ちゃん!?
毬藻――
珠藻さん…

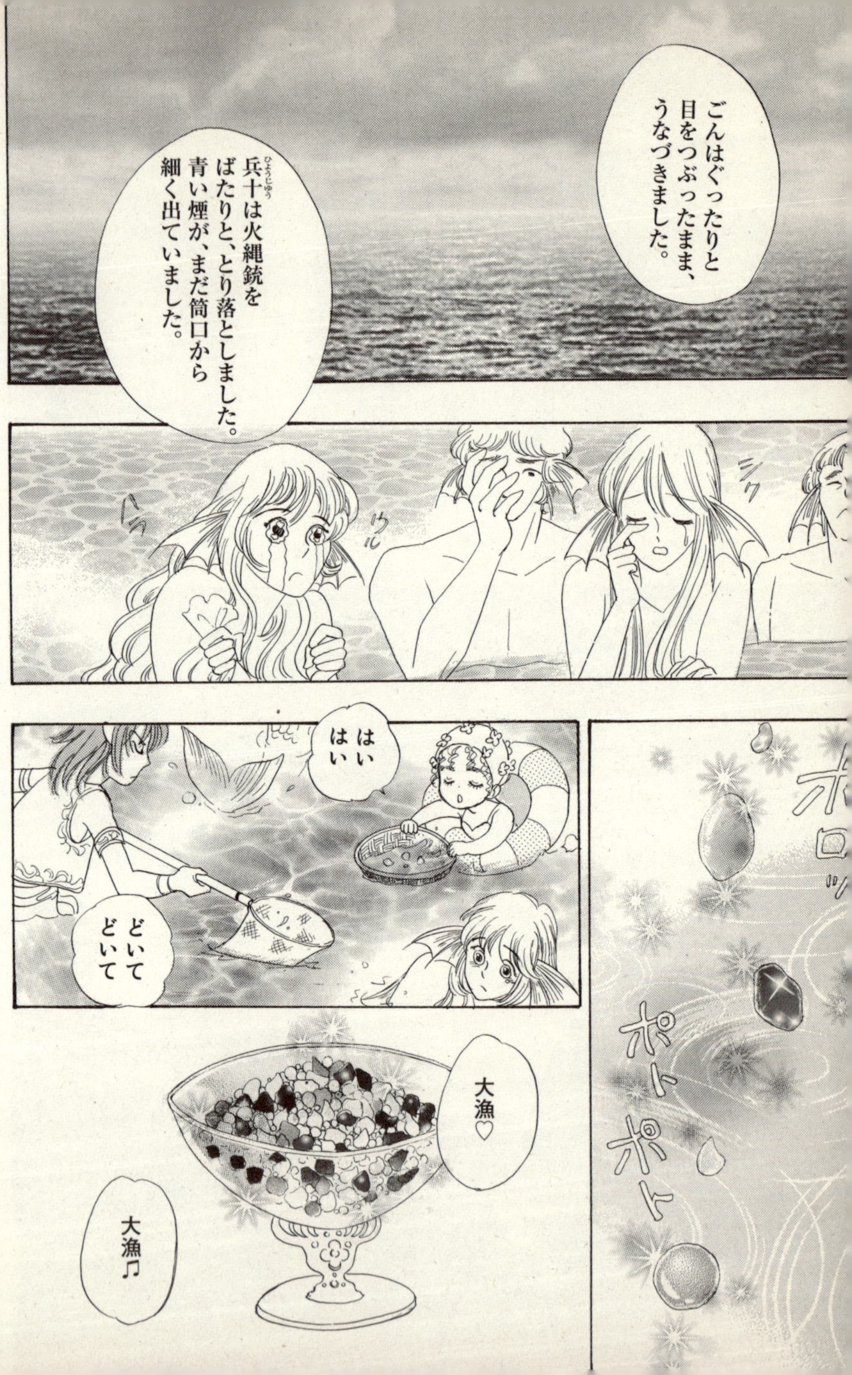
ごんはぐったりと目をつぶったまま、うなづきました。
兵十は火縄銃をばたりと、とり落としました。青い煙が、まだ筒口から細く出ていました。
シク
ウル
ホロッ
ポトポト
はい はい
どいて どいて
大漁♡
大漁♫

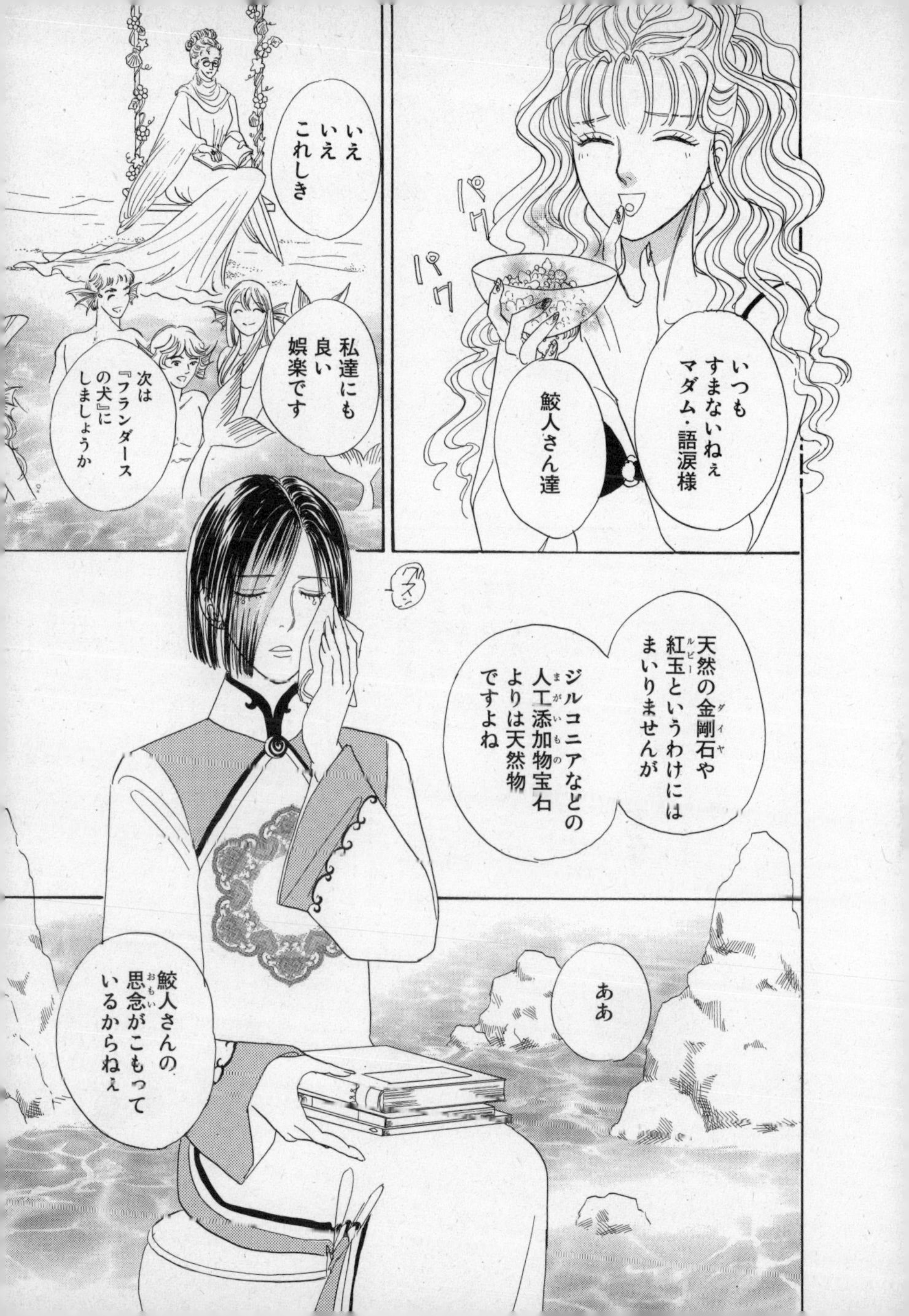
パク
パク
いつもすまないねぇ マダム・語涙様
鮫人さん達
いえ いえ これしき
私達にも良い娯楽です
次は『フランダースの犬』にしましょうか
天然の金剛石(ダイヤ)や紅玉(ルビー)というわけにはまいりませんが
ジルコニアなどの人工添加物(まがいもの)宝石よりは天然物ですよね
ああ
鮫人さんの思念(おもい)がこもっているからねぇ

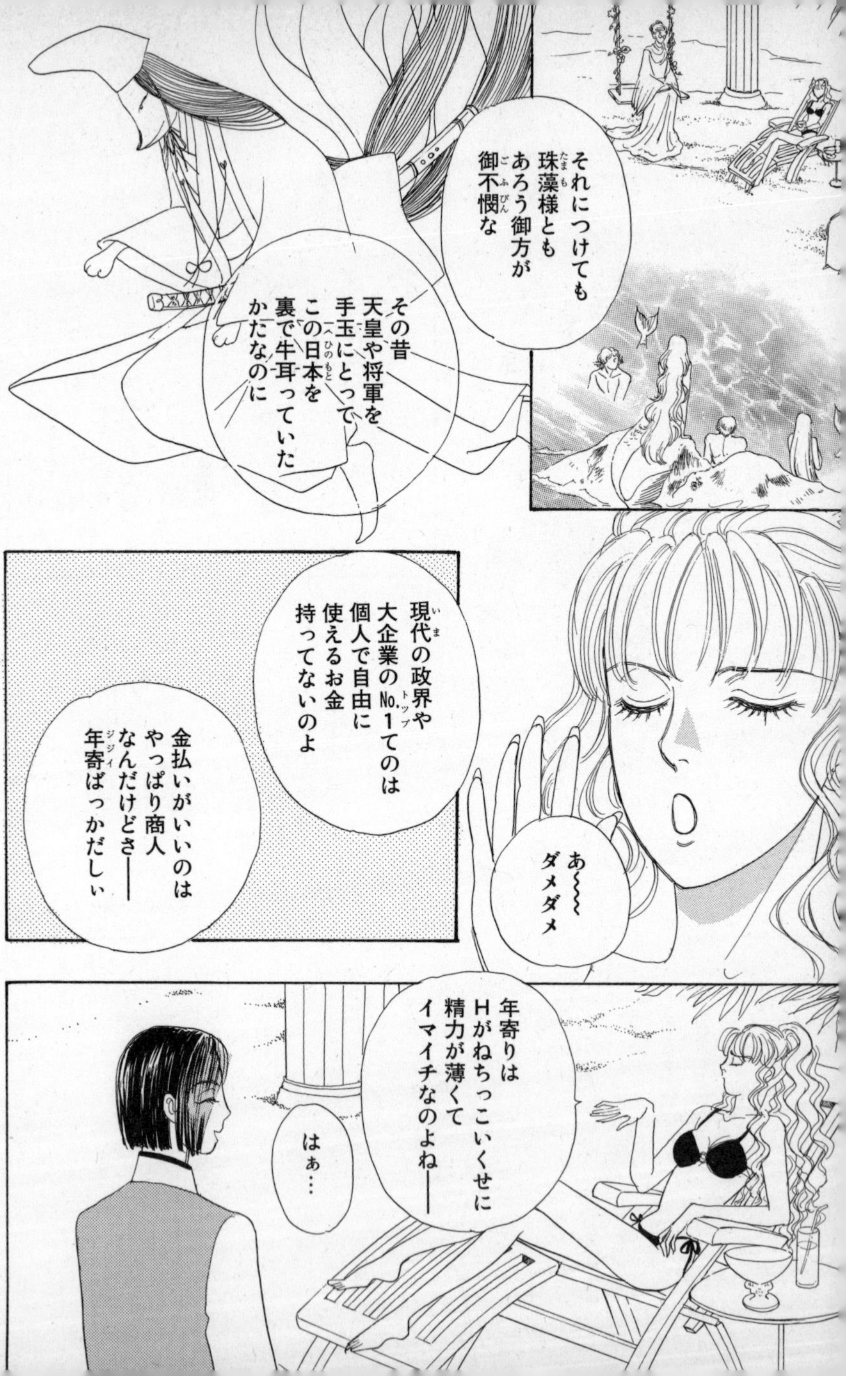
それにつけても珠藻様ともあろう御方が御不憫な
その昔天皇や将軍を手玉にとってこの日本を裏で牛耳っていたかたなのに
あ〜〜〜ダメダメ
現代の政界や大企業のNo.1てのは個人で自由に使えるお金持ってないのよ
金払いがいいのはやっぱり商人なんだけどさ——年寄ばっかだしぃ
年寄りはHがねちっこいくせに精力が薄くてイマイチなのよね——
はぁ…

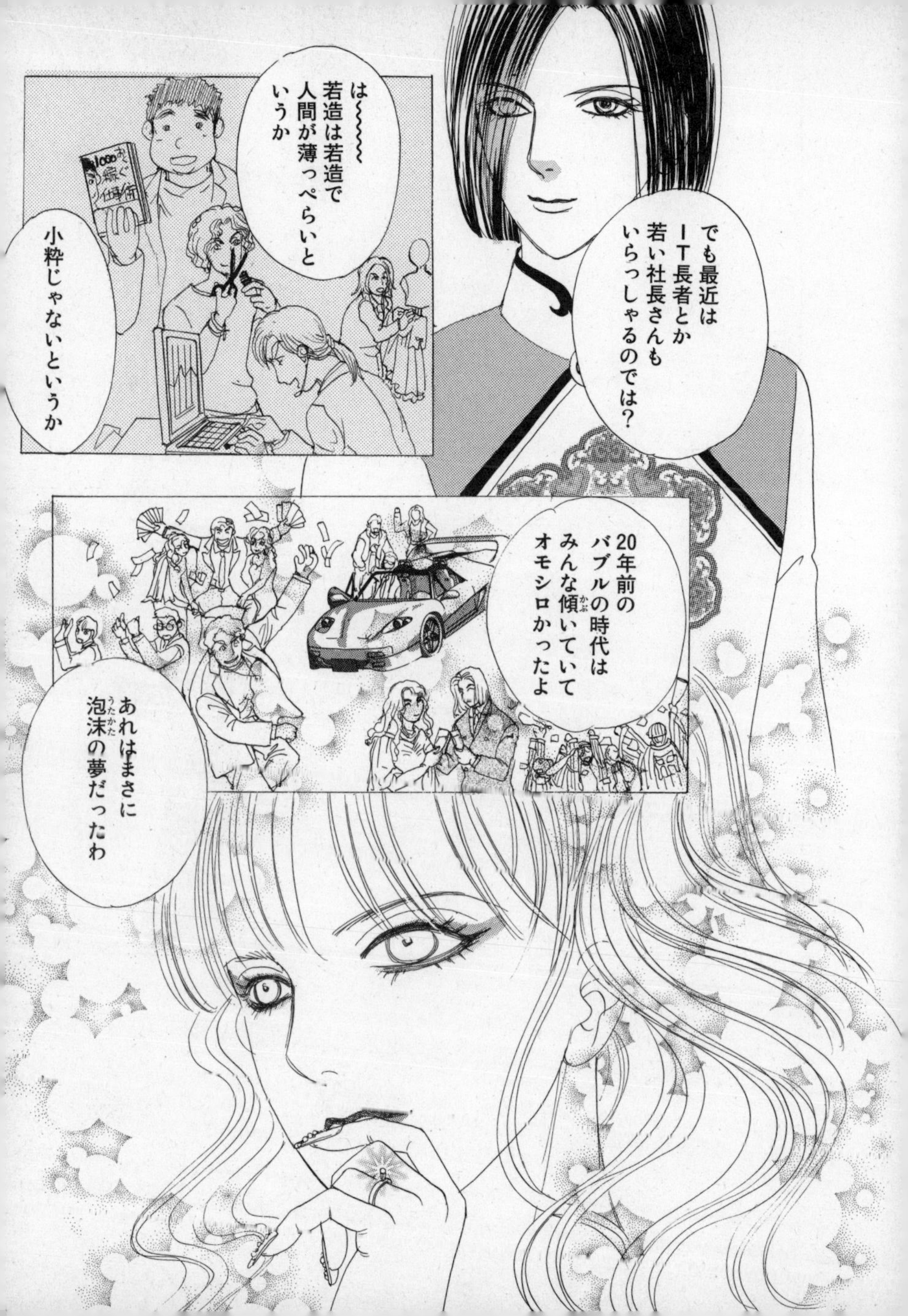
でも最近はIT長者とか若い社長さんもいらっしゃるのでは？
は～～～～若造は若造で人間が薄っぺらいというか
小粋じゃないというか
20年前のバブルの時代はみんな傾(かぶ)いていてオモシロかったよ
あれはまさに泡沫(うたかた)の夢だったわ

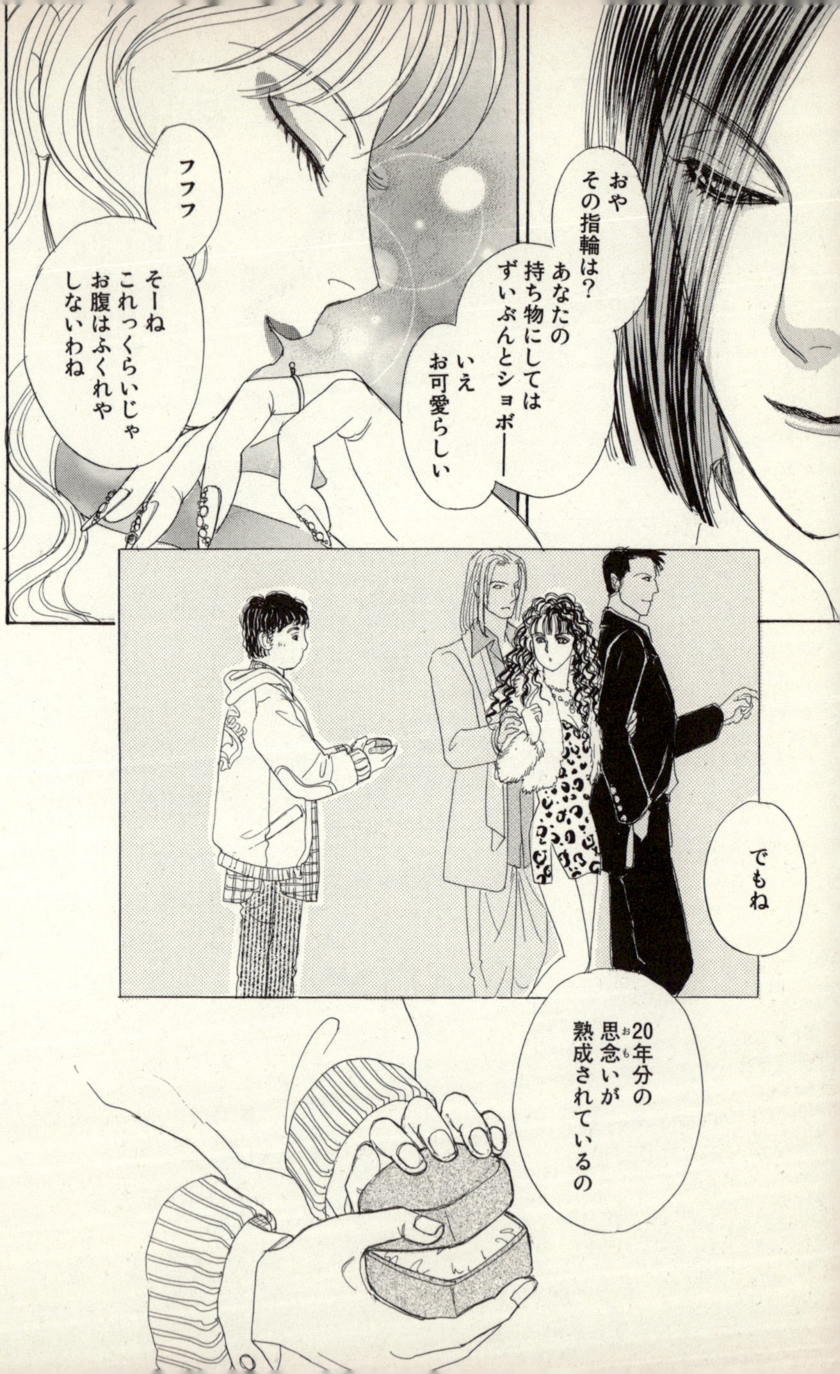
おや
その指輪は？
あなたの
持ち物にしては
ずいぶんとショボ――
いえ
お可愛らしい
フフフ
そーね
これっくらいじゃ
お腹はふくれやしないわね
でもね
20年分の
思念(おも)いが
熟成されているの

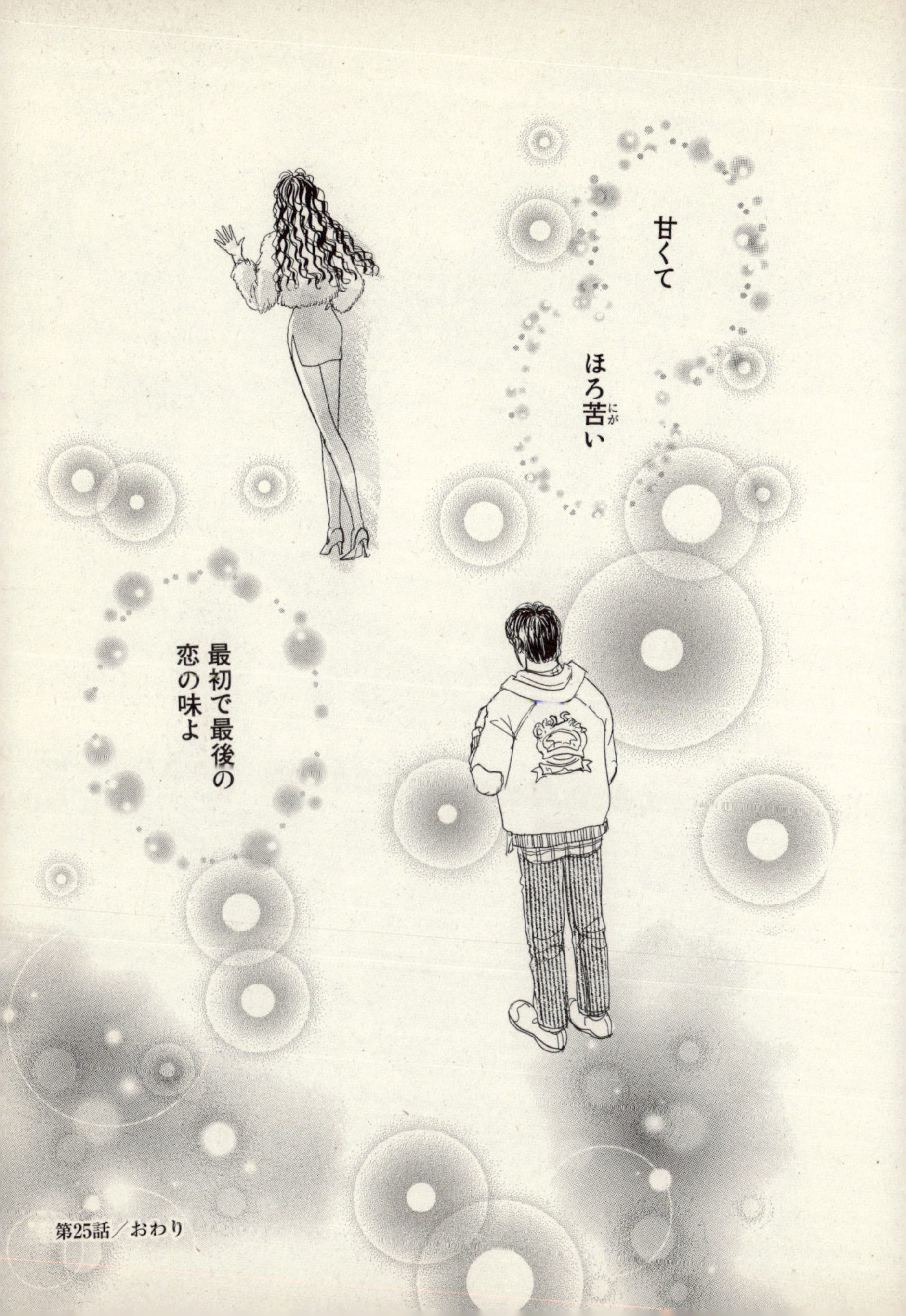

第25話／おわり

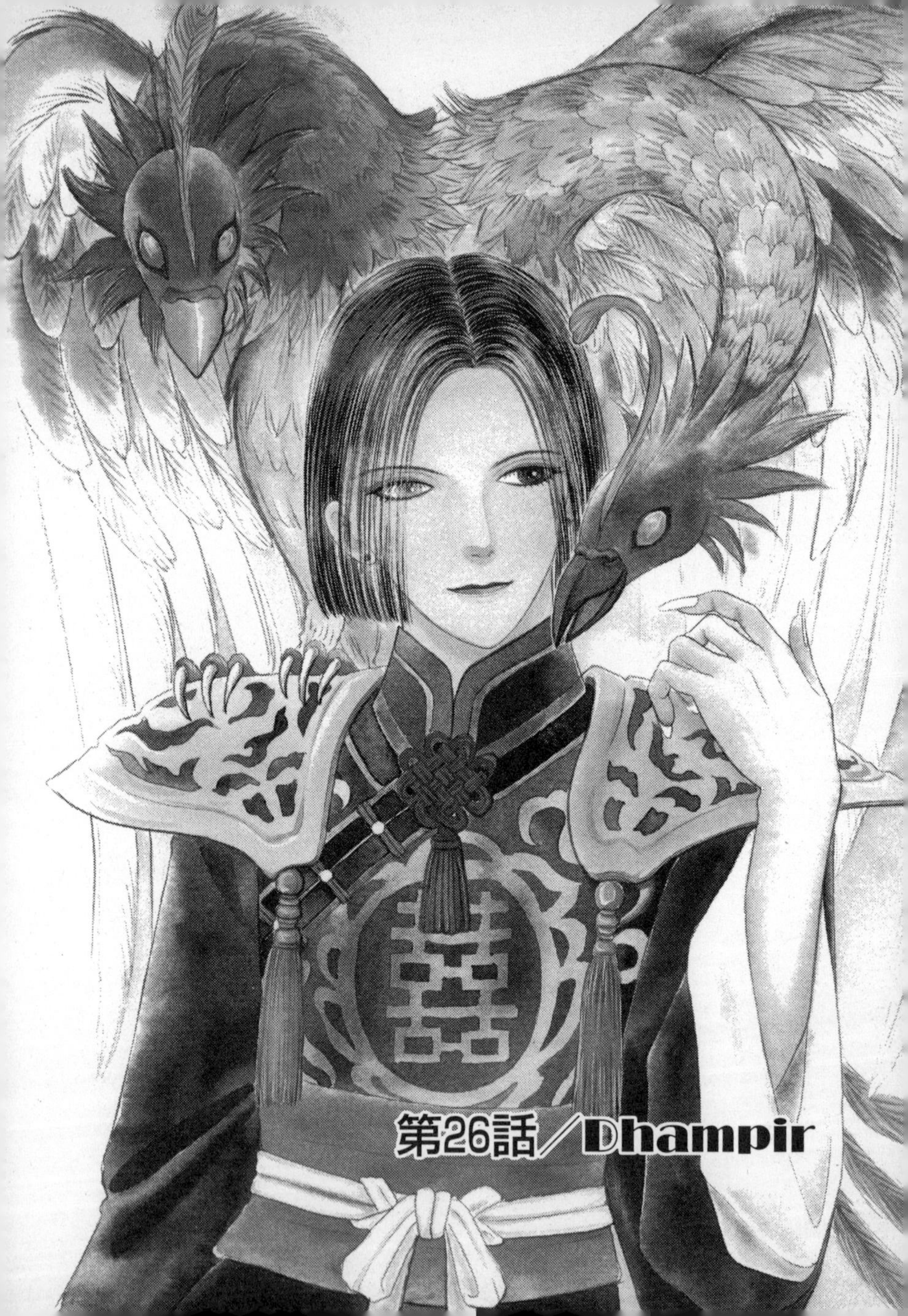
第26話／Dhampir

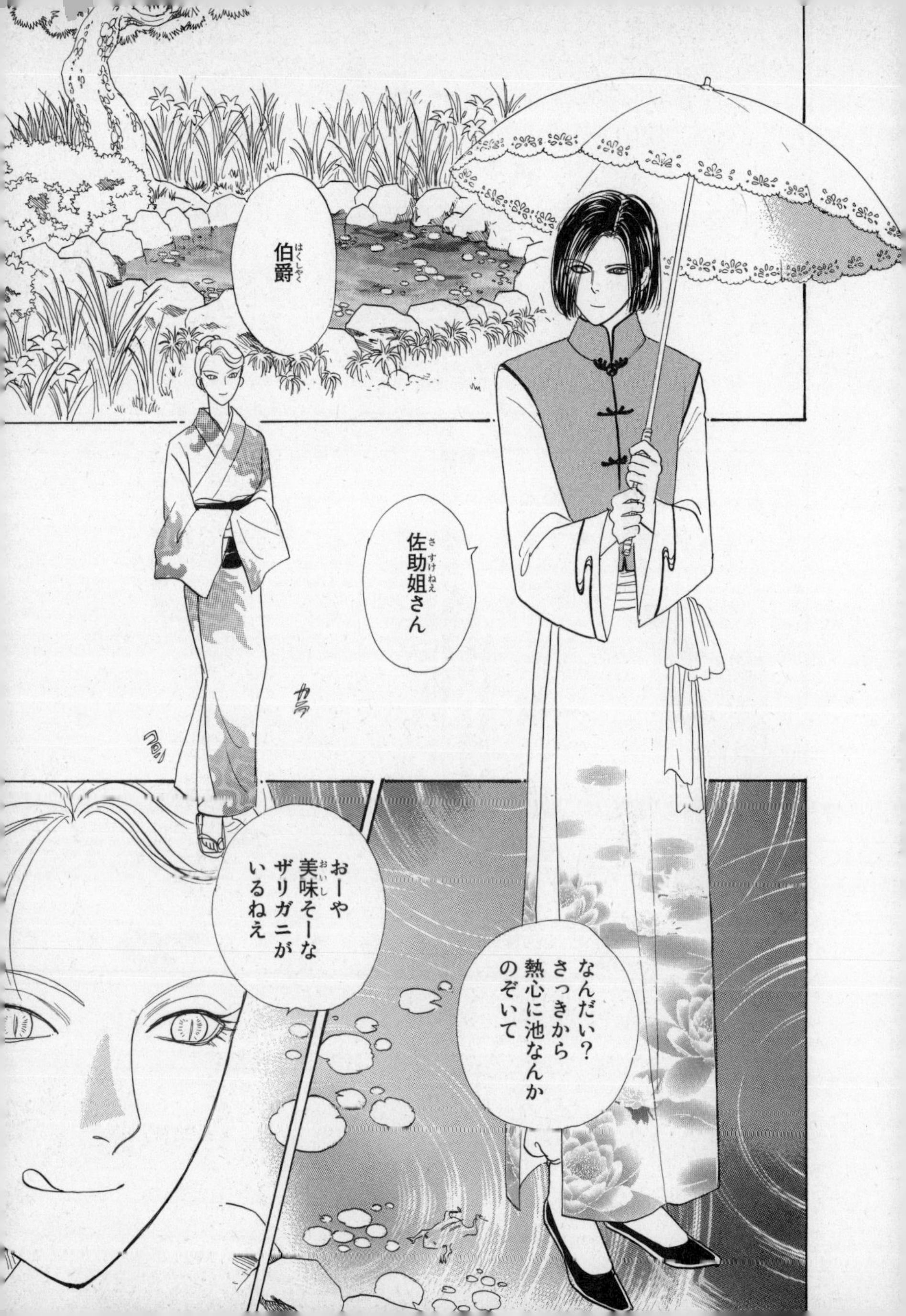
伯爵
佐助姐さん
なんだい？さっきから熱心に池なんかのぞいて
おーや美味そーなザリガニがいるねえ

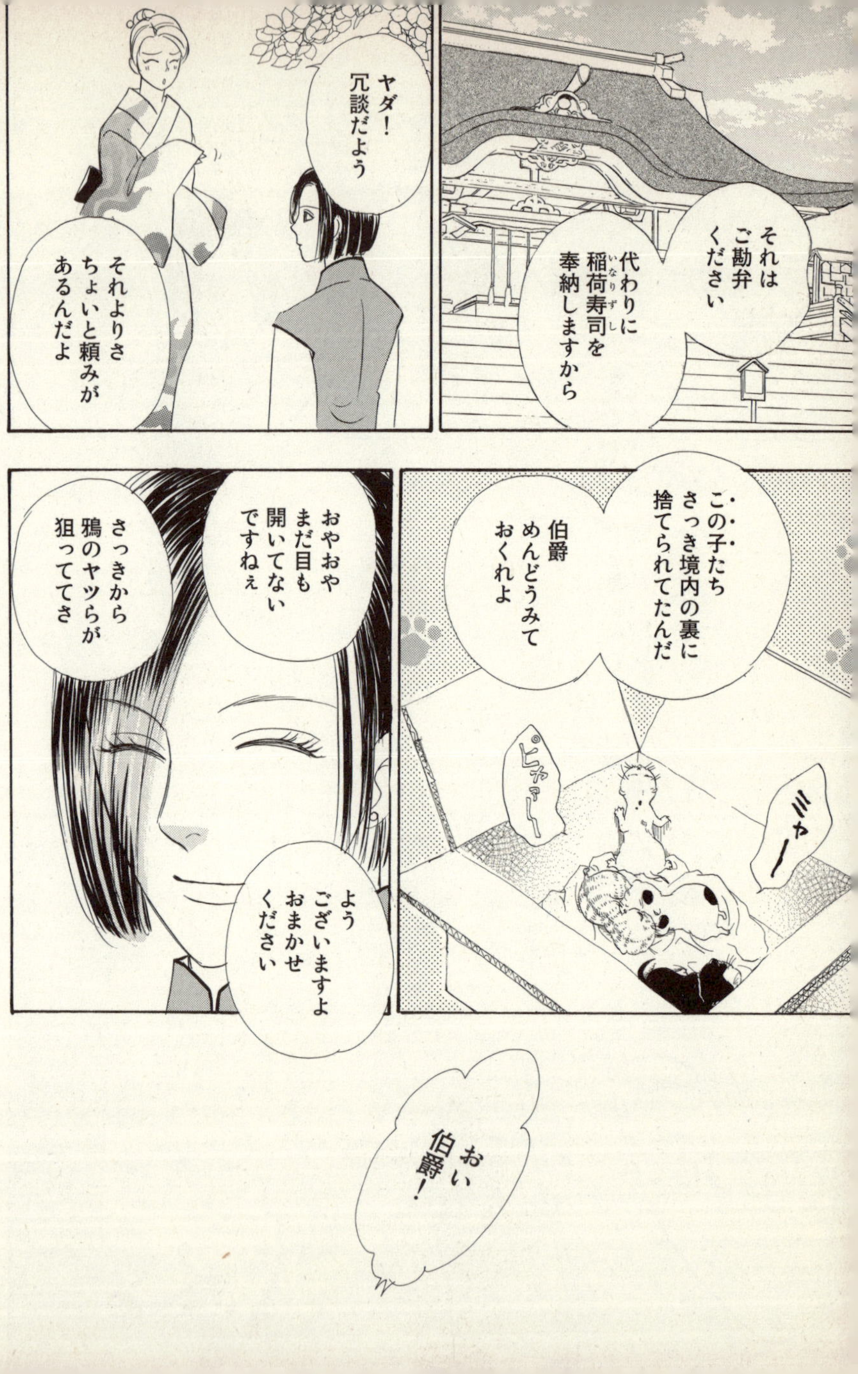
それはご勘弁ください
代わりに稲荷寿司を奉納しますから
ヤダ！冗談だよう
それよりさちょいと頼みがあるんだよ
・・・この子たちさっき境内の裏に捨てられてたんだ
伯爵めんどうみておくれよ
ミャー
ピャァ～
おやおやまだ目も開いてないですねぇ
さっきから鴉のヤツらが狙っててさ
ようございますよおまかせください
おい伯爵！

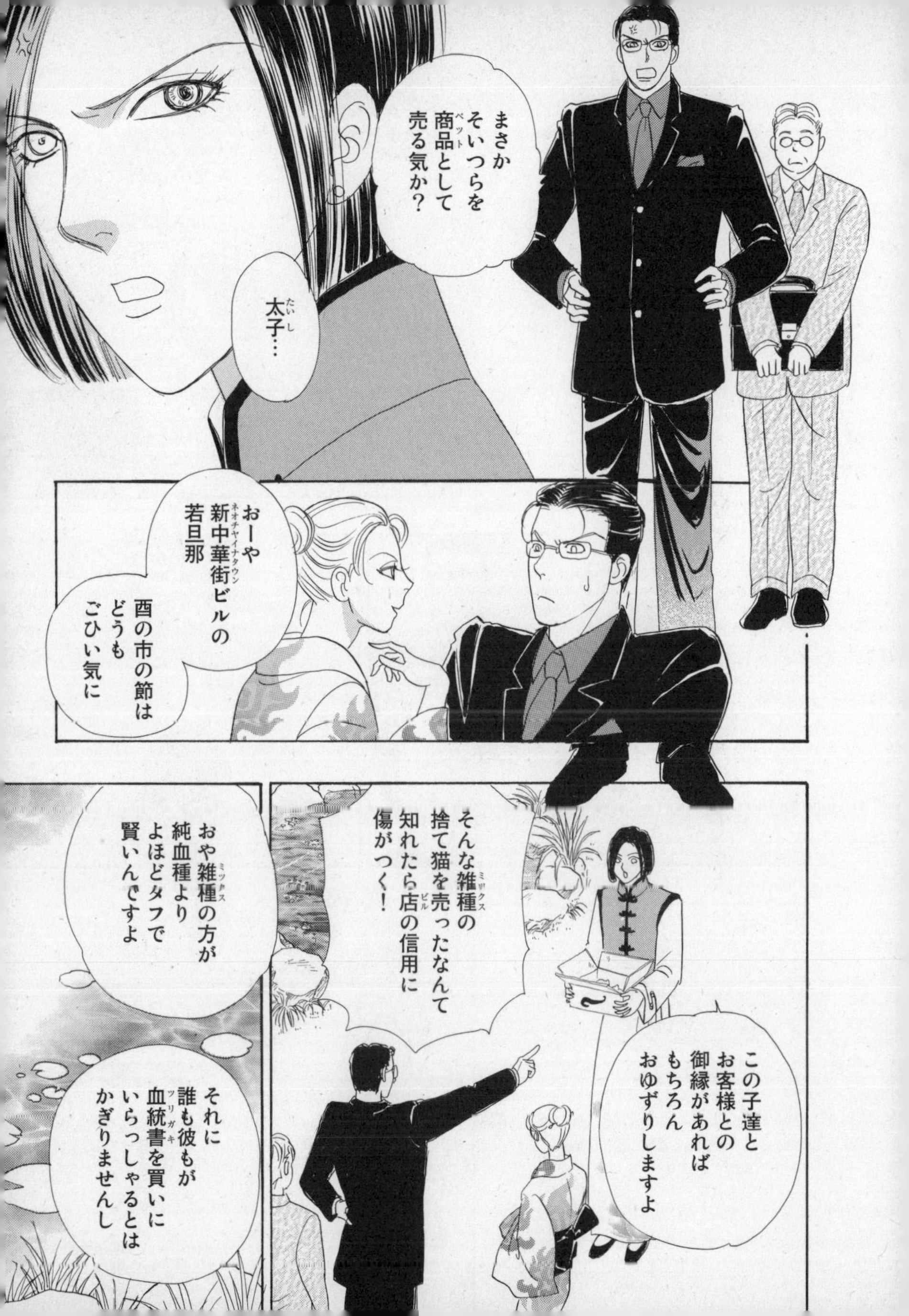
まさか そいつらを 商品(ペット)として 売る気か？
太子(たいし)…
おーや 新中華街(ネオチャイナタウン)ビルの 若旦那
酉の市の節は どうも ごひい気に
そんな雑種(ミックス)の 捨て猫を売ったなんて 知れたら店(ビル)の信用に 傷がつく！
この子達と お客様との 御縁があれば もちろん おゆずりしますよ
おや雑種(ミックス)の方が 純血種より よほどタフで 賢いんですよ
それに 誰も彼もが 血統書(ツリガキ)を買いに いらっしゃるとは かぎりませんし

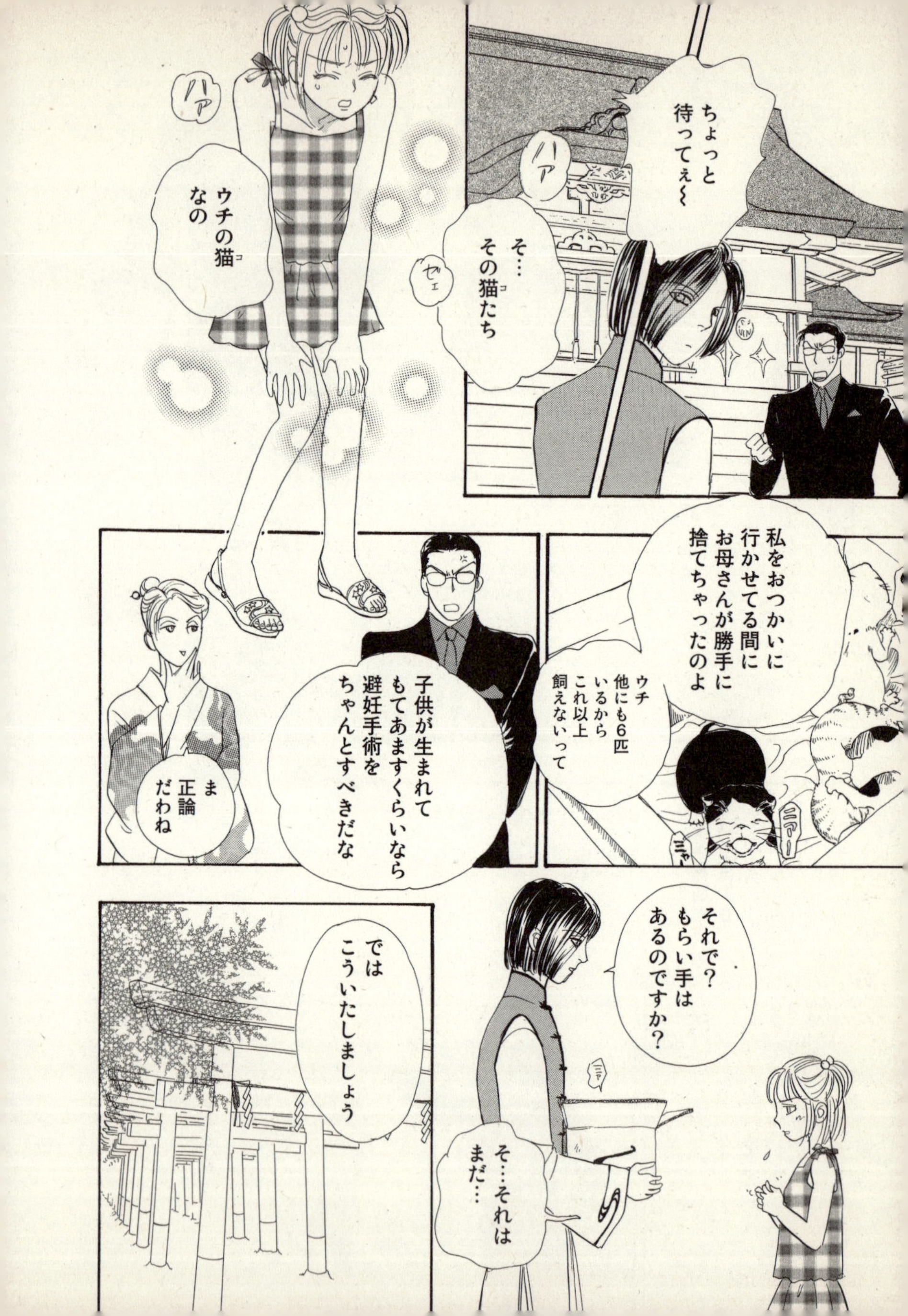
ちょっと待ってぇ～
ハァ
ハァ
そ…その猫たち
ゼェ
ウチの猫なの
私をおつかいに行かせてる間にお母さんが勝手に捨てちゃったのよ
ウチ他にも6匹いるからこれ以上飼えないって
ニァー
子供が生まれてもてあますくらいなら避妊手術をちゃんとすべきだな
ま正論だわね
それで？もらい手はあるのですか？
ニャ
そ…それはまだ…
ではこういたしましょう

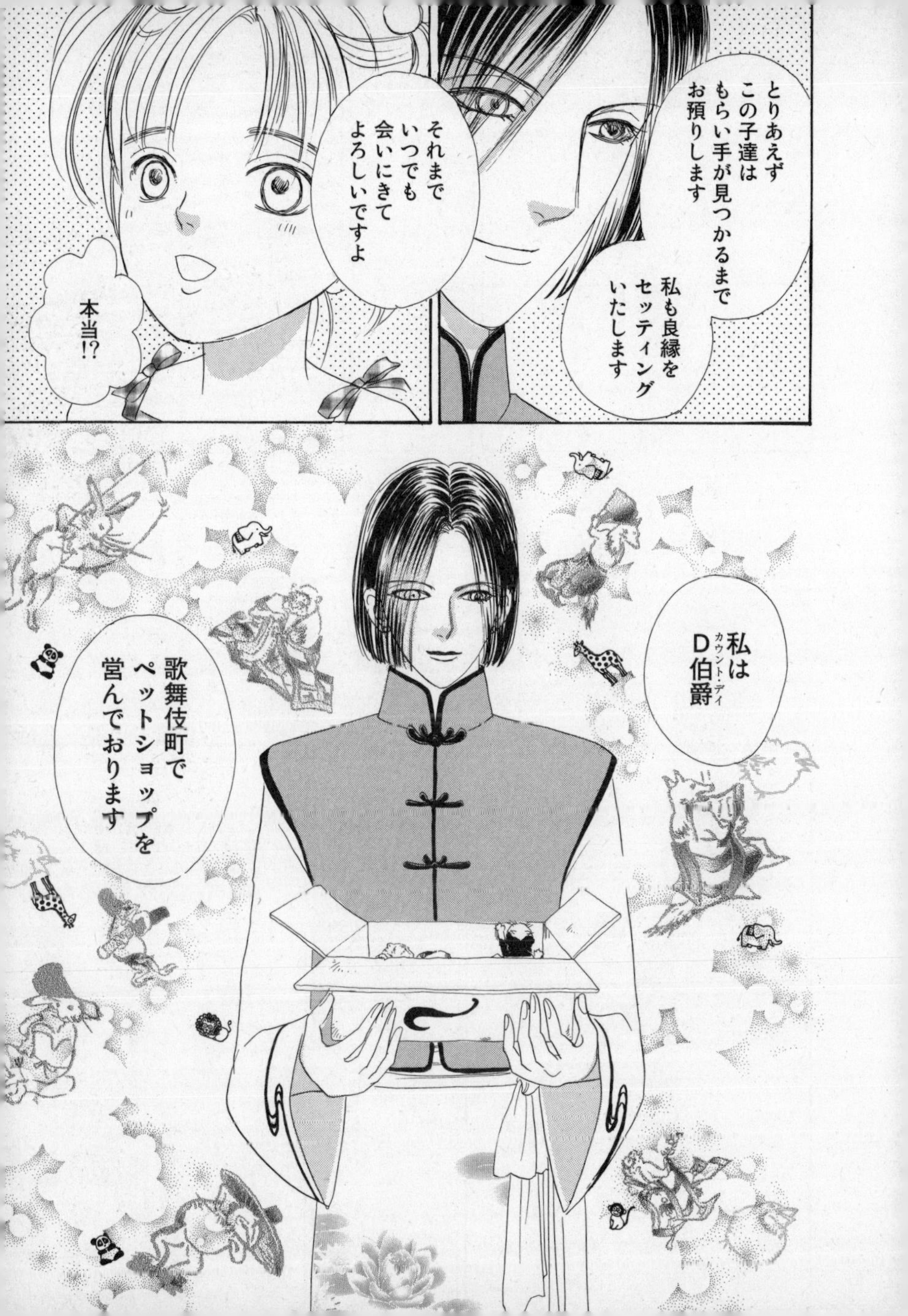
とりあえず この子達は もらい手が見つかるまで お預りします
私も良縁を セッティング いたします
それまで いつでも 会いにきて よろしいですよ
本当!?
私は D伯爵(カウント・ディ)
歌舞伎町で ペットショップを 営んでおります

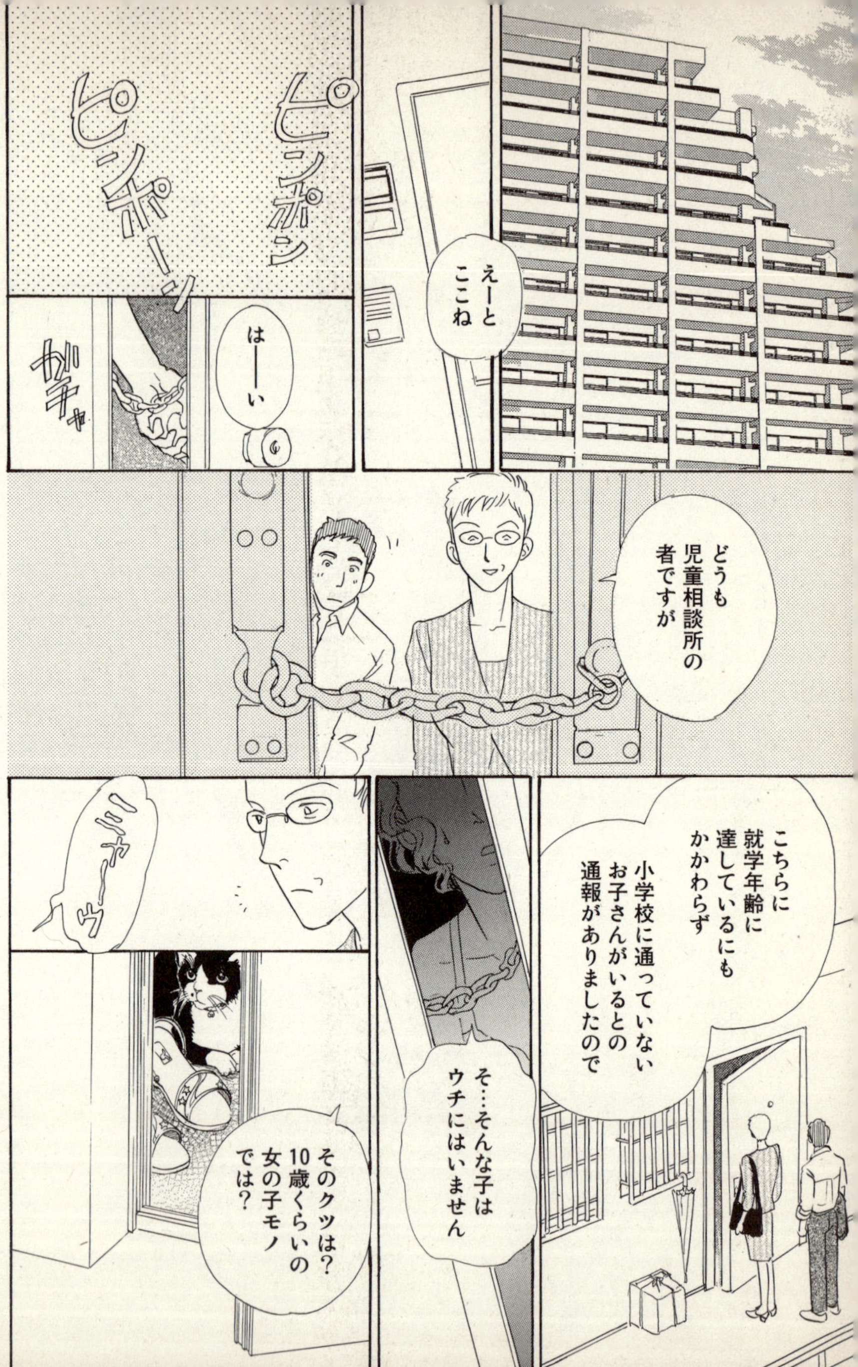
えーと
ここね
ピンポン
ピンポーン
はーーい
ガチャ
どうも
児童相談所の
者ですが
こちらに
就学年齢に
達しているにも
かかわらず
小学校に通っていない
お子さんがいるとの
通報がありましたので
そ…そんな子は
ウチにはいません
ミャーウ
そのクツは？
10歳くらいの
女の子モノ
では？

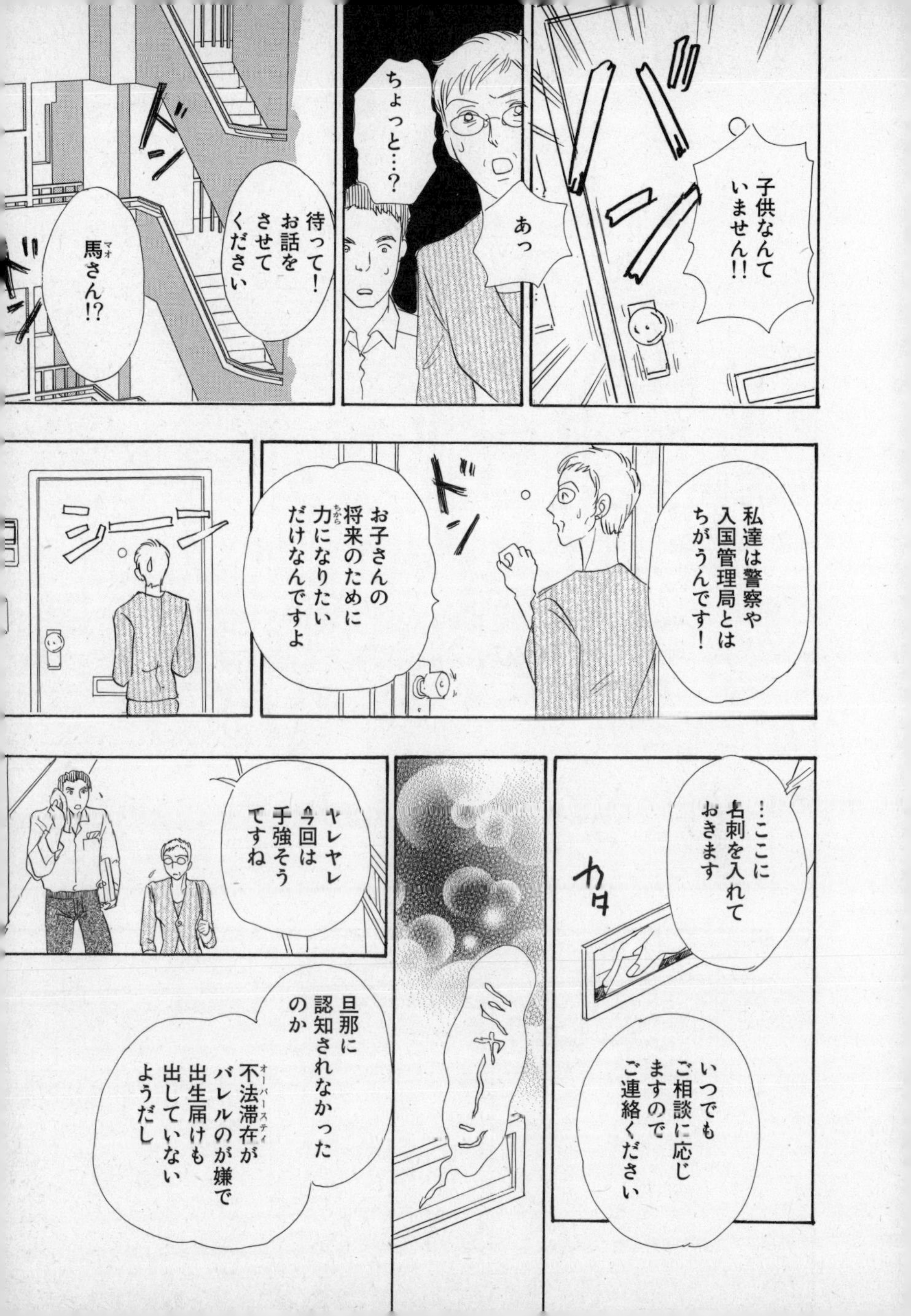
子供なんていません!!
バン
あっ
ちょっと…?
ドン
待って！お話をさせてください
馬さん!?
ドン
私達は警察や入国管理局とはちがうんです！
ドン
お子さんの将来のために力になりたいだけなんですよ
シーーーン
…ここに名刺を入れておきます
カタ
いつでもご相談に応じますのでご連絡ください
ミャー
ヤレヤレ今回は手強そうですね
旦那に認知されなかったのか
不法滞在がバレルのが嫌で出生届けも出していないようだし

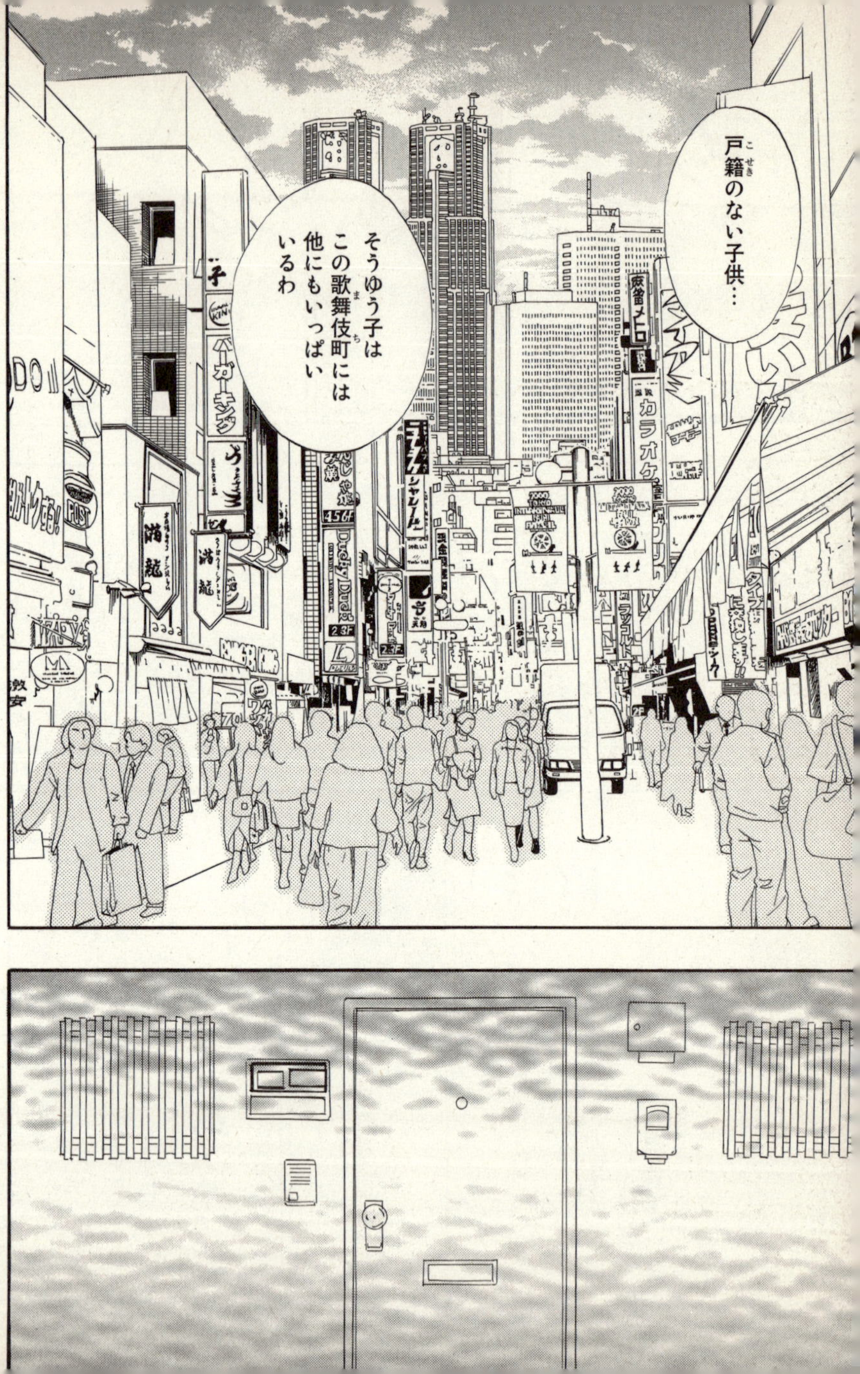
戸籍のない子供…
そうゆう子はこの歌舞伎町には他にもいっぱいいるわ

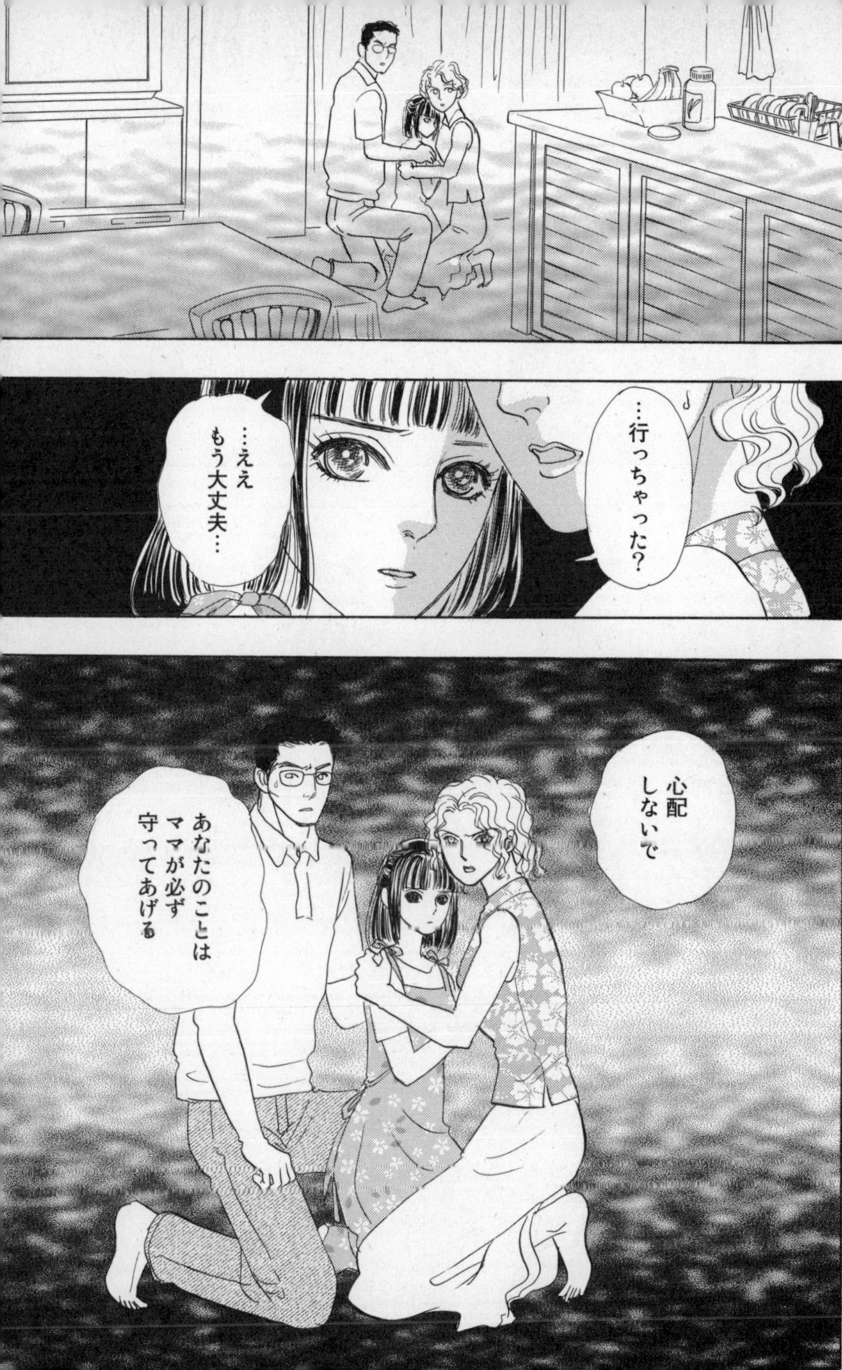
…行っちゃった?
…ええ もう大丈夫…
心配しないで
あなたのことはママが必ず守ってあげる

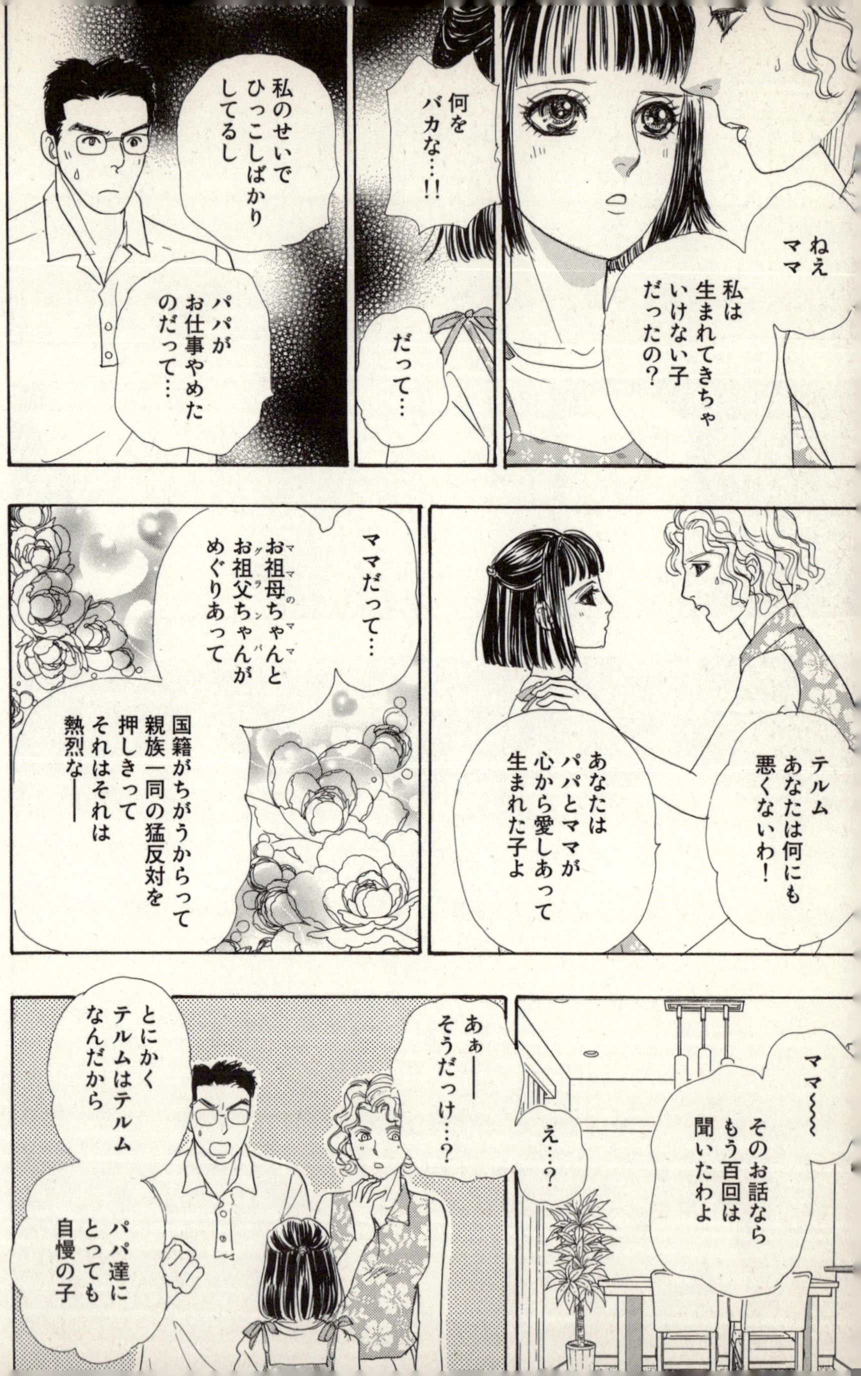
ねえ
ママ
私は生まれてきちゃいけない子だったの？
何をバカな…!!
だって…
私のせいでひっこしばかりしてるし
パパがお仕事やめたのだって…
テルム
あなたは何にも悪くないわ！
あなたはパパとママが心から愛しあって生まれた子よ
ママだって…
お祖母ちゃんとお祖父ちゃんがめぐりあって
国籍がちがうからって親族一同の猛反対を押しきってそれはそれは熱烈な——
ママ〜〜〜
そのお話ならもう百回は聞いたわよ
え…？
あぁ——
そうだっけ…？
とにかくテルムはテルムなんだから
パパ達にとっても自慢の子

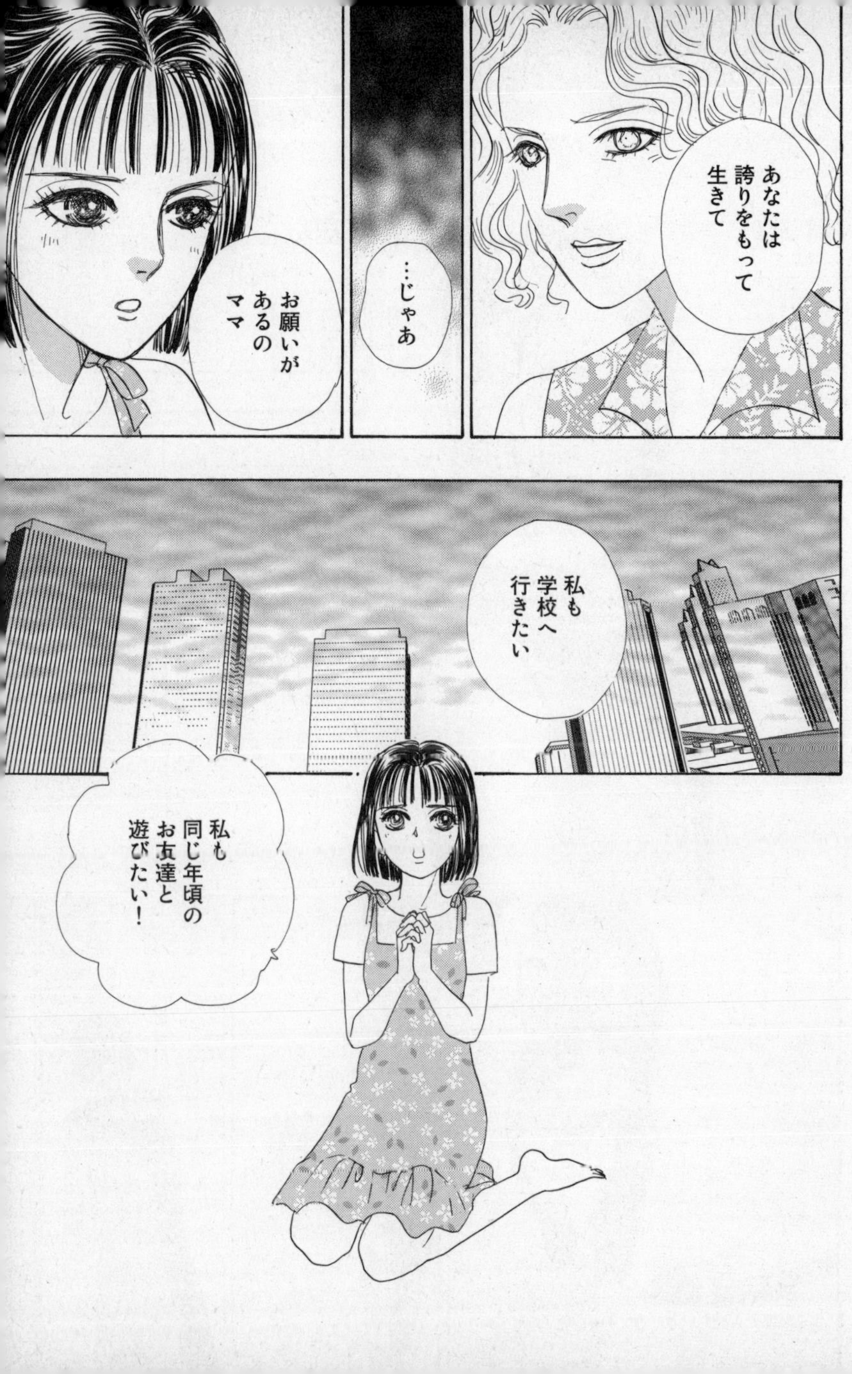
あなたは
誇りをもって
生きて
…じゃあ
お願いが
あるの
ママ
私も
学校へ
行きたい
私も
同じ年頃の
お友達と
遊びたい！

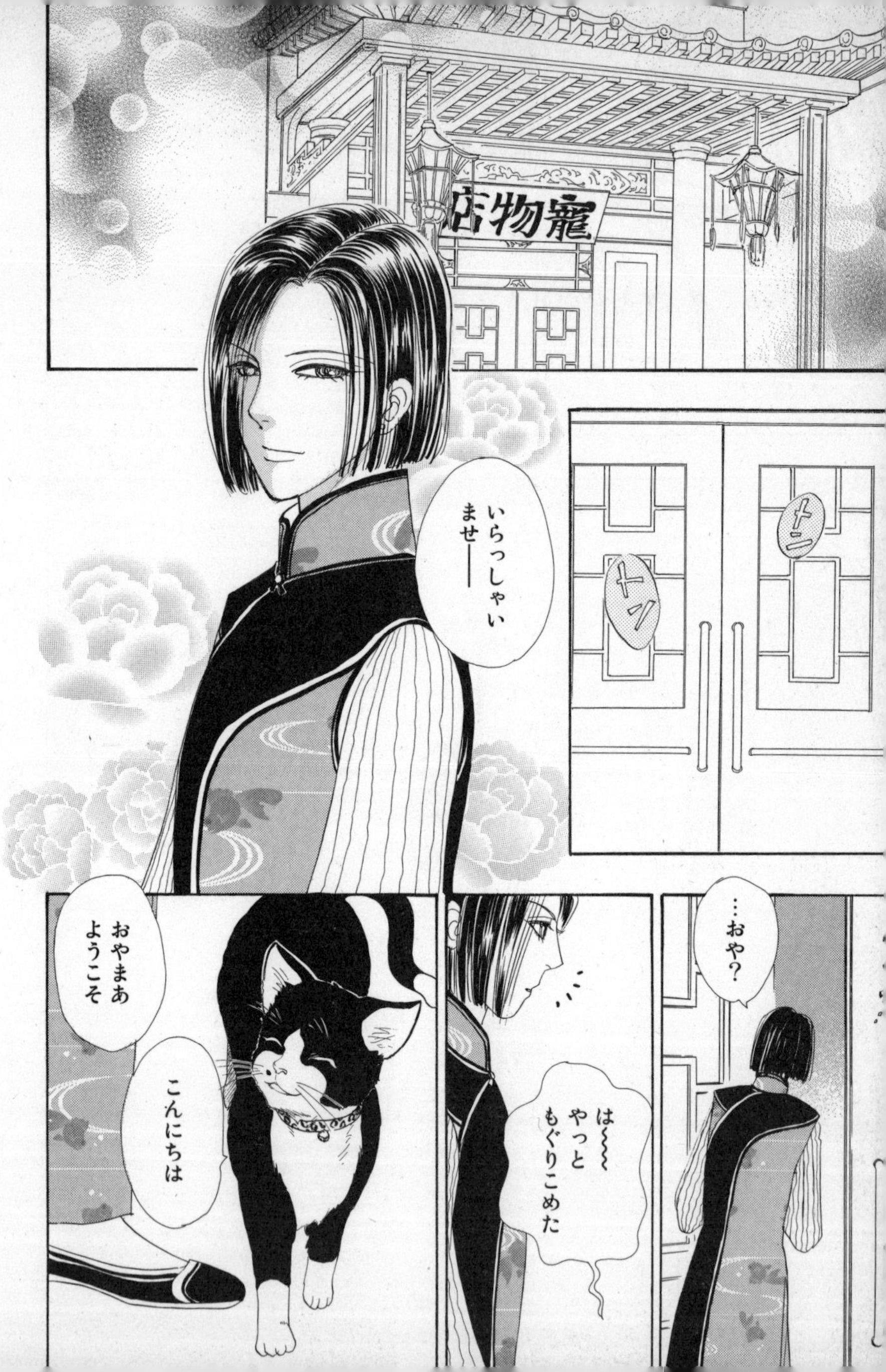
寵物店
いらっしゃいませ――
…おや？
は～～やっともぐりこめた
おやまあようこそ
こんにちは

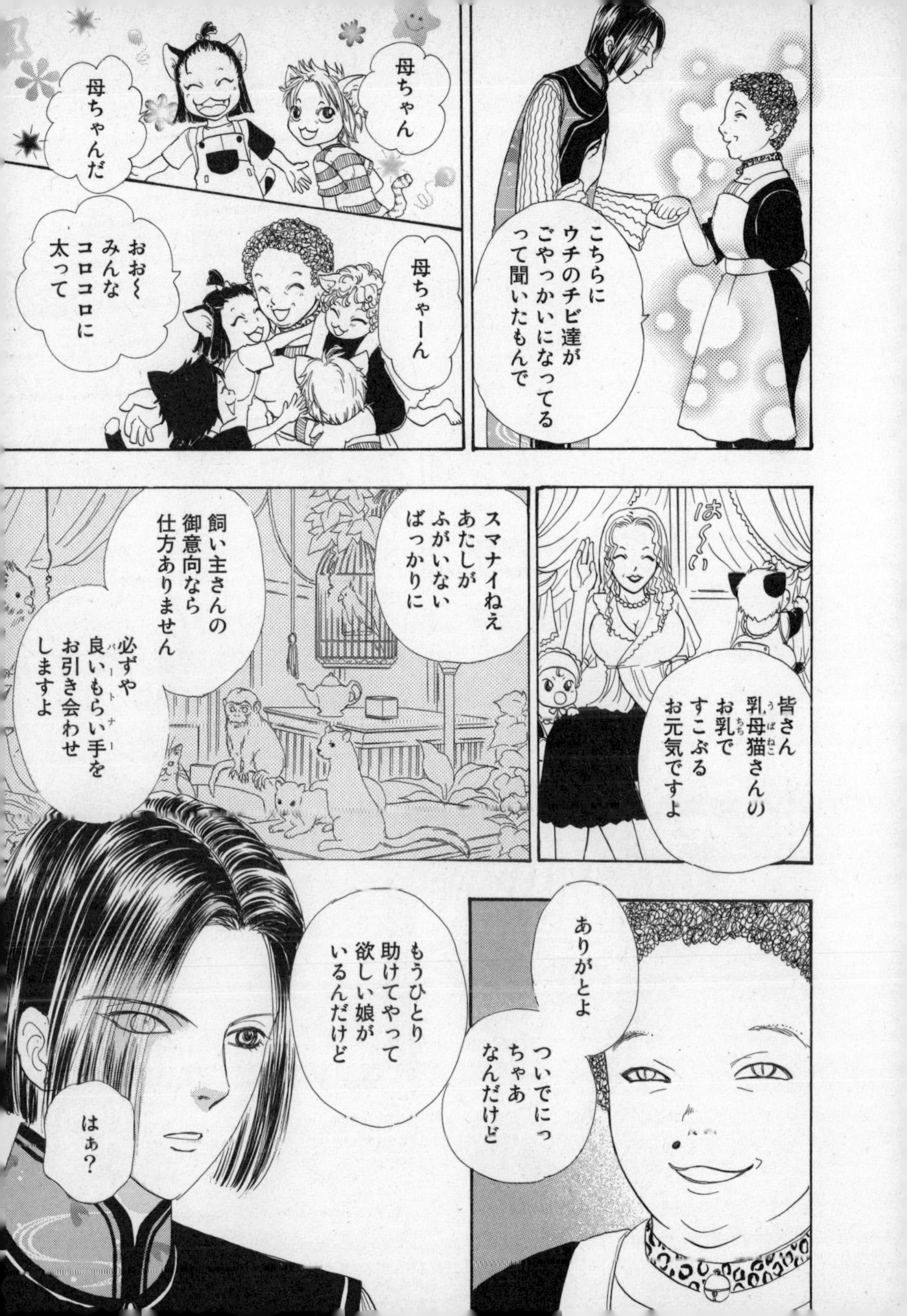

こちらにウチのチビ達がごやっかいになってるって聞いたもんで
母ちゃん
母ちゃんだ
母ちゃーん
おお〜みんなコロコロに太って
は〜い
皆さん乳母猫(うばねこ)さんのお乳(ちち)ですこぶるお元気ですよ
スマナイねえあたしがふがいないばっかりに
飼い主さんの御意向なら仕方ありません
必ずや良いもらい手(パートナー)をお引き会わせしますよ
ありがとよ
ついでにっちゃあなんだけど
もうひとり助けてやって欲しい娘がいるんだけど
はぁ?

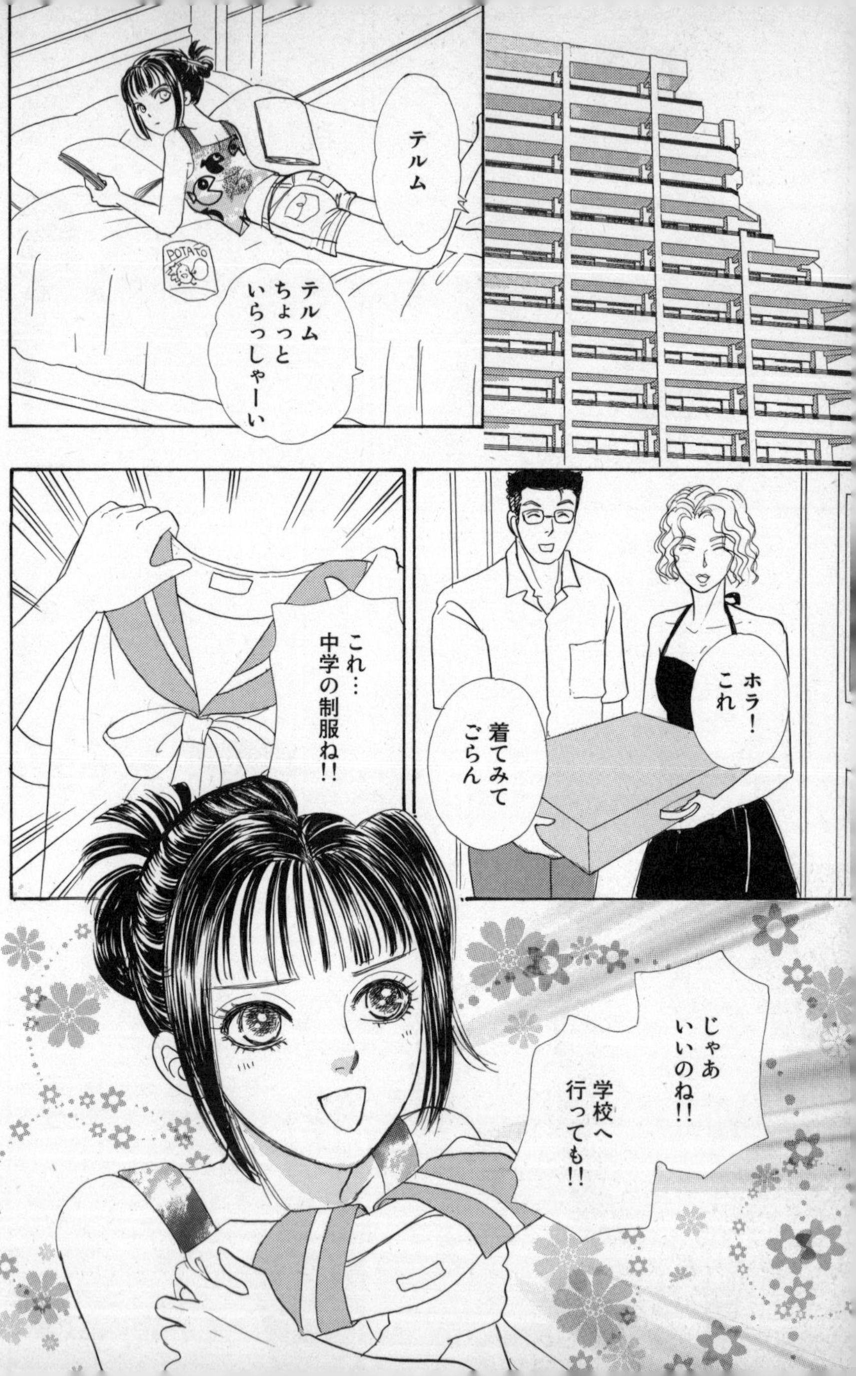
テルム
テルム ちょっと いらっしゃーい
ホラ！ これ
着てみて ごらん
これ… 中学の制服ね!!
じゃあ いいのね!! 学校へ 行っても!!

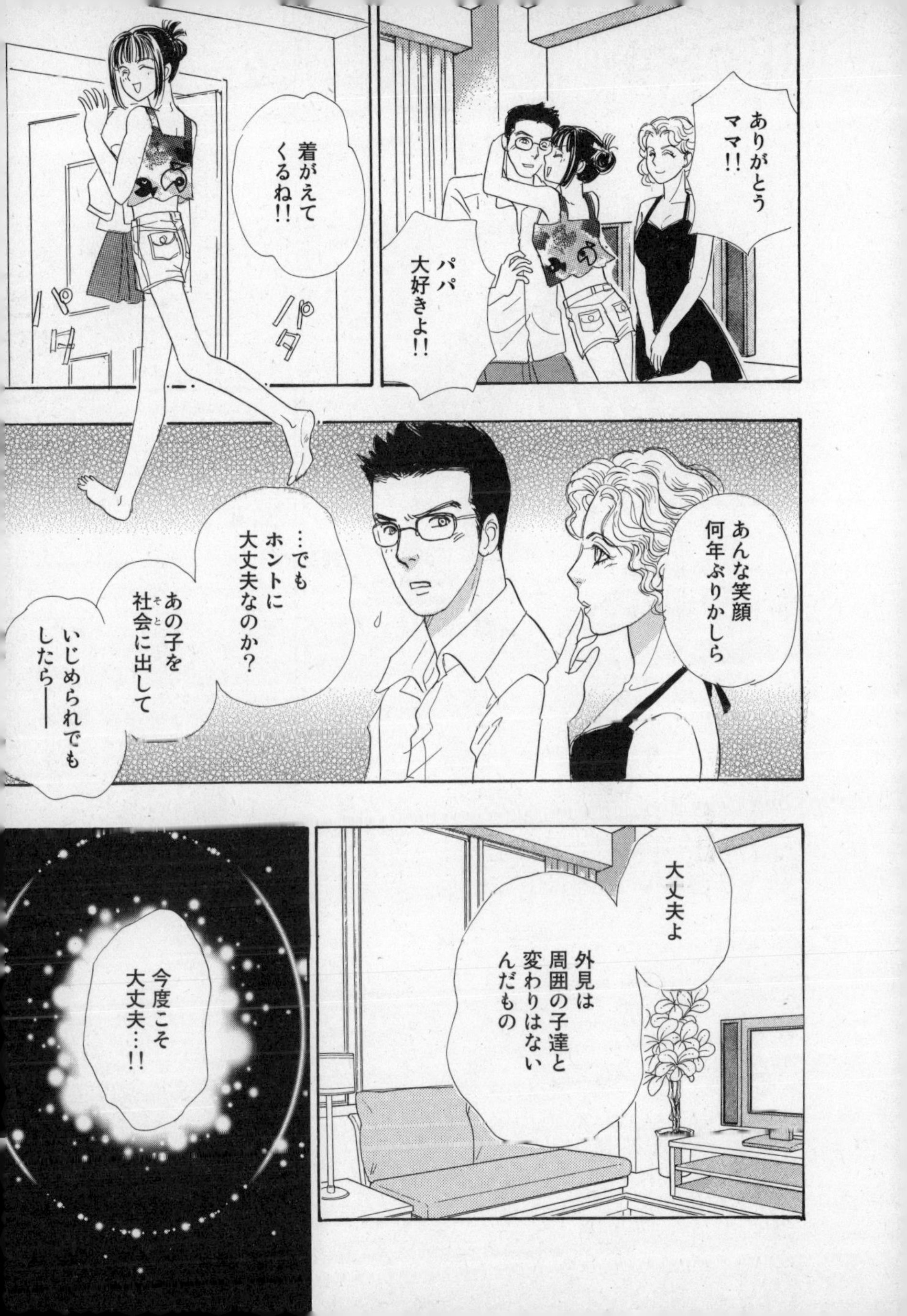
ありがとう
ママ!!
パパ
大好きよ!!
着がえて
くるね!!
パタ
パタ
あんな笑顔
何年ぶりかしら
…でも
ホントに
大丈夫なのか?
あの子を
社会(そと)に出して
いじめられでも
したら——
大丈夫よ
外見は
周囲の子達と
変わりはない
んだもの
今度こそ
大丈夫…!!

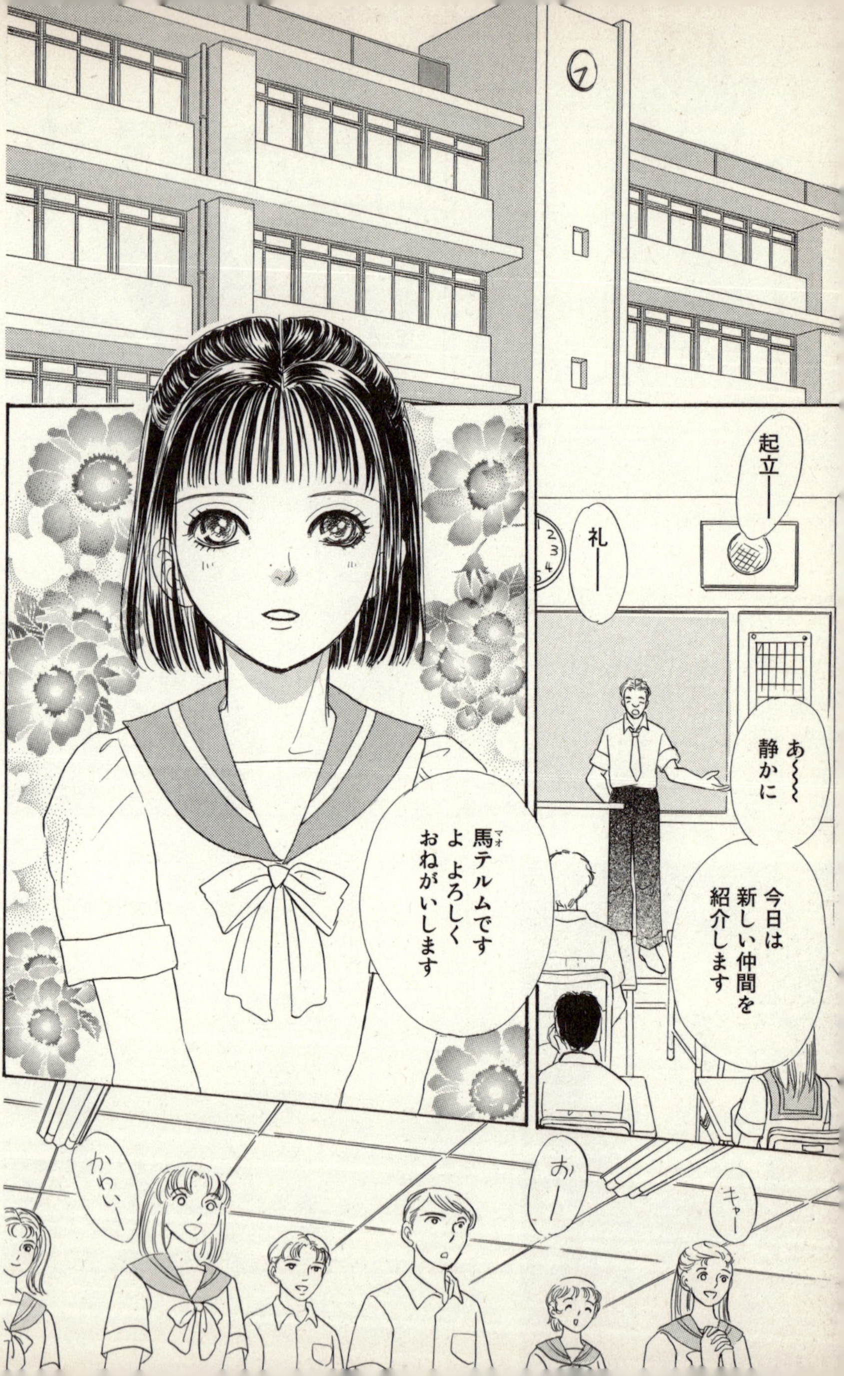
起立――
礼――
あ〜〜〜静かに
今日は新しい仲間を紹介します
馬テルムです よ よろしくおねがいします
キャー
おーー
かわいー

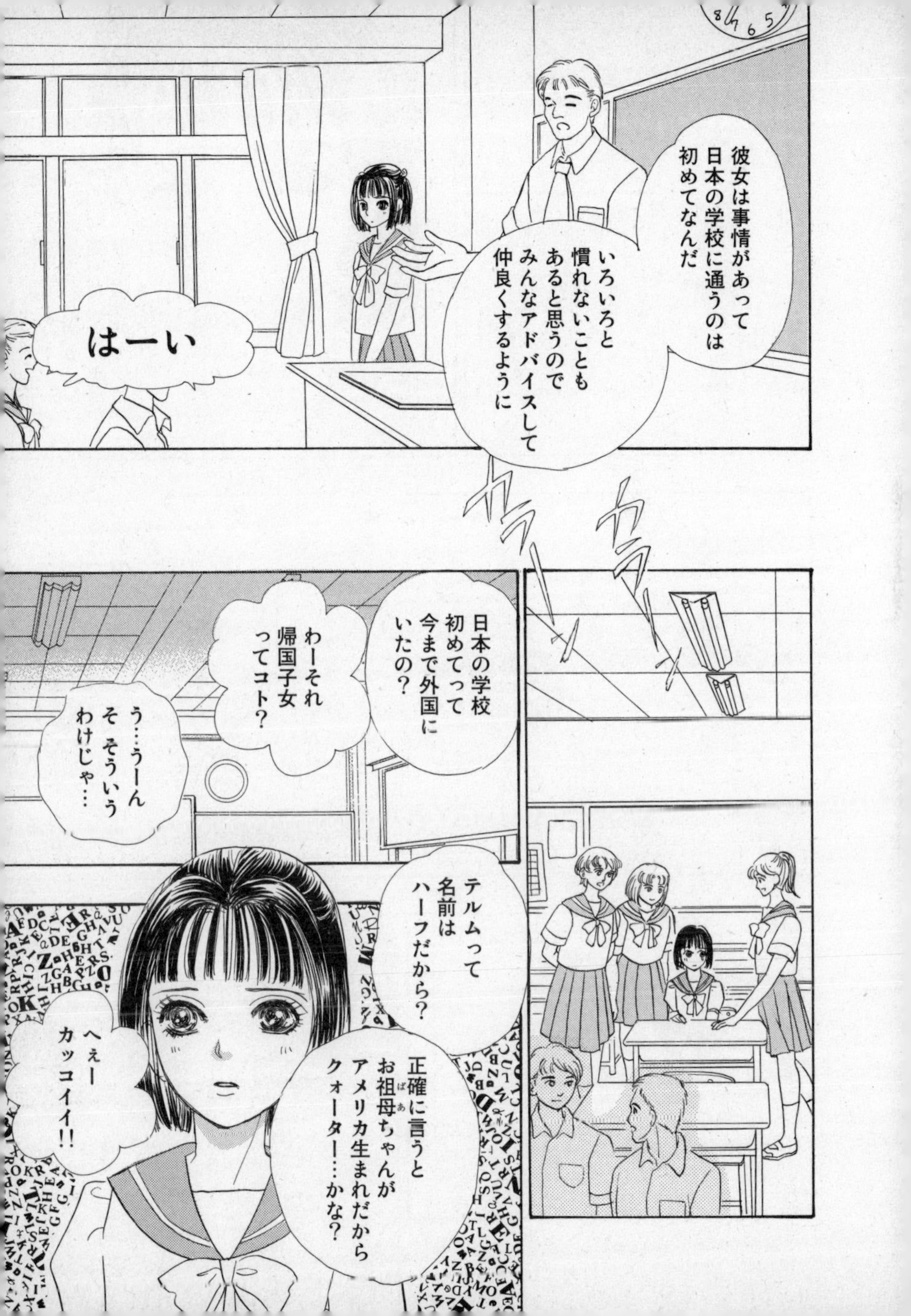

彼女は事情があって日本の学校に通うのは初めてなんだ
いろいろと慣れないこともあると思うのでみんなアドバイスして仲良くするように
はーい
日本の学校初めてって今まで外国にいたの？
わーそれ帰国子女ってコト？
う…うーん そ そういうわけじゃ…
テルムって名前はハーフだから？
正確に言うとお祖母ちゃんがアメリカ生まれだからクォーター…かな？
へぇーカッコイイ!!

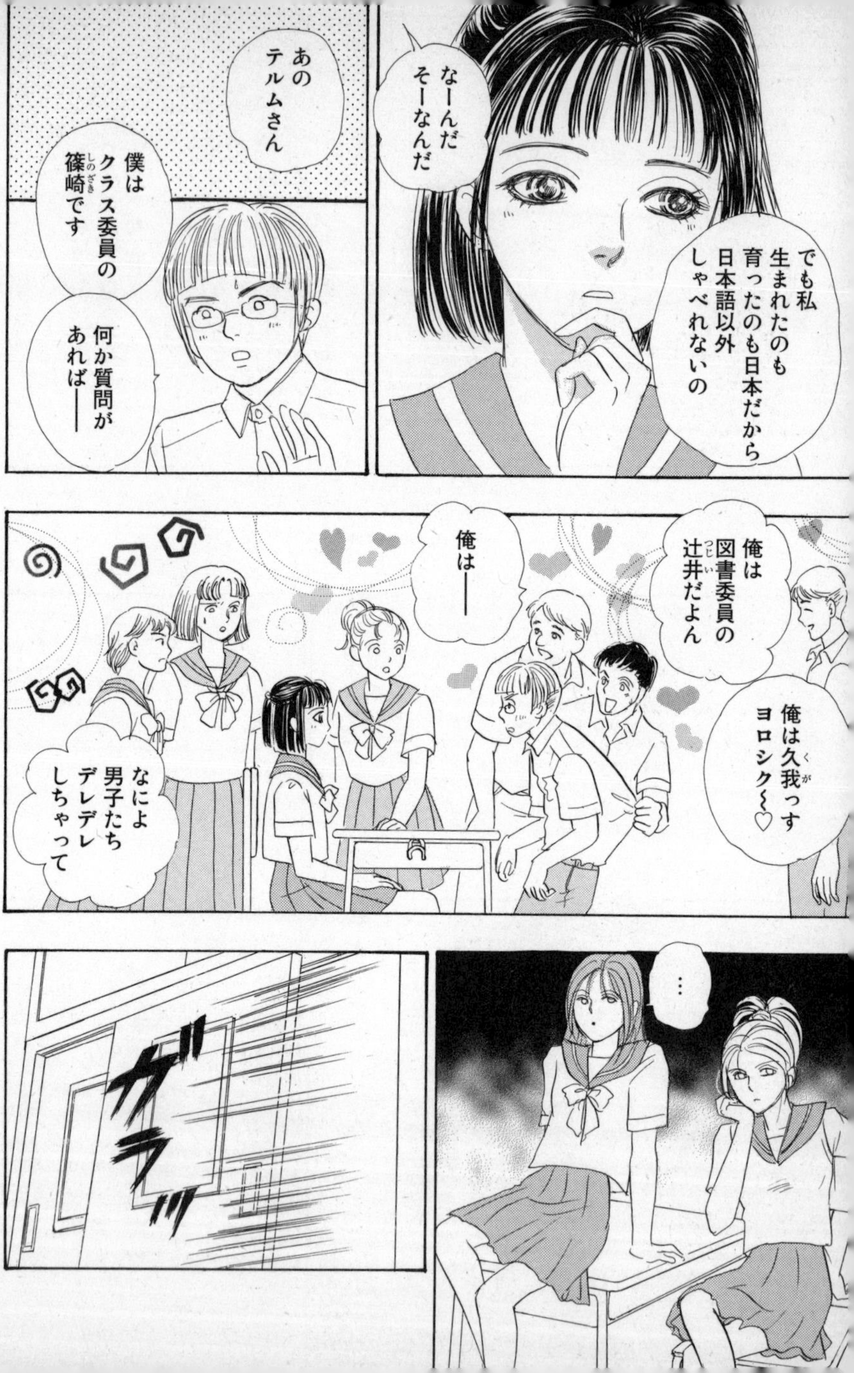
なーんだ そーなんだ
でも私 生まれたのも 育ったのも日本だから 日本語以外 しゃべれないの
あの テルムさん
僕は クラス委員の 篠崎です
何か質問が あれば——
俺は 図書委員の 辻井だよん
俺は久我っす ヨロシク～♡
俺は——
なによ 男子たち デレデレ しちゃって
…
ガラッ

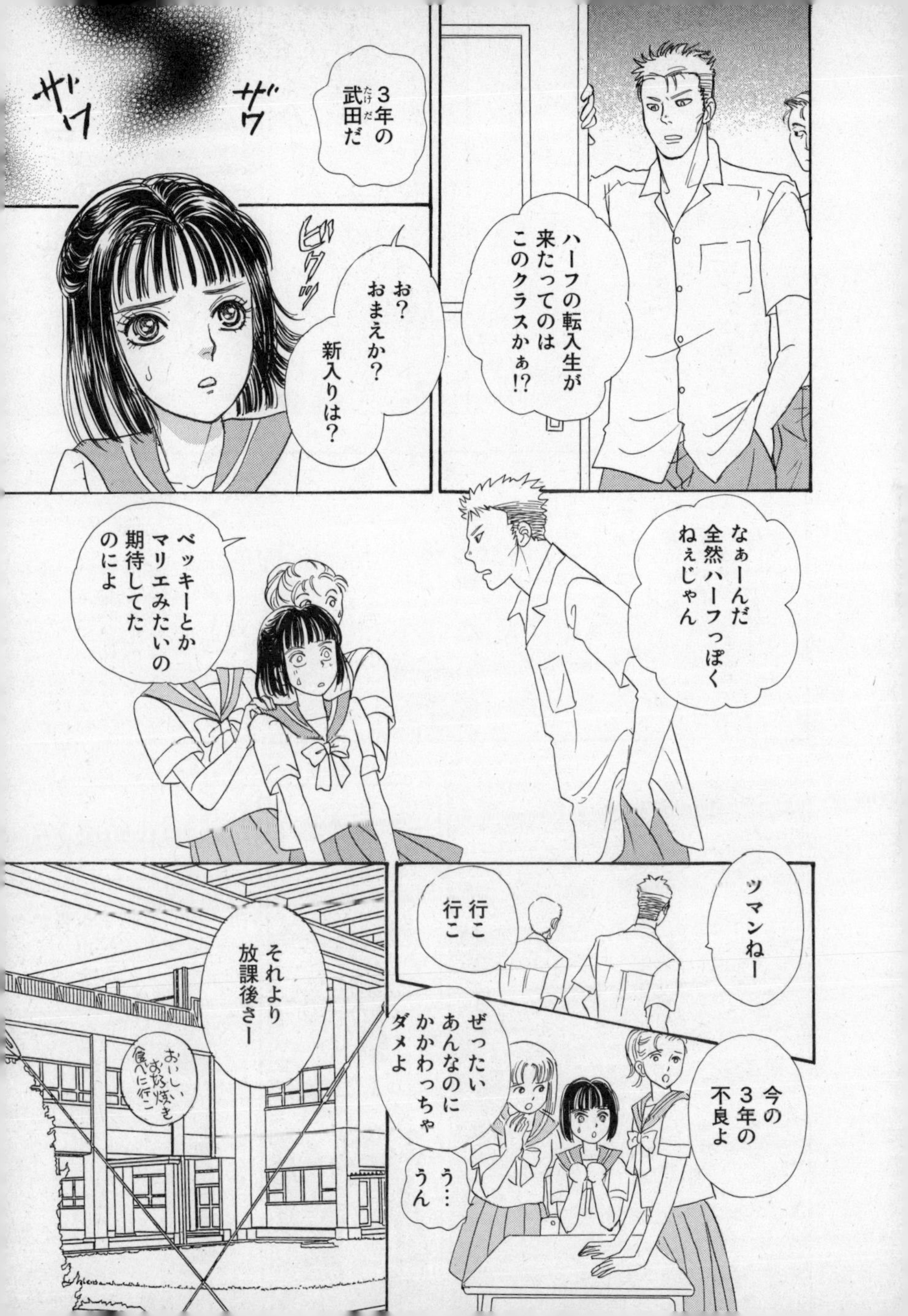
ハーフの転入生が来たってのはこのクラスかぁ!?
ザワ
ザワ
3年の武田だ
ビクッ
お? おまえか? 新入りは?
なぁーんだ 全然ハーフっぽくねぇじゃん
ベッキーとかマリエみたいの期待してたのによ
ツマンねー
行こ 行こ
今の3年の不良よ
ぜったいあんなのにかかわっちゃダメよ
う… うん
それより放課後さー
おいしいお好み焼き食べに行こ

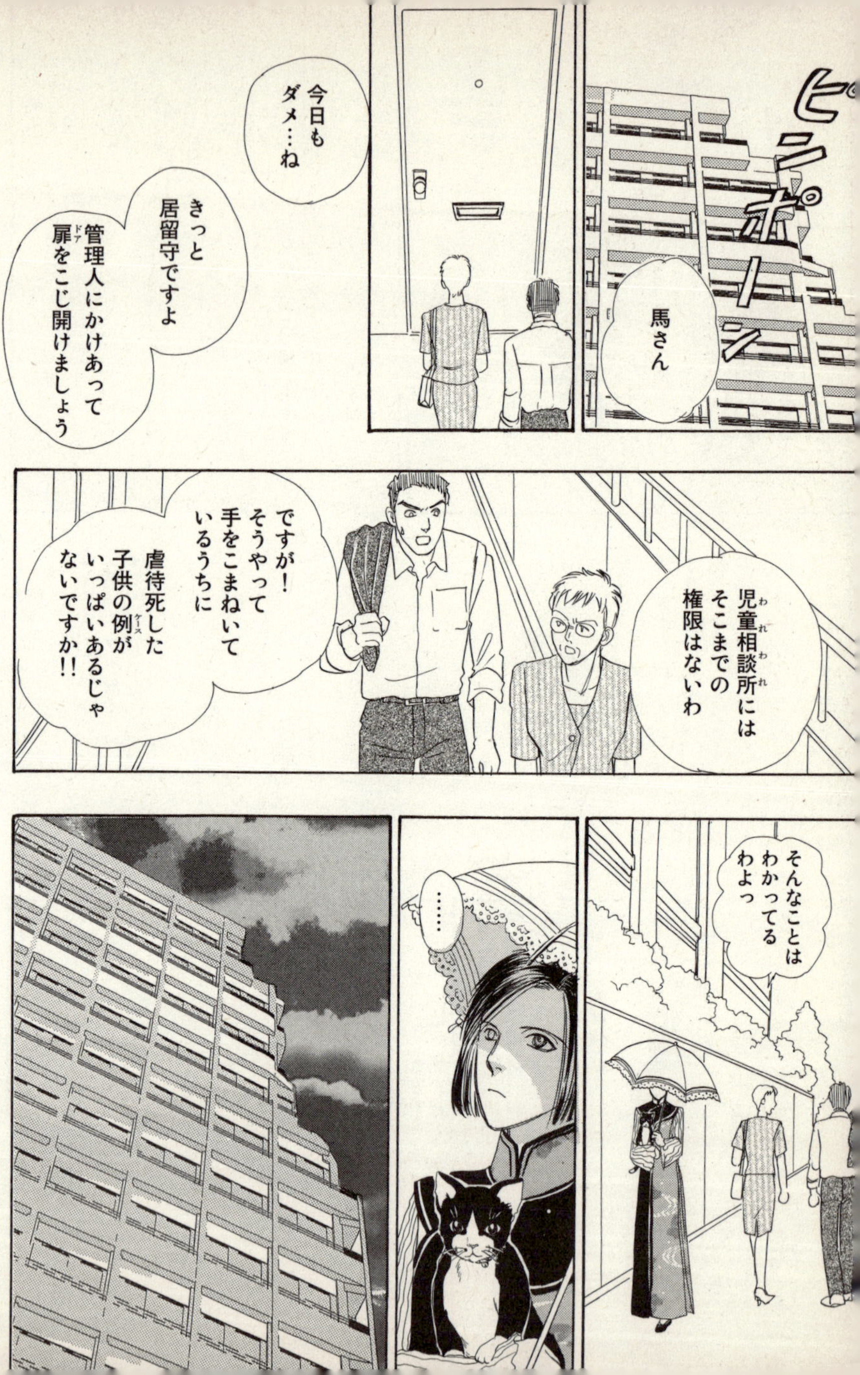
ピンポーン
馬さん
今日もダメ…ね
きっと居留守ですよ
管理人にかけあって扉をこじ開けましょう
児童相談所にはそこまでの権限はないわ
ですが! そうやって手をこまねいているうちに
虐待死した子供の例がいっぱいあるじゃないですか!!
そんなことはわかってるわよっ
……

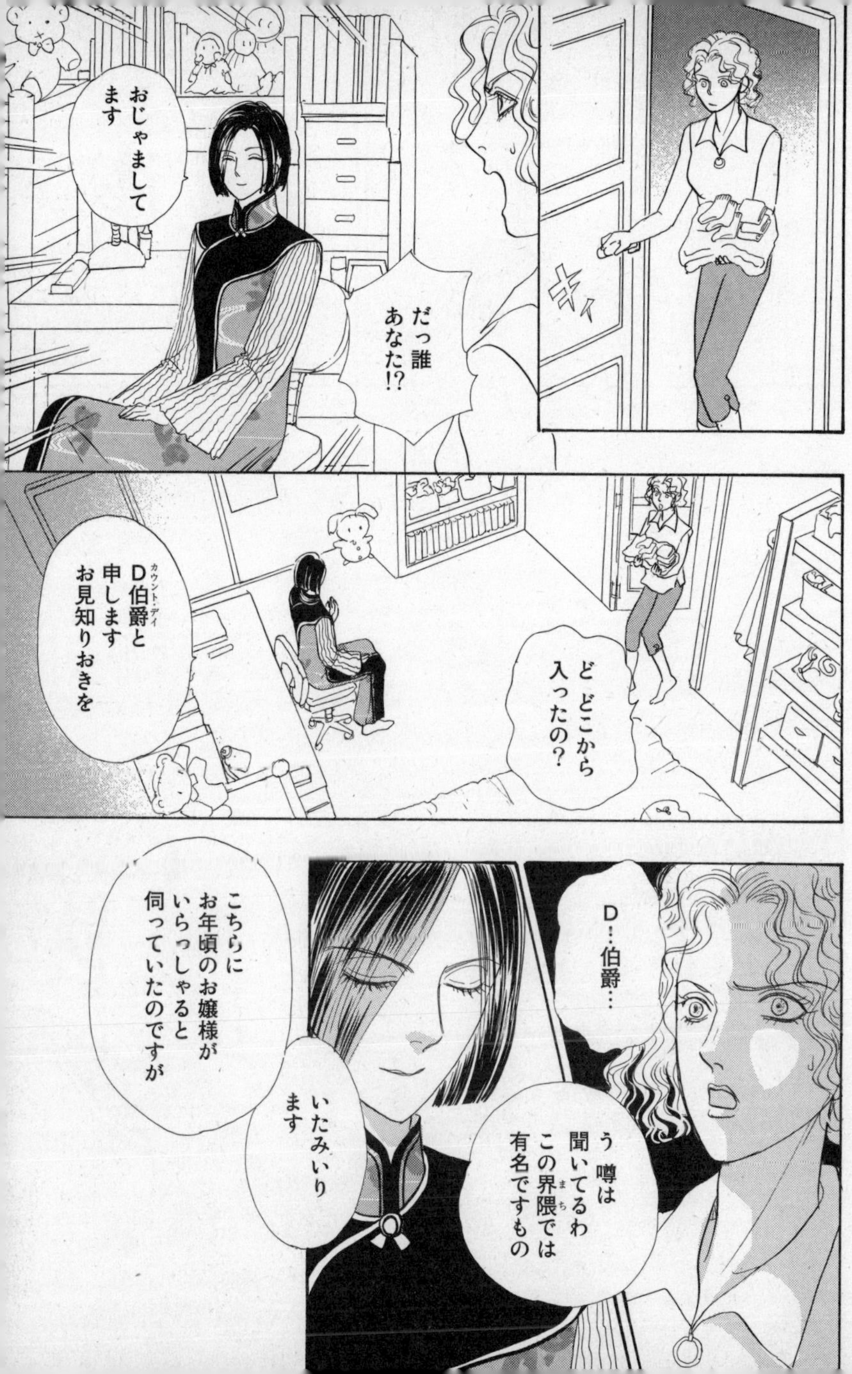
キィ
だっ誰
あなた!?
おじゃまして
ます
ど どこから
入ったの?
D伯爵と
申します
お見知りおきを
D…伯爵…
う 噂は
聞いてるわ
この界隈では
有名ですもの
いたみいり
ます
こちらに
お年頃のお嬢様が
いらっしゃると
伺っていたのですが

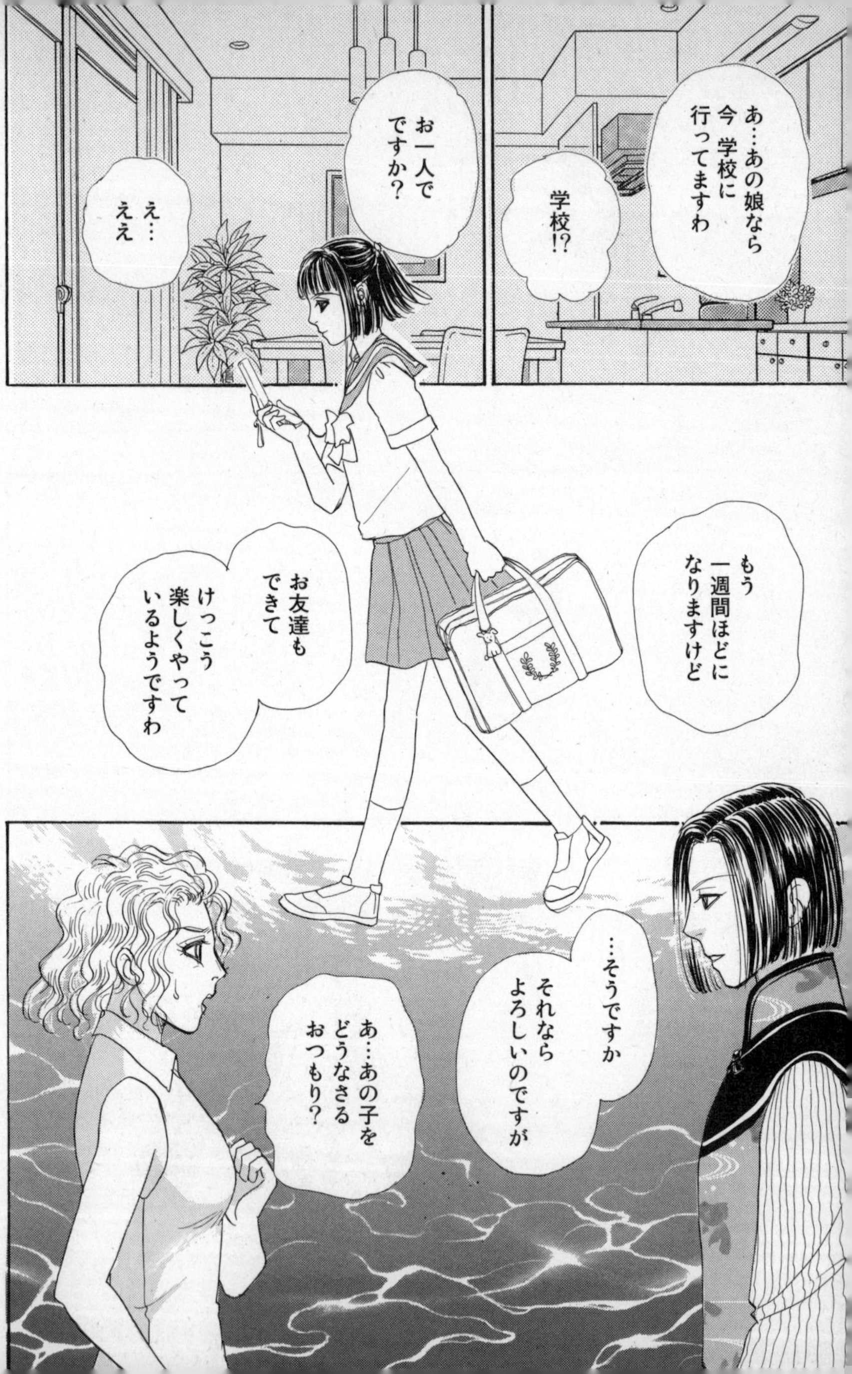
あ…あの娘なら今 学校に行ってますわ
学校!?
お一人でですか?
え…ええ
もう一週間ほどになりますけど
お友達もできてけっこう楽しくやっているようですわ
…そうですか
それならよろしいのですが
あ…あの子をどうなさるおつもり?

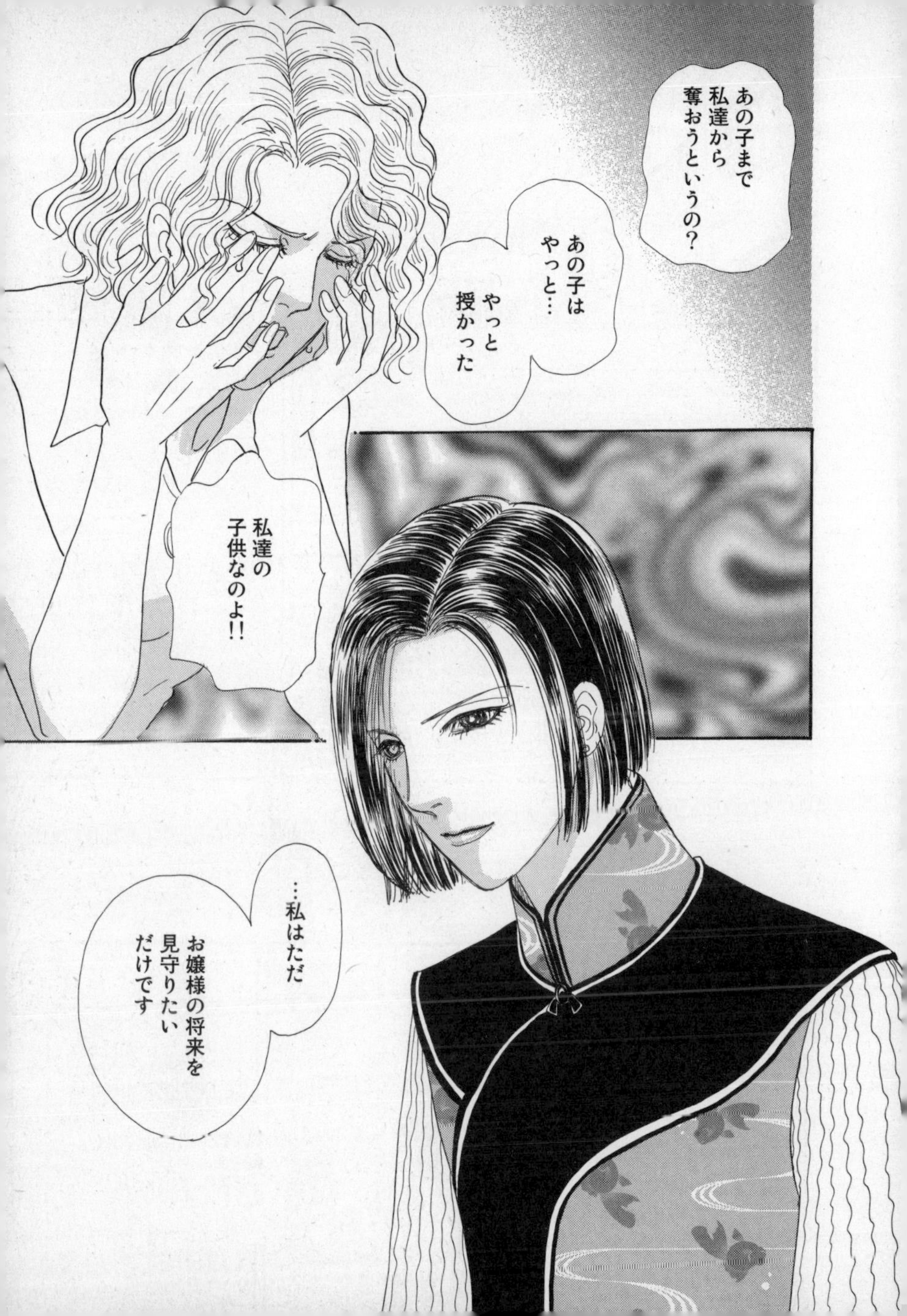
あの子まで私達から奪おうというの？
あの子はやっと…やっと授かった
私達の子供なのよ!!
…私はただお嬢様の将来を見守りたいだけです

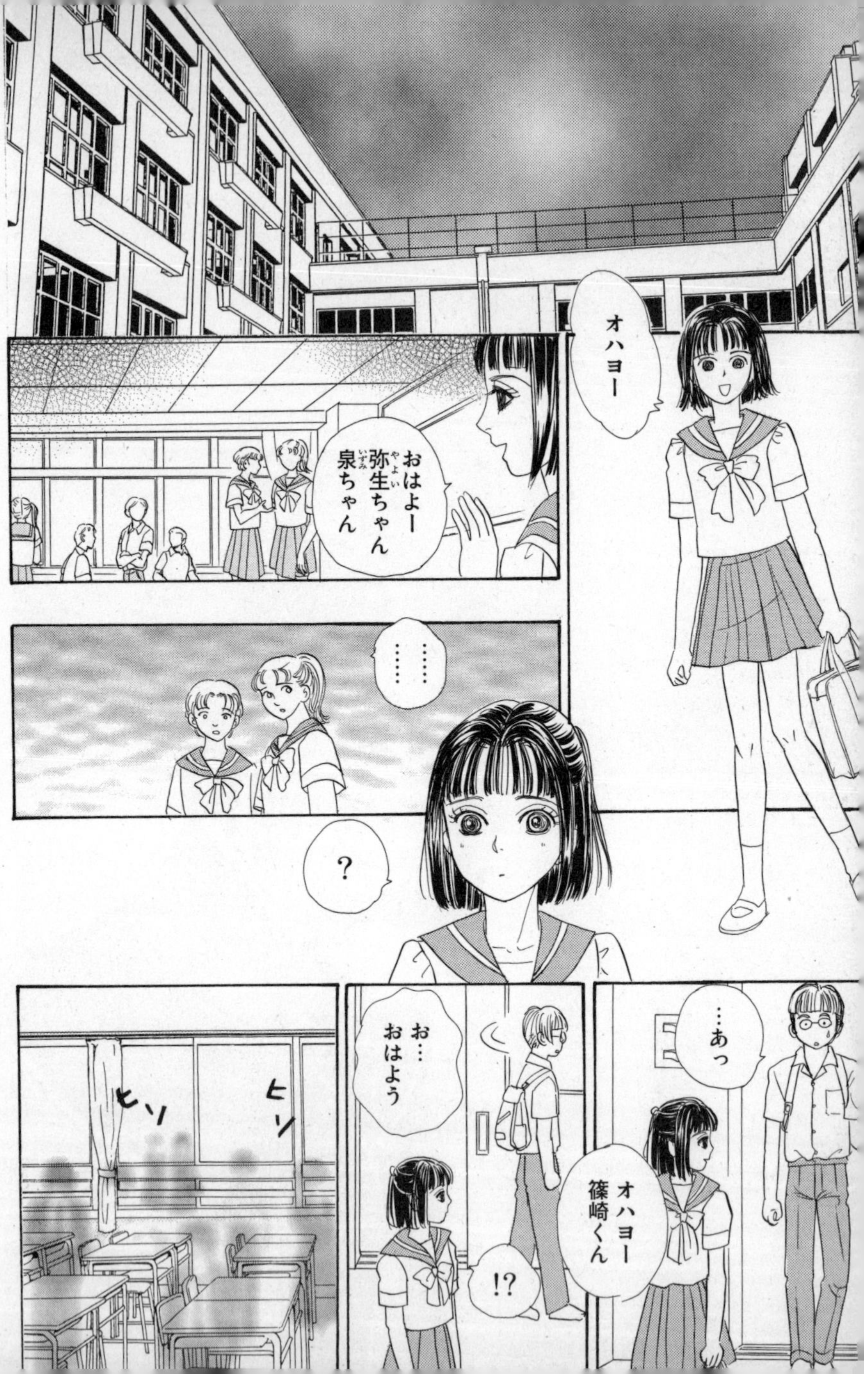
オハヨー
おはよー 弥生ちゃん 泉ちゃん
……
?
…あっ
オハヨー 篠崎くん
!?
お… おはよう
ヒソ
ヒソ

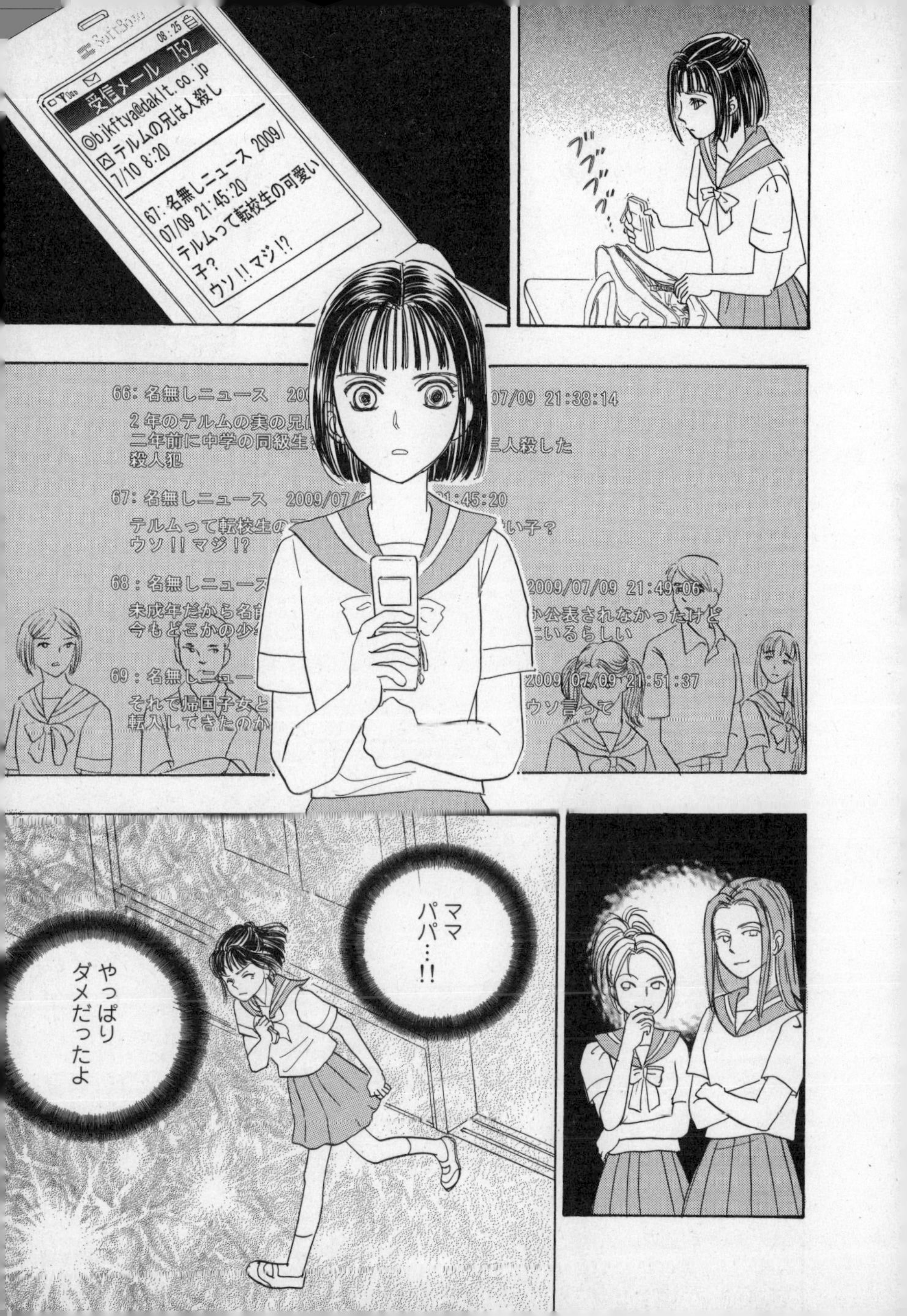

ブブブブ…
08:25
受信メール 752
@bjkftya@dak1t.co.jp
テルムの兄は人殺し
2009/7/10 8:20
67: 名無しニュース 2009/07/09 21:45:20
テルムって転校生の可愛い子?
ウソ!!マジ!?
66: 名無しニュース
07/09 21:38:14
2年のテルムの実の兄
二年前に中学の同級生
三人殺した
殺人犯
67: 名無しニュース 2009/07/
1:45:20
テルムって転校生の
い子?
ウソ!!マジ!?
68: 名無しニュース
2009/07/09 21:49:06
未成年だから名前
か公表されなかったけど
今もどこかの少
にいるらしい
69: 名無しニュー
2009/07/09 21:51:37
それで帰国子女と
ウソ言って
転入してきたのか
ママ
パパ…!!
やっぱり
ダメだったよ

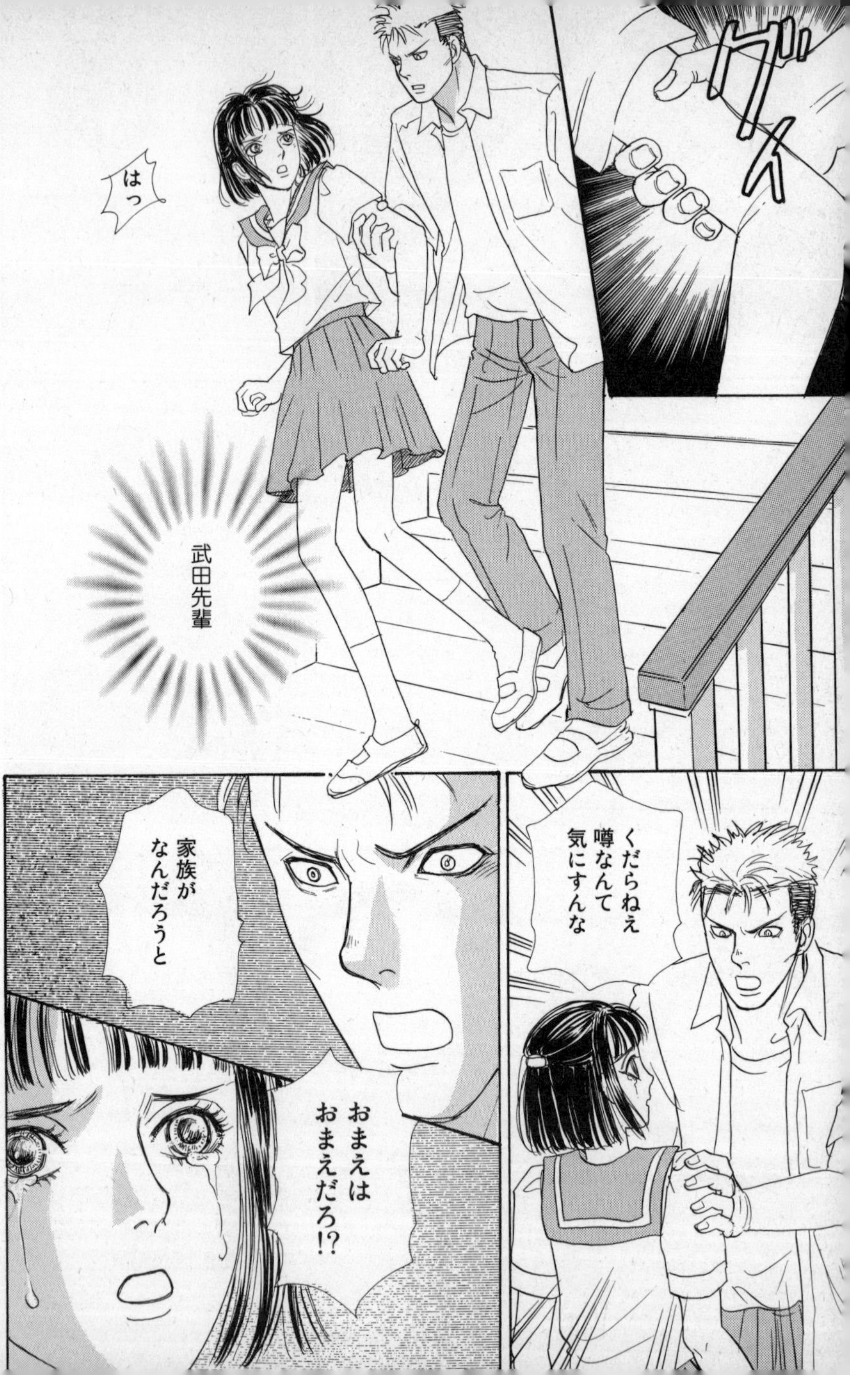
ガッ
はっ
武田先輩
くだらねえ噂なんて気にすんな
家族がなんだろうと
おまえはおまえだろ!?

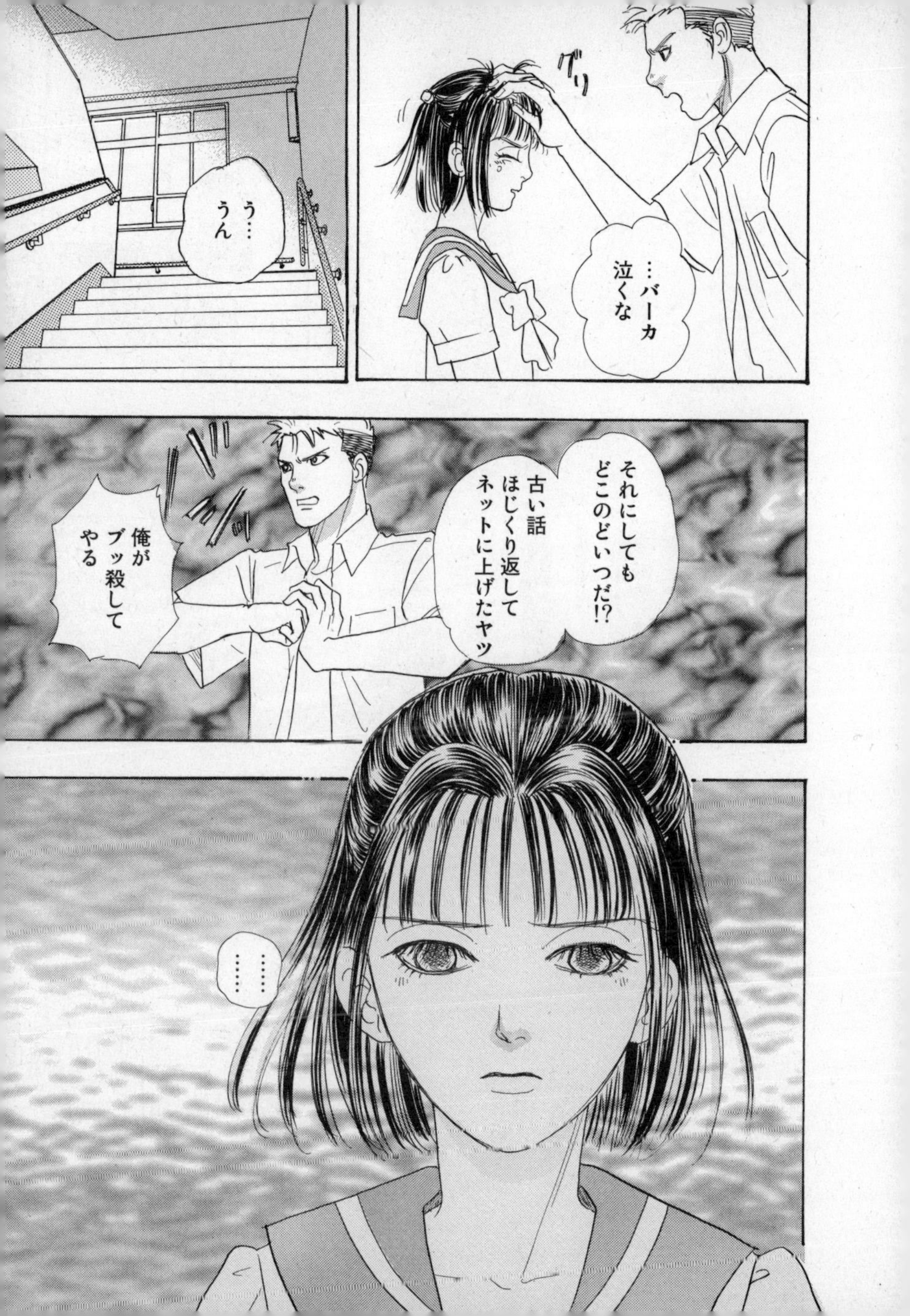
グリ
…バーカ
泣くな
う…
うん
それにしても
どこのどいつだ!?
古い話
ほじくり返して
ネットに上げたヤツ
俺が
ブッ殺して
やる
…………

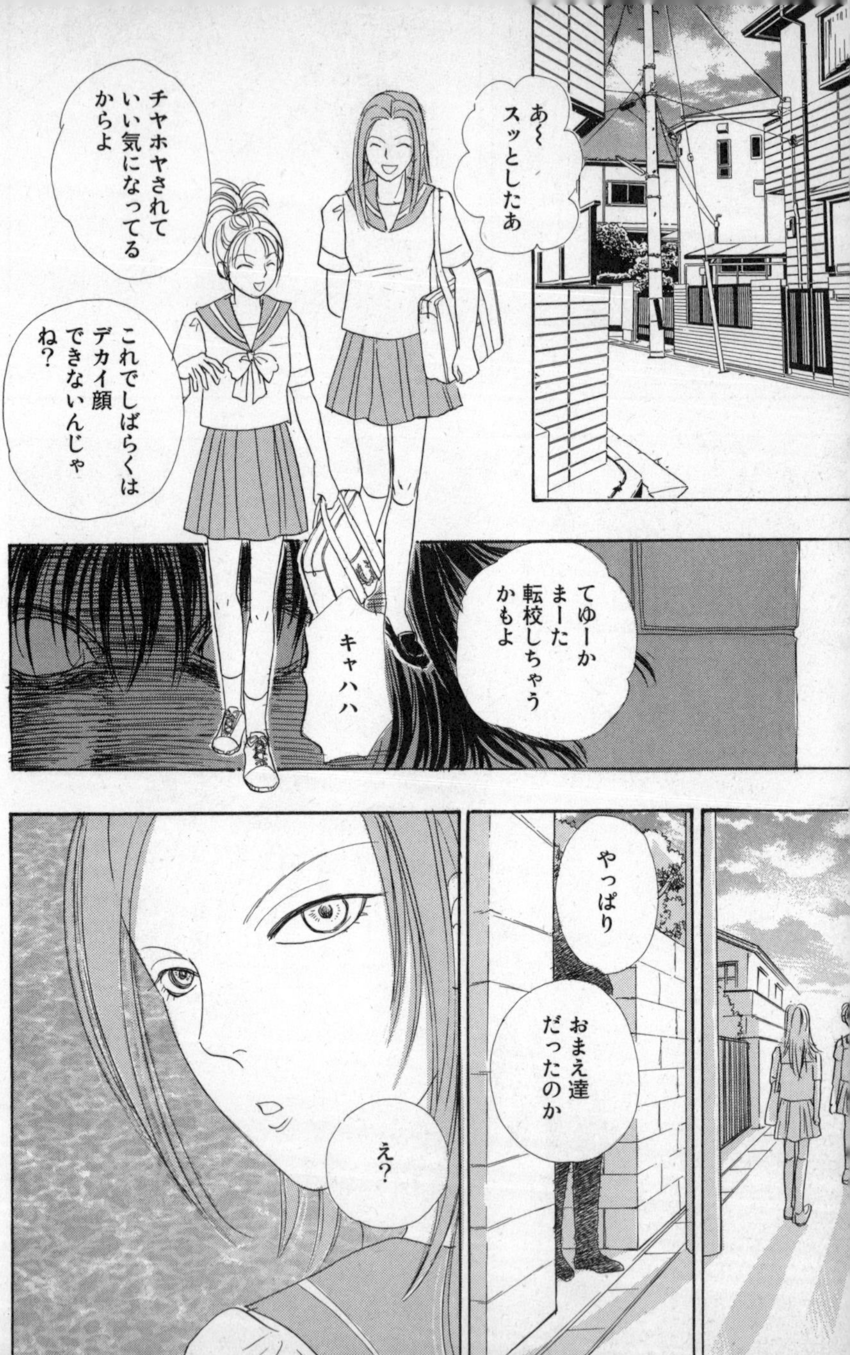
あ〜
スッとしたあ
チヤホヤされて
いい気になってる
からよ
これでしばらくは
デカイ顔
できないんじゃ
ね？
てゆーか
まーた
転校しちゃう
かもよ
キャハハハ
やっぱり
おまえ達
だったのか
え？

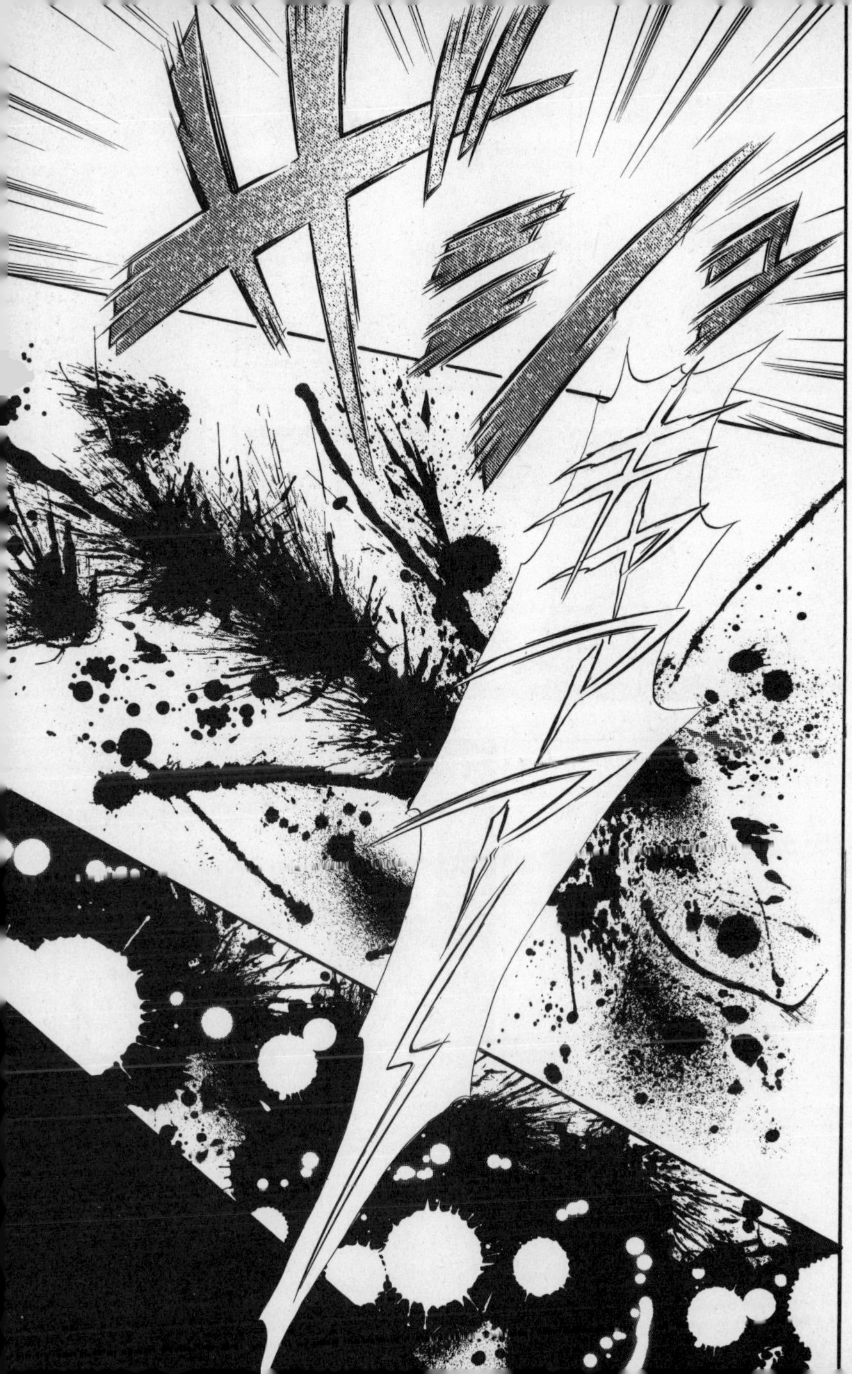

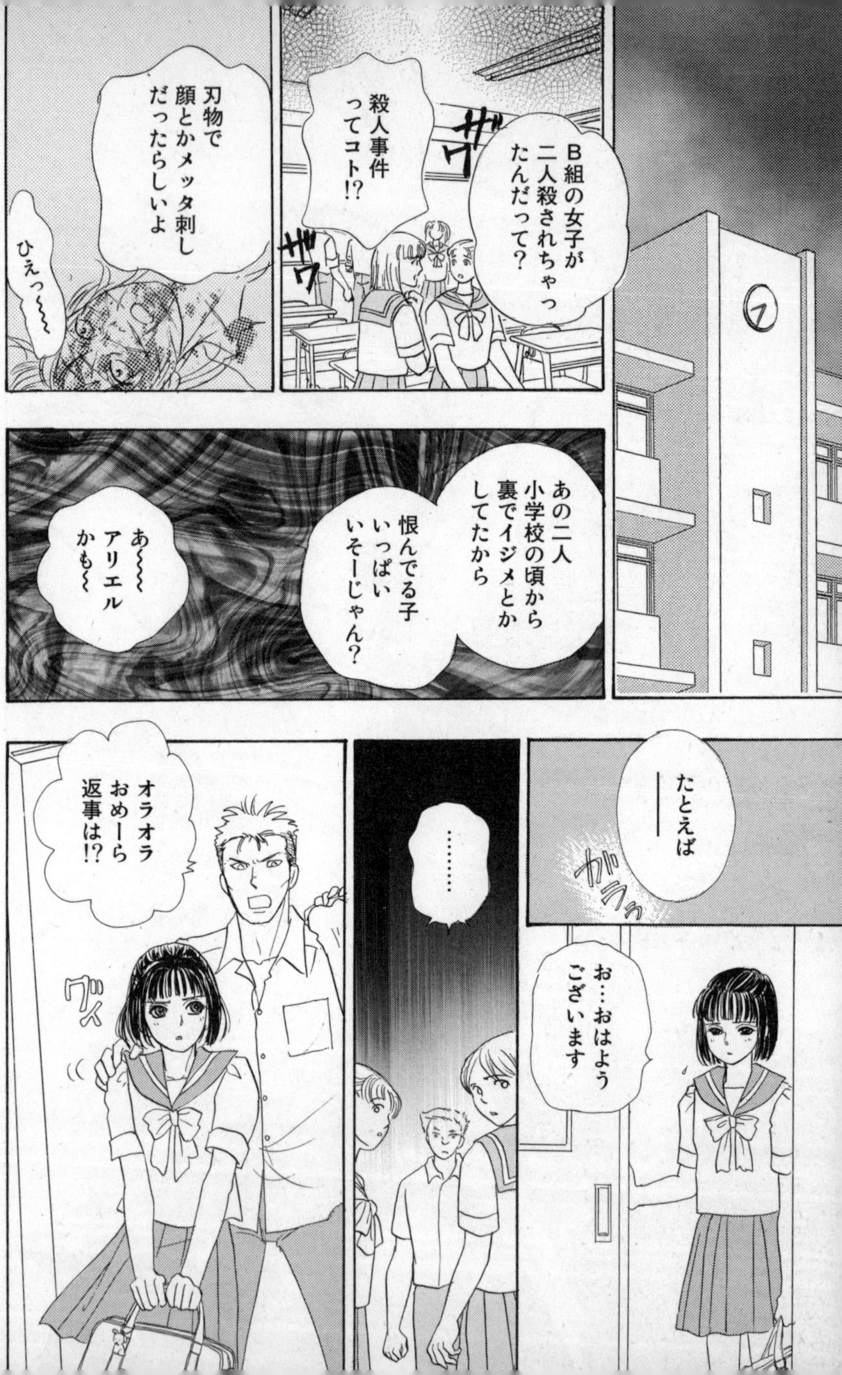
B組の女子が二人殺されちゃったんだって?
ザワ
ザワ
殺人事件ってコト!?
刃物で顔とかメッタ刺しだったらしいよ
ひえっ〜〜
あの二人小学校の頃から裏でイジメとかしてたから
恨んでる子いっぱいいそーじゃん?
あ〜〜〜アリエルかも〜
たとえば――
ガラッ
お…おはようございます
………
オラオラおめーら返事は!?
グイ

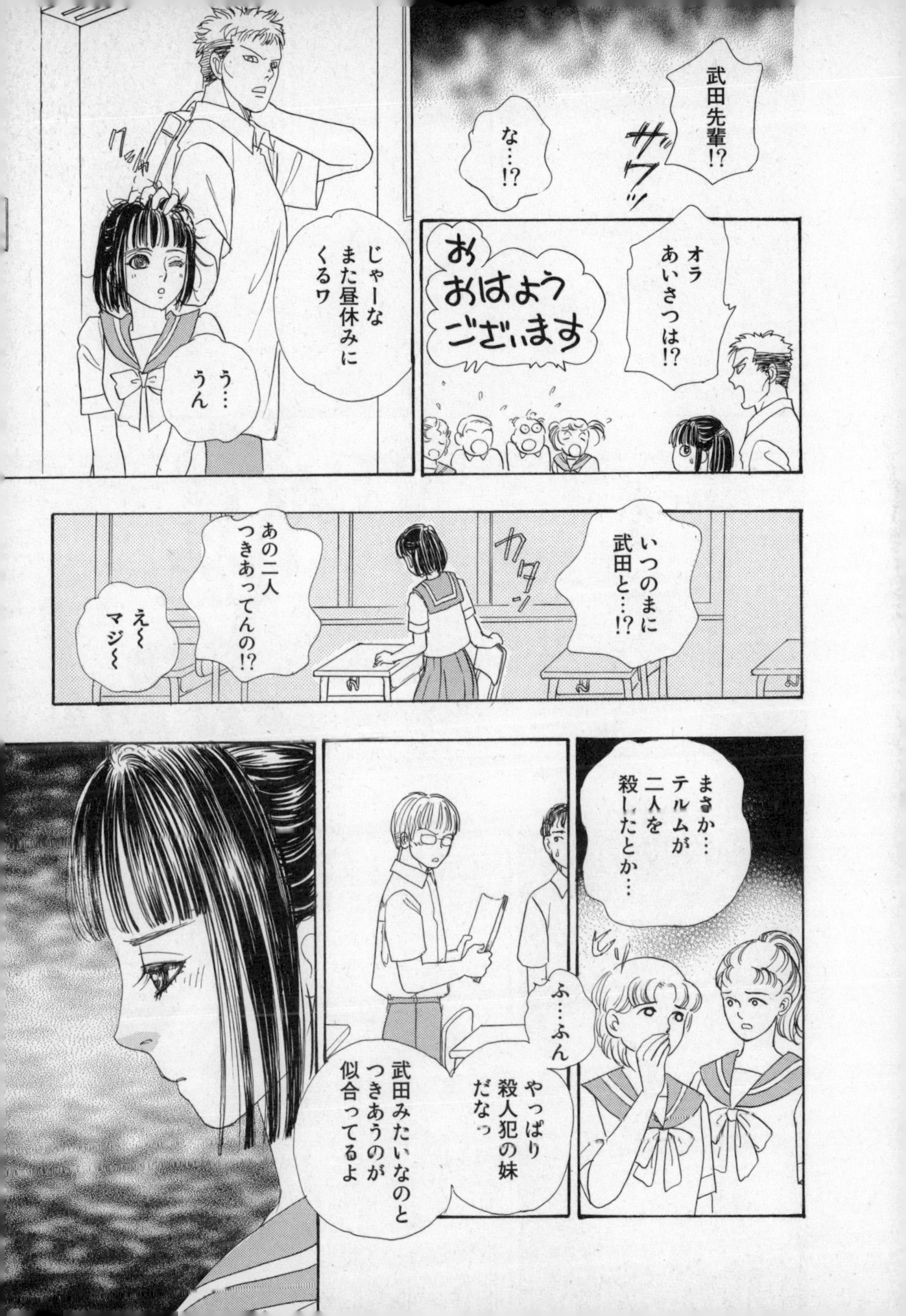

武田先輩!?
サワッ
な…!?
オラ あいさつは!?
お おはよう ございます
じゃーな また昼休みに くるワ
う… うん
いつのまに 武田と…!?
カタッ
あの二人 つきあってんの!?
え〜 マジ〜
まさか… テルムが 二人を 殺したとか…
ふ…ふん
やっぱり 殺人犯の妹 だなっ
武田みたいなのと つきあうのが 似合ってるよ

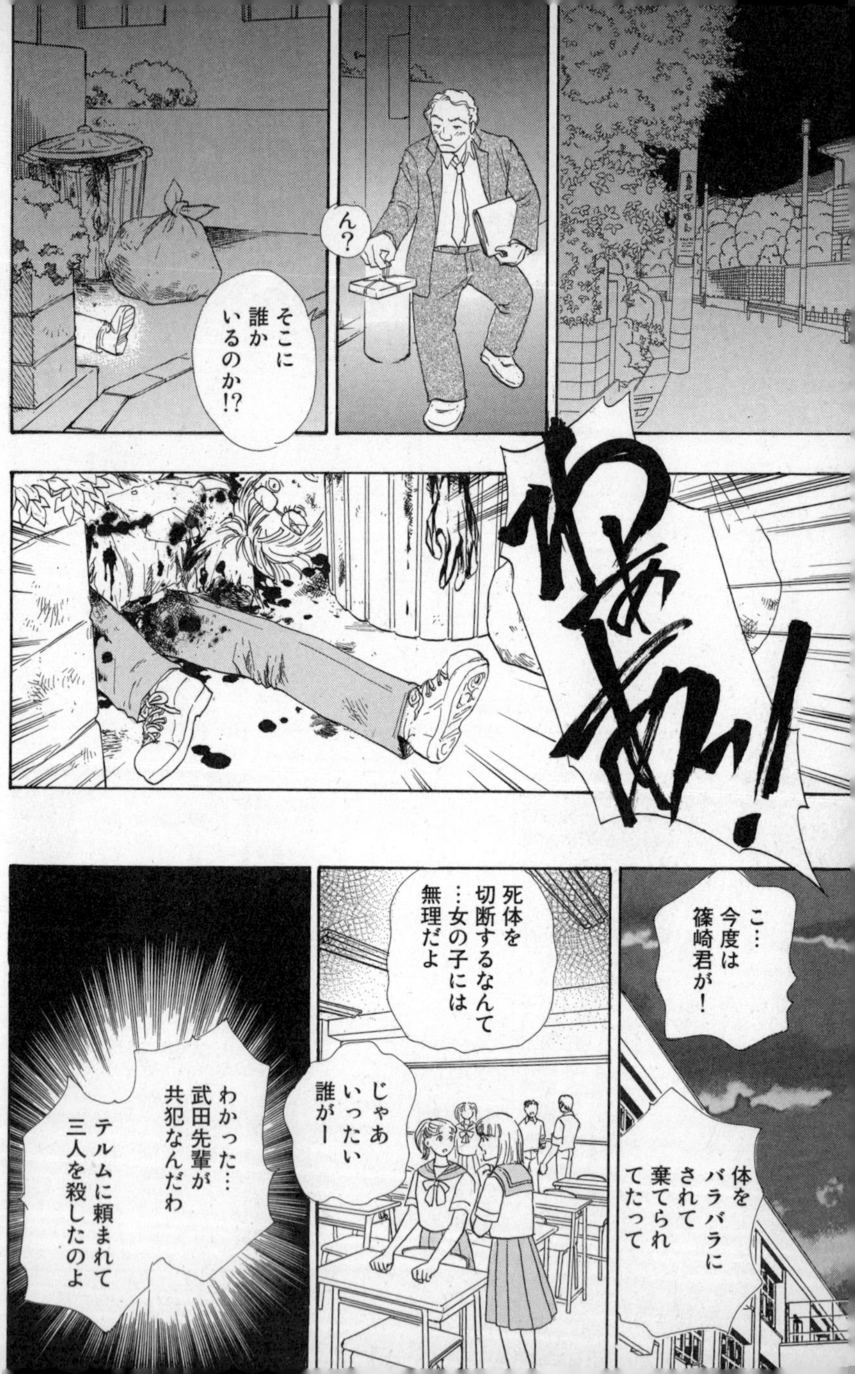
ん？
そこに誰かいるのか!?
わあああ!
こ…今度は篠崎君が!
体をバラバラにされて棄てられてたって
死体を切断するなんて…女の子には無理だよ
じゃあいったい誰がー
わかった…武田先輩が共犯なんだわ
テルムに頼まれて三人を殺したのよ

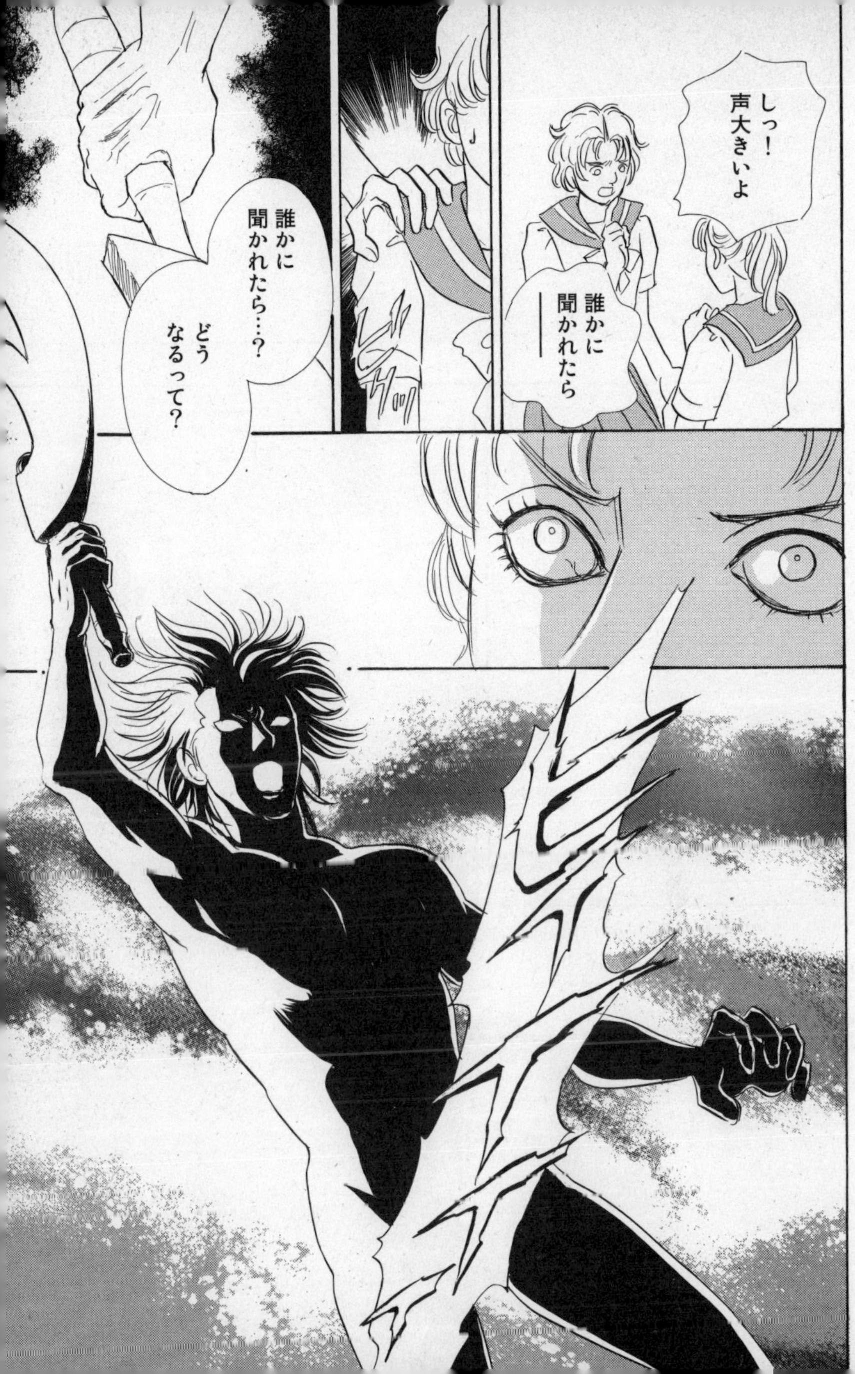
しっ！声大きいよ
誰かに聞かれたら
誰かに聞かれたら…？
どうなるって？

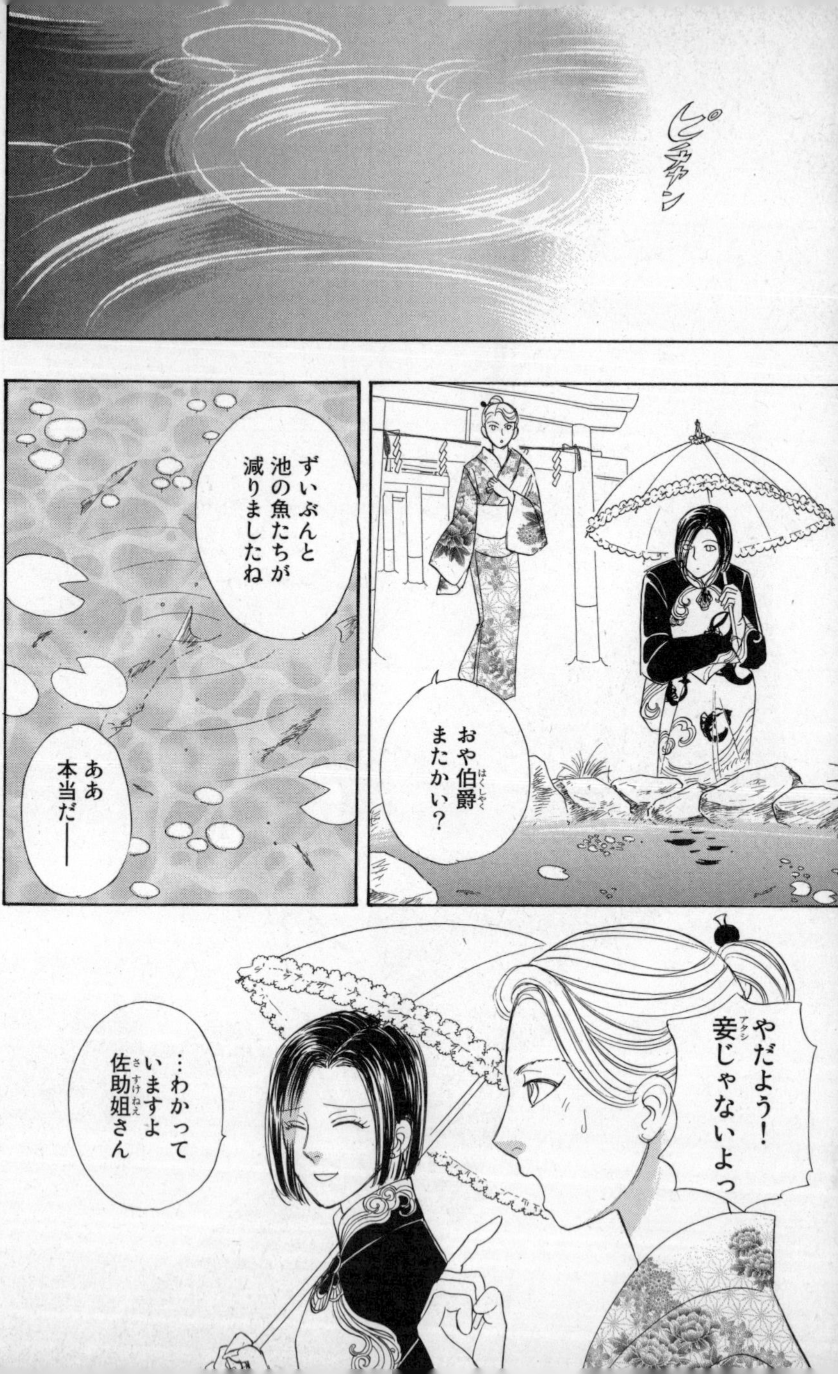
ピチャン
おや伯爵またかい？
ずいぶんと池の魚たちが減りましたね
ああ本当だ――
やだよう！妾じゃないよっ
…わかっていますよ佐助姐さん

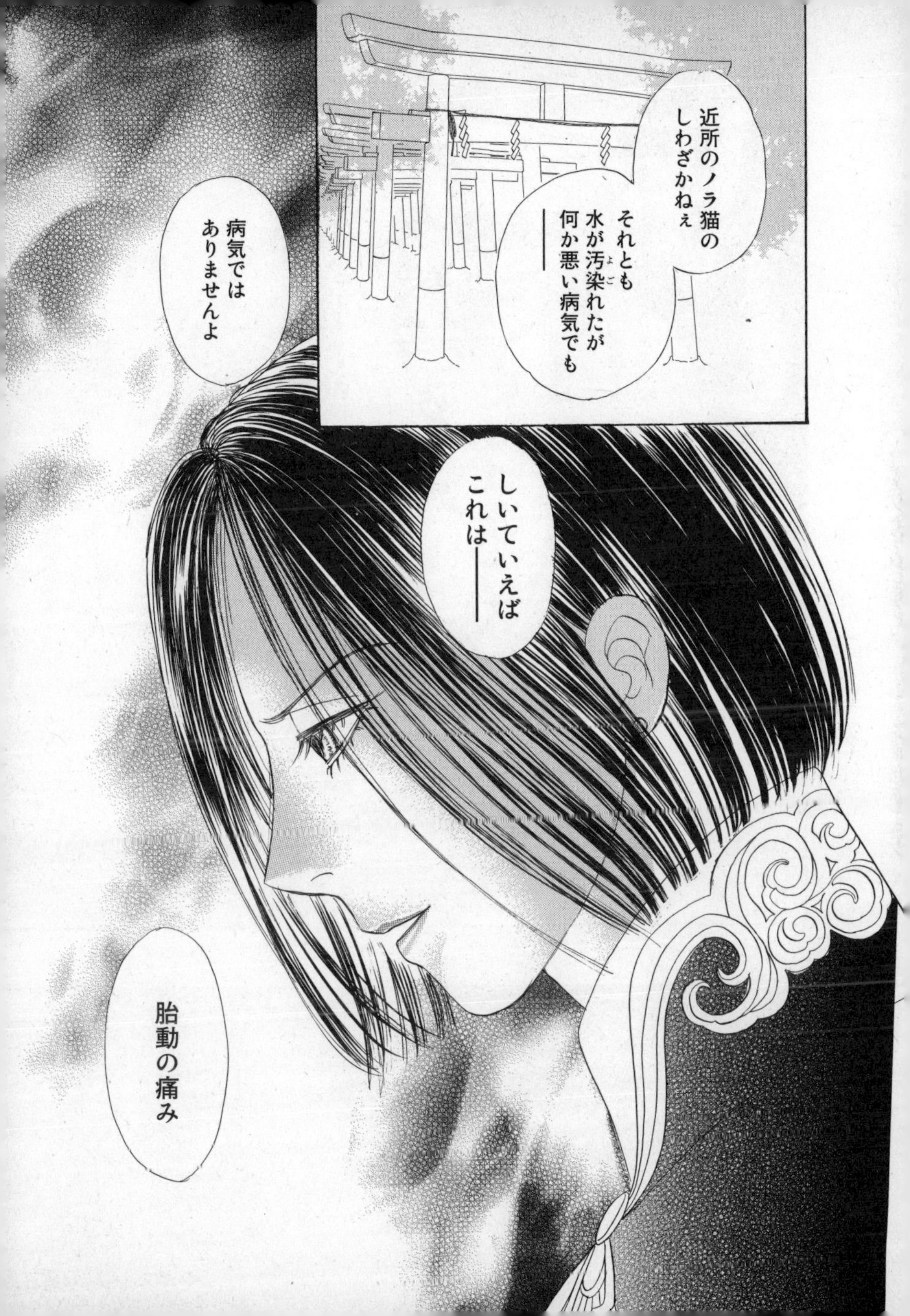
近所のノラ猫のしわざかねぇ
それとも水が汚染(よご)れたが何か悪い病気でも——
病気ではありませんよ
しいていえばこれは——
胎動の痛み

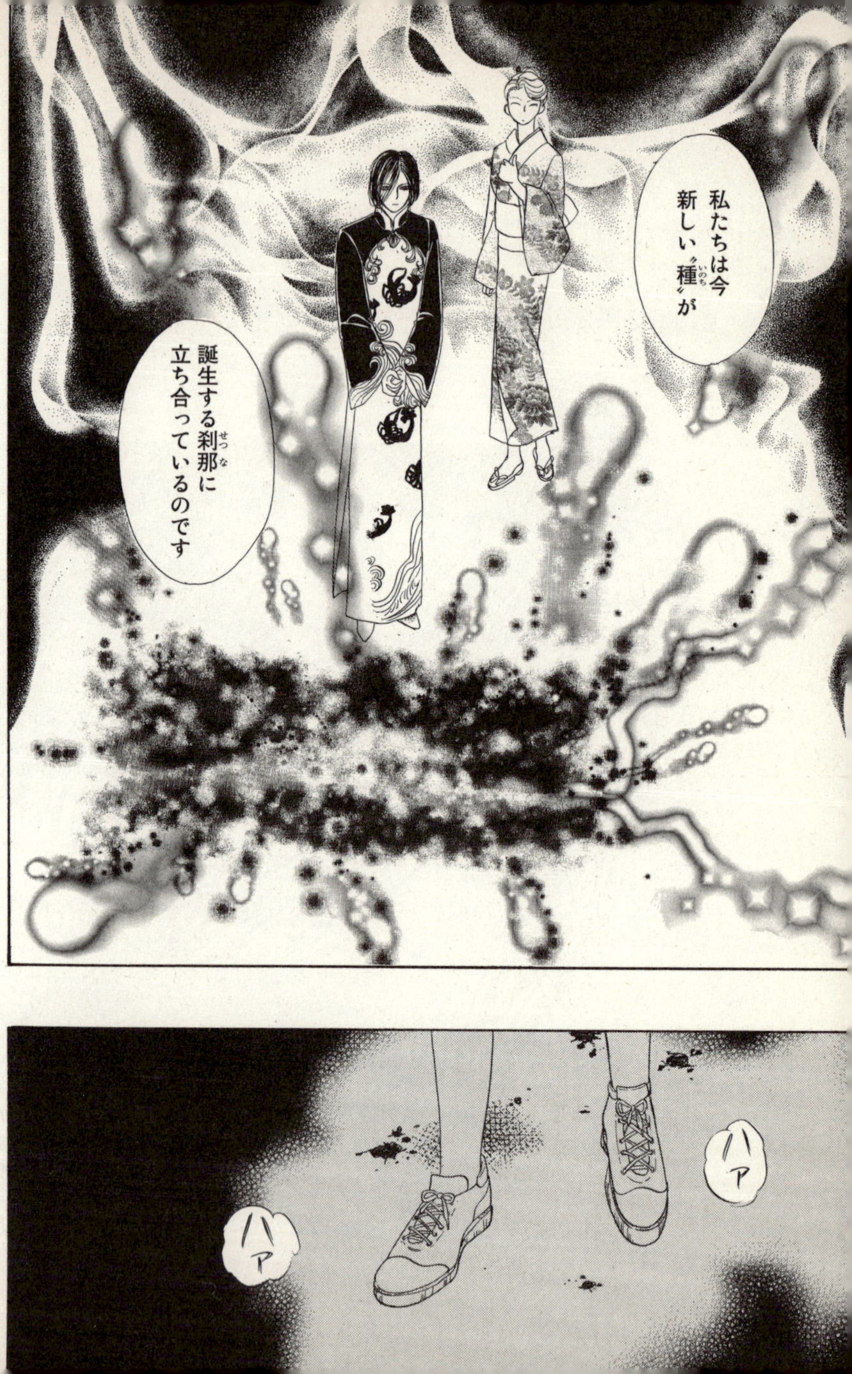
私たちは今
新しい〝種(いのち)〟が
誕生する刹那(せつな)に
立ち合っているのです
ハア
ハア

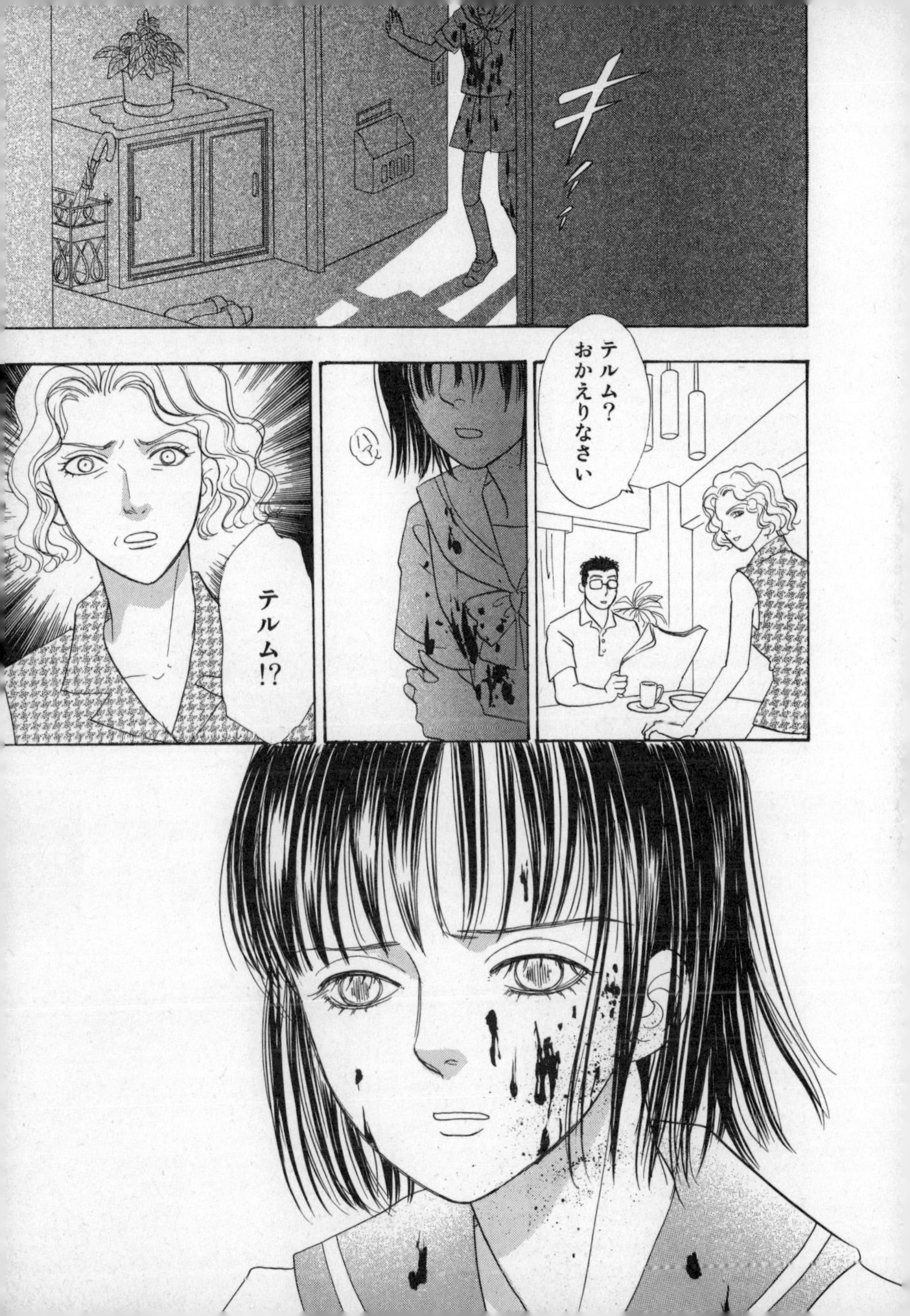
キィィィ
テルム？
おかえりなさい
ハァ
テルム!?

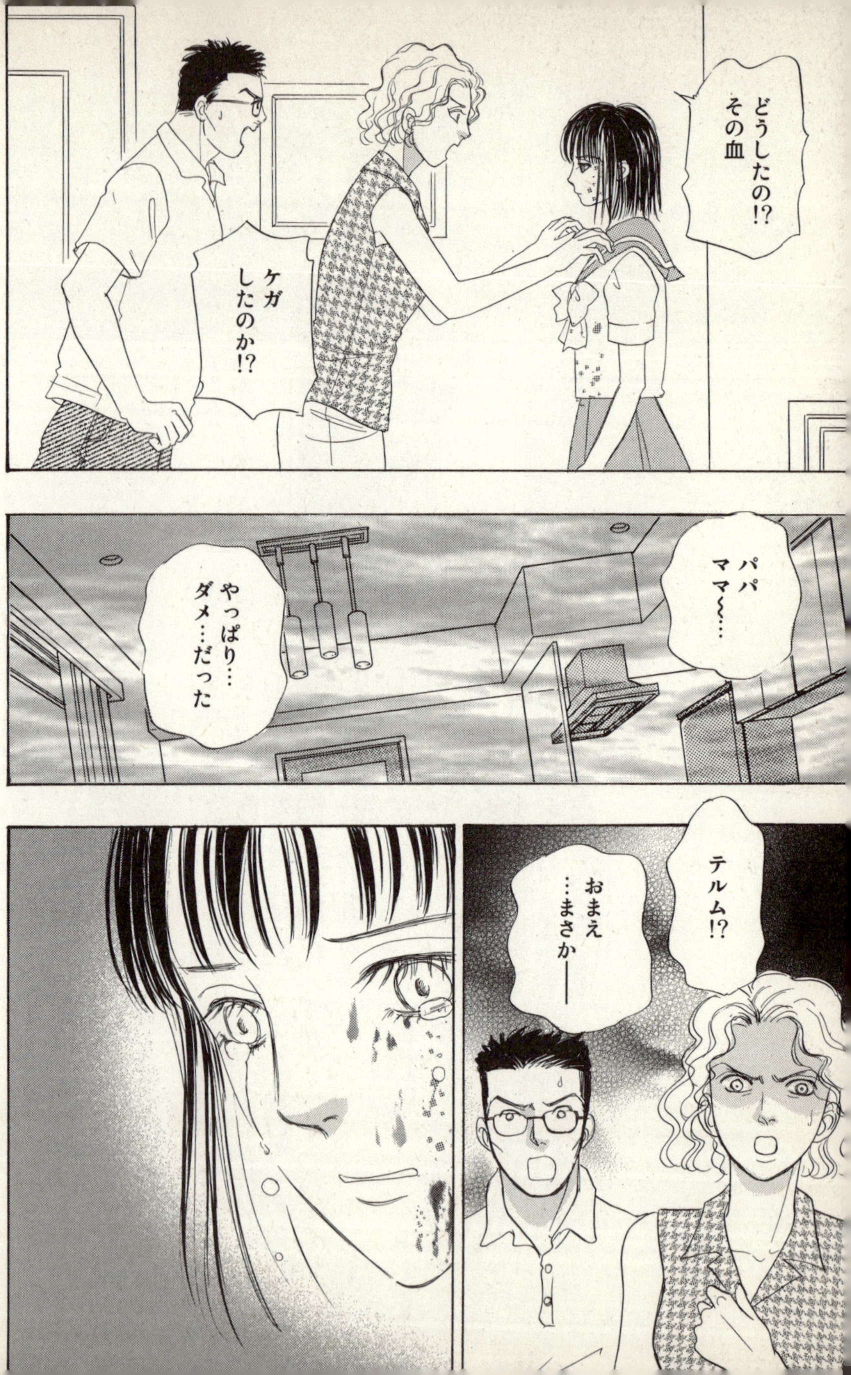
どうしたの!?
その血
ケガ
したのか!?
パパ
ママ〜…
やっぱり…
ダメ…だった
テルム!?
おまえ
…まさか——

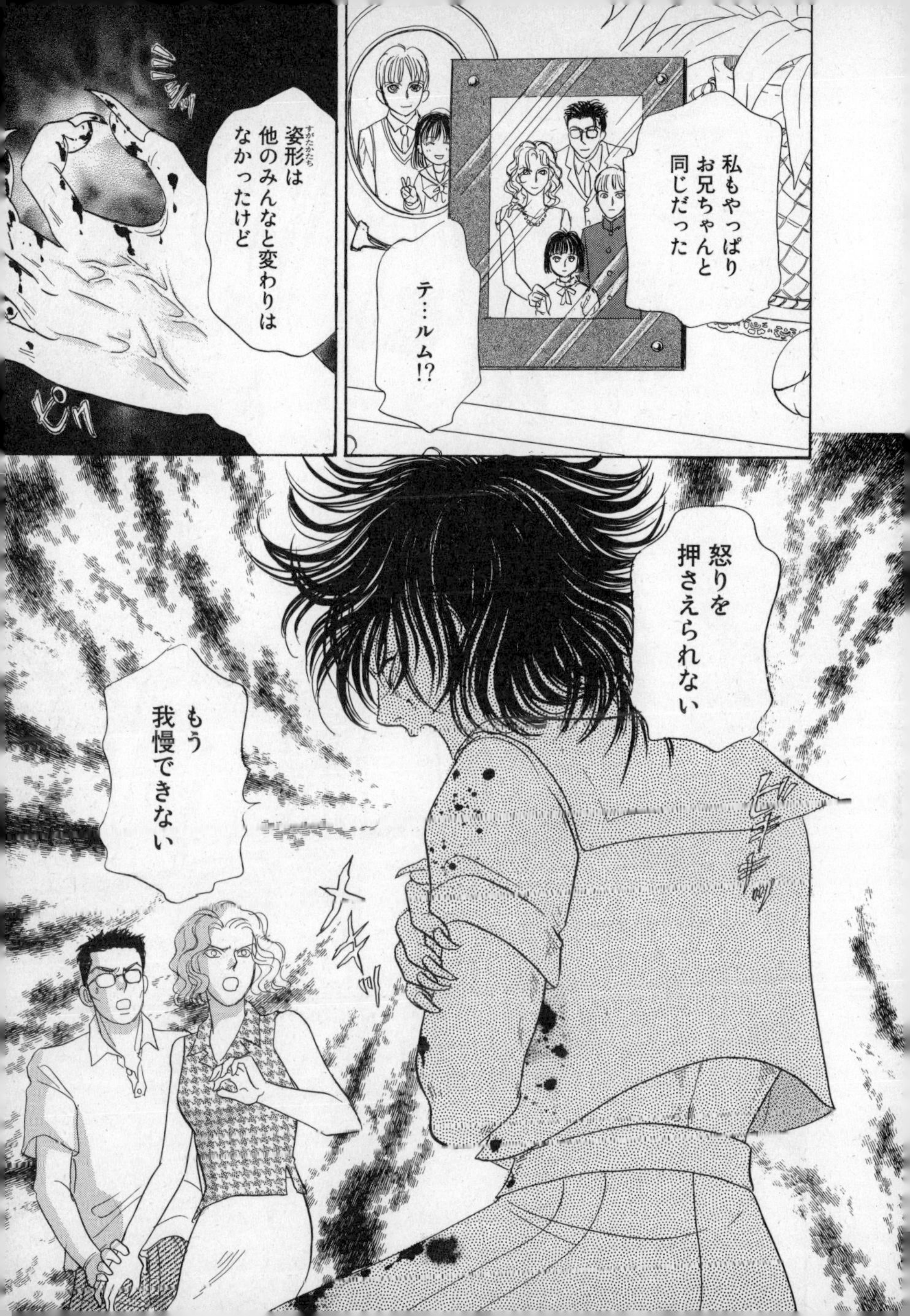

私もやっぱりお兄ちゃんと同じだった
テ…ルム!?
姿形は他のみんなと変わりはなかったけど
怒りを押さえられない
もう我慢できない

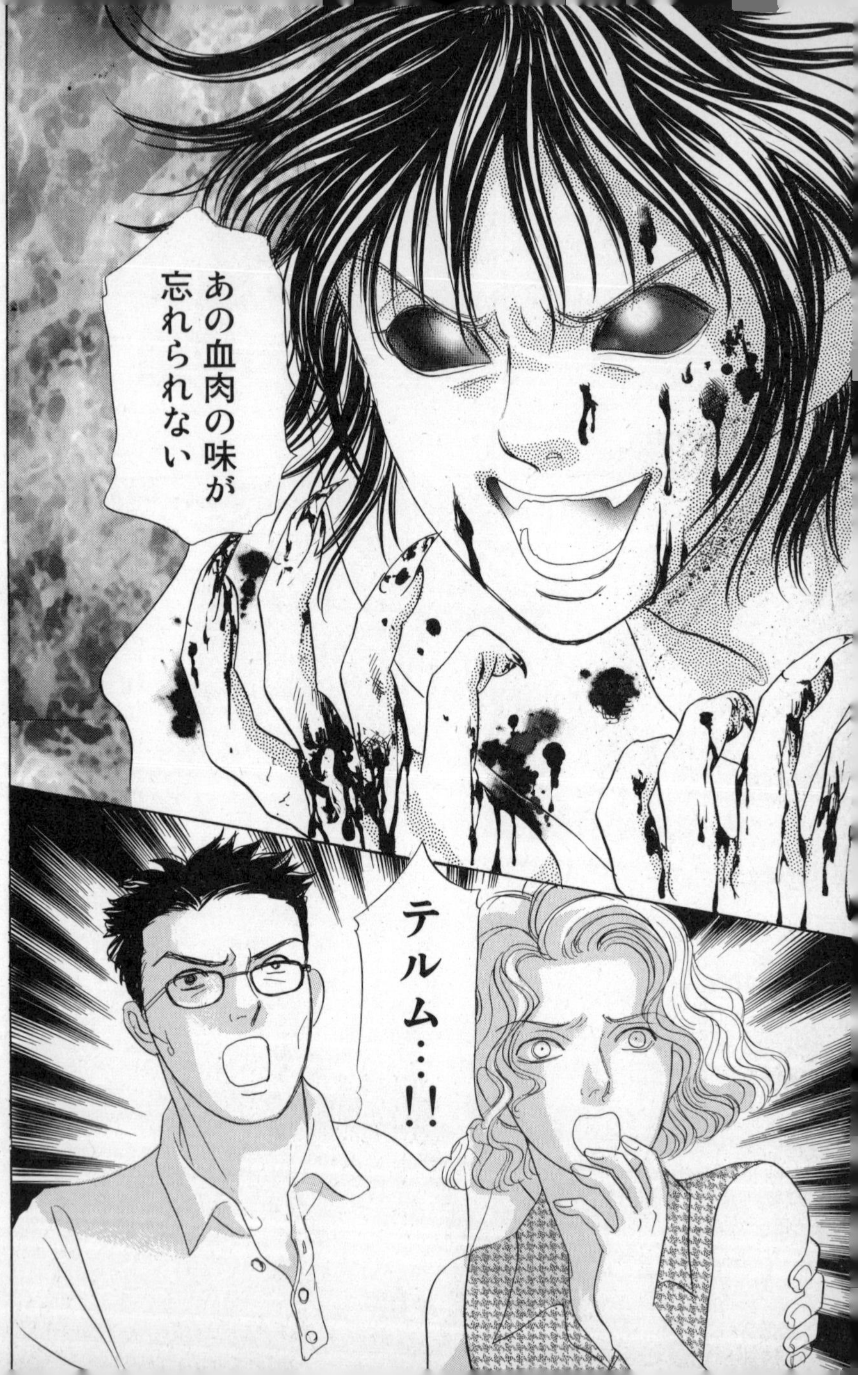
あの血肉の味が忘れられない
テルム…!!

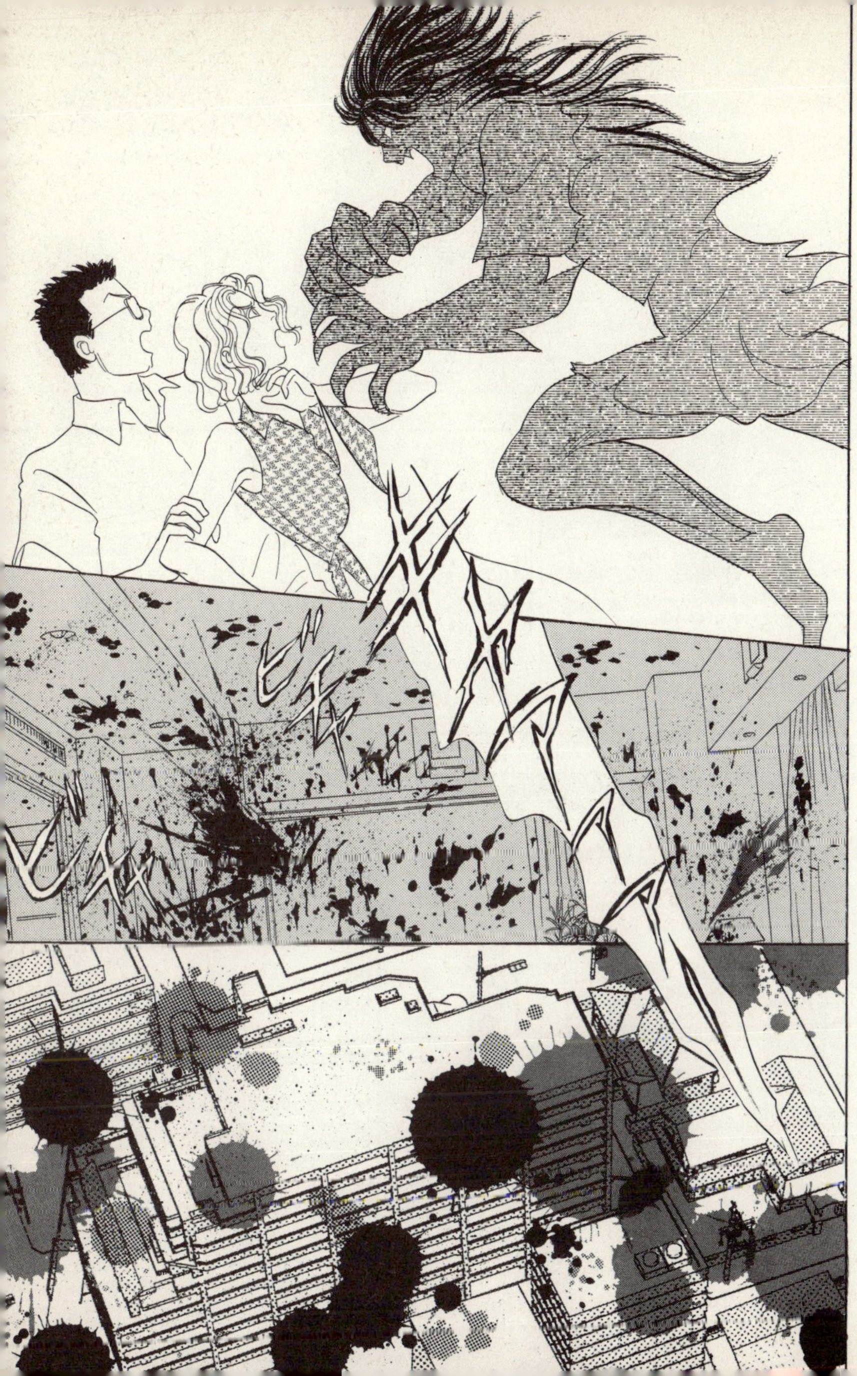
キャハアアアア
ビチャ
ビシャッ

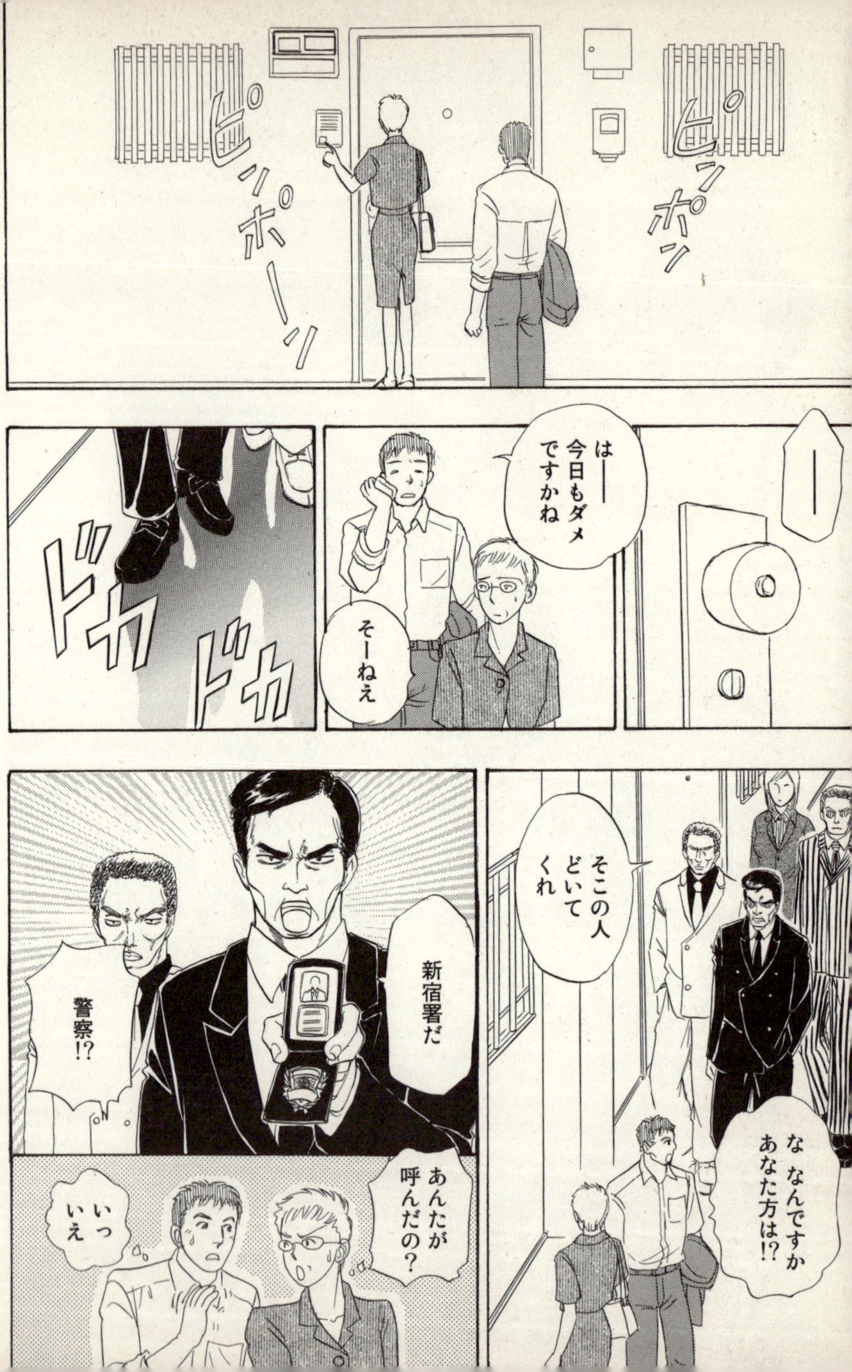
ピンポン
ピンポーーン
はー 今日もダメですかね
そーねえ
ドカ
ドカ
そこの人 どいて くれ
な なんですか あなた方は!?
新宿署だ
警察!?
あんたが 呼んだの?
いっ いえ

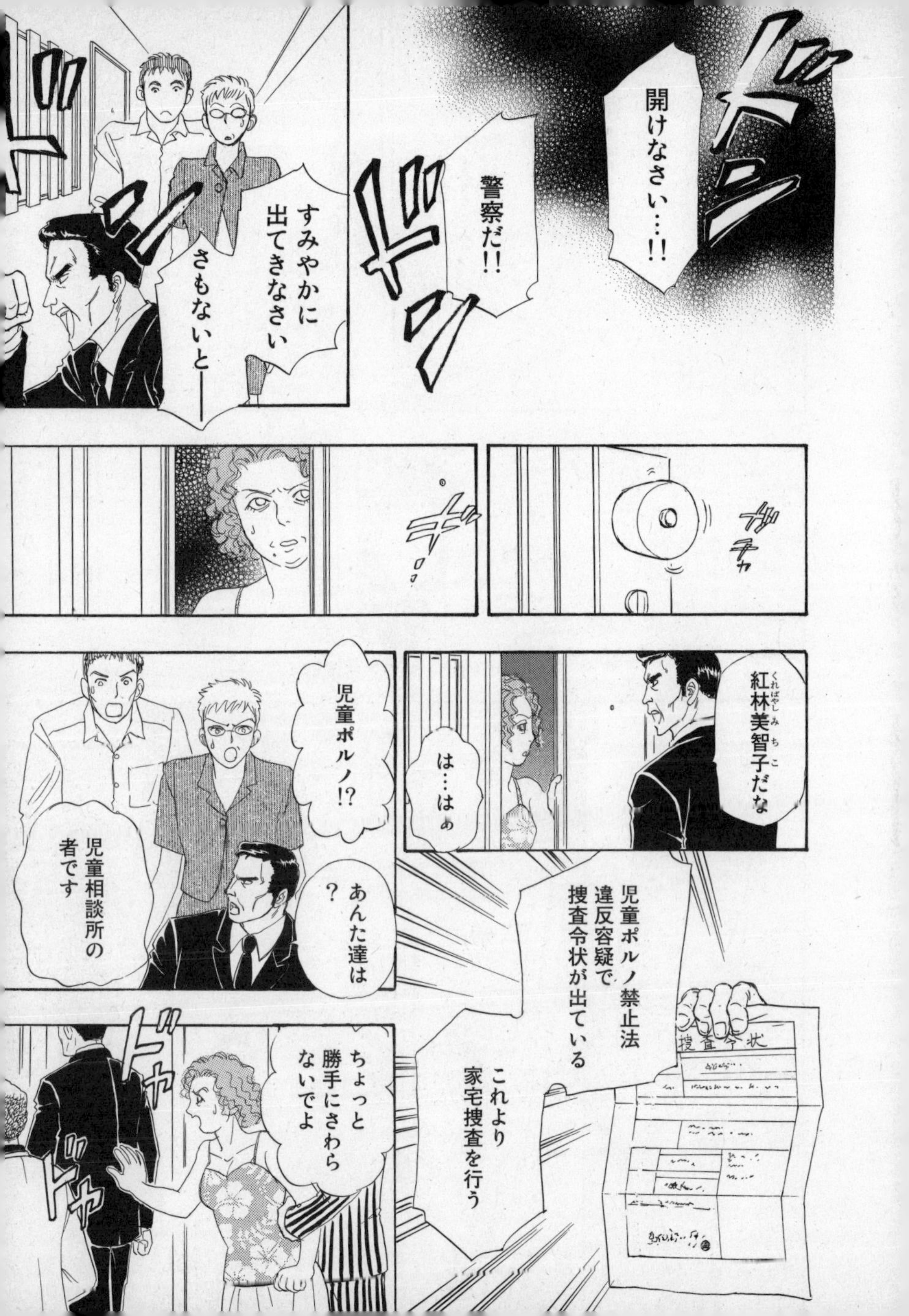

ドン
開けなさい…!!
ドン
警察だ!!
ドン
すみやかに出てきなさい
さもないと――
ガチャ
ギィ
紅林美智子だな
は…はぁ
児童ポルノ!?
児童ポルノ禁止法違反容疑で捜査令状が出ている
捜査令状
あんた達は?
児童相談所の者です
これより家宅捜査を行う
ちょっと勝手にさわらないでよ
ドヤ
ドヤ

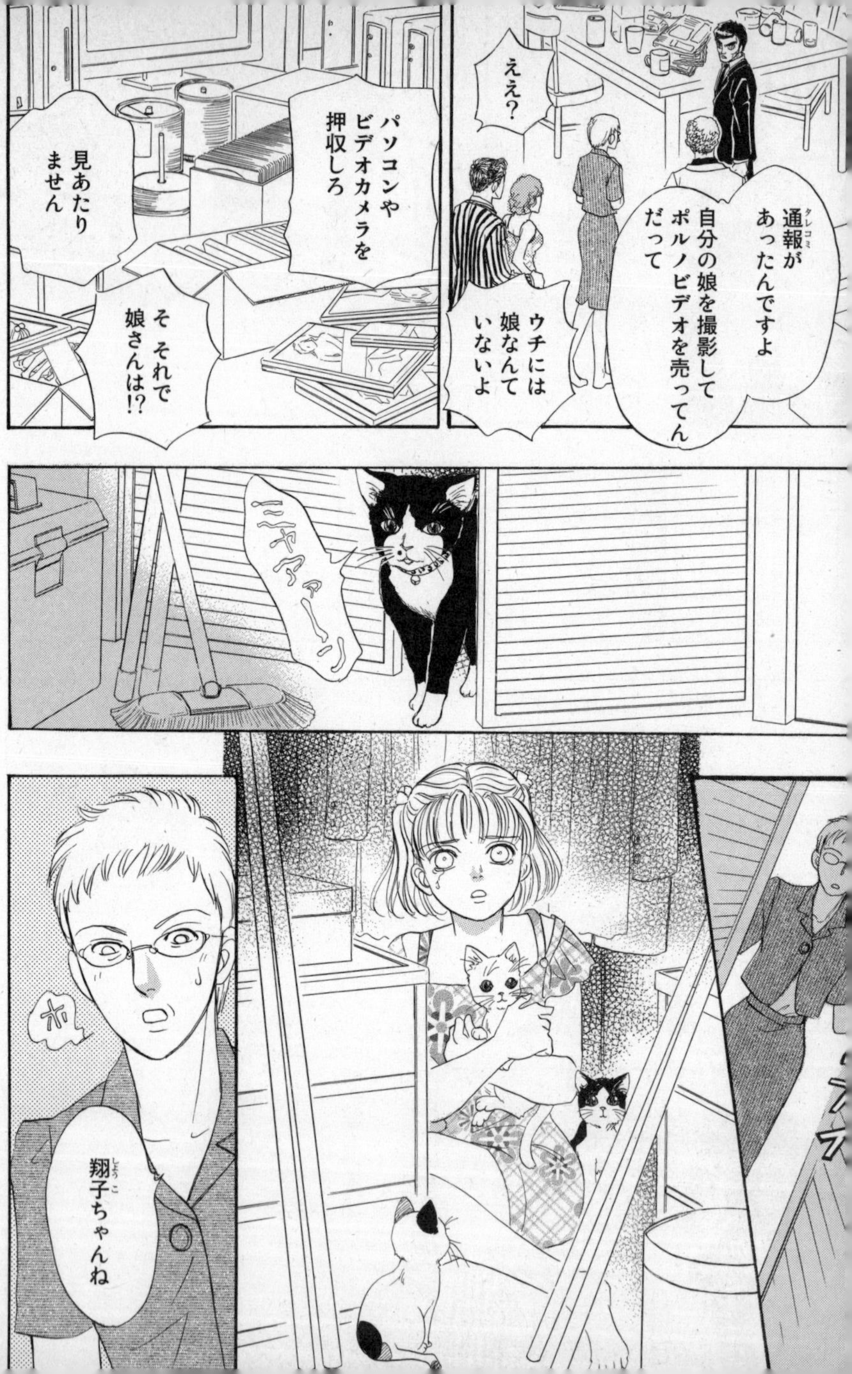
通報(タレコミ)があったんですよ
自分の娘を撮影してポルノビデオを売ってんだって
ええ?
ウチには娘なんていないよ
パソコンやビデオカメラを押収しろ
見あたりません
そ それで娘さんは!?
ミャァァーン
ホ
翔子(しょうこ)ちゃんね

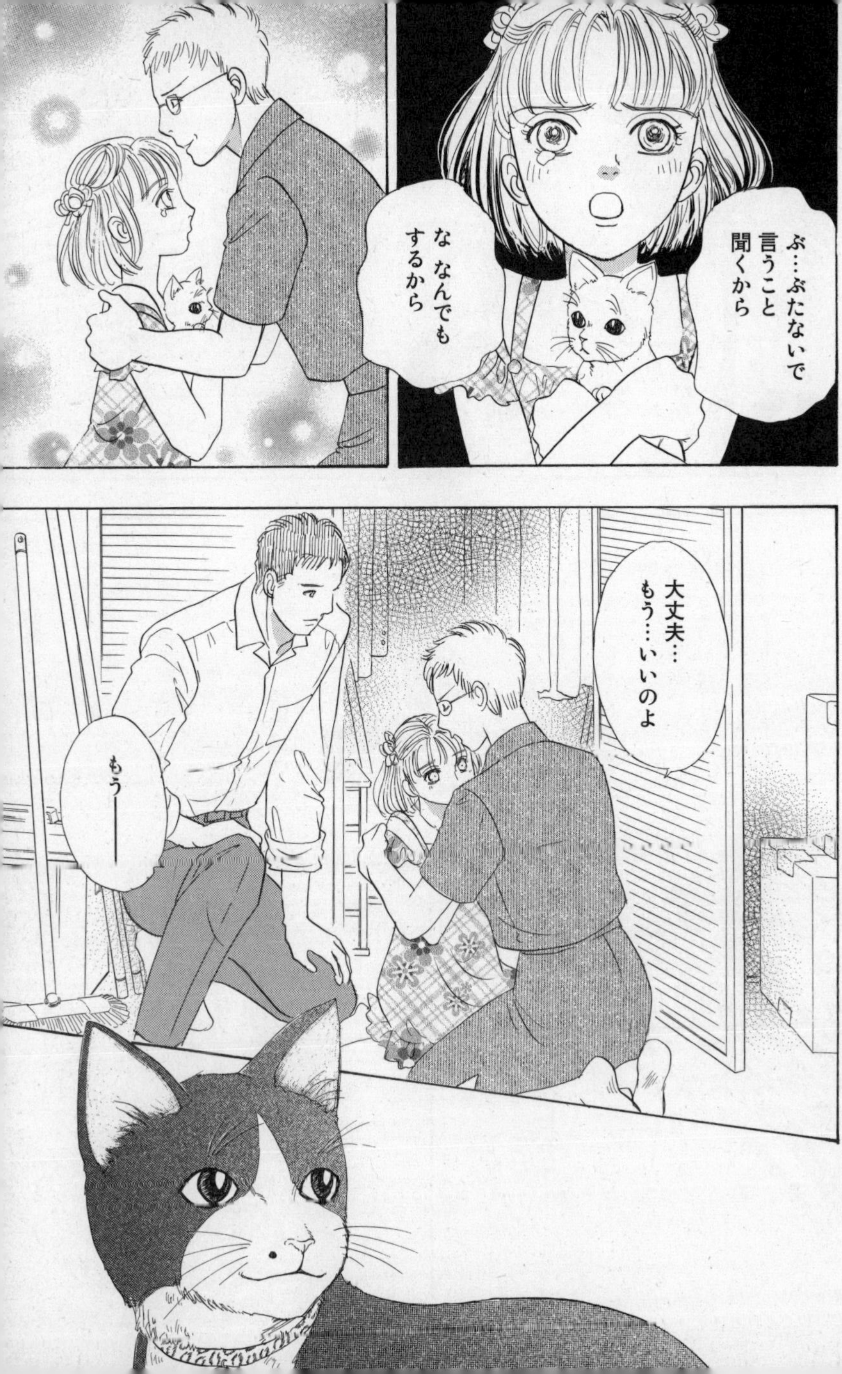
ぶ…ぶたないで
言うこと
聞くから
な なんでも
するから
大丈夫…
もう…いいのよ
もう――

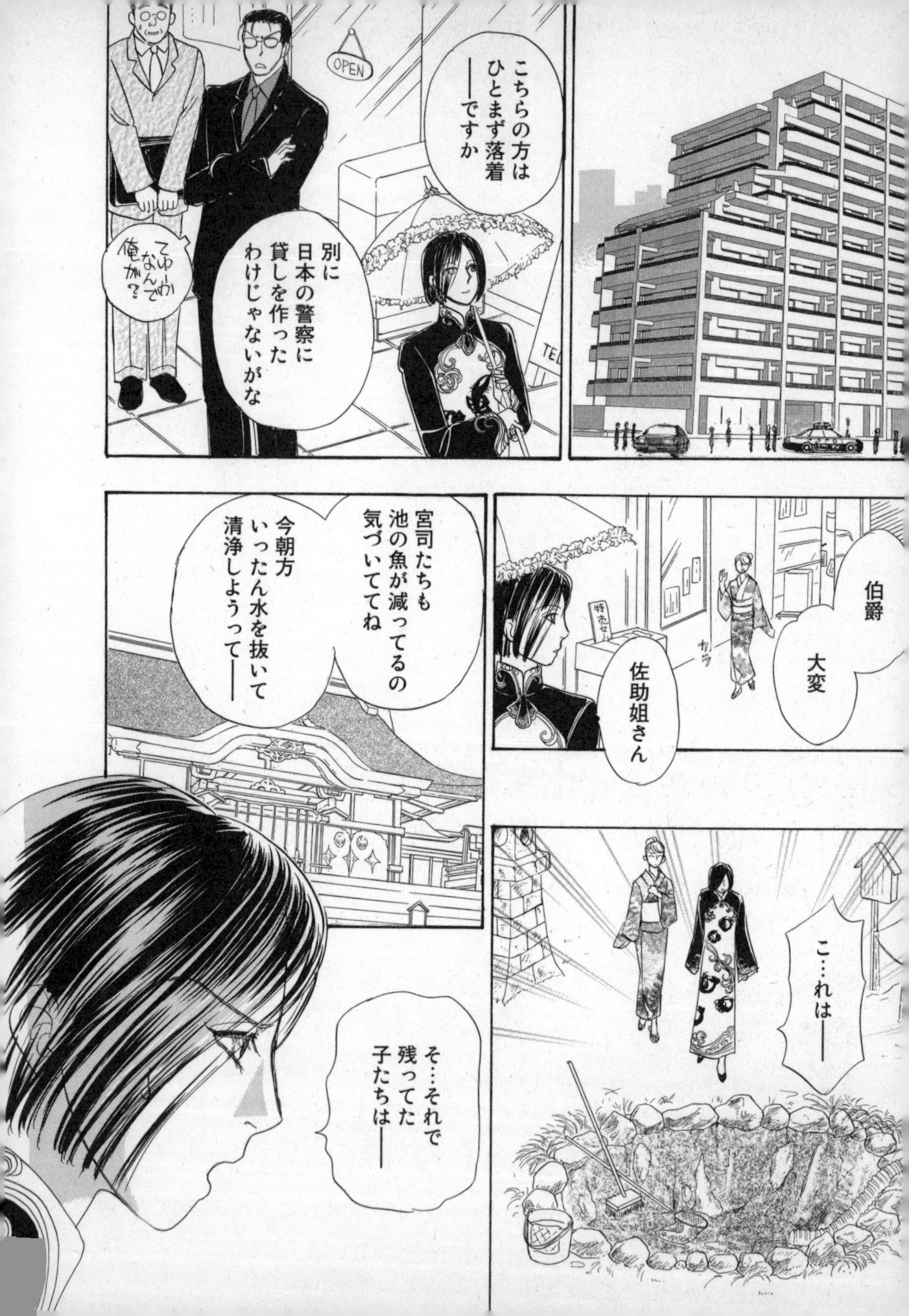
こちらの方はひとまず落着——ですか
別に日本の警察に貸しを作ったわけじゃないがな
てゆーかなんで俺が？
伯爵 大変
佐助姐さん
宮司たちも池の魚が減ってるの気づいててね
今朝方いったん水を抜いて清浄しようって——
こ…れは——
そ…それで残ってた子たちは——

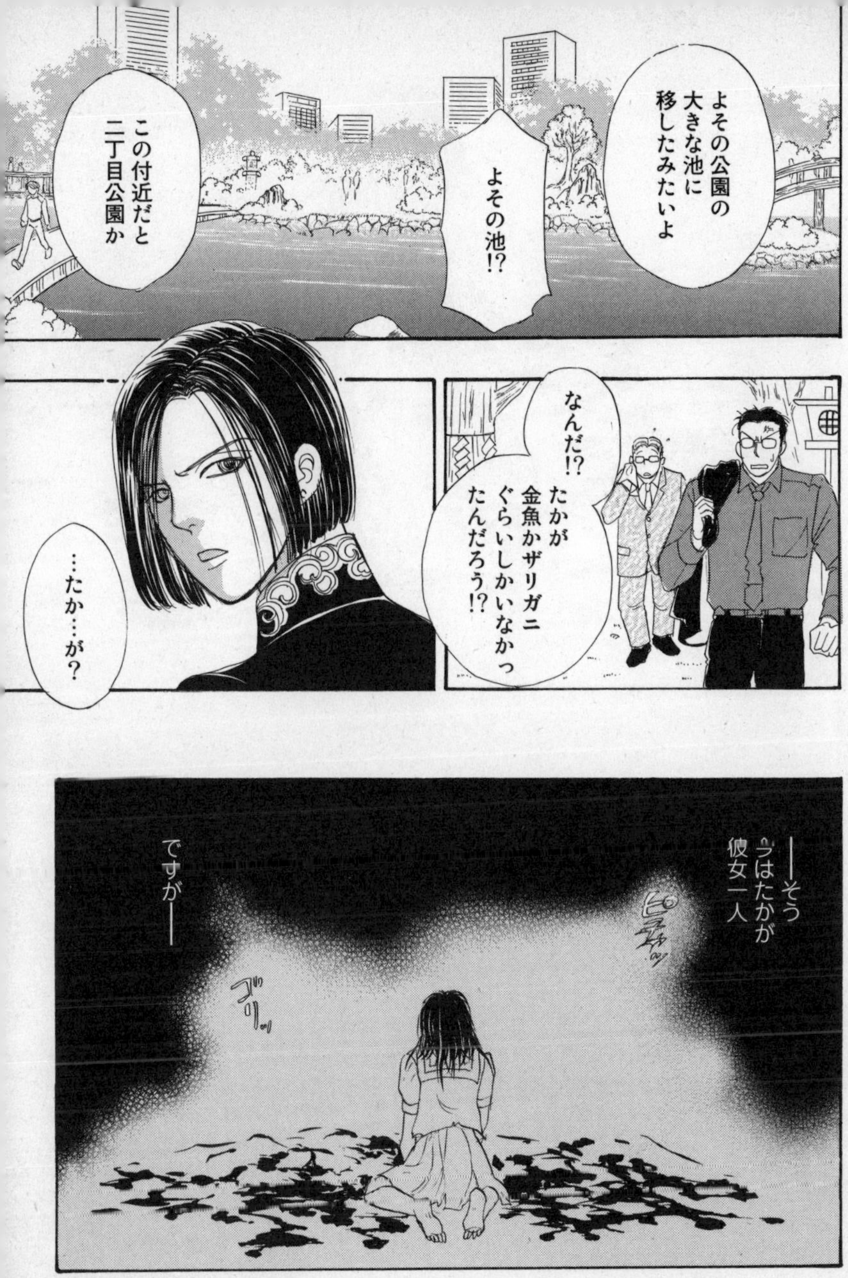
よその公園の大きな池に移したみたいよ
よその池!?
この付近だと二丁目公園か
なんだ!? たかが金魚かザリガニぐらいしかいなかったんだろう!?
…たか…が?
――そう 今はたかが彼女一人
ですが――

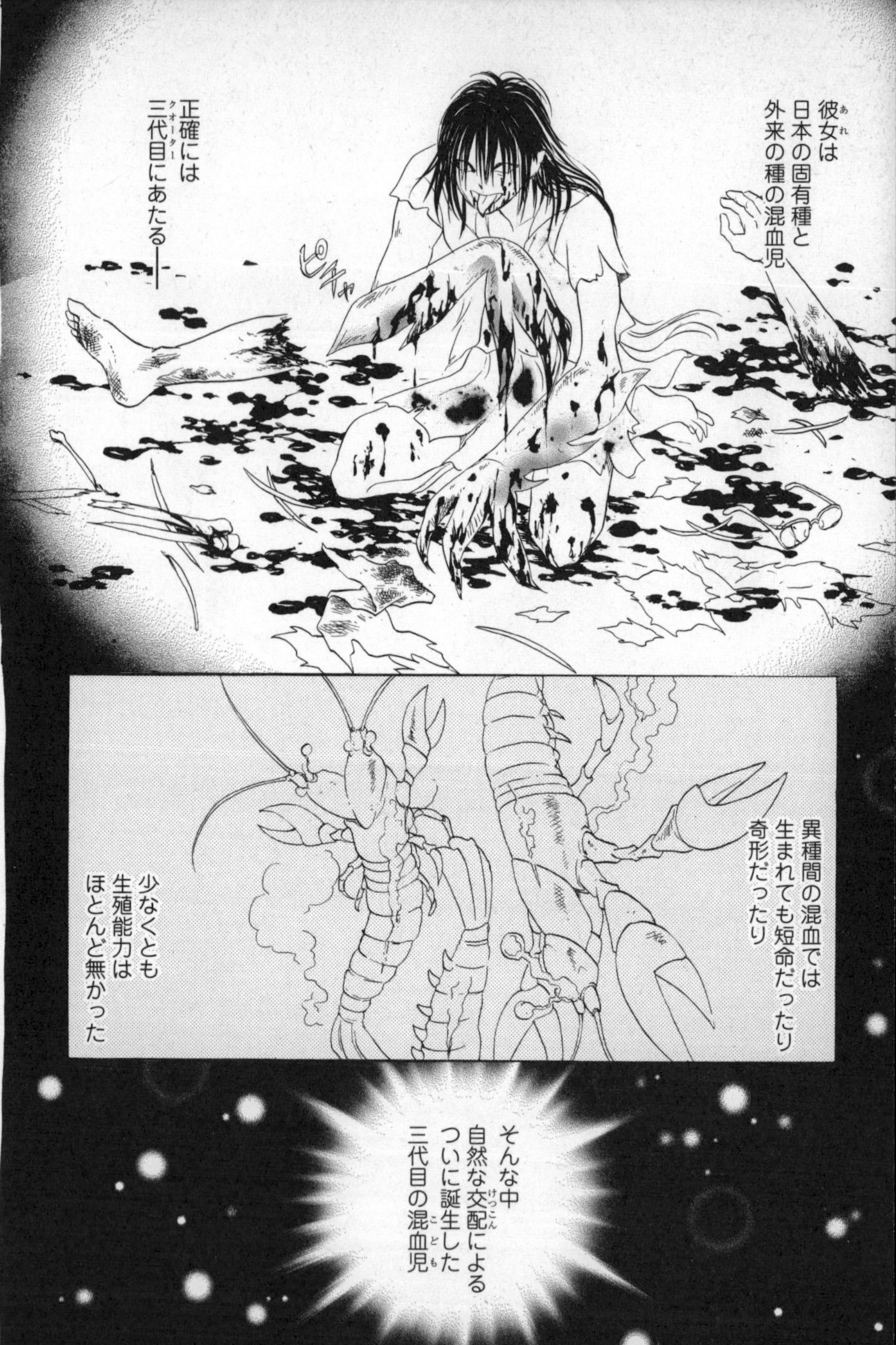
彼女は
日本の固有種と
外来の種の混血児
ピチャ
正確には
三代目にあたる――
異種間の混血では
生まれても短命だったり
奇形だったり
少なくとも
生殖能力は
ほとんど無かった
そんな中
自然な交配による
ついに誕生した
三代目の混血児

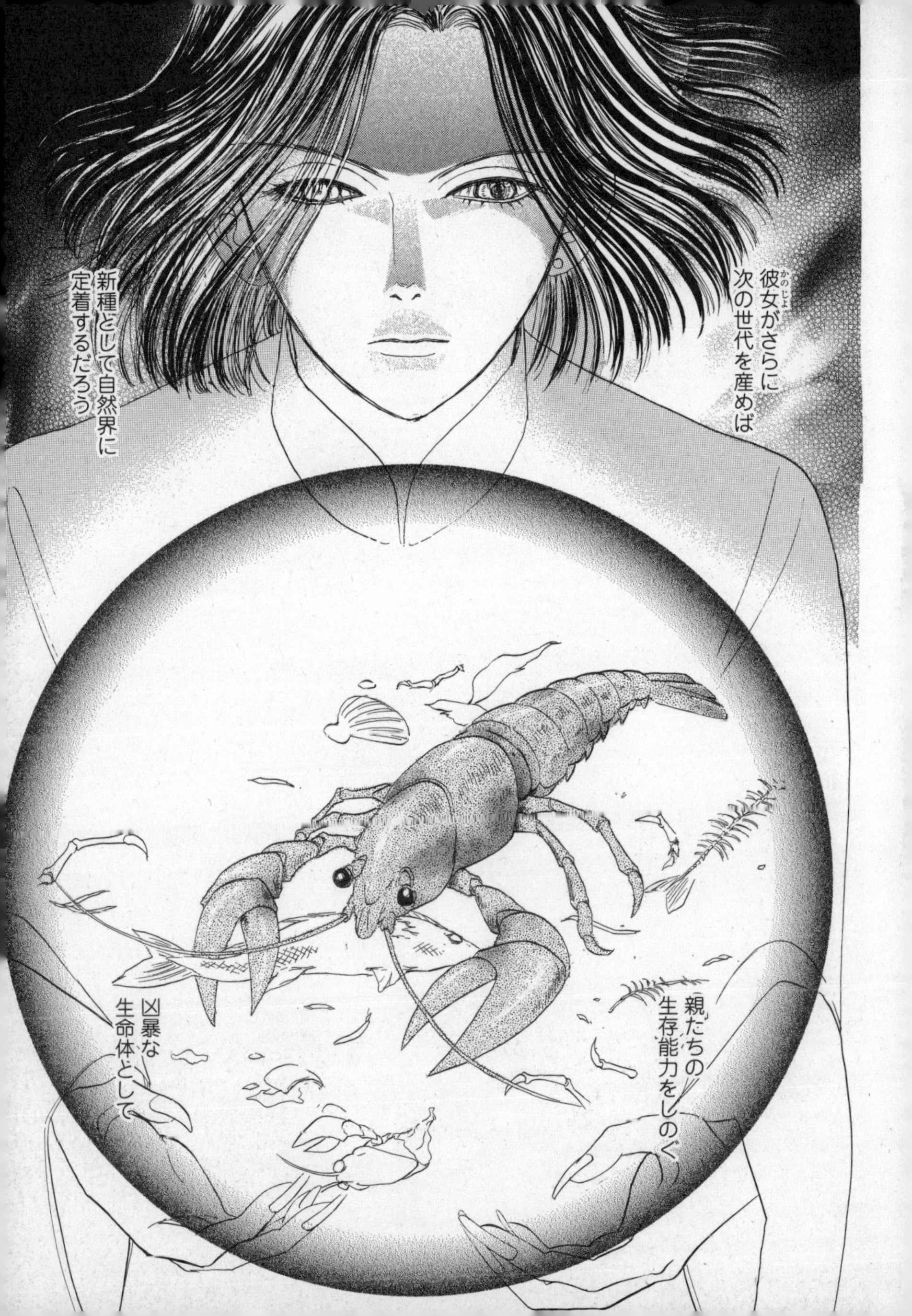
彼女がさらに
次の世代を産めば
新種として自然界に
定着するだろう
親たちの
生存能力をしのぐ
凶暴な
生命体として

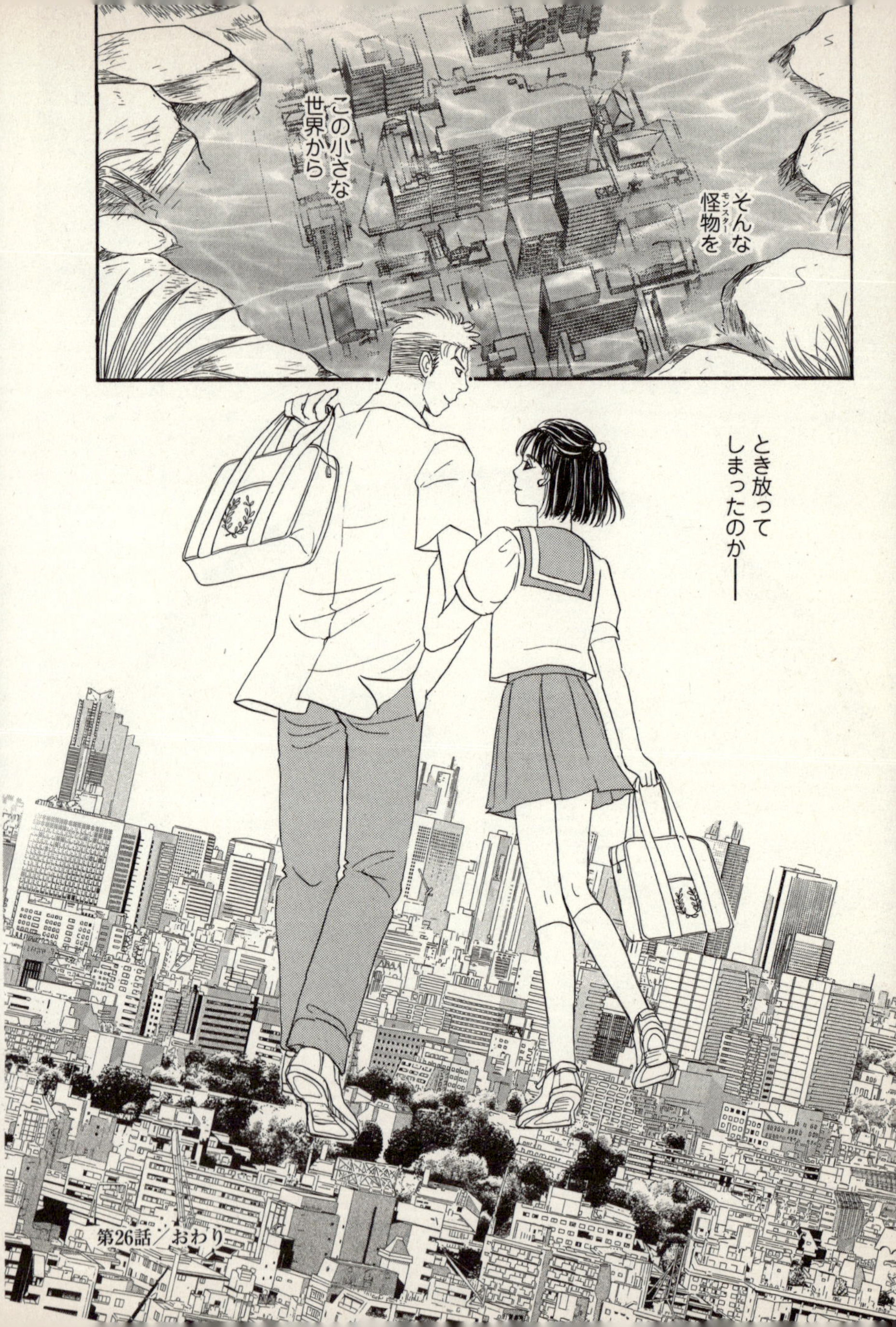
そんな怪物(モンスター)を
この小さな世界から
とき放ってしまったのか――
第26話／おわり

Pet catalog

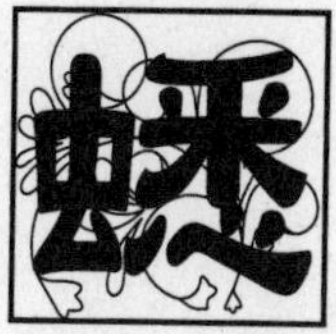

闘蟋（とうしつ）というのは アキノははじめ コオロギの鳴きくらべ のような 風雅なものかと思っていたのですが、実際は 闘鶏や闘犬と同じく ガチで格闘する競技でした。 中国では 西暦700年頃、唐の時代には すでに 文献に出てくるそうです。

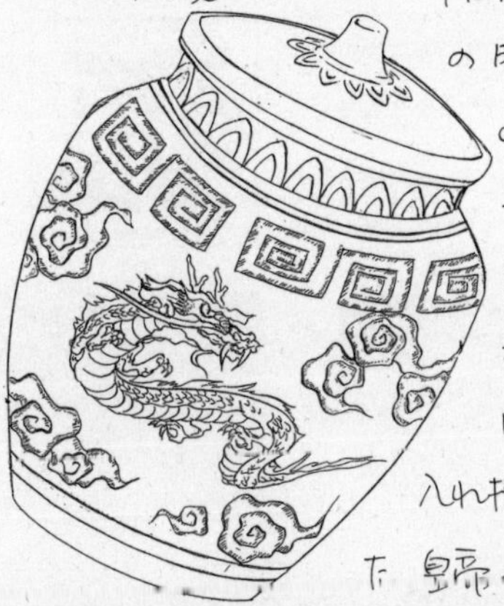

9月から11月までの 2～3ケ月がシーズンで、その勝敗にお金を賭けたことから庶民の間だけでなく、宮廷の貴族や皇帝までもが熱中しました。 元代の賈似道 明代の宣宗や馬士英 といった 闘蟋に入れ揚げたばかりに、失職したり 国を亡ぼした皇帝や宰相は本当にいたそうです。

下町の路地などで 子供達が遊んでるようなものから、大人達が本格的にブリーディングしたコオロギを出場させるトーナメントでは、相撲の番付のように 格付がされ、優勝すると"王"とか"将軍"などの称号が与えられます。 また コオロギを飼育する 養盆とか壺なども 適度な吸湿性、保温性、通気性が必要とされ、見た目の美しさにも こだわった芸術性の高いものは 景徳鎮の陶磁器並み高価なモノもあるそうです。 日本では あまり なじみのない文化ですが なかなか 奥の深い世界です。

竜

御存知「モン○ター・ハ○ター」ですネ。ハイ。　じつはアキノはモン・ハンはやったことありません。他人様のプレイを拝見してなんとなく理解したつもり…。だいたい友達いないし　パーティ組めないし　PSPは画面小さくてオバチャンには見ずらいし　でも三國○双マルチレイドをするんでTVにつなげて一人で出陣してみましたがボッコボコにされました。

狐

日本の妖狐といえば「玉藻前（たまものまえ）」が有名ですが、彼女の起源（ルーツ）は古代インドの王宮に現われた華陽（かよう）夫人ともいわれ、のちに中国の妲己（だっき）になり、仏教の伝来と共に日本に渡ってきたとか、こないとか…。

蝲蛄

現在日本の河川で見られるのはほとんどアメリカザリガニです。日本固有のザリガニは今や東北地方の一部の澄んだ小川にしか棲息していません。アメリカザリガニとニホンザリガニの混血が可能かはわかりませんが、リスやサルなどはすでに外来種との混血化がすすんで、日本の固有種との境界が曖昧になってきてます。危機です。ところで異種間の交配ではライオンと虎の混血児（ライガー or タイゴン）がいますが未だ彼らの次の世代が誕生しないので新種として登録されてません。両親の優性ではなく劣性な部分だけを受け継ぐバアイもあるのです。

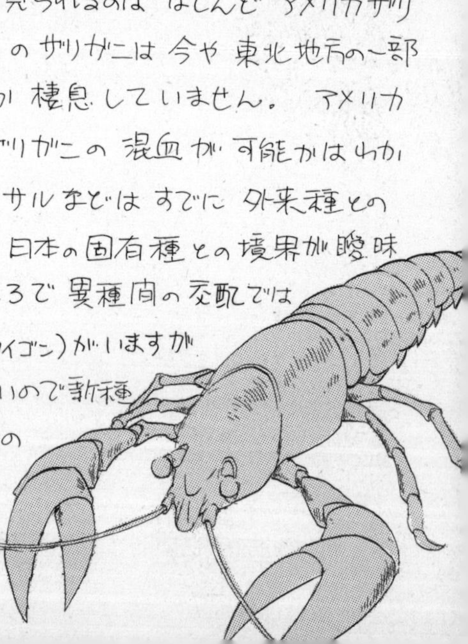

[お知らせ]

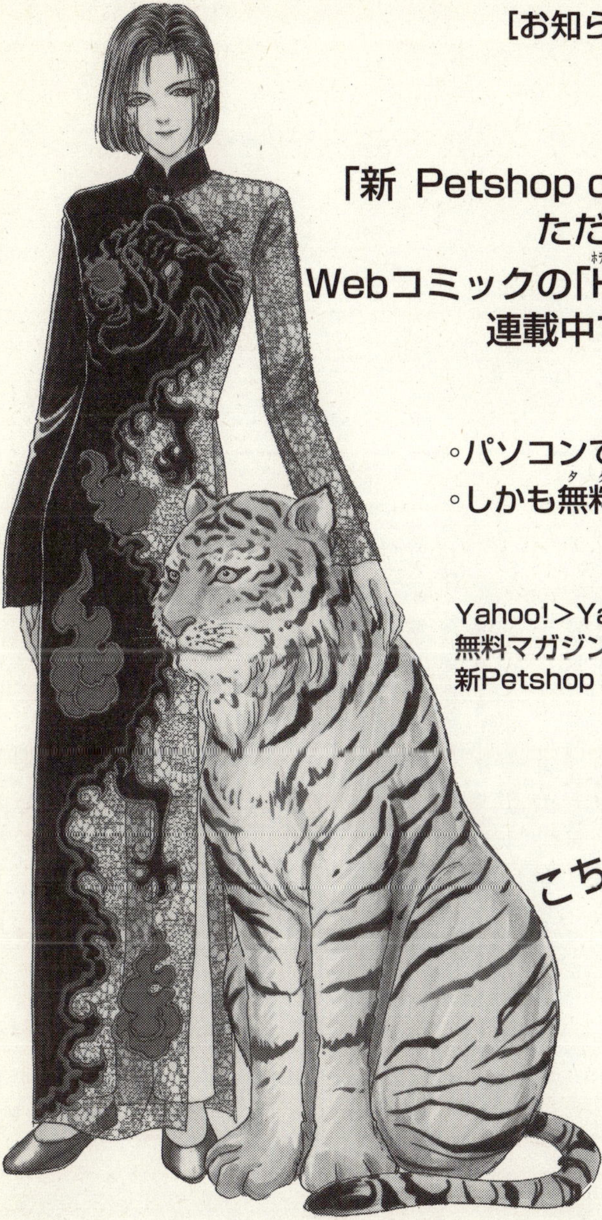

「新 Petshop of Horrors」は
ただ今
Webコミックの「H&F（ホラーアンドファンタジー）倶楽部」にて
連載中です!!

◦パソコンで読めます!!
◦しかも無料（タダ）!!

Yahoo!＞Yahoo!コミック＞
無料マガジン＞HF倶楽部＞
新Petshop of Horrors

こちらも、よろしく!!

ASAHIコミックス

新 Petshop of Horrors 7

2009年11月30日　第1刷発行

著者……秋乃茉莉

Published in Japan by Asahi Shimbun Publications Inc.

発行者……間島英之

発行所……朝日新聞出版

〒104-8011　東京都中央区築地5—3—2

電話　03-5541-8917（編集）

03-5540-7793（販売）

編集協力・株式会社　夢時館

印刷……株式会社　光邦

定価はカバーに表示してあります。

落丁・乱丁の場合は弊社業務部（電話03-5540-7800）へご連絡ください。

送料弊社負担にてお取り替えいたします。

ISBN978-4-02-213148-5